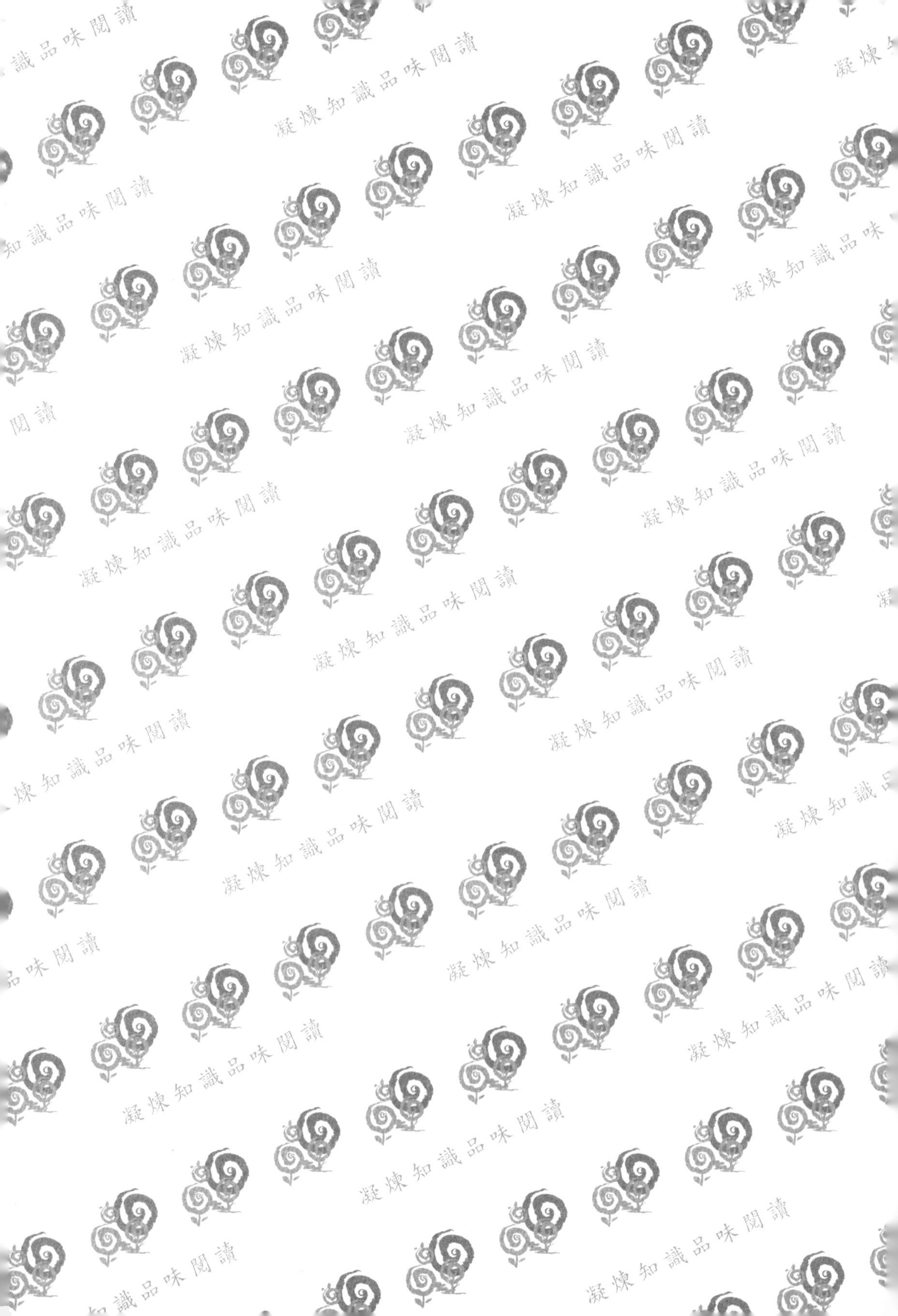

資源教室方案與經營

林素貞・著

五南圖書出版公司 印行

Love in the Memory

I dedicate this book "The Implementation of Resource Room Program" to my Jewish mother, Mildred Isaacson Wasserman. Mildred was a talented artist and a wise woman. I lived with her during my graduate student life of 1992 to1995 in Eugene, Oregon State. Our contact continued until May of 2011 when she passed away. She taught me many things, including pottery, quilting, knitting, basket-making, gardening, cooking and many other real life skills over these years. The pictures used in this book come from designs she used in her quilt embroidery. I created drawings from her designs. I am deeply grateful and honored that she took me as the daughter in her family. Her love and all of wonderful things that she gave to me will always remain in my heart.

愛在記憶裡

謹以此書獻給我的猶太母親Mildred Isaacson Wasserman，她是一位天生藝術家和充滿智慧的女性，我於1992年認識她，因為她是我在美國Eugene, Oregon State讀研究所時的房東，我們的往來直到2011年5月她過世為止，這麼多年來，她教我許多事情，例如作陶器、拼布、鉤毛線、手工編織、園藝、做餅乾和許多生活的智慧，本書所有的花草圖片都來自她的設計，以及親自刺繡於她所做的拼布被套上，我再將他們複製畫在紙上，我很感恩和榮幸她視我為女兒，就是家族的一分子，她的愛與給予將會永遠溫暖在我心中。

目 錄

表目錄

圖目錄

第一章

緒　論

依據民國102教育部所公布之特殊教育學制（圖1-1），我國的特殊教育服務乃從學前教育直至高等教育，年齡從2到22歲，整體分為普通學校和特教學校兩種安置環境。特殊教育學校主要安置中重度身心障礙學生，或是以單一障礙類別為主的啟智學校、啟聰學校和啟明學校；普通學校內的身心障礙學生則可能安置於普通班、特殊教育方案、巡迴輔導班、分散式資源班和集中式特教班；此一安置體系呈現我國身心障礙學生的安置屬於長期性銜接、雙軌且多元的連續服務型態。

身心障礙學生之連續服務體系中，反映著我國融合教育的成功推動，資源班又名資源教室的數量日趨成為主流。資源教室是一種提供部分時間特殊教育服務的安置型態，其服務的對象為安置於一般學校普通班的身心障礙學生，資源教室方案即是為此些身心障礙學生及其普通班教師提供直接教學介入或相關諮詢和支持協助，其最終目的為協助普通學校的身心障礙學生獲得個別化的特殊教育。資源教室方案是一種特殊教育安置及教學服務型態，英文名詞計有resource room、resource program、pull-out program、add-on program和in-class program等。多年來，我國所使用的名稱則有資源教室、資源班、資源方案及資源教室方案等。2008年（民97）「特殊教育設施及人員設置標準」首先出現「資源班」一詞於我國的特殊教育相關法規之中，2009年（民98）修訂的「特殊教育法」則第一次出現了「分散式資源班」一詞，上述兩名詞乃代表我國特殊教育安置環境的概念；而特殊教育教師職前專業課程名稱則是以「資源教室方案與經營」，闡述其在教師所需具備之課程與教學的專業能力，本書基於整合學理、法規和實務現場的共識，將在本書各章節敘述中以「資源教室方案」一詞表達上述之概念。

資源教室方案的教育安置一方面減少了身心障礙學生的隔離安置與標記的困擾，另一方面也架起了普通教育和特殊教育之間溝通的橋梁，實踐了融合教育的核心理念；因為在資源教室方案的安置體制下，一般正常兒童從小即能與身心障礙兒童一起學習和成長，進而增加對身心障礙者的認識與瞭解，增加彼此互相接納與尊重的機會；而對身心障礙兒童而言，從小在一般學校接受教育，將來比較容易與其他一般同儕具備相似的社會適應能力和基本國民素養。

階段別	年齡	一般學校		特教學校
高等教育	22 21 20 19	大專校院【資源教室】	五專	
高級中等教育	18 17 16	高中（職）【特教班、資源班、普通班】		高職部
國民教育	15 14 13	國民中學【特教班、資源班、普通班】		國中部
	12 11 10 9 8 7 6	國民小學【特教班、資源班、普通班】		國小部
幼稚教育	5 4 3 2	幼稚園【學前特教班、資源班、融合教育】		幼稚部

圖1-1 臺灣特殊教育學制

資料來源：修正自教育部（民102）。102年度特殊教育統計年報。

目前我國特殊教育學制中，資源教室方案已經由國小延長至高等教育的大專院校。我國資源教室方案源自於1967年（民56）為國小視覺障礙學生設計的「盲生走讀計畫」，那時僅以巡迴輔導方式為之；最早的駐校式資源教室成立於1975年（民64）的臺北市立新興國中啟聰資源班，到了1978年（民67），臺北市金華國小為聽覺障礙學生設立全國第一所國小資源教室，1993年（民82）在板橋高中所設立的視障資源教室則是高中的第一所資源教室，大專院校得以廣設資源教室，主要根據民國89年公布的「大專校院輔導身心障礙學生實施要點」，數所大學開始對於校內的的身心障礙學生提供了特殊教育服務。

我國資源教室方案設立之法源依據，乃以1967年（民56）的「盲生走讀計畫」為資源教室方案設立源起的初始，此後各縣市教育局為國民教育階段學校成立資源教室，乃各自通過其相關要點；教育部也逐年公告大專院校的資源教室的實施要點；而最終之高級中等學校的資源班法定地位，則依據教育部2004年（民93）修訂公布「高級中等學校就讀普通班身心障礙學生安置原則及輔導辦法」的第5條：「學校對就讀普通班之身心障礙學生，除運用原有輔導設施外，應依學生之學習需要，適時利用分散式特教班、分散式資源班及巡迴輔導班之特殊教育資源及服務」；也就是從2004年（民93）之後，我國各階段教育體制中資源教室方案皆已建置完備其設立的法源依據。

現階段在我國特殊教育的安置體系中，分散式資源班的需求量已經呈現逐漸成長至穩定趨勢，相較之下，集中式特殊班的需求亦漸有萎縮之勢，依據我國特殊教育統計年報的資料，2004年高級中等以下普通學校之資源班的數量，首次超越集中式特教班的數量，此乃因應回歸主流及融合教育的教育思潮影響；也反應了我國特殊教育的專業能力，已經足夠協助大部分身心障礙學生適應於普通教育的學習環境，而非如過去只能在特殊學校或分散式特殊班，才能獲得完整的特殊教育服務。

依據我國102年度特殊教育統計年報，國民教育階段至高中職分散式資源班的身心障礙學生安置量從92年度之1551班至103年度之2496班，十二年間總共成長了945班，此十二年間國民中小學一般學校集中式特殊班、分散式資源班及巡迴輔導班的數量變化，見圖1-2。全國高中職階段資源班則在97年度遽增設資源班。增設了167班分散式資源班，大專院校則是102學年度全國共有143所學校設有資源教室，聘任專職資源教室輔導員，以協助校內身心障礙學生之學習與生活。

資源教室方案是一種具有高度彈性的特殊教育服務介入，其完整架構必須包含中央及縣市教育局的行政規劃、學校行政與普通教師的分工合作，以及資源教師的特教專業知能發揮。然而資源教室方案的最後成敗關鍵核心乃是身心障礙學生的課程設計和教學介入，包含學生的特殊教育需求評估、課程設計、上課時數、課表安排、每組人數等，這些因素都會因為學生的個別需求不同而有變化，有些學生的課程安排可能一學期後就必須做調整，有的甚至學期中就

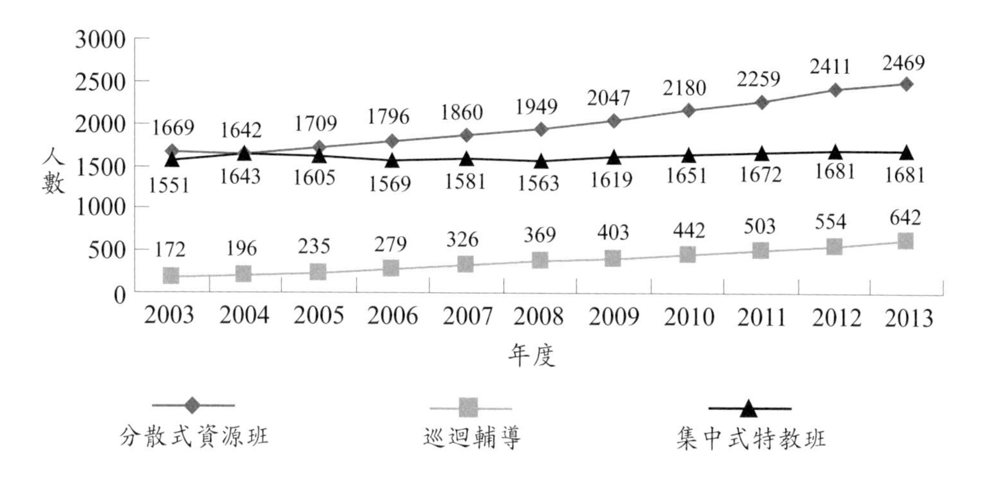

圖1-2　2003至2013年一般學校身心障礙類特教班設置狀況

資料來源：教育部（民102）。103年度特殊教育統計年報，28-30頁。

必須做調整，有的學生是每學年都不需要變更。此外，資源教室方案又有分駐校式和巡迴式兩種，巡迴式資源班對學生的教育介入設計的彈性變化更大。所以資源教室方案比較不像特殊學校或集中式特殊班，教務行政有一套明確規則可遵循，因此常會造成教育行政單位、學校行政單位、特殊教育教師和普通教育教師對資源教室的困惑；再加上國內過去即以「資源班」或「資源教室」稱呼之，因此，資源教室方案也曾被誤解是一個「班級」，或是一間「教室」，所以教育行政單位僅撥給學校設備費以增建教室一間，以完成對資源教室的開設新班之行政支援，或是以集中式特教班的性質規範資源教室的師資員額或生師比的運作，造成資源教室方案實際運作上的困擾；事實上，資源班是教育行政單位在核准學校班級數和教師員額所採用的計算單位用詞，在教育實務上不管資源班或資源教室的名詞使用，它們皆統整性代表特殊教育的一種安置型態、課程規劃和個別化教學的實施模式。

因應我國各階段資源教室方案的與日劇增，本書作者乃依據早期從事國中特殊教育教師及特教組長的經驗，以及到後來教授特殊教育學系「資源教室方案與經營」課程的教學心得，加上參與數個縣市規劃國民中小學資源教室方案的累積經驗，進而在2006年規劃出版此《資源教室方案與經營》一書。本書第二章到第三章是學理探討，從資源教室方案的歷史發展尋找到其今日臺灣在資源教室方案的定位和運作模式，以建立大家對資源教室方案的共識；第四章到第五章則論及國民教育階段資源教室的行政組織、教師資格與任用和服務學生人數等議題；第六章到第七章主要是協助國民教育階段資源教師如何做學生的課程規劃、教學編組和學生成績計算等工作。

本書於2006年初版時，國內高中職和大專校院之資源教室方案的參考模式尚不多見，因此並未做大專校院和高中職資源教室的內容探討。2009年的修訂主要即因應高中職資源教室的激增，以及大專校院資源教室的服務日漸受到重視，因此增加了第十章之大專院校和高中職資源教室服務模式的探討，以因應教育現場之需求；此外，第五章第二和三節、第六章第三節以及第十章第三節，皆是彙集相關主題的行政法規或是研究報告，以協助讀者對相關議題做進一步探討和應用；而且從第二章起的每一章最後，皆設計有「討論與練習」，冀望能提供相關人員做複習與延伸學習之用。

2009年之後，基於我國高中職和大專校院資源教室方案的服務模式與行政規章已漸臻成熟，本書再於2014年作修訂，整合原來第三章和第四章內容成第三章內容；結合原來第五章和第六章成第五章；並且將原來的第十章內容再區分出第八章的高中職資源教室方案模式，以及第九章的大專院校資源教室方案模式。除此之外，其他各章節都有微調內容，主要是因應中央和地方政府法規的修訂，第六章則針對特殊教育課程大綱的修訂，說明其對於資源教室課程規劃的影響，並以作者本人多年來教授調整普通教育課程的歷程，提出相關實務經驗的分享。

此書乃希望從理論到實務，結合法規、行政和教學實務三方面資料，以提供中央和縣市特殊教育行政單位、學校行政單位和特殊教育教師參考。期待各縣市特殊教育行政單位能重視資源教室方案的實施，對其縣市內各階段的資源教室方案作完整教師人力資源與學生適當安置規劃，以及健全相關法規的制定。各級學校行政人員亦能肩負起校內行政支持職責，協助資源教室方案的經營。針對資源教師的職前訓練和在職進修學習，本書特別提供課務規劃和分組教學的相關步驟和表格等，希望能俾助於特殊教育教師的專業能力養成。

本書從2006年的初版至2009年和2014年的修訂，皆要感謝許多人的共襄盛舉，包含蔣伶華老師的蒐集和整理相關法規與研究報告，Dr. Barbara Bateman則提供美國訪問時的住宿和資料分享，Molly Sirois（University of Oregon）、Pamela McGilvray（Lane Community College）和Dr. James Patton（University of Texas, Austin）提供美國大專校院的相關資料，高雄師範大學資源教室黃獻戊老師提供大專校院的相關資料，林怡慧校長和蔡瑞美老師提供了高中職階段的相關資料，高雄師範大學特殊教育學系學生：龍君蘭、陳怡潔、盧玉真、涂卯桑、姜佳利、莊忠沁、趙子揚、黎瑋、陳紫彤、陳玉娸、林昇運同學們的協助文書處理和資料整理工作，以及曹一文小姐的協助作最後彙整，在此一併致上最誠摯的謝意，感謝所有人的付出、努力與協助。從2006到2014八年間三個版本的修訂，本書乃見證了臺灣資源教室方案的發展與進步，也為臺灣資源教室方案的努力留下歷史的軌跡，資源教室方案的整體進展更呈現了臺灣融合教育的成功和驕傲。

第二章

資源教室的緣起與發展

第一節　特殊教育的發展趨勢

綜觀特殊教育的發展史，隨著特殊教育思潮的改變，特殊教育的安置型態也不斷更迭，資源教室乃是因應回歸主流運動（mainstream movement）和融合教育（inclusive education）理念下的特殊教育服務模式的一種；在此發展過程中特殊教育與普通教育乃從分立到融合，從毫不相關到密不可分；此乃象徵身心障礙學生的教育權越來越受到重視，也代表著我們越來越邁向建構一個接納、包容與尊重不同特質者的社會目標。Reynolds和Birch在1977年乃用四個發展階段來描述特殊教育的發展歷史；階段一：指的是19世紀末期，僅有極少數的身心障礙者可以被安置在教育體系接受教育，大部分是由住宿型機構提供給重度、極重度或感官障礙（視障、聽障）者養護和照顧。階段二：指的是20世紀初，除了住宿型機構，特殊學校和日間訓練中心也開始提供對身心障礙者的教育和訓練，但是身心障礙者的定義仍侷限於重度、極重度或感官障礙者。階段三：指的是1945-1970年代，此時特殊教育的理念開始趨向正常化（normalization），亦即是身心障礙學生也要和普通兒童一樣，能在一般學校接受教育的權利和機會，此理念的開展乃受到身心障礙的類別擴增影響，輕度身心障礙類別開始受到重視，身心障礙類別不再侷限於重度、極重度或感官障礙者，普通學校也開始對腦傷兒童（亦即是現在所謂的學習障礙）提供特殊教育服務，只是此時的教育安置主要仍是以「類別」作為教育安置的依據，在普通學校內，特殊教育的行政組織和教育人員與普通教育體系是分立單位。階段四：指的是從1970年代初期至1980年代，在美國由於特殊教育法（The Education for all Handicapped Children Act of 1975, P.L. 94-142）的公布和執行，特殊教育的實施有了不同於過去「身心障礙類別」等於「教育安置」的線性思考，依據此特殊教育法，身心障礙的類別名稱例如智能障礙、學習障礙、聽覺障礙等，乃是為了判別個案是否依據特殊教育法以享有「免費、適當的公立教育」，即是特殊教育法的基本保障權益，特殊教育的安置以「對此個案最少限制的環境」（least restrictive environment）為原則，亦即是必須提供給身心障礙學生「適合其潛能發展的最大可能考量」（the maximum extent appropriate）；此一法規要求一直影響美國的特殊教育安置和個別化教學決策至今不變，也就是在一個連續服務安置體制下，如何幫助身心障礙學生獲得最小限制的最適當安置和學習環境乃是特殊教育的首要和核心工作。上述由美國特殊教育的歷史演變，乃可顯示特殊教育的三個發展趨勢：第一、身心障礙的名詞定義從感官障礙或重度障礙延伸至輕度障礙，考量了個體學習上的障礙，而非侷限於感官或生理上的喪失功能或損傷。第二、特殊教育的教育安置考量從以障礙類別區隔，到跨障礙類別的區隔，到不分障礙類別，而以身心障礙學生的特殊教育需求考量適當的安置環境。第三、整個特殊教育已經從被隔離至包容到融合於普通教育的趨勢（Morvant, 1984）。事實上，特殊教育發展至21世紀，融合教育的必要性已經可以被大多數的人所接受，然而對於特殊教育或是普通教育的真正挑戰，乃是如何在同一個教育場所中，即是普通班教室或學校中，如何能同時滿足不同能力學生的學習需求，在此衝突中，資源教室將是平衡此落差的其中一個有效解決途徑。

本書作者先以圖畫「尋找一個圓——普通教育與特殊教育的故事」來闡釋特殊教育安置型態的發展史。

由圖2-1-1特殊教育安置環境的發展簡史圖，吾人不難理解回歸主流（mainstreaming movement）乃一直是特殊教育的努力方向，Kauffman, Gottlieb, Agard和Kukic（1975）曾經指出實現特殊教育回歸主流的三個重要因素為：1.普通教育和特殊教育融合的落實（inclusion），2.提升身心障礙學生的適當安置和個別化教學設計（educational planning and programming）的品質，3.普通教育和特殊教育彼此的責任歸屬和分工合作（classification of responsibility），此三個要素必須完整配合和實施才能實現特殊教育和普通教育合行而不分立的理想，而資源教室模式即是實踐此回歸主流理念的最佳方式，因為相較於其他的特殊教育安置方式，資源教室最能落實特殊教育最少限制的教育環境（least restrictive environment）與落實個別化教育方案的教育理想；同時也是融合教育理念的具體實現，因為身心障礙學生被安置在普通班級，同時接受特殊教育和普通教育的課程和教學。

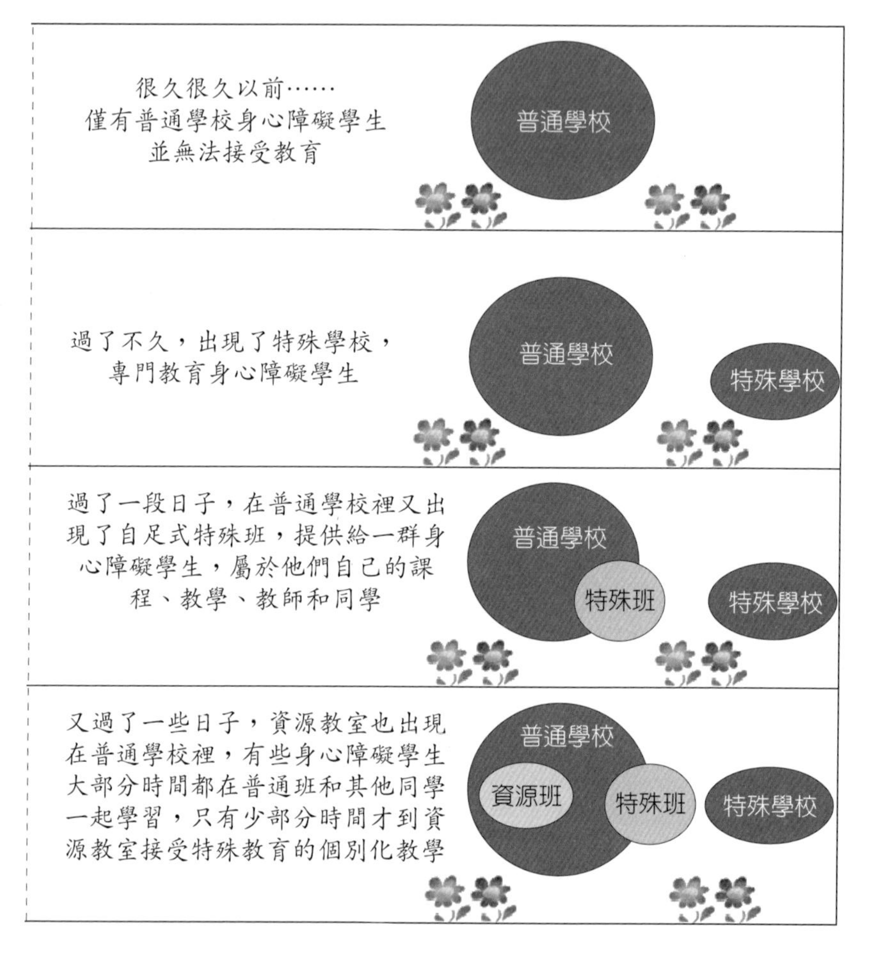

圖2-1-1　特殊教育安置發展簡圖

多年來，特殊教育乃逐漸形成其連續性的服務安置體系，從無特殊教育服務到特殊學校的成立，自足式特殊班的加入普通學校校園，資源教室的形成，乃至1990年代末期逐漸蔚為風潮的完全融合模式（full inclusion），皆顯示著特殊教育的不斷面對挑戰及尋求更佳學習環境的努力。Deno（1970）曾經提出一個特殊教育安置服務的不同階層模式（Cascade model），如圖2-1-2，這個階層圖即是特殊教育安置體系模式的先驅，多年來這個不同服務階層模式一直是特殊教育追求最適當安置的參考模式；這個系統規劃總共包含七個階層：階

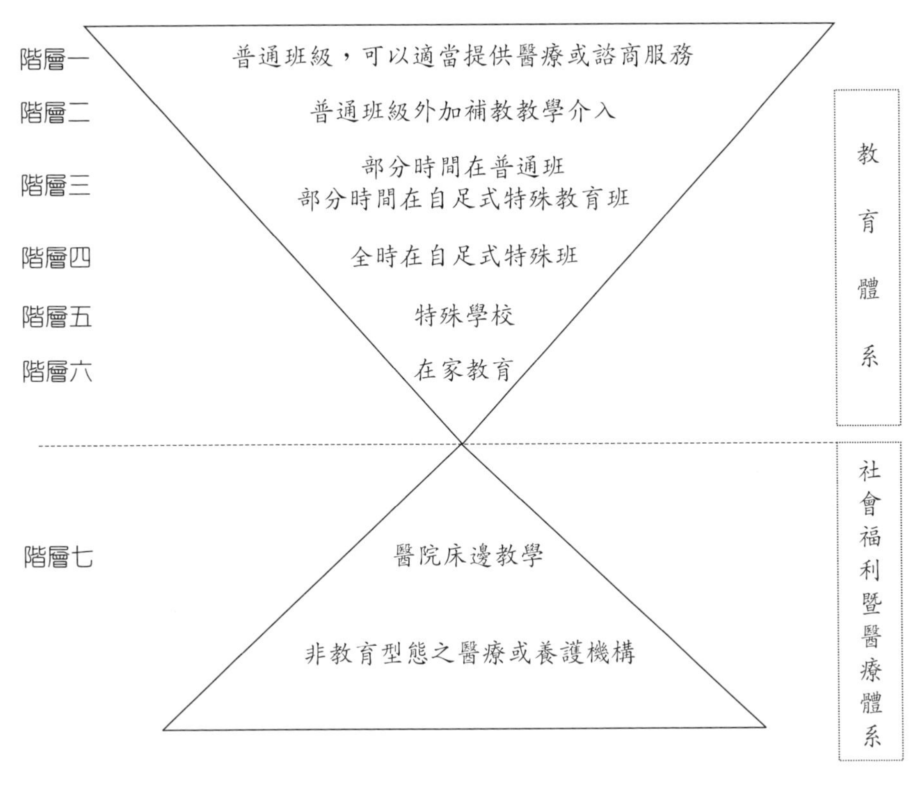

圖2-1-2　Deno（1970s）特殊教育安置服務階層模式

層一是普通班、階層二是在普通班中提供一些補救教學協助、階層三是部分時間制的特殊班、階層四是全時制的特殊班、階層五是特殊學校、階層六是在家庭內提供的特殊教育、階層七是在醫院內設立的特殊教育。在此階層系統中，階層一至階層四都是將身心障礙學生安置在普通學校且提供特殊教育介入，但是彼時資源教室的概念尚未完全成形，所以尚未出現「資源教室」一詞，階層五是安置在完全隔離的特殊學校，階層六是家庭環境即學校，階層七則是以醫療機構環境附加學習功能。

1977年，Pasanella和Volkmor又修正Deno（1970）的特殊教育安置服務階層模式，提出一個公立學校系統中身心障礙學生的教學本位安置選擇模式（instructional alteratives），如圖2-1-3，在此身心障礙學生服務體系中，資源教室的安置型態概念已經蔚然成形，成為安置身心障礙學生的選項之一環。

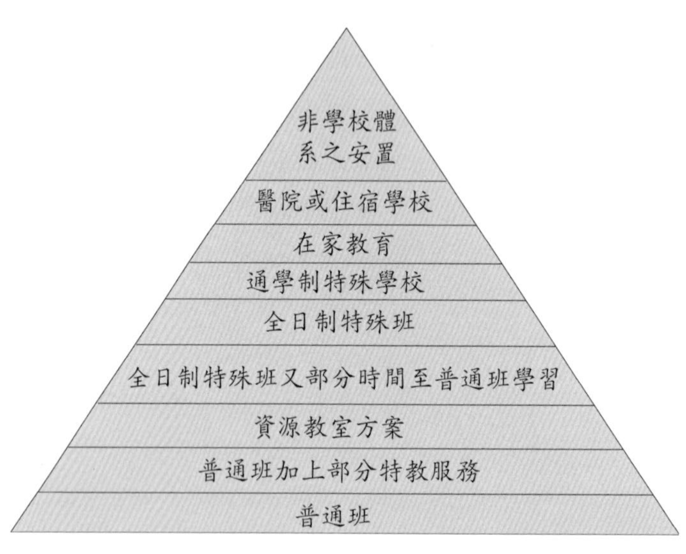

圖2-1-3　Pasanella和Volkmor的教學本位安置選擇模式

從Deno及Pasanella和Volkmor的特殊教育安置多元模式，可見現階段特殊教育界所採用連續服務體制之架構乃其來有自，而圖2-1-4即為現今所謂連續服務安置體制，其中更加入了「適當安置」的理念與原則，即是身心障礙狀況越嚴重或是指特殊教育需求越多的個案，才安置於越隔離的教育場所，例如：特殊學校等，以易整合特殊教育資源的介入；而輕度身心障礙學生，則是儘量安置於普通學校的一般班級中，以讓這些身心障礙學生可以儘量和其他同儕一起學習一樣課程，再提供資源教室的特定課程教學介入及相關諮詢協助。此多元安置體制的架構，乃欲為不同需求之身心障礙學生提供最適當的安置環境，也唯有多元的選擇才能達到滿足學生個別差異之目標，而此一直為特殊教育之核心精神和基本原則。

第二節　美國資源教室的發展歷史

1913年美國Iiwin博士就曾為視覺障礙的兒童設計了一套教學方法，按個別需要由資源教師予以個別輔導；之後有些普通學校開始設計許多不同的教學方法與技巧來協助對算術、語文及說話等課業上有困難的兒童，讓他們在規

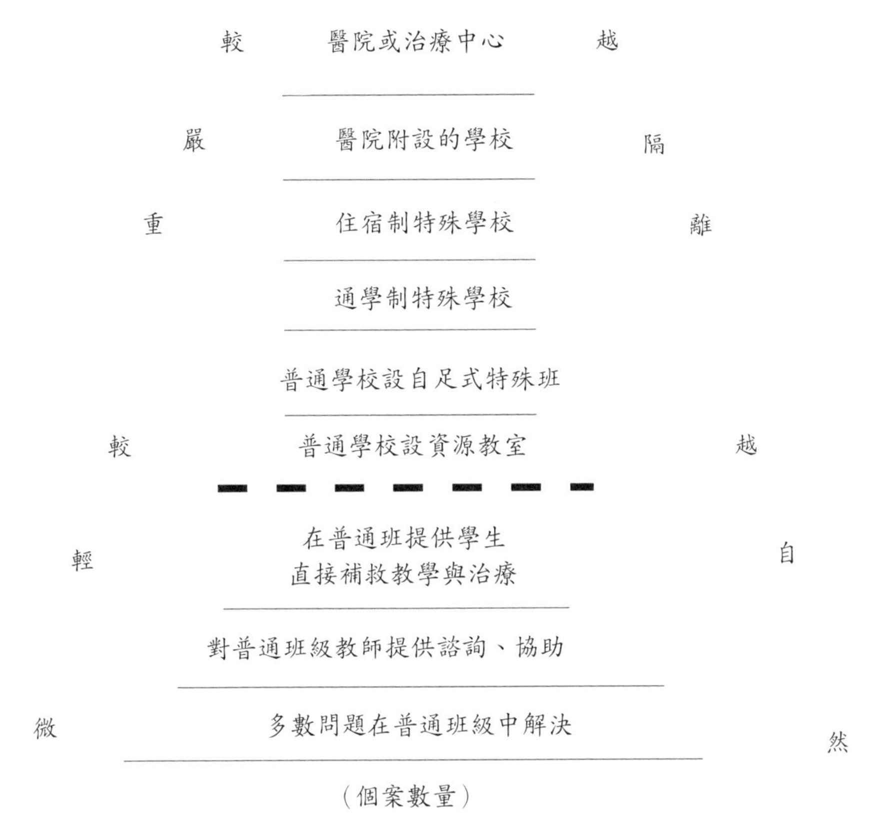

圖2-1-4　特殊教育安置體系架構表

定的時間內到一個特定的地方，去接受合乎兒童個別需要的輔導，這即是現在資源教室（Wiederholt, Hammill, & Brown, 1983）的雛形。而當Dunn博士在1968年提出〈輕度智障學生在自足式特殊班的成效？〉一文之後，讓身心障礙學生回歸主流運動開始蓬勃發展，一改過去身心障礙學生僅能安置在特殊學校或自足式特殊班的決策。依據文獻資料，最早的資源教室經營模式報告，應是由Roger Reger（1971）發表於1969-1970學年度，在美國紐約州水牛城郊區五個學區之一個教育合作計畫中（Board of Cooperative Educational Service），所共同運作的十一個資源教室方案。在此教育方案中，Reger明確指出資源教師必須教導身心障礙學生，同時也與普通班教師一起合作來協助身心障礙學生的學習。隨後在1972年的《美國特殊教育期刊》（Journal of Special Education）第六期，資源教室經營變成當期的核心議題：Symposium on the Resource Room Model in Special Education；引文和結文都是由Sabatino（1972）所提出，引文標題為 Resource rooms:The renaissance in special education，結文標題為 Revolution: Viva resource rooms；其中有六篇回應文章分別為Hamill（1972）：〈The resource-room model in special education〉、Reger（1972）：〈Resource room: change agents or guardians of the status quo？〉、Adelaman（1972）：〈The resource concept: Bigger than a room〉、Heller（1972）：〈The resource room: A mere change or real opportunity for the handicapped？〉、Ohrtman（1972）：〈One more instant solution coming up〉、Snapp（1972）：〈Resource classrooms or resource personnel〉。由此可知在資源教室初行之時，確實經過許多專業性理論和實務的討論及分享，方能建立出更多的共識與較佳的經營模式。1970-1980年代是資源教室盛行的時代，主要乃受到下列三個因素的影響：1.特殊學校與自足式特殊班的缺失，開始受到挑戰與省思，2.身心障礙者的「自我實現預言」效應，衝擊著教育工作者對全時制特殊教育安置型態的某些負面影響考量，3.回歸主流運動興起，希望輕度、中度身心障礙兒童儘量被安置在普通學校的資源教室接受特殊教育（Wiederholt, Hammill, & Brown, 1983）。隨著資源教室的普及，數篇實施成效調查研究，亦發現資源教室確實可以有效協助身心障礙學生在普通班的基本學科學習和問題行為（Weiner, 1972; Glavin, Quay, Annesley, & Werry, 1971; Sabatino, 1971）。之後又隨著1975年公布之美國特殊教育法94-142公法，對身心障礙學生提供最少限制的安置環境變成優先首要考量，以普通教育環境為主的資源教室自然應運而生，成為身心障礙學生的主要安置方案選擇。1990年之後融合教育的思潮又將特殊教育的回歸主流運動推向最高峰，即是「完全融合」教育的安置型態（full inclusion），此一服務模式乃不論身心障礙學生的特殊教育需求多或少，都安置在普通班且提供特殊教育的服務型態。針對資源教室的發展史和上述整個特殊教育發展歷史相對應，不難理解其中見林亦見樹的呼應關係，表2-2-1即為美國資源教室之發展簡史。

表2-2-1　美國資源教室的發展

Before 1910：僅有特殊學校或自足式特殊班對身心障礙學生提供特殊教育服務
1910s：開始對「隔離式的特殊教育安置環境」提出質疑
1913：Robert Irwin開始對視障學生提供部分時間的個別化教育
1940s：提供普通學校內的聽覺障礙學生個別化教育
1950s-1960s：提供普通班中閱讀、數學或說話有困難的學生的個別學習輔導
1968：L. M. Dunn發表〈輕度智障學生在自足式特殊班的成效？〉一文影響回歸主流運動的興起
1970s-1980s：回歸主流、融合教育思潮造成資源教室的時代來臨
1990s：完全融合的思潮興起
2000s：特殊教育連續服務體制，以提供「最適當安置」的整體多元考量爲原則

第三節　我國資源教室的發展與現況

相較於國外1910年代開始進行資源教室型態的特殊教育學生安置，我國的資源教室則可始自1960年代開始實施的「視覺障礙學生混合教育巡迴輔導計畫」，繼之才於全國各國中和國小成立資源教室或稱之為資源班，以服務聽覺障礙、輕度智能障礙、學習障礙、語言障礙或自閉症學生，由歷史發展觀之，早期我國資源教室的設立主要以服務單一類別的身心障礙學生為主，後來不分類資源教室才蔚為主流，至今不分類或跨類別資源教室型態已成為可討論的議題，表2-3-1即為我國資源教室發展之簡史。

表2-3-1　我國資源教室的緣起與發展

56年	全國實施「視覺障礙學生混合教育計畫」巡迴輔導
64年	臺北市新興國中成立「聽障資源教室」
65年	臺北金華、中山、西園國中成立啓智資源班
67年	臺灣省二十所國中實施資源教室實驗計畫
68年	資優教育以集中和分散式資源班實施
69年	資源教室擴大至中小學階段，以學障和低成就爲主
71年	臺北市永春、東門、劍潭、河堤四國小成立學習障礙資源班
73年	臺北市永樂國小成立「語障資源班」
73年	大專校院開始成立資源教室服務
80年	高雄市瑞豐、內惟兩國小成立自閉症資源班
80年	臺北市中山國小成立自閉症資源班
83年	臺北市十五所國民中學成立身心障礙資源班，服務輕度障礙學生
87年	臺北市所有公立高中皆設立資源教室

從民國52年至今，我國的資源教室發展有漸行普及之趨勢，而依據我國特殊教育統計年報98至100年度的資料如表2-3-2，可知從學前至高中職，資源教室模式之資源班和巡迴輔導班合計約占全部安置型態的54%，目前已經是我國身心障礙學生首要安置環境。

表2-3-2　98-100年度特殊教育身心障礙類班級類型設置概況

單位：班

類別／年度／階段別	分散式資源班			自足式特殊班			巡迴輔導班（含在家教育）			特殊教育學校		
	98	99	100	98	99	100	98	99	100	98	99	100
學前	16	21	21	122	121	129	78	85	98	52	54	56
國小	1283	1331	1382	767	767	754	248	277	306	114	116	114
國中	641	661	689	433	444	448	77	78	92	140	141	139
高中/高職	107	167	167	297	319	341	0	2	7	369	381	379
總計/百分比	2047/43%	2180/44%	2259/44%	1619/34%	1651/33%	1672/33%	403/9%	442/9%	503/10%	675/14%	692/14%	688/13%

歷年來我國有關資源教室的相關研究，也多以肯定資源教室對身心障礙學生的學習成效，將在第四節彙整我國自民國67年以來資源教室經營相關研究。而表2-3-3為本書擷取其中12篇碩士論文，可以一窺從民國94至99年間，我國資源教室經營之成效、相關問題討論與建議。大多數的研究結果顯示資源教師的特殊教育專業性仍有待加強，此亦是近年來資源教室經營的一大課題，而教師專業性不足的部分原因來自於不分類資源班型態，資源教師必須有能力解決所有障礙類別學生的特殊教育需求，而形成資源教師的壓力倍增，況且此現象亦需追溯至特教教師的職前訓練，是否每一位資源教師都具備了跨障礙類別學生的教學專業訓練？如果不分類或跨類別安置是政策和實務所需，師資職前教育和教師在職進修就必須加強教師的教學專業能力。此外資源教室的定位不明、學校內其他行政人員或教師的支持與配合不足、資源教室相關法規不足等，都是資源教室方案經營亟待解決的問題；而此結果也造成資源教師的流動

率偏高，在偏遠地區此問題更嚴重，惡性循環成為資源教室經營上的一個嚴重困境。資源教室既然已是現階段特殊教育學生接受特殊教育的主要型態，資源教室在特殊教育不同安置體制下的定位，以及其在普通學校當中的定位與運作，都將是本書第三章資源教室的定位與類型、第四章資源教室行政運作、第五章資源教室的師資、編制與授課時數等所欲探討的主題，並針對上述相關議題提出參考解決模式。

表2-3-3　我國國中小資源教室相關研究彙整表

研究者：李志光	年代：2005	研究方法：問卷調查、訪談
研究實施區域：高雄市	教育階段別：國小	資源教室類型：不分類
研究結果： 一、各校不分類資源班實施成效以親師合作與親職教育和經費運用最具成效，以學生輔導成效較差。 二、大多數學校行政能尊重特教專業，處室能充分配合特教工作推展，發揮團隊合作的精神。少部分缺乏年度計畫，另會議決議的執行不夠落實。 三、大多數學校能依計畫執行招生鑑定，進行轉介前的輔導，但學障學生比例偏低，致太多文化不利學生進入資源班，造成標記。 四、合格特教老師數雖然比以前進步，但仍有不合格的師資擔任教學工作。而部分學校教師異動頻繁，不利IEP內容擬定及教師間的合作。 五、部分普通班教師不瞭解特教工作，不利於身心障礙學生的發現或協助回歸學生的有效學習。 六、多數學校教學時數及IEP設計符合規定，課程及評量方式多元。但個別輔導節數過多，影響其他學生學習。部分學校對情障學生偏重學科教學，而IEP檢討會議未發揮應有的功能。 七、多數學校教師能自編教材教具，排列整齊，但部分學校缺乏特教叢書，且教室布置未具功能性，規劃也不夠理想，同時上課會相互干擾。 八、多數學校能召開個案會議，並訂有學生回歸普通班標準，但部分學校在回歸標準與方式上執行不確實，且學生轉銜資料不齊全。 九、親師雖經常溝通，家長也肯定教師教學成果，但大多採單向方式，缺乏互動模式。部分學校資料提供多採勾選式，缺乏質性描述。 十、學校經費專款專用，購置程序符合規定，但部分學校相關財產清單列舉不夠具體。		
研究建議： 一、對教育行政機關之建議 1.及早公布特教願景及計畫，以導引學校規劃特教年度計畫。 2.對招生不足之小型或郊區學校師生比例，及學生招收不足或過多學校之教師，應具體規劃彈性處理相關規定。		

<table>
<tr><td colspan="3">
3.督促學校落實推動普通班補救教學，以解決不分類資源班低成就學生比例過高問題。
4.追蹤考評本研究中實施成效百分比較低的項目，如師資（85.7%）、教學資源（82%）、及學生輔導（75%），以提升不分類資源班的實施效果。
二、對學校之建議
1.訂定特教年度工作計畫以推展特教工作。
2.追蹤、列管會議決議事項，以瞭解辦理情形。
3.特教師資缺額應確實開缺、甄選，以達成完全合格師資目標。
4.規劃普通班教師特教研習，增進特教知能，以利普通班教師與資源班教師溝通協調。
5.配合學生特殊需求及安全，妥善安排教室，以達成無障礙學習環境。
三、對資源教師之建議
1.個別化教育計畫中長短期目標的敘述應以質性描述爲主，以求具體明確。
2.教學應以指導學習策略爲主，且與普通班教師密切合作，以利學生在普通班之學習。
3.情障學生的輔導，應以情緒管理及社會技巧的學習爲主。
4.特殊個案輔導紀錄應詳細記載個案基本資料、輔導過程與策略之使用，方便未來教師瞭解。
5.親師互動可採聯絡簿、電話、學生上下學家長接送時的溝通等多向方式。聯絡簿可加文字敘述與學生學習單，以利家長更瞭解學生學習狀況。
</td></tr>
<tr><td>研究者：許明仁</td><td>年代：2005</td><td>研究方法：問卷調查、訪談</td></tr>
<tr><td>研究實施區域：
苗栗縣、臺中市、彰化縣、南投縣、雲林縣、嘉義縣、嘉義市</td><td>教育階段別：國小</td><td>資源教室類型：不分類</td></tr>
<tr><td colspan="3">
研究結果：
一、不同背景變項因素的資源班家長
1.男性的資源班家長在「實施概況」層面的滿意度高於女性資源班家長。
2.低社經地位的資源班家長在「實施概況」及「行政與設備」層面的滿意度高於高社經地位的資源班家長。
3.擔任學校義工的資源班家長在「學生學習」及「溝通諮詢」層面高於未擔任者。
4.參與IEP會議次數越多的資源班家長，其對資源班服務的滿意度越高。
5.子女性別是男生的資源班家長，在「個別化教育計畫」層面的滿意度高於子女性別是女生的資源班家長。
6.中年級的資源班家長，分別在「個別化教育計畫」及「溝通諮詢」層面的滿意度高於低年級及高年級的資源班家長。
7.子女是智能障礙的資源班家長，在「教學現況」及「學生學習」層面的滿意度高於子女是學習障礙及其他障礙類別的資源班家長。
</td></tr>
</table>

8.子女接受二年服務年數的資源班家長，在「學生學習」及「個別化教育計畫」層面的滿意度高於子女接受一年服務年數的資源班家長。
9.子女每週接受不同服務時數的資源班家長，差異未達顯著。
10.子女接受數學科教學的資源班家長，在「實施概況」層面的滿意度高於子女接受二科教學服務的資源班家長。

二、家長開放性意見
1.家長主張應依不同障礙類別、年級、學生程度進行分班或分組教學，最好的方式應是「一對一」的教學方式。
2.家長希望增加資源班的上課時間，但並非「抽離」正課方式，而是利用早自修、課後，甚至是假日、寒暑假等「外加」時間，最好能增加上課次數及時間。
3.課程內容最好能於開學前規劃完成，並符合兒童及社會需要。
4.期待教學方式能更多樣化，如：影片、戶外教學、電腦教學等方式，並期待加深資源班的作業量，以提升學生的進步程度。
5.資源班家長對資源班教師的付出及學生學科能力的進步，表示感謝之意。
6.普通班教師應與資源班教師就學生學習的問題做更深入的溝通。
7.家長感到資源班學生被「標籤化」的負面影響，期待建立一般師生對資源班學生的正確態度與觀念，並學會接納資源班學生。
8.希望學校增加充實資源班的軟、硬體設備，以提升教學品質，同時注意資源班設置的地點。
9.資源班家長期待學校能協助他們增加對IEP的瞭解，更希望學校能落實IEP的實施效果。
10.希望教師能多提供資訊服務與溝通機會，以滿足家長認知上的需求，最好能每週發行固定刊物，協助家長掌握孩子的學習狀態。
11.肯定個別化教育方案的實施效果，但期待能對IEP有更深入的瞭解。

研究建議：

一、對教育行政機關的建議
1.改善資源班不分類、不分年級的上課型態。
2.擬訂IEP個別化教育計畫的時間表應提前。

二、對學校的建議
1.落實資源班學生「回歸」普通班的機制。
2.儘量以晚上或假日舉辦活動或進行會議，藉以提高家長出席率。
3.重視出席家長的意見，並注意未克出席家長「知」的權利。
4.加強家長溝通，獲得家長認同。
5.重視關心資源班學生權益，提供多方機會表現。

三、對資源教師的建議
1.課程、教材、課表及教法應及早告知家長。
2.教師應與家長保持密切聯繫，務使家長共同成爲子女教育的合作夥伴。

四、對資源班家長的建議
1.家長應重視自身「參與」的權利，積極出席IEP會議。
2.家長應自我充實，主動汲取特殊教育相關資訊。

<table>
<tr><td>研究者：黃慈雲</td><td>年代：2005</td><td>研究方法：問卷調查</td></tr>
<tr><td>研究實施區域：
臺中市、彰化縣、南投縣</td><td>教育階段別：國中</td><td>資源教室類型：
分類、不分類</td></tr>
<tr><td colspan="3">研究結果：
一、中部地區國民中學資源班的實施現況表現爲「經常如此」的程度，屬於中度偏高的指數。
二、中部地區國民中學資源班的實施現況情形，因教師是否具備特教教育學分、資源班成班年數、與學校規模的不同，而有顯著差異。
1.具備特教學分的資源班教師在鑑定評量、課程教學、諮詢服務上的表現顯著高於未具備特殊教育學分者。
2.成立在2年以下的資源班，在鑑定評量、課程教學、與諮詢服務上的實施現況顯著高於其他者。
3.學校規模在61班以上的資源班在整體現況在行政支持與諮詢服務這兩個層面上的顯著高於21-40班者。</td></tr>
<tr><td colspan="3">研究建議：
一、對教育主管機關的建議
1.修訂資源班相關法令。
2.加強辦理專業知能研習。
3.依據教師教學需求，辦理相關研習。
二、對學校行政單位的建議
1.資源班教師宜專才專任。
2.推廣特教理念、增進師生交流。
3.加強校內行政配合、提升特教推行委員會的功能。
三、對資源教師的建議
1.加強公共關係的經營，維持良好互動關係。
2.積極參加進修研習，充實專業知識。</td></tr>
<tr><td>研究者：許雯瑛</td><td>年代：2005</td><td>研究方法：問卷調查</td></tr>
<tr><td>研究實施區域：
臺中市、彰化縣</td><td>教育階段別：國中</td><td>資源教室類型：不分類</td></tr>
<tr><td colspan="3">研究結果：
一、資源教師和普通班教師整體教學信念均趨於進步取向，源教師比普通班教師更趨於進步取向。
二、資源教師在「師生關係」、「學生學習與評量」等層面之教學信念進步取向，高於有資源班學生的普通班導師。
三、資源教師在「師生關係」層面之教學信念進步取向高於無資源班學生的普通班導師。
四、在「資源班的課程規劃」、「個別化教育計畫的擬定、執行與落實責任的歸屬」、「對資源班學生的接納」、「資源班學生的評量」、「如何評定資源班學生的學習成效」、「資源班學生的行爲管理與輔導責任」等六議題上，資源班老師與普教老師的教學信念有顯著差異。</td></tr>
</table>

研究建議：
一、提升國中普通班教師對資源方案的理念。
二、提升普通班教師對特殊學生的接納度。
三、多元、彈性評量理念的宣導。
四、加強兩類教師的溝通與經驗分享。

研究者：張青紟	年代：2006	研究方法：問卷調查、訪談
研究實施區域： 新竹縣、苗栗縣、臺中市	教育階段別：國中	資源教室類型：不分類

研究結果：
一、資源班課程內容實施的現況及困難
1. 資源班課程最重視國、英、數等基本學科，最少安排職業試探；大多數資源班課程仍以學科爲重，而在課程設計方式上最重視學生的個別差異，其次是依九年一貫課程綱要設計。
2. 資源班教師使用教材來源，以部分使用或修改普通班教材爲主，而在修改教材以適應學生需求的方式上，以調整課本或教學內容的難易度最多，做課本或教學內容順序的調整較少。資源班教師在可用教材的形式上，以習作、作業單最多，以資訊融入系統教材最少。
3. 在欠缺教材種類的困難上，以欠缺學習策略輔導教材最爲嚴重。訪談也發現欠缺較多的學科方面富趣味性的補充教材、情緒方面的教材、有關教學策略與學習方法的教材與教學光碟軟體等。
4. 學生個別差異太大是影響資源班教師編選教材上遭遇的最大困難，九成的教師在教材編選上感到困難，並且仍有四分之一的教師反應軟硬體設備不敷使用。

二、資源班教學的現況及困難
1. 資源班的教學安排上，採小組教學方式最多，另外四分之一以下是採個別教學、同儕教導，合作學習。最常用的教學策略爲善用問問題技巧、教學前引起學生的學習動機。
2. 資源班教師最常用依學習需要調整座位的安排，也會運用各種增強方式獎勵預期的行爲和關懷、鼓勵學生，不時給予協助避免讓學生感到挫折。並最常以根據學生程度，調整作業的難度和縮短作業的長度、或減少問題的數量作爲調整學生作業的方式。
3. 資源班教師在與普通班教師互動的形式，以與普通班教師合作處理學生情緒與行爲問題最多，而次數上，以一個月至少一次的情形最爲普遍。
4. 資源班教師在教學上最感困擾的地方在於學生身心特質的異質性太大，不易呈現教學效果；另外老師們希望分組教學，但是排課方面並不容易。教師在專業能力上有教材編輯、教學策略使用的困難；行政方面則有行政上的角色定位未明、行政工作量太大、排課方式不當、設備不足等問題。

三、資源班評量的現況及困難
1. 資源班教師針對學生基本能力進行評估工作的情形以國語文能力和智力或優弱勢能力最多；其次爲語言理解與表達能力及數學能力和成就；較

少評估溝通能力。在評估上，常遭遇評量工具不足的情形；有的班級是參考學生前一階段學習資料，但有的學校提供的資料不足，或發現智力測驗表現與學習表現不盡相符。教師雖重視評量的能力，但由於欠缺評量工具，以致在教學前的評估工作常流於個人主觀想法。

2. 資源班教師針對資源班學生進行調整評量上，最常使用平日上課中的觀察紀錄，或蒐集平日作品及採用無障礙評量。
3. 資源班教師在學生總成績計算方式上，採用資源班與普通班合計分數計算的方式最多，約占六成；在評量上，資源班教師反應採用不同的評量方式及調整不同難度有困難，學生總成績的計算方式也困擾著資源班教師。資源班教師在評量結果的運用上，大多數資源班教師會根據評量結果修正下一學期IEP之教學目標、修正教學的方式或做爲回歸原班之重要依據。老師們感到評量的困難包括：採用不同的評量方式及調整不同難度、以及學生總成績的計算方式、欠缺評量工具。

研究建議：

一、對教育行政機關的建議

1. 各縣級特殊教育中心加強研發適宜的教材教具。
2. 委託師培機構及民間機關團體來辦理研習與進修。
3. 充實評量工具並培養多元評量觀的資源班教師。
4. 訂定資源班成績計算方式。

二、對資源教師的建議

1. 依學生的學習需求設計課程，而非只依任教專長設計課程。
2. 加強與普通班教師互動的次數，再提升互動的品質。
3. 提升資源班教師教學專業的能力。

研究者：陳鴻杉	年代：2006	研究方法：問卷調查、訪談
研究實施區域：彰化縣	教育階段別：國小	資源教室類型：不分類

研究結果：

一、國民小學校長對資源班的認知仍待提升。

二、國民小學校長對資源班態度在情意方面狀況

1. 國民小學校長設置資源班的原因爲減輕普通班教師負擔、提升特殊學生學習能力；未設班因素則爲學生數及教室不足。
2. 國民小學校長肯定校內資源班的成效，但期望多發揮生活與行爲輔導的功能。
3. 國民小學校長認爲設置資源班後對學校各層面有正面影響，且標籤化問題已減輕。
4. 國民小學校長認爲在資源班運作時應扮演支持、領導的角色，並會影響學校團隊對資源班態度。

三、國民小學校長在推動資源班運作的作爲，多持尊重專業、支持配合的態度，提供的協助偏重一般行政事務。

四、國民小學校長認爲資源班運作順利的關鍵主要爲良好師資，次爲行政支援。

<table>
<tr><td colspan="3">五、國民小學校長推動資源班運作時，遭遇的困難爲家長配合度與資源班學生人數過多。
六、國民小學校長認爲顧及特殊學生的受教權及各校情況，資源班不應有設班門檻。
七、國民小學校長對資源班實施的意見爲檢討資源班適宜的學生數、妥善運用經費、多給予學生直接幫助。</td></tr>
<tr><td colspan="3">研究建議：
一、對國民小學校長的建議
1.充實特教專業知能。
2.對資源班清楚定位。
3.尋求專業團隊對資源班的協助。
二、對教育行政主管機關的建議
1.善用經費逐年充實資源班設備。
2.探討資源班合適的班級人數。
3.規劃校長與教師實務性專業訓練。
4.跳脫辦理特教工作與評鑑成效之數字與書面資料的迷思。</td></tr>
<tr><td>研究者：游玉芬</td><td>年代：2007</td><td>研究方法：問卷調查、訪談</td></tr>
<tr><td>研究實施區域：臺中市</td><td>教育階段別：國小</td><td>資源教室類型：不分類</td></tr>
<tr><td colspan="3">研究結果：
一、教師特教專業背景的瞭解
1.就整體資源班教師背景而言，教學者以女性教師居多，年齡分布超過一半爲41歲以上，而學校規模以37-60班最多。
2.資源班教師的教學經歷，行政人員具特教教學經歷僅占少數，資源班老師超過一半曾擔任普通班或啓智班老師。
3.資源班教師取得特教方面的最高學歷，行政人員方面較缺乏特教專業的學歷，資源班老師專業學歷比率較以往高，多數爲特教學分班或特教師資班畢業。
4.有超過一半以上的行政人員未修習資源教室方案經營、教學課程，資源班教師大多數已修畢完成。
5.擔任特殊教育心理評量與測驗小組成員，行政人員大多數未擔任，超過一半的資源班教師擔任此項工作，擔任人員以31-40歲居多。
二、資源班之行政運作、經費運用、學校行政支援情形
1.絕大多數的學校能依規定召開特殊教育推行委員會會議，其任務以特殊學生安置建議最多。
2.大多數的學校已訂定資源班年度工作計畫，絕大多數認爲確實執行工作實施計畫，且逐年進行檢討。
3.資源班之經費運用，絕大多數認爲確實專款專用，超過一半老師認爲經費充足，但部分設備老舊學校希望編列經費改善教學設備。
4.絕大多數行政人員與資源班教師對於彼此間溝通協調與請假代課安排，有高度的滿意度，其代課安排方式，以校內實習老師代課最多。</td></tr>
</table>

三、資源班服務對象與入班上課情形
1.學校身障生人數大多數為21-30人，資源班人數以11-20人最多，不過仍有7%的學校有26位以上的學生。此外，每位學生每週到資源班上課的節數以4-6節最多，上課時間的安排方式以抽離式、外加式兩者併用最多。
2.學生入班條件以由鑑輔會鑑定通過、領有身心障礙手冊者最多。
3.肯定鑑輔會的鑑定制度，有實質的功能存在。
4.資源班服務對象以學習障礙類占最多，教學上的困擾，以嚴重情緒障礙（含注意力缺陷過動）最多，情緒障礙與自閉症是老師教學較無法掌握的類別。
四、個別化教育計畫實施、教學及教材編選
1.資源班IEP會議，參與人員絕大多數以家長與資源班老師最多，專家學者最少，希望校長能多參與資源班會議並給予鼓勵。
2.接受IEP訓練管道，以市府辦理特教研習、參考相關書籍或刊物方式最多，實施IEP的困難，以理論與實務無法配合為最多。
3.資源班的課程大多數以國語、數學最多，其次分別為社交技巧、人際關係，依據資源班教師自編學科測驗成績進行打破年級依能力分組法。
4.資源班教材主要來源以改編自普通班教材最多，自編的教材大多為講義、學習單，目前缺乏情緒管理的教材，學生個別差異太大造成編選教材的困擾。
五、資源班實施之成效與困境
1.特殊教育推行委員會能積極推動特殊教育活動，資源班實施成效，大多數認為不管對普通班老師、家長、學生都有九成以上的滿意度。
2.有八成九認為資源班特色是普通班教師能相互配合，而工作重點以編輯教材、教學。
3.過半認為需要加強特殊兒童教育診斷的特教知能，多數認為需要辦理學生行為輔導的研習，而這些研習應該是長期性、計畫性且分障礙類別的研習。
4.經營資源班行政上的困難是找不到特教專業的代課老師，教學上的困難是學生不同類別混合安置，影響教學成效，編選教材上學生障礙類別太多，造成編選IEP費時工作量大。

研究建議：
一、對教育行政機關的建議
1.加強辦理研習與進修活動，提升資源班教師專業知能。
2.訂定鼓勵措施辦法，提升教師進修意願。
3.積極分區成立專業成長團體或工作坊，建立資源班老師交流的平臺。
4.廣設資源班，學習資源更充裕。
5.編列充實設備所需的經費，以利資源班的推展。
6.修正鑑定安置工具與程序。
二、對學校行政人員的建議
1.加強校內行政的整合與配合。
2.提升普通班老師與家長特教知能。
3.校長要大力支持與推動各項特教工作。

4.定期辦理個案研討會，以檢討改進教學。
5.增加對資源班老師的肯定與讚美。
三、對資源教師的建議
1.積極參加教師專業進修與研習，提升教學知能。
2.鼓勵教師以團隊學習的方式，共同成長。
3.建立溝通管道，加強公共關係經營。

研究者：李淑美	年代：2007	研究方法：問卷調查
研究實施區域：屏東縣	教育階段別：小學	資源教室類型：不分類

研究結果：
一、國民小學資源班家長有良好的社會支持。
二、國民小學資源班家長的親職壓力屬中上程度。
三、國民小學資源班的家庭氣氛普遍佳。
四、資源班家長是爸爸或媽媽、學生持有身心障礙手冊及一般家庭，在社會支持高於其他家長、學生無身心障礙手冊及非一般家庭。
五、學生持有身心障礙手冊、家長有工作者及一般家庭，其親職壓力比學生無身心障礙手冊、家長無工作者及非一般家庭高。
六、資源班家長是爸爸或媽媽、學生持有身心障礙手冊及一般家庭，其家庭氣氛優於其他家長、學生無身心障礙手冊及非一般家庭。
七、國民小學資源班家長社會支持越高，其親職壓力越低，家庭氣氛越佳。
八、國民小學資源班家長社會支持與親職壓力，可作爲預測家庭氣氛之參考。

研究建議：
一、對社會福利單位之建議
1.建立完善的社會福利制度。
2.良好的支持系統。
二、對教育行政及學校行政之建議
1.普設資源班。
2.學校須作爲特殊教育的強力後盾。
3.加強普教老師的特教認知。
三、對家長之建議
1.充實知能。
2.接納與關懷。
3.尋求資源與協助。

研究者：周怡婷	年代：2007	研究方法：問卷調查
研究實施區域：基隆市、臺北市、新北市、桃園縣、新竹市、新竹縣	教育階段別：國中	資源教室類型：不分類

研究結果：
一、國中資源班與普通班教師對於雙方教師合作皆具備正向且積極的態度，而資源班教師的態度又顯著較普通班教師積極。

二、國中資源班與普通班教師在五個合作的層面上以轉介層面的合作情形最好，在教學與輔導上的合作情形較少，而資源班老師在轉介層面的合作顯著較普通班教師頻繁。雙方教師間的聯繫以每二～四天一次最多，最常透過電話與會議方式進行。
三、國中資源班與普通班教師的合作態度與合作現況有顯著正相關。
四、國中資源班與普通班教師認爲教師之間能尊重彼此的專業、有融洽的溝通氣氛、對教育理念有共識、瞭解合作的目的及主動性高，是造成合作關係良好的主要因素，而資源班教師在「對於教育理念有共識」的認同顯著高於普通班教師。
五、國中資源班與普通班教師認爲教師之間缺少共同討論的時間、不清楚在合作中應扮演的角色及合作的目的、缺少相關專業人員協助、缺少行政支持是造成合作關係欠佳的主要因素，而資源班教師在「不清楚在合作中需扮演的角色」的認同顯著高於普通班教師，普通班教師在「缺少相關專業人員的協助」的認同顯著高於資源班教師。

研究建議：
一、對資源教師之建議
1.積極參與各領域教學研究會議。
2.扮演資源整合者的角色。
3.從小地方開始進行教學合作。
4.創造成功的合作經驗。
二、對普通班教師之建議
1.主動尋求協助，積極參與合作。
2.多參與特教知能相關研習。
3.充實課程調整的能力。
三、對學校行政單位之建議
1.定期出版特教宣導刊物。
2.安排共同討論與合作教學的時間。
3.主動提供教師行政支援。

研究者：胡文玲	年代：2008	研究方法：問卷調查、訪談
研究實施區域：屏東縣	教育階段別：國小	資源教室類型：不分類

研究結果：
一、國小資源班教師以30歲以下及31-40歲爲主，服務資源班之年資以4-9年者居多。
二、全部學校皆已設置特殊教育推行委員會，且主要功能爲教學及行政之研討。資源班教師與普通班教師互動次數，每星期至少一次且以當面溝通居多；而資源班教師與家長互動次數，每個月至少一次且以家長到校居多。
三、資源班以智能障礙及學習障礙生最多。教師實施IEP的困難以家長參與意願不高、教學時間不足居多。
四、資源班教學科目主要是國語、數學兩科，教材來源以自編及修改普通班教材爲主。資源班學生回歸原班的百分比大部分在30%以下。
五、資源班教師認爲資源班經營困難的原因，主要是排課時間不易協調。

<table>
<tr><td colspan="3">研究建議：
一、對教育行政單位
　　1.增設資源班、降低學生人數。
　　2.舉辦資源班相關議題之進修或工作坊。
　　3.能發文至學校，由資源班優先排課。
　　4.評鑑制度重新討論、評估。
二、對設置資源班學校
　　1.提升學校行政人員及普通班老師之特教知能。
　　2.提升特教推行委員會之功能。
三、對資源班教師
　　1.提升溝通能力，加強公共關係經營。
　　2.以團隊學習方式成立諮詢、支持網絡。</td></tr>
<tr><td>研究者：蔡幸璇</td><td>年代：2008</td><td>研究方法：問卷調查</td></tr>
<tr><td>研究實施區域：
臺北市、高雄市</td><td>教育階段別：國小</td><td>資源教室類型：不分類</td></tr>
<tr><td colspan="3">研究結果：
一、臺北市、高雄市之國小不分類身心障礙資源班教師的家庭生活滿意度大致良好，屬於中等以上的程度。
二、國小不分類身心障礙資源班教師家庭生活滿意度會與性別、年齡、婚姻狀況、居住狀況、專業背景、目前是否在職進修、家庭每月平均總收入有關。
　　1.國小不分類身心障礙資源班教師家庭生活滿意度與其性別有密切關聯。
　　2.年齡的高低，關乎國小不分類身心障礙資源班教師家庭生活滿意度的良窳。
　　3.國小不分類身心障礙資源班教師家庭生活滿意度與其婚姻狀況有密切的關聯。
　　4.國小不分類身心障礙資源班教師家庭生活滿意度與其居住狀況有密切的關聯。
　　5.國小不分類身心障礙資源班教師家庭生活滿意度與其專業背景有密切的關聯。
　　6.國小不分類身心障礙資源班教師家庭生活滿意度與其目前是否在職進修有密切的關聯。
　　7.國小不分類身心障礙資源班教師家庭生活滿意度與家庭每月平均總收入的高低有關，家庭每月平均總收入較高者有較佳的家庭生活滿意度。
三、工作壓力的高低，攸關國小不分類身心障礙資源班教師家庭生活滿意度。
四、家庭壓力的高低，攸關國小不分類身心障礙資源班教師家庭生活滿意度。
五、不同家庭壓力的國小不分類身心障礙資源班教師，其家庭生活滿意度的高低，與其性別不同有關。
六、不同家庭壓力的國小不分類身心障礙資源班教師，其家庭生活滿意度的高低，與其婚姻狀況不同有關。</td></tr>
</table>

七、不同家庭壓力的國小不分類身心障礙資源班教師，其家庭生活滿意度的高低，與其目前是否在職進修有關。
八、國小不分類身心障礙資源班教師的工作壓力、家庭壓力與家庭生活滿意度間有顯著的典型相關存在。
九、國小不分類身心障礙資源班教師的背景變項、工作壓力、家庭壓力，或可作為預測家庭生活滿意度的參考。

研究建議：
一、對資源教師之建議
1.擴大生活範圍，經驗分享與學習。
2.尋求支持力量，適度紓解壓力。
3.積極經營家庭，共享家庭生活。
二、對學校行政單位之建議
1.行政支援特教，建立合作溝通系統。
2.訂定適切進修辦法，建立獎勵補助制度。
三、對政府機關及社會之建議
1.訂定福利政策，改善家庭生活負擔。
2.實踐家庭教育，落實家事分工觀念。

研究者：謝靜怡	年代：2008	研究方法：問卷調查
研究實施區域：新北市、臺北市	教育階段別：國中	資源教室類型：不分類

研究結果：
一、資源班教師對專業知能重要程度與具備程度之評定情形，都呈現中等以上的正向評價。
二、資源班教師對整體專業知能重要程度的評定，排序在前三項的層面為「學生輔導與行為問題處理」、「專業責任與工作倫理」、「診斷與評量」。
三、資源班教師對整體專業知能具備程度的評定，排序在前三項的層面為「專業責任與工作倫理」、「診斷與評量」、「資源班的管理與環境規劃」。
四、資源班教師專業知能重要程度與具備程度之間存在落差，資源班教師自我認定其專業知能的具備程度並不如重要程度。
五、不同性別、年齡、教學年資、專業背景、是否曾任教普通班等五項不同背景變項的資源班教師，對整體專業知能重要程度的評定並無顯著差異。惟不同教學年資的資源班教師對專業知能重要程度之評定在「一般特教專業知能」以及「診斷與評量」兩層面中具有顯著差異。在「一般特教專業知能」與「診斷與評量」層面，皆是教學年資6-10年評分高於11-15年。
六、不同性別、年齡、教學年資、專業背景、是否曾任教普通班等五項不同背景變項，對資源班教師在整體專業知能具備程度評定上並無顯著差異，但在部分專業知能層面上具有顯著差異。
七、資源班教師對整體專業知能重要程度的評定，與不同年齡、教學年資、是否曾任教普通班等三項不同背景變項沒有顯著的相關存在。

八、資源班教師對整體專業知能具備程度的評定，與資源班教師的年齡及教學年資兩項背景變項達到顯著正相關。

九、是否具備普通班經驗與資源班教師專業知能具備程度評定結果，並無顯著相關。惟具備普通班教學經驗之資源班教師，在「專業責任與工作倫理」以及「課程設計與教學」兩層面上具有顯著相關。

研究建議：

一、對教育行政機關之建議

1.提供資源班教師所需具備的專業知能。

2.提供教師專業知能進修的機會。

二、對師資培育單位之建議

1.規劃資源班教師在職進修課程。

2.落實教育實習的輔導工作。

三、對資源教師之建議

1.持續進修，追求專業成長。

2.多向前輩請益。

3.增加對普通教育課程及普通班教學環境的瞭解。

研究者：莊麗貞	年代：2008	研究方法：問卷調查
研究實施區域：臺北市	教育階段別：國中	資源教室類型：不分類

研究結果：

一、國中身心障礙資源班教師在特殊教育品質管理的認知情形，整體是屬於中高的等級。在教育承諾向度已達最佳的等級，在團隊合作、人力發展、持續改善、滿意情形及行政領導等向度均屬中高等級。

二、國中身心障礙資源班教師在特殊教育全面品質管理的執行現況，整體及教育承諾、團隊合作、人力發展、持續改善、滿意情形及行政領導等六個向度均屬於中高等級。

三、國中身心障礙資源班教師在特殊教育全面品質管理的認知情形，及執行現況各向度之排序大致相同。依序是：教育承諾、團隊合作、人力發展、持續改善、滿意情形、行政領導。

四、不同年齡的國中身心障礙資源班教師，在全面品質管理的認知情形整體上沒有顯著差異，但在行政領導、教育承諾的二個向度，已達顯著差異。

1.行政領導：30歲以下的教師優於51歲以上的教師。

2.教育承諾：30歲以下及31-40歲以下的國中身心障礙資源班教師優於51歲以上的教師。

五、不同性別、最高學歷、特殊教育專業背景、特教年資、擔任職務等的國中身心障礙資源班教師，在特殊教育全面品質管理的認知情形，無論是整體或各向度上均沒有顯著的差異。

六、不同性別的國中身心障礙資源班教師，在特殊教育全面品質管理的執行現況，整體上未達到顯著差異。然在人力發展與滿意情形的向度上，男性教師均優於女性教師。

<table>
<tr><td colspan="3">七、不同年齡、最高學歷、特殊教育專業背景、特教年資、擔任職務等的國中身心障礙資源班教師在特殊教育全面品質管理的執行現況上，無論是整體或各向度上均沒有顯著的差異。
八、國中身心障礙資源班教師在全面品質管理的認知情形與執行現況上，有顯著正相關。且各個變項本身的認知情形與執行現況的相關是較爲密切。</td></tr>
<tr><td colspan="3">研究建議：
一、對教育行政單位的建議
1.加強特殊教育行政規劃。
2.在國中校長、主任遴選培訓制度中加強特殊教育的理念與知能的審核。
3.提供特殊教育相關人員研習和進修管道。
4.辦理績優學校實務經驗分享。
二、對學校行政的建議
1.學校領導者宜加強特殊教全面品質管理的理念。
2.透過討論建立特殊教育的品質共識。
3.善用特殊教育評鑑持續改善，提升校園特殊教育品質。
4.增進全面品質管理的知能，整合教育資源，提升特殊教育的成效。
三、對資源教師的建議
1.舉辦教學研討會時，主動邀請學校行政人員參與。
2.充實特殊教育全面品質管理的專業知能，提供適合學習方式。
3.特教教師需不斷追求卓越與進步的企圖心，增進教學及輔導的品質。</td></tr>
<tr><td>研究者：劉禮平</td><td>年代：2009</td><td>研究方法：問卷調查、訪談</td></tr>
<tr><td>研究實施區域：馬祖地區</td><td>教育階段別：國中</td><td>資源教室類型：不分類</td></tr>
<tr><td colspan="3">研究結果：
一、教師與家長對資源班教師支援服務，在需求上趨於中度需求的程度；在滿意度上趨於中度滿意的程度。
二、不同背景的教師與家長對資源班教師支援服務需求與滿意度上，在需求程度上有差異但未達顯著，但是在滿意度上發現不同「教師職務」、「特教背景」的教師及不同「子女就讀年段」、「子女接受服務的時間」、「參加IEP會議次數」的家長對資源班教師支援服務的滿意度上是會造成影響。
三、教師與家長對資源班教師支援服務需求皆高於滿意度，但沒有明顯差異。</td></tr>
<tr><td colspan="3">研究建議：
一、對教育行政單位之建議
1.鼓勵普通班教師修習進修特教專業知能。
2.組織家長成長團體。
3.定期舉家長辦特教研習。
二、對資源教師之建議
1.加強對普通班教師及資源班學生家長的支援服務提供。
2.資源班教師應依不同背景之教師、家長，給予適切的支援服務。
3.鼓勵普通班教師修習特教專業知能。
4.鼓勵家長參加IEP會議。
5.加強與教師及家長聯繫，主動告知支援服務內容。</td></tr>
</table>

研究者：張汶樺、林秀錦	年代：2010	研究方法：問卷調查
研究實施區域：臺北市	教育階段別：國中	資源教室類型：不分類

研究結果：

一、臺北市國民中學特殊需求學生家長對資源教室方案服務之滿意度達「滿意」的程度。就四個資源教室方案的功能來看，家長對於資源教室方案功能的滿意度由高而低依序排列為「診斷評量」、「諮詢服務」、「教學輔導」、「特殊教育宣導」。

二、家長背景變項對資源教室方案服務滿意度之影響

1. 家長的身分（父或母）、教育程度、社經地位不同，對資源教室方案服務的滿意度均無顯著差異。
2. 家長參與子女教育的程度越高，對資源教室方案服務的滿意度越高。
3. 家長對於資源教室方案瞭解程度越高者，對資源教室方案服務的滿意度就越高。
4. 子女在國小曾接受資源教室方案服務者，家長在「諮詢服務」層面的滿意度較高。
5. 子女在國中資源教室方案接受服務的年數越高，家長對資源教室方案服務的滿意度就越高。
6. 子女每週到資源班的上課時數與家長對資源教室方案的滿意度兩者沒有相關。
7. 家長對資源教室方案瞭解的情形，可以有效預測家長對資源教室方案服務整體滿意度。

研究建議：無

研究者：楊俊威	年代：2010	研究方法：問卷調查
研究實施區域：臺灣	教育階段別：國小、國中	資源教室類型：不分類

研究結果：

一、資源班教師與普通班教師合作的現況尚佳，但生態評量部分待加強。

二、資源班教師在合作諮詢之「專業知能」、「諮詢態度」、「溝通技巧」以及其「學校支持」情形尚佳，但仍有進步空間。

三、不同背景變項資源班教師之比較

1. 男性資源班教師在「學校支持」以及該向度下「重視個別化服務」之狀況優女性資源班教師。
2. 教育程度為研究所之資源班教師，在「專業知能」的表現較教育程度為大學之資源班教師為佳，其中尤以「評量知能」部分較明顯，而教育程度為研究所之資源班教師，其表達技巧亦較教育程度為大學之資源班教師為佳。

四、普通教育與特殊教育二元系統壁壘分明，資源班教師與普通班教師進行合作諮詢仍存有「普通班教師特教專業知能不足」、「對於特殊需求學生接納度低」、「資源班與普通班使用不同課程內容、教學進度與評量方式」以及「學生在資源班與普通班表現不一致」等不利因素。

研究建議：
一、對教育行政單位的建議
修訂相關法令，提供合作諮詢法源依據行政單位協助提供資源班教師與普通班教師合作諮詢實質支持。
二、對資源教師的建議
1. 落實生態評量理念，積極入班瞭解學生原班的學習生態環境。
2. 平時與普通班教師維繫良好關係，並積極保持聯繫。
3. 充實自身專業知能，建立自身特殊教育專業形象。
4. 以平等、尊重、同理與誠懇的態度進行合作諮詢。
5. 保持彈性，運用多元方式與普通班教師溝通協調。
6. 以普通班原班課程爲主軸，透過調整讓學生能有一致性之學習內容。
7. 將諮詢紀錄納入學生檔案資料。
8. 善加利用早自修、午休、下課等時間進行諮詢。
9. 提供固定時段當諮詢時間，並主動將課表提供給普通班教師。
三、對普通班教師的建議
1. 眞誠接納身心障礙學生，以協調合作之方式共同爲身心障礙學生提供適切服務。
2. 積極透過各種管道，增進自身特教專業知能。
3. 調整心態並與資源班教師彼此相互尊重與信任。
四、對師資培育單位的建議
1. 爲符應教育部新頒訂之特殊教育課程綱要內涵以及融合教育的理念，建議針對師範院校特教系學生，能於師培養成過程即增進其關於普通教育課程內涵與合作諮詢之相關知能。
2. 針對師範院校非特教系學生，於師培過程繼續提供其修習特殊教育專業學分之機會，以增進其對於身心障礙學生的瞭解與接納。
3. 針對第一線資源班教師，師培單位特教中心宜配合教育部特殊教育課程綱要內容，積極辦理相關知能研習，提供資源班教師「認識普通教育課程內容與調整方式」以及「合作諮詢相關知能」之機會。

第四節　資源教室相關研究報告

本節蒐錄多年來資源教室的相關研究報告，包含博碩士論文，以及各單位或機構所發表的專案報告、圖書著作、期刊短文，以提供相關人士做進一步研究之用。

一、碩博士論文

李志光（2005）。**高雄市國民小學不分類資源班實施成效之研究**（未出版碩士論文）國立高雄師範大學，高雄。

李淑美（2007）**屏東縣國民小學資源班家長社會支持、親職壓力與家庭氣氛關係之研究**（未出版碩士論文）國立高雄師範大學，高雄。

周怡婷（2007）**國中資源班教師與普通班教師合作關係調查研究**（未出版碩士論文）國立臺灣師範大學，臺北。

胡文玲（2008）**屏東縣國小資源班實施現況調查研究**（未出版碩士論文）國臺東大學，臺東。

張汶樺、林秀錦（2010）。**特殊需求學生家長對國中資源教室方案之滿意度調查**（未出版碩士論文）國立臺北教育大學，臺北。

張青紟（2006）**國民中學身心障礙資源班課程實施現況之研究**（未出版碩士論文）國立彰化師範大學，彰化。

莊麗貞（2008）**特殊教育全面品質管理在國中身心障礙資源班應用之研究**（未出版碩士論文）國立臺灣師範大學，臺北。

許明仁（2005）**國民小學資源班家長對資源班服務滿意度之研究**（未出版碩士論文）國立彰化師範大學，彰化。

許雯瑛（2005）**國中身心障礙資源班與普通班教師教學信念之比較研究**（未出版碩士論文）國立彰化師範大學，彰化。

陳鴻杉（2006）**彰化縣國民小學校長對資源班態度之研究**（未出版碩士論文）國立彰化師範大學，彰化。

游玉芬（2007）**臺中市國民小學身心障礙資源班實施現況之研究**（未出版碩士論文）國立新竹教育大學，新竹。

黃慈雲（2005）**中部地區國民中學身心障礙資源班實施現況調查研究**（未出版碩士論文）國立彰化師範大學，彰化。

楊俊威（2010）**國中小資源班教師合作諮詢現況及相關因素之研究**（未出版碩士論文）國立高雄師範大學，高雄。

劉禮平（2009）**馬祖地區教師與家長對資源班教師支援服務需求與滿意度探討**（未出版碩士論文）國立臺灣師範大學，臺北。

蔡幸璇（2008）**國小不分類身心障礙資源班教師工作壓力、家庭壓力與家庭生活滿意度之相關研究**（未出版碩士論文）國立高雄師範大學，高雄。

謝靜怡（2008）**國中資源班教師專業知能之研究**（未出版碩士論文）國立臺灣師範大學，臺北。

二、專案報告

王振德（民67）。特殊教育中的資源教室方案。特殊教育叢書第10輯，國立臺灣師範大學特教中心。

王振德（民76）。我國資源教室方案實施現況及其成效評鑑。臺北：臺北市立師範學院。

王振德（民78）。資源教室。載於新竹師院特教中心編印：77學年度省立新竹師院輔導區國民小學特殊教育研討會會議記錄，頁33-37。

王振德（民78）。資源教室的實施與經營，載於國立臺灣師範大學特教中心編印，77學年度特殊教育研討會記錄，頁71-77。

王天苗（民72）。國中小資源教室的實施狀況之調查研究。特殊教育季刊，第10期，頁14-24。

邱上眞（民79）。諮詢教師方案及課程導向之評量。載於國立高雄師範大學特殊教育中心編印。78學年度南區特殊教育輔導教師知能研習會，頁6-12。

林素貞、鈕文英、江峰（民77）。資源教室的理論與實際。國立高雄師範學院特教中心。

林惠芬、林素貞、葉靖雲（民86）。國民小學「資源教室方案」經營手冊。國立彰化師範大學特殊教育中心。

沈宜純（民87）。《資源方案經營彙編》。省政府教育廳。

吳純純（民85）。國小資源班課程規畫與班級經營研習教材彙編。臺北市立師範學院特殊教育中心。

李永臣主編（民73）。臺北市東門國小72學年度資源教室工作報告。臺北：臺北市東門國小。

張蓓莉（民80）。國民中學資源班實施手冊。臺北市：國立臺灣師範大學特殊教育中心。

張有森（民70）。資優學生教育方式問題—分散式與集中式之檢討。載於資教育部國教司編印：第二次國民中小學資賦優異學生教育研究第二階段實驗輔導會議實錄，頁85-95。

張素貞（民72）。新埔國小資源教室方案實驗三年心得報告。特殊教育季刊，第10期，頁25-28。

張勝成、陳騰祥（民86）。資源教室指導手冊。國立彰化師範大學特殊教育學系。

張蓓莉（民79）。資源教室方案運作之基本理念。載於國立高雄師範大學特殊教育中心編印：78學年度南區特殊教育實務研討會，頁6-8。

張蓓莉（民82）。臺北市國中學習困難資源班訪視報告。臺北市教育局局委託國立臺灣師範大學特殊教育中心之專案研究報告。

蔡瑞美（民73）。金華國小聽障兒童資源教室—親職教育時間。特殊教育季刊，第17期，頁27。

盧臺華、洪儷瑜（民83）。臺北市身心障礙資源班實施手冊。臺北市教育局。

蕭金土（民86）。臺灣省政府教育廳辦理「資源教室」現況及成效評估之研究。臺灣省政府教育廳委託國立彰化師範大學之專題研究報告。

臺北市立新興國中（民84）。新興啓聰班二十週年紀念特刊。臺北市：臺北市立新興國中。

臺北市永樂國小（民78）。語言障礙資源教室工作實務報告。載於新竹師院特教中心編印：77學年度省立新竹師院輔導區國民小學特殊教育研討會會議記錄，頁56-64。

臺北市政府教育局（民72）。臺北市72學年度國民中學資源班工作檢討報告。

臺北市政府教育局（民73）。臺北市國民中學資源班（數學組）教學觀摩資料。

臺北市政府教育局（民73）。臺北市國民中學資源班（數學組）觀摩教學座談會記錄。

臺北市政府教育局（民74）。臺北市國民中學74學年度資源班教學觀摩檢討會記錄。

臺北市政府教育局（民75）。臺北市74學年度國民中學資源班實施工作報告。

臺北市政府教育局（民77）。臺北市國民中學76學年度資源班教學觀摩檢討會資料。

臺北市教育局（民82）。資源教室的經營與管理。臺北市：臺北市政府教育局。
臺北市教育局（民83）。臺北市國民中學身心障礙資源班實施計畫。
臺北市教育局（民83）。臺北市身心障礙資源班實施工作手冊。臺北市：臺北市教育局。
臺灣省立屏東師專附小（民69）。分散式資賦優異兒童教育研究。
臺灣省政府教育廳（民87）。資源方案經營彙編。南投縣：臺灣省政府教育廳。
高雄市政府教育局（民77）。高雄市國民中學資源教室方案研習報告。高雄：國立高雄師範學院特教中心。
高雄市政府教育局（民77）。從理論到實際—論資源教室。高雄市國中特殊教育叢書。
國立臺灣師範大學特殊教育中心（民84）。臺北市國民中學身心障礙資源班訪視輔導報告。
國立高雄師範大學特殊教育中心（民84）。高雄市國中資源班工作手冊。特殊教育叢書45輯。
國立彰化師範大學特殊教育中心（民86）。國民小學「資源教室方案」經營手冊。彰化市：國立彰化師範大學特殊教育中心。
教育部（民83）。國民中學資源班輔導手冊。國立高雄師範大學特殊教育中心。
教育部（民83）。國民小學資源班輔導手冊。臺北市立師範學院。
教育部（民85）。國民小學資源班輔導手冊。臺北市：教育部國民教育司。

三、圖書著作

王振德（民88）：資源教室方案。臺北市：心理出版社。
何華國編譯（民71）：特殊教育—普通班與資源教師如何輔導特殊兒童。臺北：五南圖書出版公司。
孟瑛如（民95）：資源教室方案—班級經營與補救教學。臺北市：五南圖書出版公司。
董媛卿（民87）：補救教學：資源教室的運作。臺北：五南圖書出版公司。
黃貞子（民84）。學習障礙兒童資源班的基本理念與實務。學習障礙兒童，第十三章。臺北：五南圖書出版公司。

黃瑞珍（民84）。資源教室的經營與管理。臺北市：心理出版社。

四、期刊短文

王振德（民69）。淺談資源教室。張老師月刊，6卷，5期，頁36-52。
王振德（民75）。資源教師的角色功能。國小特殊教育，第6期，頁28-32。
王振德（民75）。資源教室的模式與實施。北市師專學報，第17期，頁1-30。
王振德（民76）。資源教室方案實施範例。國小特殊教育，第7期，頁1-30。
王振德（民86）。資源利用與公共關係—資源教室經營的兩個要項。特殊教育季刊，69，頁32-38。
王振德（民87）。資源教室的行政管理與經營。特教園丁，13(3)，頁1-5。
毛連塭（民69）。1980年代特殊教育的趨勢與展望。載於國立臺灣師範大學特教中心編印：特教叢書第18輯，我國特殊教育的展望，頁1-5。
江秀雪（民87）。美國小學的資源教室。特殊教育季刊，65，頁30。
江明曄（民89）。高中資源教室的規劃與運作——以臺中女中爲例。特教園丁，16(2)，頁26-33。
江煒（民87）。資源班經營方向的探討。中縣文教，29，頁13-14。
李德高（民72）。資源教室。特殊教育季刊，第10期，頁1-2。
李藍（民69）。國小老師辦資源教室，張老師月刊，6卷，5期，頁34-35。
吳白琦（民95）。資源班教學經驗談。特殊教育季刊，95期，頁32-40。
吳武典（民75）。自助式資源教室（班）權式擬議。特殊教育季刊，第19期，頁6-1。
吳婉（民95）。提升身心障礙資源班之服務效能——談特教認輔制度及班務會議（以臺北市爲例）。特殊教育季刊，95期，頁12-15。
吳新華（民70）。分散式資優教育實驗中的資源方案。國教之友，459、460期，頁22-27。
吳麗君（民76）。回歸主流方案下普通班教師和學校行政人員的再教育。國小特殊教育，第7期，頁16-21。
何珮菁（民87）。資源教室經營之我見。特教園丁，13(3)，頁16-18。

何珮菁（民89）。淺析資源教室的學校行政支援服務。特教園丁，16(2)，頁1-6。
何華國（民70）。怎樣開辦資源教室。教與學，3月號，頁16-18。
汪麗敏（民69）。資源教室簡介（上、下）。國教輔導，19卷，8、9 期，頁28-29；10期，頁16-17。
林月盛（民87）。資源教室的現況與改進。特殊教育季刊，67，頁27-29。
林月嬌（民73）。訪臺北市河堤國小資源教室。特殊教育會刊，第7期，頁143-147。
林如娟譯（民73）。資源教室的一天—微電腦的運用。特殊教育季刊，第12期，頁37-38。
林怡慧（民94）。高中職資源教室之運作。文華學報，13期，頁136-152。
林金城（民94）。身心障礙資源班的理論與實際。師說，187期，頁28-32。
林美和（民66）。論資源教室。師友月刊，第125期，頁13-16。
林美和（民72）。設置資源教室的條件。特殊教育季刊，第10期，封面裡。
林福雄（民93）。聽見心中的鼓聲——臺北市立建國中學資源班輔導聽障生概況。聽障教育，3期，頁36-37。
林麗華（民72）。淺談「資源教室」。特殊教育季刊，第10期，頁11-13。
金慶瑞，（民92）。國中資源班學生學校生活素質之研究。特殊教育學報，18期，頁247-278。
宣崇慧（民90）。資源教室方案理念在大專院校之實踐。特殊教育季刊，78期，頁20-25。
柯平順（民72）。略談資源教室與學習缺陷。國小特殊教育，第3期，頁42-44。
柯平順（民73）。談學習缺陷與資源教師。載於國立臺灣教育學院特殊教育學會編印：教殊教育，第7期，頁50-56。
柯平順（民73）。談學習缺陷與資源教師。特殊教育會刊，第7期，頁50-56。
洪榮照（民86）。資源班的經營方向。特教新知通訊，5(2)，頁1-5。
洪麗瑜（民69）。在普通班級內爲資優兒童增加課程內容。教育心理與輔導，第9期，頁65-67。
胡永崇（民89）。國小身心障礙類資源班實施現況及改進之研究：以高雄縣爲例。屏東師院學報，13期，頁75-110。
孫沛德（民72）。國小資優兒童實驗班實施成果報告摘要。資優教育季刊，第10期，頁10-11。
徐昭（民76）。八斗國小—資源實驗班簡介。教與愛，第19期，頁16。
徐珮筠（民96）。高中職資源方案的發展與服務內涵之探討。南港高工學報，25期，頁105-121。
高令秋（民84a）。資源教室功能之探討。特殊教育季刊，第56期，頁11-15。
高令秋（民84b）。資源教室設計之探討。研習資訊，11(6)，頁51-54。
高彩珍（民91）。特教新手經驗分享——我在資源教室這一年。臺東特教，16期，頁69-73。
張小芬（民73）。訪臺北市劍潭國小資源教室。特殊教育會刊，第7期，頁140-142。
張月良（民88）。臺北市公立高中資源班實施現況探討。高中教育，5期，頁61-66。
張英鵬（民92）。九年一貫課程實施對身心障礙資源班經營之影響與因應策略（上）。屏師特殊教育，7期，頁17-23。
張英鵬（民93）。九年一貫課程實施對身心障礙資源班經營之影響與因應策略（下）。屏師特殊教育，8期。
張訓誥（民72）。資源教室工作的回憶。特殊教育季刊，第10期，頁34。
張雯婷（民87）。我的回顧—資源教室經驗談。特殊教育季刊，69，頁39-40。
張蓓莉（民77）。資源教室方案的發展方向。我國特殊教育的回顧與展望。頁183-208。
張蓓莉（民79）。特殊班或資源班與普通班之溝通與交流。特殊教育季刊，第35期，1-8頁。
張蓓莉（民87）。資源教室方案應提供的支援服務。特殊教育季刊，67，頁

1-5。
楊坤堂（民87）。國民小學資源班課程與教學。臺北市政府教育局。
蔡明蒼（民87）。臺北市身心障礙資源班實施現況。特殊教育季刊，67，頁6-16。
盧台華（民75）。如何運用旋轉門模式於資源教室方案中。資優教育季刊，第18期，頁32-35。
陸莉（民69）。回歸主流的自然科學教學構想。國民教育，22卷，9期，頁12-14。
陳冠州（民95）。資源班教師的工作環境。師友月刊，463期，頁58-61。
陳勇祥（民91）。從融合教育的觀點談資源教室的定位與走向。特殊教育季刊，85期，頁24-26。
陳順明（民71）。本校資優班充實課程的作法。特殊教育會利，第5期，頁64-65。
陳義智（民87）。由教改會建議項目反省小學「資源班」功能。高市文教，62，頁43-45。
陳雍容（民89）。資源教室中的個別化教育計畫。特教園丁，16(2)，頁7-12。
許漢章（民71）。國小分散式資優班教學有感。資優教育季刊，第6期，頁49-52。
許澤銘（民79）。資源教室的組織、功能與設備。載於臺北市立師範學院編印：特殊兒童輔導叢書第20輯。
許澤銘（民82）。資源教室的經營。載於臺北市教師研習中心主編：學習障礙與資源教學，頁133-150。
郭靜姿（民72）。資源教室與資源學習。資優教育季刊，第10期，頁26-29。
郭靜姿（民74）。資源教室方案在資優教育中的運用。資優教育季刊，17期，頁1-7。
郭靜姿（民76）。資源教室方案在資優教育中的運用。載於國立高雄師範大學特殊教育中心編印：75學年度第二次南區國中資優教育輔導會議暨教學觀摩會活動手冊，頁82-97。

郭靜姿（民76）。資源教室與資源學習。載於國立高雄師範大學特殊教育中心編印：75學年度第二次南區國中資優教育輔導會議暨教學觀摩會活動手冊，頁99-108。

黄奇汪（民71）。國民中學實施資源教學方案之構想。國教之友，第478期，頁11-14。

黄金華（民89）。一位資源班教師自白。特殊教育，76，頁39-40。

黄金源（民76）。回歸主流模式。國教天地，第71期，頁26-27。

黄武鎭（民72）。臺灣省實施資源教室的現況及展望。特殊教育季刊，第10期，頁5-10。

黄淑芬（民76）。我在資源教室任教。國教月刊，33卷，9、10期，頁60-62。

黄雙偉（民88）。推動資源教室方案的活水源泉—公共關係的建立。特教園丁，14(4)，頁16-19。

黄麗娟（民92）。身心障礙資源班實施指標之研究——以北區七縣市爲例。特殊教育研究學刊，25期，頁27-41。

曾美芳等（民74）。讓我們一起來關心資優學生的資源教室教學。資優教育季刊，第17期，頁8-10。

曾啓勇（民88）。資源班的理念與實施效果。竹縣文教，18期，頁71-74。

彭雲嬌（民85）。推展資教室方案之我見。桃縣文教，2，頁47-48。

葉靖雲（民87）。資源教室的概念知多少。特教園丁，13(3)，頁19-22。

廖永（民93）。花蓮縣巡迴式資源班經營現況探討，東臺灣特殊教育學報，第6期，頁65-88。

廖永（民95）。花蓮縣巡迴式資源班辦理成效探討。東臺灣特殊教育學報，8期，頁123-152。

趙桂珠（民83）。認識學習障礙的教育措施—資源教室。教師天地，68，頁79-80。

劉佑星（民68）。如何輔導普通班級中的弱視兒童。載於國立臺灣師範大學特教中心編印：特教叢書第16輯，我國特殊教育的展望，頁99-100。

劉佑星（民68）。臺灣省祝障兒童混合教育計畫實施現況。載於國立臺灣師範大學特教中心編印：特教叢書第16輯，我國特殊教育的展望，頁179-190。

程鈺雄、楊琇文（民88）。資源班教學實務融合普通班教學理念——小菜鳥的補救教學個案筆記。臺東特教，10，頁10-14。

賴秀雯（民93）。打破資源班的迷思。花蓮師院特教通訊，31期，頁33-39。

賴怡君（民95）。花蓮地區國小教師對身心障礙類資源班的瞭解與期望。花蓮教育大學學報：教育類，22期，頁229-253。

錢得龍（民95）。實現積極期待——資源班的現況與強化。師友月刊，466期，頁49-53。

謝佳男（民89）。臺北市普通高中資源班之實施。特殊教育季刊，75期，頁15-20。

鍾聖校（民70）。我國資賦優異教育分散式實驗現況之檢討。資優教育季刊，第3期，頁15-21。

鍾聖校（民71）。評鑑資源教室的理論與實際(一)。特殊教育季刊，第4期，頁10-13。

鍾聖校（民71）。評鑑資源教室的理論與實際(二)。特殊教育季刊，第5期，頁28-30。

韓福榮（民73）。談資源教室中的個別化教育方案。特殊教育會刊，第7期，頁137-139。

藍孟祥（民82）。淺談資源教室。載於臺北市教師研習中心主編：學習障礙與資源教學，151-160。

魏明堂（民90）。臺北市公立高職資源班實施現況調查研究。內湖高工學報，12期，63-71。

討論與練習

一、請以簡圖說明比較美國和我國資源教室的發展與重點。

二、請比較說明「資源教室方案」定義和融合教育（inclusive education）理念的關係。

三、請摘要說明我國不同教育階段資源教室方案的發展特色及困境。

第三章

資源教室的定位與類型

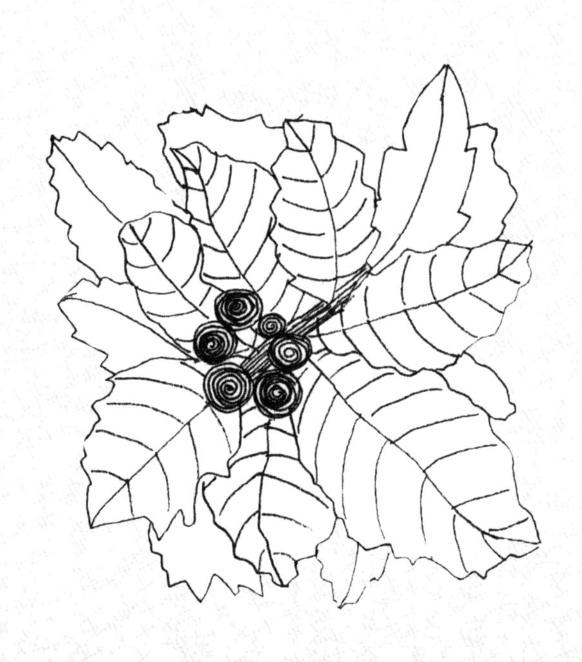

第一節 特殊教育不同安置體系之定義

依據Ysseldyke, Algozzine和Thurlow（2000）所引用之美國教育部1990年對美國國會所作之第十二屆身心障礙教育年度報告的內容，其中對身心障礙學生的不同安置環境之定義說明如表3-1-1。

表3-1-1 美國不同安置環境的定義

安置環境	定 義
普通班	身心障礙學生主要以接受普通教育爲主，接受特殊教育（含相關專業服務）的服務一天不超過21%（一天6小時計約72分鐘）。
資源教室	身心障礙學生主要以接受普通教育爲主，接受特殊教育（含相關專業服務）的服務占60%-21%（一天6小時計約占3 1/2 小時至76分鐘）。
自足式特殊班	在普通學校中，身心障礙學生接受特殊教育（含相關專業服務）的服務超過60%（一天6小時計約占220分鐘），其餘在普通班當中；或是一天全部6小時都是和其他身心障礙學生一起接受特殊教育服務。
特殊學校	身心障礙學生在一個只接受身心障礙學生的學校中，接受特殊教育（含相關專業服務）的服務超過50%（一天6小時計約占3小時）。
住宿型養護機構	身心障礙學生在一個公立或私立的住宿型養護機構中，接受特殊教育（含相關專業服務）的服務超過50%（一天6小時計約占3小時）。
在家教育／醫療院所	身心障礙學生在醫療院所或自己家裡接受教育。

而我國的特殊教育學生之安置環境定義，主要載於我國特殊教育法（民101）的第11條和第27條、特殊教育法施行細則（民102）第5條，以及特殊教育設施及人員設置標準（民101）第3條和第5條之規定。

特殊教育法第11條（民101）：高級中等以下各教育階段學校得設特殊教育班，其辦理方式如下：

一、集中式特殊教育班。

二、分散式資源班。
三、巡迴輔導班。

前項特殊教育班之設置，應由各級主管機關核定；其班級之設施及人員設置標準，由中央主管機關定之。

高級中等以下各教育階段學生，未依第一項規定安置於特殊教育班者，其所屬學校得擬具特殊教育方案向各主管機關申請；其申請內容與程序之辦法及自治法規，由各主管機關定之。

及本法27條（民101）：高級中等以下各教育階段學校，對於就讀普通班之身心障礙學生，應予適當教學及輔導；其教學原則及輔導方式之辦法，由各級主管機關定之。為使普通班教師得以兼顧身心障礙學生及其他學生之需要，前項學校應減少身心障礙學生就讀之普通班學生人數，或提供所需人力資源及協助；其減少班級學生人數之條件、核算方式、提供所需人力資源與協助之辦法，由中央主管機關定之。

特殊教育法施行細則第5條（民102）：本法第十一條第一項第一款所定集中式特殊教育班，指學生全部時間於特殊教育班接受特殊教育及相關服務；其經課程設計，部分學科（領域）得實施跨班教學。

本法第十一條第一項第二款所定分散式資源班，指學生在普通班就讀，部分時間接受特殊教育及相關服務。

本法第十一條第一項第三款所定巡迴輔導班，指學生在家庭、機構或學校，由巡迴輔導教師提供部分時間之特殊教育及相關服務。

本法第十一條第三項所定特殊教育方案，必要時，得採跨校方式辦理。

特殊教育設施及人員設置標準第3條（民101）：學校（園）

實施身心障礙教育，設特殊教育班者，每班學生人數，應依下列規定。但因學生身心障礙程度或學校設施設備之特殊考量，經各級主管機關核准者，不在此限：

一、集中式特殊教育班：

㈠幼兒（稚）園：每班不得超過八人。

㈡國民小學：每班不得超過十人。

㈢國民中學：每班不得超過十二人。

㈣高級中等學校：每班不得超過十五人。

二、分散式資源班及巡迴輔導班：依各級主管機關之規定。

各級主管機關得視實際需要，於所轄學校總教師員額不變之情形下，移撥普通班教師員額增設特殊教育班。

及本法第5條（民101）：學校（園）設特殊教育班者，其員額編制如下：……二、導師：

㈠集中式身心障礙特殊教育班：

1. 幼兒（稚）園、國民小學及國民中學：每班置導師二人，由教師兼任。

2. 高級中等學校：每班置導師一人，由教師兼任。

㈡集中式資賦優異特殊教育班：每班置導師一人，由教師兼任。

㈢分散式資源班及巡迴輔導班：由各級主管機關視實際需要，每班得置導師一人，由教師兼任。

上述我國法規乃從學生接受特殊教育的時間數量，以區分不同特殊教育安置環境的差異。圖3-1-1則是本文作者擬以不同教育人員參與不同特殊教育安置環境的工作說明其間差異；以特殊學校、在家教育和自足式特教班而言，所有的教學工作皆主要由特殊教育教師擔任，而資源班則由特殊教育教師和普通教育教師共同分擔身心障礙學生的課程與教學和輔導。

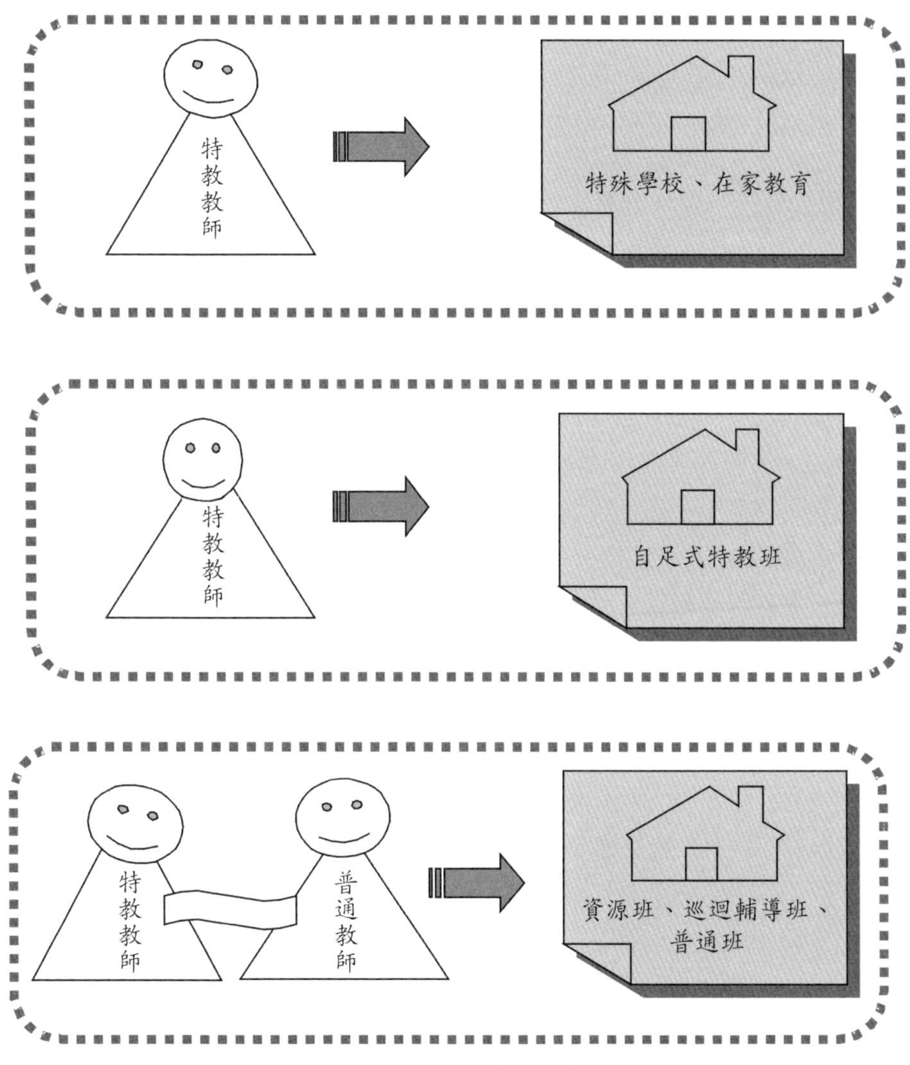

圖3-1-1　不同教學者與不同特殊教育安置環境的關係

第二節　資源教室之定義

多年來，隨著特殊教育理念、特殊教育法規以及地方教育行政的規劃，國內外學者對資源教室的定義相當多且分歧，以美國而言，在1970年代資源教室興盛之時，資源教室的定位和經營方式，也引起當時特殊教育界相當多的討論。Reger和Koppmann（1971）曾經發表一篇文章：〈The child oriented resource room program〉，描述普通學校國中小的資源教室之經營運作，其中特別提到當一個學生需要資源教室的協助超過一半的在校上課時間時，那這個學生就不適合安置在資源教室，因為資源教室主要目標在協助身心障礙學生對普通教育環境和課程的適應和學習。Hammill和Wiederholt（1972）對資源教室的定義是任何一種為普通班級中身心障礙兒童所提供的補救教學活動，這些教學活動包括學科和社交情緒課程，以協助這些學生在普通班級中的發長。Hawisher和Calhour（1978）認為資源教室乃為一種部分時間制的特殊教育服務型式，主要為安置在普通班級中的身心障礙學生提供相關的學科學習輔助，也同時為其普通班教師提供與此身心障礙學生相關的教材與教法資源。Cohen（1982）定義資源教室為提供特殊教育協助給身心障礙學生，以利他們在普通教育課程的學習。Wiederholt, Hammill與Brown（1983）認為資源方案（resource program）是由資源教師提供支持性的教育相關資源，給身心障礙學生和他們的普通教育教師。McNamara（1989）認為資源教室乃是為提供部分時間制的特殊教育教學需求（instructional needs）而設立，身心障礙學生的主要學習活動仍在普通班級中進行，資源教室將以協助身心障礙學生在普通教育課程的學習成功為主要目標。

而國內許多學者也在不同的時代提出對資源教室之定義，例如：黃武鎮（民72）認為資源教室是：「設置在普通學校中，專為有顯著學習困難或行為問題的學生，提供適合其特殊需要的個別化教學場所，學生於特定時間到此接受資源教育以及運用各種教材、教具、教學媒體、圖書設備等之教育。」王振德（民76）認為資源教室方案是：「一部分時間的支援性特殊教育設施，此種教育服務的提供以一般普通教育的課程為基礎。其服務對象為就讀普通班，而在學業或行為上需要特殊協助的學生。其目的在為學生及教師提供教學支援，以便此等學生繼續留在普通班，並在學業或情意上獲得充分的發展。」張蓓莉（民87）則認為資源班是：「協助特殊教育學生就讀普通學校的一項教育措施。在於利用人力、物力、時間、空間等各項資源成為普通教師與特殊學生間的橋梁，提供普通師生與特殊教育學生各項支持性服務，一方面充實特殊教育學生各項的能力，一方面協助普通教育的師生瞭解特殊教育學生，營造接納且無障礙的學習環境，減少特殊教育學生的孤立；冀望特殊教育學生在這種安排下，特殊教育學生能順利的與普通學生在一起學習」等等。

本書作者綜合上述國內和國外學者的觀點，則提出以下之看法：資源教室乃為提供部分時間制的支持性特殊教育服務而設立，此種安置型態乃：1.有別於全時制的自足式特殊班。2.服務的對象為安置於普通班的身心障礙學生及其普通班教師。3.資源教室需提供相關學習和教學資源，以身心障礙學生在普通教育之成功學習和適應為目標。4.資源教室乃以協助身心障礙學生普通教育基本學科課程的學習成效、以及學生基本的學習技巧、社會技能等之特殊需求能力的建構。

第三節　資源教室形式與類型規劃

早期的文獻資料顯示資源教室的類型歷經不同的演變過程，從1970到1980年代，資源教室的類型乃呈現不同的風貌，Hammill和Wiederholt（1972）首先提出在資源教室發展初期，所認定最適當的資源教室型態如圖3-3-2。此模式以不分類資源教室型態運作，服務對象包含身心障礙學生和學習有困難的學生，普通班級中學習有困難的學生亦可到資源教室接受特殊教育教師的協助；身心障礙學生則可以被安置在自足式特殊班，但是也可以到資源班接受補救教學協助，身心障礙學生也可以被安置在普通班，且到資源班接受部分時間的補救教學，或是到校外診療機構接受語言訓練等。在此制度模式下，Hammill和Wiederholt將不分類資源教室當成普通教育和特殊教育之間的行政協調中途站，此中途站的功能是協助與支持身心障礙學生得以成功在普通班級學習與生活，也包含自足式特殊班學生的部分回歸主流，但是在提供教學內容時則主張分類別和補救學科導向的資源教室。資源教室的類型在此又可以分為對學生提供直接的教學協助，以及間接對普通班教師提供教材和教法的諮詢和提供。此模式的提出是在美國於1975年通過公布特殊教育法（94-142公法）之前，基於特殊教育法的規定，資源教室以提供經過鑑定安置之身心障礙學生服務為主，然而資源教師在學區教育行政委員會許可下可以服務特殊狀況之非身心障礙學生，但是各學區對於提供非身心障礙學生之服務人數仍有嚴格上限，原則上不得影響其原有法定身分之身心障礙學生的教育權益，各學區資源教室服務非身心障礙學生的人數比例，亦考量此年度特殊教育經費有多少比例是由普通教育經費支出，並且資源教室對這些非身心障礙學生並不需要依法提供個別化教育計畫（IEP）（Bateman, 2004）。

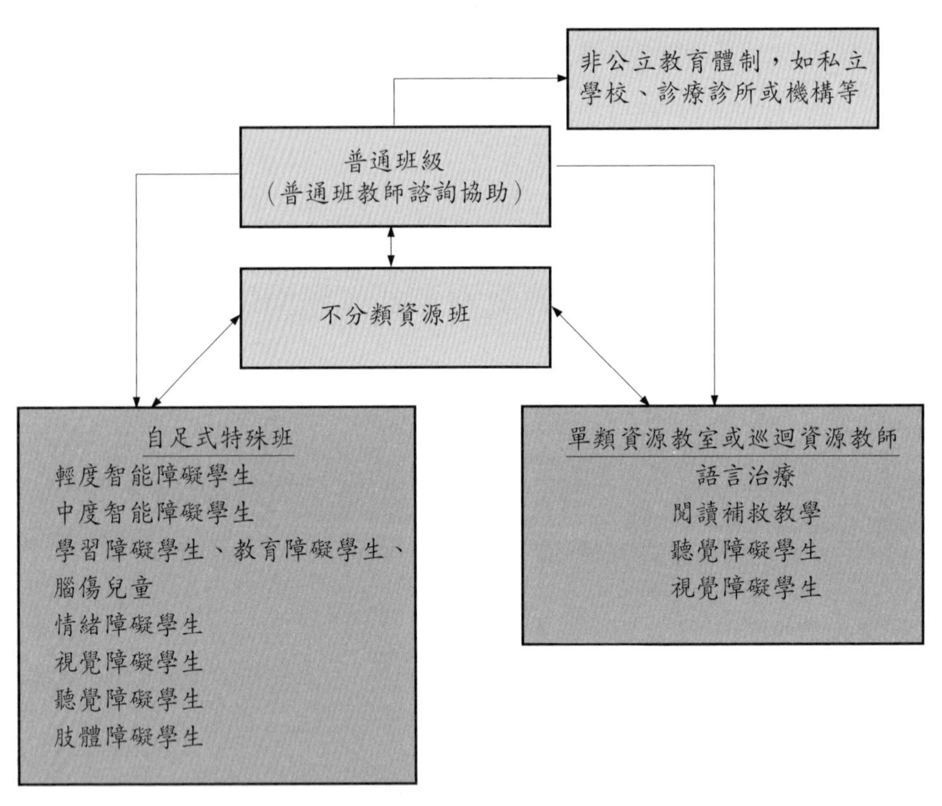

圖3-3-2　Hammill和Wiederholt（1972）普通學校身心障礙學生的服務運作建議模式

Hawisher和Calhoun（1978）將資源教室運作分為三種模式：1.診斷—個別教導模式（diagnostic-tutorial model）；2.教材教法諮詢教師模式（methods-materials teacher consultant model）和3.巡迴資源教師模式（itinerant resource teacher）。診斷—個別教導模式的資源教室主要以直接提供學生教學介入為主，而以提供普通教育教師的特殊教育教材教法資源為輔；教材教法諮詢教師模式則恰與前者相反，資源教師主要與普通教育教師一起診斷出身心障礙學生的特殊教育需求，再一起設計學生的個別化教學活動；巡迴資源教師模式則是資源教師必須同時教導許多學校的身心障礙學生，開車載著許多教材教具巡迴各校進行一週數次或一週一次的教學和諮詢。

McNamara（1989）則將資源教室的類型分為：1.單一類別；2.跨類別或稱多類別；3.不分類別三種，此種經營類型乃以身心障礙學生的類別，定位資源教室的服務內容，從單一類別到不分類別；如果某一個學區內採用單一類別資源教室，那這個學區內就必須同時設有許多不同單一類別的資源教室，才能滿足不同類別學生的特殊教育需求。此外單一類別資源教室的安置原則較傾向類別等於某一安置環境，例如：學習障礙等於資源教室、智能障礙等於自足式特殊班等，比較以障礙類別為首要考量而不是學生特殊個別教育需求。跨類別或是多類別資源教室則以學生的特殊教育需求為考量前提，因此在基本學科學習、社會技巧訓練、肢體動作訓練和情緒行為管理之特殊教育需求下，不同障礙類別的學生，將因為有上述某一相似需求而被安置在同一資源教室，此即為跨類別或多類別資源教室的組合由來，而當某一學區採用跨類別或多類別資源教室時，他們必須同時設立至少如上述四種特殊教育需求服務的資源教室，而每一種需求就是跨類別的資源教室。不分類資源教室則大多同時提供特殊教育服務給身心障礙學生和疑似身心障礙學生，疑似身心障礙學生可以先進入資源教室接受補救教學，以確認他們是不是需要作進一步的身心障礙學生的鑑定和安置確認工作，還是再交還給普通班教室輔導即可；有些學區採用不分類資源教室的主要原因，乃要避開障礙類別的標籤效應，以及合法將非身心障礙學生納入特殊教育的服務範圍，因此這些學區必須要有相當充裕的教育經費背景，因為此種模式下的資源教室服務學生人數，必然倍增於僅服務身心障礙學生的資源教室，也就是學區內一定要普設資源教室；此外，資源教師也必須有極高度的專業性，才能有效協助各種不同需求的身心障礙學生和高危險群學生。Friend和McNutt（1984）曾作過一個美國全國性的資源教室類型的調查，結果發現三十八個州都採用多元類型的資源教室，其中最多（十九個州）採用的是單類別和多類別資源教室的合併運用；在僅採用單一種類型資源教室的各州中，80%皆採用單一類別資源教室，而僅有六個州將不分類資源教室納入資源教室類型之一。

歷經多年來的演變，可見資源教室在不同時代，在教育政策和財政考量下確實一直呈現著不同的類型經營風貌，綜合上述多方資料，本書將資源教室以三種原則變化出七種資源教室類型；原則一：以服務之身心障礙學生類別區分、原則二：以特定課程或能力訓練命名之、原則三：以資源教師服務地點區分之，詳述如下。

一、原則一

若以服務學生類別區分，則可分為單一類別、跨類別／多類別和不分類別三種形式；單一類別類型指資源教室方案只固定對某一障礙類別學生提供特殊教育服務，常見有聽覺障礙資源班、學習障礙資源班或自閉症資源班等。跨類別形式則是資源教室方案不只服務單一類別的身心障礙學生，而是包含好幾個特殊教育需求相似的類別學生，例如：同時可以協助學習障礙、智能障礙、肢體障礙和身體病弱等學生，但是仍必須在某些學校的資源班內設有服務出現率較低的身心障礙學生，例如：語言障礙、視覺障礙、嚴重情緒障礙等。不分類別資源教室方案即是要服務所有身心障礙類別的學生，滿足所有身心障礙類別學生的不同特殊教育需求。單一類別、跨類別和不分類別三種形式的資源教室方案各有其適用區域和優劣條件，本書將其分析整理如表3-3-1。

由表3-3-1之分析可知，不同的地區可以依據其區域條件設立適合的資源教室方案，但是基本原則是必須能滿足縣市內所有身心障礙學生之安置，達到零拒絕的特殊教育理念。因此各縣市需通盤評估其區域的整體條件，例如：特殊教育資源數量是否足夠？特殊教育教師的專業能力等。本書作者曾經協助國內南投縣、花蓮縣、高雄市、屏東縣、澎湖縣縣市做過全縣資源班設置的整體規劃，因這些地區皆屬於幅員遼闊且特殊教育資源有限的縣市，因此經過大家的協商與討論，最後決議是全縣劃分特殊教育學區，依據每一學區內的各個學校的總班級數和身心障礙學生數，再作資源班、自足式特殊班整體設立之考量，例如：第四章第二節11～1和12～1的屏東縣和澎湖縣的全縣規劃實施要點。此模式下每一所學校之資源班皆採用跨類

表3-3-1　單一類別、跨類別和不分類別資源教室方案分析表

狀況 型式	適用區域	優勢狀況	限制狀況
單一類別	此地區有非常豐沛的特殊教育資源，能夠滿足各類單一障礙學生之需要。	資源教師可以針對此單一類別學生提供最佳之教育介入。	1.單一類別的設計，將造成一所學校可能要成立好幾個資源教室方案，才能服務同一學校內不同身心障礙類別的學生。 2.對於出現率偏低的障礙類別，例如：視覺障礙等，教師的學生服務量很難和出現率高的類別如學習障礙等相比，易造成行政上困擾。
跨類別	幅員廣大、特殊教育資源不是十分充裕的區域。	可以不用每一所學校皆設置資源班，但是一樣可以服務所有身心障礙類別的學生。	1.資源教師必須具備多類身心障礙教育的專業能力，方能協助不同需求的學生。 2.行政單位必須完整規劃，協調相似特殊教育需求學生安置在同一所學校資源班，並兼顧低出現率身心障礙之需求，以在大區域內做到零拒絕的安置。
不分類別	不限。	來者不拒，可以完全做到零拒絕的特殊教育安置。	資源教師必須具備所有類別身心障礙教育的專業能力，方能同時協助不同需求的學生。

別類型，但是每一個特殊教育學區內都要滿足十二類身心障礙學生之安置。此一設計一方面可以達到特殊教育學區內零拒絕的安置，另一方面亦可讓各校在聘用資源教師時，可以優先任用有特定專長的教師；此外，縣市教育局在教師在職進修研習時，亦可以針對特定主題培訓某些學校教師，例如：情障種子教師訓練、溝通訓練等。又在跨類別設計上，嚴重情緒障礙和自閉症，原則上設立在同時有自足式特教班和資源班的學校，主要理由是此二種障礙類別的特

教需求也極易出現在自足式特教班，因此教師的專長可以整合運用在兩種安置環境上。表3-3-2為縣市合併前高雄縣91年度國民小學跨類資源班規劃服務類別，以作為全縣九年一貫普通學校內特殊班（包含自足式特殊班和資源班）之整體資源規劃設計之參考範例。

表3-3-2　高雄縣91年度國民小學跨類資源班規劃表

特教學區別	鄉鎮別	學校名稱	智能障礙	學習障礙	肢體障礙	身體病弱	多重障礙	視覺障礙	聽覺障礙	語言障礙	嚴重情緒障礙	自閉症	校外相關資源	校內資源
第一區	鳳山市	鳳山國小	✓	✓	✓	✓		✓					鳳山國中（視障）	
		大東國小	✓	✓	✓	✓			✓			✓		啓智班二班 資源班二班
		文山國小	✓	✓	✓	✓				✓	✓			啓智班二班 啓明班一班 在家教育班一班 資源班二班
		鎮北國小	✓	✓	✓	✓	✓							
		中山國小	✓	✓	✓	✓						✓		
		忠孝國小	✓	✓	✓	✓		✓						
		鳳西國小	✓	✓	✓	✓			✓					學前啓聰班一班 資源班二班
		瑞興國小	✓	✓	✓	✓				✓				
		文德國小	✓	✓	✓	✓	✓							
		中正國小	✓	✓	✓	✓					✓			啓智班二班

特教學區別	鄉鎮別	學校名稱	智能障礙	學習障礙	肢體障礙	身體病弱	多重障礙	視覺障礙	聽覺障礙	語言障礙	嚴重情緒障礙	自閉症	校外相關資源	校內資源
第二區	鳳山市（五甲地區）	五甲國小	✓	✓	✓	✓					✓		五甲國中（情障、自閉）	啓智班三班 啓仁班一班 啓健班二班 資源班二班
		南成國小	✓	✓	✓	✓		✓						
		誠正國小	✓	✓	✓	✓	✓							
		五福國小	✓	✓	✓	✓			✓					啓智班一班
		新甲國小	✓	✓	✓	✓						✓	鳳甲國中（語障、聽障）	資源班二班
		福誠國小	✓	✓	✓	✓				✓				
第三區	林園鄉	林園國小	✓	✓	✓	✓						✓	林園高中（情障、自閉）	啓智班一班
		中芸國小	✓	✓	✓	✓					✓			啓智班一班
		港埔國小	✓	✓	✓	✓				✓				
		金潭國小	✓	✓	✓	✓			✓					
		汕尾國小	✓	✓	✓	✓		✓						
	大寮鄉	永芳國小	✓	✓	✓	✓				✓			大寮國中（視障、聽障、語障）	啓智班二班
		山頂國小	✓	✓	✓	✓			✓					啓智班一班
		忠義國小	✓	✓	✓	✓					✓			
		潮寮國小	✓	✓	✓	✓		✓						

特教學區別	鄉鎮別	學校名稱	智能障礙	學習障礙	肢體障礙	身體病弱	多重障礙	視覺障礙	聽覺障礙	語言障礙	嚴重情緒障礙	自閉症	校外相關資源	校內資源
		昭明國小	✓	✓	✓	✓	✓							
第四區	大樹鄉	大樹國小	✓	✓	✓	✓				✓			大樹國中（聽障、語障）	
		九曲國小	✓	✓	✓	✓					✓			啓智班一班
		溪埔國小	✓	✓	✓	✓			✓					
	仁武鄉	仁武國小	✓	✓	✓	✓	✓							啓智班一班
		登發國小	✓	✓	✓	✓		✓						啓智班一班
	大社鄉	大社國小	✓	✓	✓	✓			✓			✓		啓智班一班 資源班二班
		觀音國小	✓	✓	✓	✓				✓				
	鳥松鄉	鳥松國小	✓	✓	✓	✓					✓		文山高中（視障、情障、自閉）	
		仁美國小	✓	✓	✓	✓						✓		
第五區	岡山鎮	岡山國小	✓	✓	✓	✓			✓					
		前峰國小	✓	✓	✓	✓						✓		啓智班二班 在家教育班一班
		嘉興國小	✓	✓	✓	✓		✓						
		兆湘國小	✓	✓	✓	✓				✓				學前啓智班一班
	橋頭鄉	仕隆國小	✓	✓	✓	✓	✓							啓智班一班
		五林國小	✓	✓	✓	✓			✓					

特教學區別	鄉鎮別	學校名稱	智能障礙	學習障礙	肢體障礙	身體病弱	多重障礙	視覺障礙	聽覺障礙	語言障礙	嚴重情緒障礙	自閉症	校外相關資源	校內資源
第五區	彌陀鄉	甲圍國小	✓	✓	✓	✓	✓							
		興糖國小	✓	✓	✓	✓					✓			啓明、啓仁各一班
		南安國小	✓	✓	✓	✓				✓				
		壽齡國小	✓	✓	✓	✓		✓						
	梓官鄉	梓官國小	✓	✓	✓	✓						✓	梓官國中（情障、自閉）	啓智班二班
		蚵寮國小	✓	✓	✓	✓					✓			
第六區	阿蓮鄉	阿蓮國小	✓	✓	✓	✓					✓		阿蓮國中（聽障、語障）	啓智班二班
		復安國小	✓	✓	✓	✓				✓				
	路竹鄉	路竹國小	✓	✓	✓	✓			✓				路竹高中（視障、聽障）	啓智班一班 資源班二班
		大社國小	✓	✓	✓	✓						✓		啓智班一班
		下坑國小	✓	✓	✓	✓	✓							
		一甲國小	✓	✓	✓	✓		✓						
第七、八、九區	旗山鎮	旗山國小	✓	✓	✓	✓					✓		旗山國中（情障、聽障）	
		圓潭國小	✓	✓	✓	✓						✓		
	甲仙	甲仙國小	✓	✓	✓	✓				✓			甲仙國中（語障）	
	美濃鎮	吉洋國小	✓	✓	✓	✓	✓						六龜高中（視障、自閉）	
		龍肚國小	✓	✓	✓	✓		✓						

二、原則二

特定課程或能力訓練模式的資源教室，乃指以某一特定學科課程的補救教學或能力訓練為名，例如：國語文資源教室、數學科資源教室或是語言訓練資源班等；此一類型即是以學生的特殊教育需求為前提，因此比較容易形成前述所謂的跨類或多類資源教室類型。

三、原則三

以資源教師服務區域區分，則可以分為駐校式資源教室和跨校巡迴式資源教室兩種；駐校式資源教室乃是將資源教室固定設立在某一所學校，其服務的身心障礙學生即是那所學校的學生，而巡迴式資源教室的身心障礙學生則分散就讀於不同的學校，資源教師必須到不同的學校，針對單一個案或一組身心障礙學生提供直接特殊教育教學，或是針對身心障礙學生的普通教育教師提供教材教法的諮詢協助等。過去我國的巡迴式資源教室常以服務單類身心障礙學生為主，例如：盲生巡迴輔導計畫或是聽障巡迴輔導計畫等。國外巡迴式資源教室通常適用於服務出現率較低的身心障礙類別，例如：聽障、視障、語言障礙等，或是地處幅員廣闊小校小班學生人數較少的地區（Wiederholt, Hammill, Brown, 1993）。

目前我國一些縣市也都設有巡迴資源班的實施計畫，例如：臺北市的聽障和視障學生巡迴輔導計畫；或是因應幅員廣闊縣市的特殊教育巡迴資源班實施計畫，例如：澎湖縣和縣市合併前的高雄市等。澎湖縣和高雄市巡迴資源班乃採分區跨校服務型式，亦是資源教師編制在某一個學校，但是其服務的學生卻分散在同一學區內不同學校，除此之外，巡迴式資源教室的其他功能都和駐校式資源教室無異，只是因應巡迴式資源教師到每一所學校的時間有限，有時巡迴式資源教師的角色會偏重於間接諮詢功能，而將直接教學介入的功能，委由身心障礙學生的導師或任課教師承擔。為了協助縣市教育局或學校行政人員，瞭解巡迴資源教師的工作內容，本書作者曾提出巡迴資源班教師一週總課表，如表3-3-3，這樣的課表設計可以明確顯示巡迴資源教室的跨校性和個別化教學的特性；此外，針對巡迴資源教師的服務成效評鑑，本書作者曾經參與高雄縣國小巡迴輔導班的教育評鑑設計和執行工作，此評鑑設計乃單獨評估每一位巡迴教師的專業表現，和傳統評鑑以班級或學校性質的整體表現形式不同、更突顯巡迴輔導教師的獨立作業性質，此評鑑表如附錄一。

表3-3-3　國民中小學巡迴資源班教師總課表

○○縣＿＿＿＿國民中（小）學巡迴資源班＿＿＿＿教師一週總課表
＊每週任課時數：＿＿＿＿節　＊服務人數：＿＿＿人，共計＿＿＿人次

<table>
<tr><th colspan="2">星期別
節數別</th><th>一</th><th>二</th><th>三</th><th>四</th><th>五</th></tr>
<tr><td rowspan="3">1</td><td>校名</td><td>第一國小</td><td>第二國小</td><td></td><td rowspan="3"></td><td rowspan="3"></td></tr>
<tr><td>學生姓名</td><td>李四（1-1）
張三（1-3）</td><td>林四（1-1）
王三（1-2）</td><td rowspan="2"></td></tr>
<tr><td>特教服務</td><td>國語</td><td>實用國語</td></tr>
<tr><td colspan="2" rowspan="3">2</td><td>第一國小</td><td>第二國小</td><td rowspan="3"></td><td rowspan="3"></td><td rowspan="3"></td></tr>
<tr><td>李四（1-1）
張三（1-3）</td><td>林四（1-1）
王三（1-2）</td></tr>
<tr><td>國語</td><td>生活教育</td></tr>
<tr><td colspan="2" rowspan="3">3</td><td>第一國小</td><td>第二國小</td><td rowspan="3"></td><td rowspan="3"></td><td rowspan="3"></td></tr>
<tr><td>陳一（3-1）
丁二（3-3）</td><td>陳一（3-1）
丁二（3-3）</td></tr>
<tr><td>實用數學</td><td>國語</td></tr>
<tr><td colspan="2" rowspan="3">4</td><td>第一國小</td><td>第二國小</td><td rowspan="3"></td><td rowspan="3"></td><td rowspan="3"></td></tr>
<tr><td>李四（1-1）
張三（1-3）
王五（2-4）</td><td>林四（1-1）
王三（1-2）
張五（2-5）</td></tr>
<tr><td>社交技巧訓練</td><td>實用數學</td></tr>
<tr><td colspan="2">5</td><td>第一國小</td><td>第二國小</td><td></td><td></td><td></td></tr>
<tr><td colspan="2">6</td><td>第一國小</td><td>第二國小</td><td></td><td></td><td></td></tr>
<tr><td colspan="2">7</td><td>第一國小</td><td>第二國小</td><td></td><td></td><td></td></tr>
<tr><td colspan="2">8</td><td>第一國小</td><td>第二國小</td><td></td><td></td><td></td></tr>
</table>

注意事項：1.不可利用午休時間外加課程。
2.早自修時間需上滿40分（國小）、45分（國中）才算一節課。

依據資源教室三項區分原則、基本類型、適用條件等，資源教室的經營類型約有下列七種變化：1.駐校式單類型，2.駐校式單類特定課程或能力型，3.駐校式跨類型，4.駐校式不分類型，5.跨校巡迴式單類型，6.跨校巡迴式不分類，7.跨類特定課程型。然而今日在各縣市的地理條件和財政條件不一的狀況下，各縣市在規劃資源教室的類型時應考慮其各項條件，例如：財力狀況、地理分布狀況、合格特殊教師的比率、資源教師的專業性等狀況，完整規劃出最適合的資源教室變化類型，以因應各縣市不同教育階段需求的多元型態，表3-3-4為各類型資源教室彙整表，提供給縣市特殊教育主管單位和各級學校作設立資源教室類型之參考。此外，在高中職暨大專院校階段，本書作者將建議採用教師、輔導老師和個案管理員形式提供資源教室服務，內容將詳述於第九章。

表3-3-4　資源教室變化類型一覽表

<table>
<tr><th>區分原則</th><th>資源教室基本類型</th><th>基本類型適用條件</th><th>七種資源教室變化類型</th></tr>
<tr><td rowspan="3">以服務之身心障礙學生類別區分</td><td>·單類</td><td>·各類身心障礙學生數量皆很大。
·出現率較低之某幾類身心障礙學生。
·全縣市特殊教育資源豐沛。</td><td rowspan="8">1.駐校式單類型——某校聽覺障礙資源班等。
2.駐校式單類特定課程或能力型——例如：如某校學習障礙國語文資源班等。
3.駐校式跨類型——如某校資源班以招收輕度智障、學習障礙、肢體障礙、身體病弱和情緒障礙學生為主，另一校的資源班以招收輕度智障、學習障礙、肢體障礙和身體病弱和聽覺障礙學生為主。
4.駐校式不分類型——某校不分類資源班。
5.跨校巡迴式單類型——如聽障巡迴教師、視障巡迴輔導教師等。</td></tr>
<tr><td>·跨類或多類</td><td>·全縣市特殊教育資源尚非完全充裕。
·縝密之全縣市分區域多類別資源班的設立規劃，每一區的資源班必須足夠安置十二類身心障礙學生的需求。</td></tr>
<tr><td>·不分類</td><td>·資源教師專業相當完整。</td></tr>
<tr><td rowspan="5">以特定課程或能力訓練命名之</td><td>國語文</td><td rowspan="5">有特殊專長特殊教育教師</td></tr>
<tr><td>數學</td></tr>
<tr><td>語言訓練／溝通訓練</td></tr>
<tr><td>社會技巧</td></tr>
<tr><td>學習策略</td></tr>
</table>

<table>
<tr><th>區分原則</th><th>資源教室基本類型</th><th>基本類型適用條件</th><th>七種資源教室變化類型</th></tr>
<tr><td rowspan="2">以資源教師服務地點區分之</td><td>駐校式</td><td>・都會區中／大型學校
・身心障礙學生人數眾多</td><td rowspan="2">6.跨校巡迴式不分類——巡迴輔導資源班
7.跨類特定課程型——語言訓練資源教室等。</td></tr>
<tr><td>跨校巡迴式</td><td>・偏遠地區小型學校
・出現率偏低之身心障礙學生類別</td></tr>
</table>

討論與練習

一、請以簡圖說明何謂「特殊教育連續服務體系」？

二、請分析比較融合教育和隔離式特殊教育的差異。

三、請簡述你對資源教室之定義。

四、請分析比較資源教室型態與完全融合教育型態的差異。

五、如果你是縣市特殊教育主管機構人員，你會如何規劃整個縣／市不同階段的資源教室設置（單類、跨類、不分類或巡迴輔導班）？

六、請分析比較單類、跨類和不分類資源教室的特色。

七、你認爲不同型態資源教室的規劃是否該考量不同身心障礙類別之因素？理由爲何？

八、你認爲巡迴輔導資源班適合臺灣的特殊教育服務型態嗎？理由爲何？

第四章

資源教室行政運作

第一節 資源教室行政組織與職責

資源教室是目前普通學校內最常見的特殊教育服務形式，由於其工作內容與校內其他行政單位和普通班教師息息相關，所以學校層級是否瞭解與支持資源教室，強烈影響資源教室的運作成效；再基於資源教室的經營運作亦需遵循縣市政府的相關法規，因此針對資源教室運作成效的行政組織和職責，乃必須靠縣市教育行政主管單位、學校行政主管和資源教室本身三個層級，分工合作方能克盡其功，以下針對縣市特殊教育行政主管單位、學校行政單位和資源教室教師職責三個層級分別敘述之，資源教師層級之課務工作在後續第八、九章有更明確的討論。

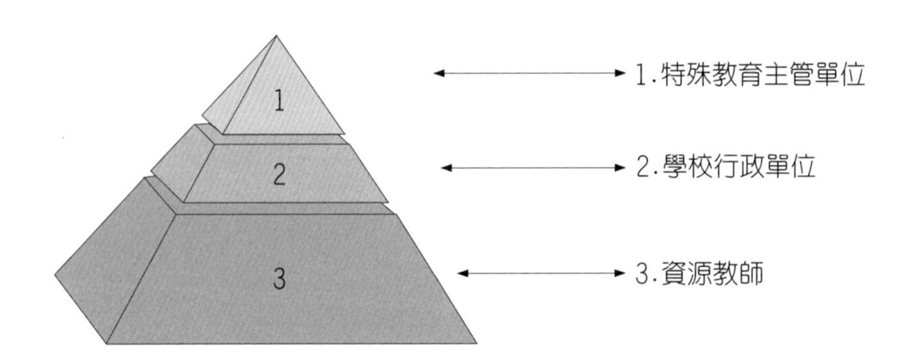

圖4-1-1　資源教室行政分層組織圖

一、縣市特殊教育行政主管單位

縣市特殊教育行政主管單位在協助資源教室運作的職責，乃包括擬定各縣市資源班實施辦法、普通學校特殊教育班的設班規劃、資源班教師資格規定、資源班學生的鑑定安置、資源班教師的任課時數、資源班成立一班的服務學生人數最低和最高標準等。這些規劃都必須以全縣或全市為基準，才不會出現一國多制的混亂，也才能有助於各校行政人員對於資源教室運作的支持和配合。

二、學校行政層級

根據我國國民教育法施行細則（民93）第14條規範：國民小學及國民中學之行政組織，各校基本上設有教務、訓導、總務三處及輔導室，如圖4-1-2。教務處設教學、註冊、設備、資訊四組；訓導處設訓育、生活教育、體育、衛生四組；總務處設文書、事務、出納三組；輔導室設輔導、資料二組。其中第14條第二項國民小學及國民中學各處、室掌理事項第四款規定輔導室需辦理特殊教育。依據我國特殊教育法（民93）特殊教育乃分為身心障礙和資賦優異兩類，因此輔導室之下應可再設立身心障礙或資賦優異兩個分組。所以根據我國國民中小學的行政組織規定，資源教室方案應隸屬於輔導室下的特殊教育組，未設有特教組的學校，國小之特殊教育工作由輔導組負責，國中之特殊教育工作由資料組負責。但是目前各縣市對於輔導室之下是否能成立特殊教育組規範不一，有些縣市規定三班以上（含）特殊教育班（包含自足式特殊班和資源班）編制方得以成立特殊教育組，有些縣市則規定校內僅有一班特殊教育班編制亦可以成立特殊教育組，所以縣市間的差異性很大。

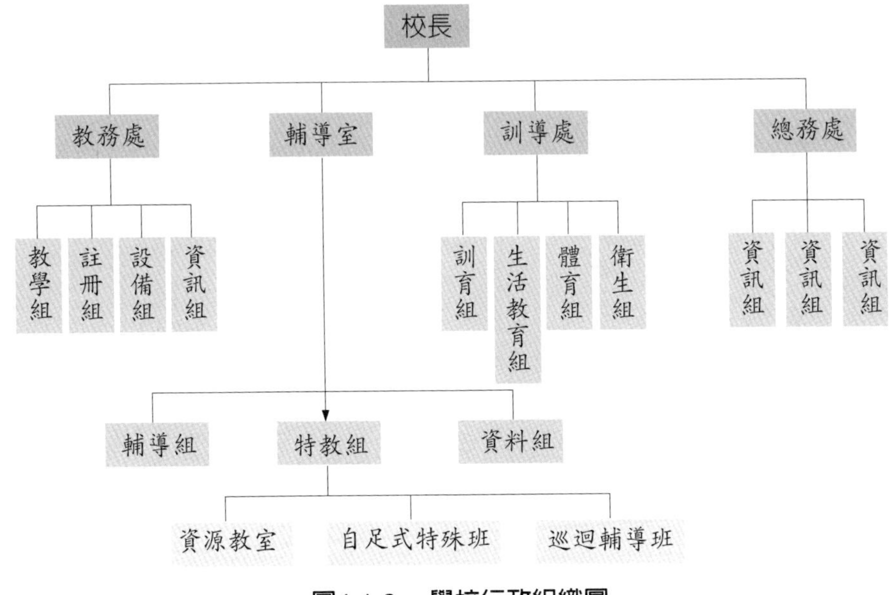

圖4-1-2　學校行政組織圖

再根據國民教育法施行細則（民93）第14條規定如下，國民小學及國民中學各處、室掌理事項，得參照下列各款辦理： 1.教務處：課程發展、課程編排、教學實施、學籍管理、成績評量、教學設備、資訊與網路設備、教具圖書資料供應、教學研究，教學評鑑、並與輔導單位配合實施教育輔導等事項。 2.訓導處：公民教育、道德教育、生活教育、體育衛生保健、學生團體活動及生活管理，並與輔導單位配合實施生活輔導等事項。 3.總務處：學校文書、事務、出納等事項。 4.輔導室（輔導教師）：學生資料蒐集與分析、學生智力、性向、人格等測驗之實施，學生興趣成就與志願之調查、輔導及諮商之進行，並辦理特殊教育及親職教育等事項。 5.人事單位：人事管理事項。 6.主計單位：歲計、會計及統計等事項。設教導處者，其掌理事項包括前項教務處及訓導處業務。

如上所述學校行政各單位對資源教室運作的職責，在直屬主管——輔導室方面，包含身心障礙學生的轉介鑑定工作、學生個案資料的建立、學生輔導諮商和親職教育等。教務處則包括協助資源班學生的普通班級編班、課程編排、資源教師和普通班教師之間的溝通和協調、成績考查教學設備以及教學研究等協助。人事室負責資源班教師之資格聘用等事宜。資源班的本身性質是屬於教學單位，但是資源班的工作性質卻包含許多行政協調工作，例如：身心障礙學生的編入普通班、編排課表、與普通班教師的協調等。資源教室若能隸屬於特教組之下，對校內的行政協調工作是由特教組組長出面協調，但是在未設有特教組的學校，行政協調工作則需由未具有行政職務之資源教室召集人或導師擔任，此時校內整體行政單位是否支持與協助，將直接影響資源教室的行政運作成敗。

三、資源教室教師之工作職責

目前我國從國小到大專校院都有資源教室的設置，而如第四章所述國中小資源教室約有七種不同的經營型態，資源教師角色在不同的經營型態下將會有些不同的變化，但是大體上皆不出直接教學、間接諮詢、特殊教育行政業務協調、親師溝通、校內特殊教育理念推廣等範圍，基本上擔任資源教師的共同性職責計有下列二十一項：

1.接受轉介及協助診斷鑑定疑似身心障礙學生。

2.建立疑似特殊教育學生個案資料。

3.實施特殊教育學生的特教需求評估與建立起點行為。

4.擬定身心障礙學生個別化教育計畫。

5.召開個別化教育計畫會議。

6.實施學生之各課程領域編組與教學分組工作。

7.進行每位教師之所屬組別課程安排與課表設計。

8.準備教學設計並進行各分組教學。

9.提供學生相關科技輔助、課堂手語翻譯、課堂電腦文字轉譯等。

10.提供調整教材，如點字書或有聲課本等。

11.提供身心障礙學生多元評量考試方式之評估與實施。

12.與資源教室學生之普通班教師隨時保持聯繫，以瞭解學生之學習狀況。

13.提供普通班教師相關之特殊教育訊息與知能。

14.提供特殊教育學生及普通教育學生相關特殊教育諮詢與輔導。

15.對全校師生進行特殊教育理念之推廣。

16.對回歸原班之特殊教育學生做追蹤輔導。

17.協助處理特殊教育之行政業務。

18.擬定資源教室行事曆與召開例行會議。

19.參與校內特殊教育推行委員會之工作。

20.出面與校內各行政單位或普通班教師做工作聯繫。

21.協助輔導室召開資源教室相關會議。

原則上擔任駐校式資源教師的角色將以直接教學為主，間接諮詢等工作為輔；而巡迴式資源教師則以間接諮詢工作為主，輔以部分對身心障礙學生的直接教學介入；高中職和大專校院的資源教師則以諮詢服務和學生所需資源整合為首要任務。

美國特殊教育協會（Council for Exceptional Children, CEC）2005年曾提出特殊教育教師（包含資源教師）所應該具備的共同專業能力，共計有十個向度，向度1：特殊教育基本理念（foundations）；向度2：不同階段學習者的發展特徵（development and characteristics of learners）；向度3：不同條件對學習結果的影響（individual learning differences）；向度4：教學策略（instructional strategies）；向度5：學習環境與社會互動（learning environments and social interactions）；向度6：語言溝通與語文的教學（language）；向度7：教學設計（instructional planning）；向度8：評量（assessment）；向度9：專業倫理的實踐（professional and ethical practice）；向度10：合作的能力（collaboration）。

在此共同專業能力之下，對於不同障礙類別學生（例如學習障礙、聽覺障礙等）的教學，美國特殊教育協會則建議特殊教育教師需再具備更專業的素質，相關資料可以參考此協會網頁：http://www.cec.sped.org/ps/perf_based_stds/standards.html。美國於2004年所修訂的身心障礙個體之教育法（IDEA 2004 Accomdation），為了提升特殊教育教師之專業水準，此修訂法中規定提供直接教學的特殊教育教師除了特殊教育的專業能力外，也必須具備基本學科教學專長（core academic subjects），例如英文（English reading or language arts），數學（mathematics），自然科學（science）和第二外國語（Foreign language）等。美國對於特殊教育教師專業能力的要求不斷提升，事實上也代表著身心障礙教育的成功，必須依賴著特殊教育教師的高水準教學能力，而融合教育的落實，更促發特殊教育教師必須精熟普通教育的學科學習內容，方可以協助身心障礙學生的有效學習普通教育課程。

針對資源教師的專業能力和職責，Jackson（1992）曾出版資源教師工作手冊，她認為資源班老師在學校內應該扮演的七項職責和應該具備的十項能力，可提供資源教師職前訓練課程和教師自我成長參考：

㈠資源班老師在學校內應該扮演的角色

1. 提供有關資源教室的服務方式和內容給校內其他老師、行政人員、家長、和學生。
2. 提供學習相關資訊、教材、和教具等資源給校內普通班學生。
3. 對身心障礙學生提供直接的教學輔導和協助其學習能力訓練。
4. 協助資源班學生完成其普通班的作業和準備考試。
5. 「銷售」資源教室服務計畫。

6.扮演普通班教師的教育專業知識協助者角色。

7.主動召開資源教師、校內相關人員和身心障礙家長的座談會。

㈡資源班老師應該具備的能力

1.可以提供給他人有關特殊教育行政、教學和特殊行為處理之相關知識。

2.具備本校資源班招收對象之障礙類別的特殊教育專業能力。

3.充分瞭解普通班的教學、運作方式和次文化。

4.在校內能得到其他同事的瞭解、接納和尊重。

5.能作有效的教室經營和管理。

6.良好的溝通技巧。

7.能與他人分工合作。

8.有「好東西」能和別人分享。

9.工作上的組織能力佳。

10.富有創造力。

11.活力充沛。

本書作者於2008年也曾和高雄市學前、國小和國中巡迴輔導資源班教師們共同發展巡迴輔導教師工作手冊，此工作手冊乃依據資源教師的實務工作內容，整合高雄縣教育行政單位的相關規定，詳列出教師的工作職責和行事曆，如何和校內各處室的分工合作，以及校外相關資源的整合運用等，共同營造出身心障礙學生的無障礙學習環境，此工作手冊部分內容請參見本書附錄二。此外，在此工作手冊發展過程中，老師們發現駐校式和跨校巡迴輔導式資源教師在單一學校內的工作職責和內容大致相似，只是跨校巡迴輔導教師增加了與輔導區學校各相關人員的協調工作；而跨校巡迴輔導工作要成功，除了巡迴輔導教師要加強行政協調工作外，縣市教育局對接受巡迴輔導服務學校的行政宣導和協助也是成敗之關鍵。

綜合上述特殊教育專業領域對於資源教師的專業素養期待，本書作者嘗試以荷包蛋的概念詮釋資源教師之專業能力組合（圖4-1-3），亦即是資源教師必須具備身心障礙教育教師之所有基本能力—核心蛋黃，包含對各類身心障礙學生之導論概念、身心障礙教育之課程與教學設計、身心障礙學生之問題行為

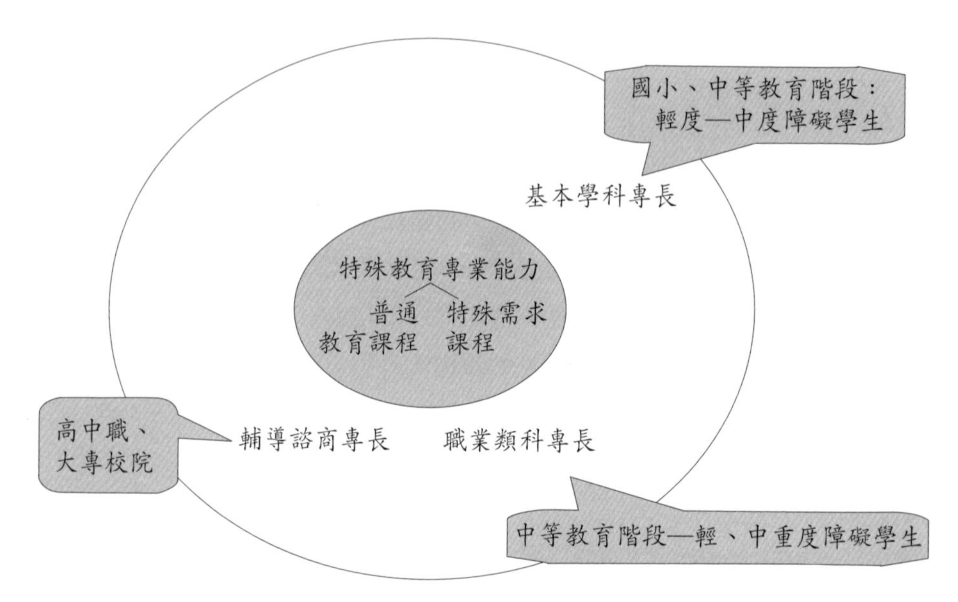

圖4-1-3　特殊教師教學專業能力組合圖

處理、特殊教育之相關法規與行政、親職教育以及資源教室之經營等課程，國內目前可參考教育部於民國92年公布之「特殊教育教師師資職前教育課程教育專業課程科目及學分」的內容（如附錄三）；此外國小和中等教育階段資源教師尚須具備基本學科專長之職前訓練—外圍蛋白，亦即是由聽、說、讀、寫、算基本學習能力，轉換成之國語文、數學和英文專業教學領域或科目。一位合格適任之國小和中等教育階段資源教師必須是一粒完整的荷包蛋，不能僅有蛋黃或是蛋白部分，否則恐怕很難達成資源教師所需承擔的專業角色與職責。

第二節　地方縣市政府對資源班（教室）之相關規定

本節彙整各縣市對資源教室行政上的相關規定，當教師在不同縣市任教時，必須瞭解不同縣市的規定，因為縣市間的差異很大，以執行應盡的責任。

目　錄

一、中央法規中包含資源班的法條

一～1　特殊教育法
一～2　特殊教育法施行細則
一～3　特殊教育設施及人員設置標準
一～4　高級中等以下學校身心障礙學生就讀普通班之教學原則及輔導辦法
一～5　高級中等以下學校特殊教育推行委員會設置辦法

二、地方法規中包含資源班的法條

1.臺北市
二～1.1　臺北市國民中小學身心障礙資源班實施計畫
二～1.2　臺北市國民中小學特殊教育班實施要點
2.新北市
二～2.1　新北市國民中小學身心障礙資源班實施要點
3.桃園縣
二～3.1　桃園縣學前暨國民教育階段身心障礙學生巡迴教育實施計畫
4.新竹縣
二～4.1　新竹縣辦理國民中小學及幼稚園身心障礙特殊教育班實施要點
5.新竹市
二～5.1　新竹市政府辦理身心障礙特殊教育班實施要點
6.臺中市
二～6.1　臺中市身心障礙在家教育學生輔導實施要點
7.南投縣
二～7.1　南投縣高級中等以下各教育階段特殊教育方案實施要點
8.雲林縣
二～8.1　雲林縣視覺障礙學生混合教育實施要點

二～8.2 雲林縣國民中小學身心障礙資源班實施要點

二～8.3 雲林縣中等以下學校身心障礙學生資源小組設置及作業要點

9.嘉義市

二～9.1 嘉義市高級中等以下各教育階段學校特殊教育方案實施辦法

二～9.2 嘉義市身心障礙巡迴輔導教師服務要點

10.高雄市

二～10.1 高雄市國民教育階段身心障礙分散式資源班班群編班／區段排課實施要點

二～10.2 高雄市市立國中小及幼稚園身心障礙分散式資源班實施要點

二～10.3 高雄市高級中等以下學校暨幼稚園身心障礙巡迴輔導班實施要點

11.屏東縣

二～11.1 屏東縣高級中等以下各教育階段特殊教育方案實施要點

12.澎湖縣

二～12.1 澎湖縣高級中等以下學校身心障礙資源班（含巡迴輔導）實施要點

一、中央法規中包含資源班的法條

一～1　特殊教育法

修正日期　民國101年1月23日

第11條　高級中等以下各教育階段學校得設特殊教育班，其辦理方式如下：

一、集中式特殊教育班。

二、分散式資源班。

三、巡迴輔導班。

前項特殊教育班之設置，應由各級主管機關核定；其班級之設施及人員設置標準，由中央主管機關定之。

高級中等以下各教育階段學生，未依第一項規定安置於特殊教育班者，其所屬學校得擬具特殊教育方案向各主管機關申請；其申請內容與程序之辦法及自治法規，由各主管機關定之。

第35條　學前教育階段及高級中等以下各教育階段學校資賦優異教育之實施，依下列方式辦理：

一、學前教育階段：採特殊教育方案辦理。

二、國民教育階段：採分散式資源班、巡迴輔導班、特殊教育方案辦理。

三、高級中等教育階段：依第十一條第一項及第三項規定方式辦理。

一～2　特殊教育法施行細則

修正日期　民國102年7月12日

第5條　本法第十一條第一項第一款所定集中式特殊教育班，指學生全部時間於特殊教育班接受特殊教育及相關服務；其經課程設計，部分學科（領域）得實施跨班教學。

本法第十一條第一項第二款所定分散式資源班，指學生在普通班就讀，部分時間接受特殊教育及相關服務。

本法第十一條第一項第三款所定巡迴輔導班，指學生在家庭、機構或學校，由巡迴輔導教師提供部分時間之特殊教育及相關服務。

本法第十一條第三項所定特殊教育方案，必要時，得採跨校方式辦理。

一～3　特殊教育設施及人員設置標準

修正日期　民國98年12月23日

中華民國98.12.23修正之第9條及第12條，其施行日期由教育部另定之

第 10 條　學校特殊教育班之辦理方式如下：

一、自足式特教班。

二、分散式資源班。

三、身心障礙巡迴輔導班。

國民教育階段資賦優異教育班除其他法律另有規定外，應以前項第二款之辦理方式為限。但九十五學年度以前已依前項第一款方式設班者，得繼續辦理至該

第 11 條　前條第一項第一款之自足式特教班，每班學生人數準用第七條之規定。

前條第一項第二款及第三款之分散式資源班及身心障礙巡迴輔導班，每班學生人數依該管主管教育行政機關之規定。

一～4　高級中等以下學校身心障礙學生就讀普通班之教學原則及輔導辦法

發布日期　民國100年5月16日

第4條　學校應成立分散式資源班、巡迴輔導班或實施特殊教育方案，提供特殊教育相關資源及服務。學校應整合普通班、集中式特殊教育班、分散式資源班、巡迴輔導班、特殊教育方案及相關專業服務人員，以團隊合作方式進行教學。

一～5　高級中等以下學校特殊教育推行委員會設置辦法

修正日期　民國102年12月4日

第3條　學校為辦理特殊教育學生學習輔導等事宜，應成立特殊教育推行委員會（以下簡稱本會），其任務如下：

一、審議及推動學校年度特殊教育工作計畫。

二、召開安置及輔導會議，協助特殊教育學生適應教育環境及重新安置服務。

三、研訂疑似特殊教育需求學生之提報及轉介作業流程。

四、審議分散式資源班計畫、個別化教育計畫、個別輔導計畫、特殊教育方案、修業年限調整及升學、就業輔導等相關事項。

五、審議特殊教育學生申請獎勵、獎補助學金、交通費補助、學習輔具、專業服務及相關支持服務等事宜。

六、審議特殊個案之課程、評量調整，並協調各單位提供必要之行政支援。

七、整合特殊教育資源及社區特殊教育支援體系。

八、推動無障礙環境及特殊教育宣導工作。

九、審議教師及家長特殊教育專業知能研習計畫。

十、推動特殊教育自我評鑑、定期追蹤及建立獎懲機制。

十一、其他特殊教育相關業務。

二、地方法規中包含資源班的法條

二～1.1　臺北市國民中小學身心障礙資源班實施計畫

98.7.28北市教特字第09836480100號函修訂

一、依據

㈠特殊教育法暨其施行細則。

㈡臺北市國民中小學資源班實施要點。

二、目的

㈠協助特殊教育學生適應普通班教育環境。

㈡提供特殊教育學生、學生家長及普通教師支援服務。

㈢依據特殊教育學生潛能，提供多元的資源教學。

三、服務對象

㈠就讀普通班之特殊教育學生。

㈡特殊教育學生之家長及普通教師。

四、行政組織

各校應成立「特殊教育推行委員會」，定期開會研議身心障礙資源班重要議題，負責規劃、推動及檢討身障資源班有關事宜。

五、實施內容

㈠支援服務：提供特教學生、特教學生家長、普通教師、一般學生、學生家長及學校行政支援、支持或諮詢服務。

㈡資源教學：依特殊教育學生的特殊需求，規劃提供各類型的教學方案。

六、實施方式

㈠支援服務

1.協助規劃推動特教學生融合學習活動。

2.隨時輔導特教學生適應普通教學環境。

3.協助普通班教師及家長處理特教學生相關困難。

4.協助辦理普通教師及學生家長特教知能研習。

5.結合相關資源提供諮詢服務。

(二)資源教學

1.依特教學生的需要，安排學生於適當的年級課程。

2.依特教學生的需要，安排多樣性的學習場所。

3.依特教學生的需要，得入班與普通班教師合作，進行協同教學

4.依規定授課時數，提供特教學生外加式或抽離式的資源教學。

5.與普通班教師交流，互相提供適當的教學課程。

6.運用志工及教師助理，提供特殊教育學生個別化的協助。

七、成績考查

(一)平時考查

身心障礙資源班實施資源教學時，應設計學生平時考查評量表，隨時紀錄學生學習情況；平時考查評量結果做為學生原班該科平時成績（外加課程與原課程之平時成績依授課節數平均計算）。

(二)定期考查

特教學生定期考查應於個別化教育計劃（IEP）會議研議，如未採用原班試卷，其成績由資源班教師評量並發給資源班評量並給予資源班成績證明，其原成績應透過「特殊教育推行委員會」研議共識辦理。

八、師資人力

(一)國小身心障礙資源班每班編置特殊教育教師二人。

(二)國中身心障礙資源班每班編置特殊教育教師三人。

(三)設置啟智班三班以上之國中，得於身心障礙源班設置召集人，兼負身障資源班行政業務，召集人得減授課四節並支領輔導費七百元整。

(四)身障資源班教師應遴聘合格特教教師擔任，現職不合格特教教師，三年內未取得合格特教教師資格者，不得留任身障資源班。

九、本計畫如有未盡事宜，悉依現行有關規定辦理。

二～1.2 臺北市國民中小學特殊教育班實施要點

北市教特字第09838668800號函

一、臺北市政府教育局（以下稱本局）為使臺北市國民中小學（以下簡稱學校）之特殊需求學生融合於普通教育環境中，接受充實或補救之個別化教學與輔導，以充分發揮潛能及發展社會適應能力，特訂定本要點。

二、本要點所稱特殊教育班為集中式特教班及分散式資源班。

三、特殊教育班服務對象以經鑑定為身心障礙、資賦優異，需接受全部或部分時間特殊教育之學生。

四、學校申請特殊教育班，應於成立前一年度之一月三十一日前擬訂計畫函報本局核准。

五、學校同時辦理身心障礙類及資賦優異類特殊教育班者，得置資賦優異教育召集人。學校設置身心障礙類特殊教育班三班以上者，得視需要置召集人。

召集人得依相關規定減授授課節數。

六、特殊教育班每班應至少設一間專門教室。特殊教育班經費除一般性依規定編列外，另設專款。

七、學校應遴選受過特殊教育專業者擔任特殊教育班教師，並以專任為原則。每班教師至多一名兼任行政工作，如有部分節數與普通班交互支援，應對等補足。特殊教育班教師員額編制，國中每班置教師三人，國小每班置教師二人。特殊教育教師授課節數，國中每週十六節，國小不得少於二十節。

八、特殊教育班教師除授課相關事宜外，應彙編教材、製作教具、施測評量、提供諮詢與行為處理及輔導等。

九、特殊教育班教師應與普通班教師及家長密切聯繫，進行教學設計及追蹤輔導，並為身心障礙學生及資賦優異學生分別擬訂個別化教育計畫或個別化輔導計畫。

十、學校應於每年九月三十日前將特殊教育班實施現況，含課程計畫、班級數、學生數、教師及學生課表等資料報送本局，並建置學生學習成果及檢討事項等相關資料，留校備查。

十一、特殊教育班學生於學期中如有適應困難之情形，經學校加強輔導仍無法改善者，得輔導其返回普通班或另予適當之安置。

二～2.1　新北市國民中小學身心障礙資源班實施要點

民國100年11月9日公發布

一、本要點依據特殊教育法及特殊教育設施及人員設置標準第十一條第二項規定訂定之。

二、身心障礙資源班（以下簡稱資源班）由新北市政府教育局（以下簡稱本局）依學生需求及區域特教資源平衡等因素指定學校設立。各校如有設置需求，可備妥設班計畫於每年三月一日前提報本局以為設班規劃之參考。

三、資源班應依下列優先順序，服務確有特殊教育需求之學生：

㈠經新北市（以下簡稱本市）特殊教育學生鑑定及就學輔導會（以下簡稱鑑輔會）核定之身心障礙學生。

㈡本局指定支援或巡迴輔導之其他學校身心障礙學生。

㈢經鑑輔會核定之疑似身心障礙學生。

㈣持有身心障礙手冊、醫療診斷證明但未經鑑輔會核定特教資格之學生。

㈤經校內評估有學習或適應困難之學生。

四、設有資源班學校之特殊教育推行委員會（以下簡稱特推會）應依據本市特殊教育相關規定，擬定校內篩選轉介程序及教育安置標準、學習困難學生補救教學措施、資源班課程架構、學生接受資源班服務之方式、排課協調原則、成績評量方式與標準、教學設施設備及經費使用等規範。前述規範應有書面文件，並設資源班工作小組負責執行，各相關處室應配合辦理各項事宜。主動篩選及轉介身心障礙學生應列為特推會年度重要工作事項，各校應確實辦理。

前項之資源班工作小組由主管處室主任為召集人，特殊教育業務承辦人統籌規劃，邀集相關處室行政人員、資源班教師、學生普通班教師代表、校內具本市教育及心理評量人員資格之教師（以下簡稱心評人員）組成。必要時得邀請校外心評人員或特教相關專業人員參與。

第一項所稱之學習困難學生補救教學措施，應結合校內現有補救教學或輔導措施共同合作辦理。

五、資源班應協同普通班教師及特教相關專業人員，依學生個別需要提供在普通班學習所需之輔導、因身心障礙情形所需之特殊訓練、重要學習領域之學習技能訓練與教學、以及結合上述學習之綜合性活動。

六、身心障礙資源班每班教師編制及服務學生人數如下：

㈠教師：國民小學階段每班編制專任教師二人，國民中學階段每班編制專任教師三人。

㈡導師：資源班每班置導師一人。

㈢學生人數：國民小學階段每班服務學生不得少於十二人，上限以十六人為原則。國民中學階段每班服務學生不得少於二十人，上限以二十四人為原則。國民中小學以設班之教育階段為準。

㈣超過每班學生人數上限增置教師員額，每超過八名學生置教師一人，學生人數未滿八人以八人計。每班學生人數國小未達人數上限二分之一，減置教師一人。國中未達人數上限三分之二者，減置教師一人；未達人數上限三分之一者，減置教師二人。

㈤未設資源班學校，校內身心障礙學生人數達五人以上者，置專任教師一人。

前項第三至五款學生人數之計算，以該校普通班中經鑑輔會核定為身心障礙、持有身心障礙手冊、以及本局指定支援或巡迴輔導其他學校之學生人數為準，並以每年三月一日教育部特殊教育通報網通報之資料為計算基準日。第三點第三、五款之學生經提報鑑輔會鑑定為身心障礙後得納入計算。

資源班不得以學生人數達班級人數上限為由，拒收有特殊教育需求學生。

七、資源班教師應遴選具該教育階段身心障礙類特殊教育教師資格者擔任之。

資源班教師應為專任，若需兼任行政職務以特教組長為限；如限於員額編制需兼任其他一般行政職務者，需提報本局並經核准後為之。

本局或相關單位辦理之資源班職前訓練、在職訓練及相關專業成長活動，資源班教師應積極參與，每學年特教研習時數不得少於十八小時

八、資源班教師授課節數及服務人次之規定如下：

(一)國民小學階段每名專任教師每週最低授課節數二十一節，國民中學階段每名專任教師每週最低授課節數十八節。每節分鐘數比照普通班，因排課需要以致每節分鐘數不足時，得合併各節分鐘數換算。

(二)資源班導師每週最高減授二節。其實際減授節數由各校特推會決定之。

(三)每名教師每週直接教學、諮詢服務、配合相關專業服務、與入班協助之總服務量應達六十至八十人次，其中直接教學不得少於六十人次。

(四)資源班工作小組可因資源班教學及學生需要合併運用各教師之授課節數及服務人次。

(五)每節每一（小）組教學以輔導六人為上限。經資源班工作小組討論後實施之協同教學，得不受上述人數限制。

(六)每名教師每週用於提供諮詢服務、配合相關專業服務及入班協助之時間以不超過二節為原則，計入授課節數，並應確實記錄每次服務之內容與時間。

(七)資源班教師因兼任學校行政工作所減授課節數，應由全校總授課節數對等補足。

(八)如因授課實際需要，部份領域需與普通班教師交互支援授課時，節數應對等補足，且以不超過該資源班授課總節數的三分之一為原則。

學校主管單位，應依前項原則查核教師授課時數及資源班課表。

九、學生在資源班學習節數，應依其個別需要安排適當時段為之。得由現行同年級九年一貫課程之領域學習節數、彈性學習節數及學生在校時間規定之非學習節數中調整。

前項之學習節數，如因排課或學生學習需要，得配合校內課後輔導措施，規劃出缺勤管理、課間照顧及接送等事宜並經家長書面同意後，於課後輔導時間實施。節數計入資源班授課節數，但教師不得支領該時段之輔導鐘點費，學生如繳交課後輔導費亦應依節數比例扣除。

十、學生接受資源班服務之學習領域、特殊訓練、上課時間與節數、資源班教師至普通班輔導之內容及方式、普通班之調整措施、評量方式與成績計算標準、行政支援及相關學生教育權益事項，應經個別化教育計畫會議討論，並載明於學生個別化教育計畫中。

十一、資源班教師應依據個別化教育計畫定期評量學生在資源班之學習表現，每學期以書面方式告知家長並供普通班教師列入學期成績。

十二、資源班每位教師應有一間位置適宜、具適當教學設備且授課互不干擾之專用教室，其面積以不小於普通教室二分之一為原則。該教室應設於一樓，如設於二樓以上，應具備合格之無障礙設施以利學生出入與使用。

十三、除依學校規模編列之基本辦公費外，資源班另依班級數編列開辦設備費、常年設備費及教材準備費，並應專款專用。

超過每班學生人數上限增置教師時，依增置教師數之比例增列前項經費。如因學生人數增減班級數或教師編制數，開辦設備費五年內不重複核給。

十四、為落實資源班服務，本局另訂補充說明以規範校內組織、篩選轉介與鑑定安置程序、資源班導師及教師工作職責、資源班課程架構、服務方式、排課及成績評量原則。

十五、設有資源班學校應定期通報更新資源班服務學生資料，並於每學年度開學後一個月內，填報學生普通班及資源班課表、教師授課課表以利本局列管檢核。

二～3.1　桃園縣學前暨國民教育階段身心障礙學生巡迴教育實施計畫

民國93年9月15日府教特字第0930239469號函公布
民國97年6月6日府教特字第0970181718號函修正公布

一、依據

特殊教育法及其施行細則。強迫入學條例施行細則第十五條第三款「父母或監護人向當地鄉鎮市區強迫入學委員會申請同意在家教育者，由該學區內之學校派員輔導，必要時聯絡鄰近學校特殊教育教師協助輔導」。桃園縣學前身心障礙幼兒特殊教育實施要點。

二、目的

落實身心障礙學生巡迴教育之工作推展與服務，使身心障礙兒童獲得適合其能力與身心發展之教育機會。建立本縣「在普通班身心障礙學生」支援服務系統及巡迴輔導服務模式，期使在普通班有特殊需求之身心障礙學生，皆能接受適切之特殊教育服務。協助父母加強學生身心復建及生活自理能力，以培養學生生活適應能力。

三、指導單位：教育部。

四、主辦單位：桃園縣政府。

五、承辦單位：桃園縣身心障礙學生巡迴教育中心（中山國小）。

六、組織及人員

㈠身心障礙學生巡迴教育中心：中心主任（中山國小校長兼任）、中心秘書（中山國小輔導主任兼任）、中心組長（中山國小特教組長兼任）、中心幹事（中山國小教師助理兼任）。

㈡身心障礙學生巡迴教育推動小組：國立新竹教育大學特教中心、私立中原大學特教中心、教育處處長、副處長、特幼科科長、本縣特殊教育輔導員及承辦學校校長組成工作推動小組。

㈢身心障礙學生巡迴教育輔導班：學前不分類、在家教育類、視障類、及不分類巡迴輔導班。

七、工作內容與輔導方式

(一)工作內容

【視覺障礙巡迴輔導部分】

1.點字點寫、摸讀訓練。

2.定向行動訓練。

3.輔具使用指導。

4.視覺效能訓練。

5.學校相關人員及家長諮詢服務。

6.試卷點譯服務。

7.盲用電腦之教學與應用。

8.心理輔導。

9.無障礙環境之諮詢。

10.與學校共同擬定個別化教育計畫。

【在家教育巡迴輔導部分】

1.提供身心障礙學生教材、教具，並訓練其基本生活自理能力。

2.提供特殊教育所需之教材、教具及輔具之使用諮詢及借用。

3.協助在家教育學生代金申請。

4.學校相關人員及家長諮詢服務。

【不分類巡迴輔導部分】

1.直接教學服務：對就讀普通班有特殊教育需求之身心障礙學生進行直接特教教學服務。

2.間接諮詢服務

(1)提供學校特教行政人員及家長特殊教育諮詢服務。

(2)提供教師特殊教育課程、教材、教法之諮詢。

(3)協助教師班級經營及身心障礙學生相關問題評估及解決。

(二)輔導方式

【視覺障礙學生巡迴輔導部分】

1.服務對象：就讀本縣公私立國民中小學及公私立幼稚園（指三足歲以上），經本縣特殊教育學生鑑定及就學輔導委員會鑑定為視覺障礙學生。

2.輔導方式：依據學生個別需求，分A、B、C、D、E、F六個等級，輔導內容及節數如下表，學前及國小巡迴教師每週授課十八節，每節輔導時間為四十分鐘；國中巡迴教師每週授課十六節，每節輔導時間為四十五分鐘。

等級	學生能力及狀況	主要輔導內容	輔導次數
A	全盲、未接受學校資源班或特教班服務或其他適應不良之視覺障礙學生	點字、定向行動、生活輔導、輔具使用指導、點字試卷製作、諮詢服務	每週五節以上
B	全盲、已接受學校資源班或特教班服務或其他適應不良之視覺障礙學生	點字、定向行動、輔具使用指導、諮詢服務、點字試卷製作	每週三節以上
C	重度弱視、未接受學校資源班或特教班服務	視覺效能訓練、定向行動、生活輔導、諮詢服務	每週二節以上
D	弱視、未接受學校資源班或特教班服務或其他適應不良之視覺障礙學生	視覺效能訓練、定向行動、諮詢服務	每週一節以上
E	弱視，適應情形良好	視覺效能訓練、定向行動、諮詢服務	每月一節以上
F	弱視，適應良好，家長或學生提出「無須進行定期的巡迴輔導」。	諮詢服務、輔具借用	列冊，採不定期輔導

3.其他

⑴國民中小學階段之就讀學校應提供視覺障礙巡迴輔導教師「視覺障礙學生使用之教科書及教師手冊各乙冊」。若需視覺障礙巡迴輔導教師製作點字試卷，應於考試日期前四天提供試題一份及試題純文字檔案給視覺障礙巡迴輔導教師，以轉換為點字試卷。

⑵接受視障巡迴輔導學生之設籍學校應主動提供一套教科書（含教師手冊）予巡迴輔導教師，俾便課程規劃及教材編擬。

⑶定期研討：每月定時召開業務檢討及個案研討，得視實際情況變動調整之。

【在家教育學生巡迴輔導部分】

1.定期輔導：在家教育學生接受輔導之次數，依照家庭及學生教育需求，分A、B、C三個等級，輔導次數及內容如下表，每次輔導時間為一小時為原則：

等級	學生能力及狀況	主要輔導內容	輔導次數
A養護性	1.經各縣市政府核定有案，安置於本縣醫院養護或教養機構就養之在家教育學生。	提供相關資源：提供或協助尋找相關訊息及教育資源（例如：復健服務、輔具資源、福利補助）。	每月一次
	2.完全無法對外界刺激做接收及回應之在家教育學生，如植物人。 3.在醫院接受治療三個月以上或在家庭進行插管看護，無法進行實質輔導之在家教育學生。 4.其他特殊狀況之在家教育學生。		每週一次
B訓練性	持有重度以上身心障礙手冊，經鑑輔會評估符合在家教育資格，經評估其生態需求以「家庭與社區生活」爲主，無法進行學科學習者。	間接課程：指導學生家長對其子女執行教育活動之相關課程。	每週一至二次
C教育性	1.持有重度以上身心障礙手冊，經鑑輔會評估符合在家教育資格，具備認知、語言、溝通能力，有學習意願及需求者。 2.因重大傷病、身體病弱、器官缺損經鑑輔會評估到校上課有危險，但具有認知學習能力之在家教育學生。	直接課程：直接施教於學生之課程。	每週二至三次

2.次數之核定標準，以「學生及家庭需求」為中心，考量學生本身狀況及家庭支持程度，經與家長充分溝通後核定之。

3.導師於每月（7、8月除外）配合學生家長時間至學生家庭進行家庭訪視或由家長帶學生至學校或特定地點進行之，每次一小時為原則。

4.不定期輔導：兼任輔導教師、導師、在家教育專任教師、經常以電話與家長保持聯繫，瞭解學生現況，適時提供協助。

5.每位兼任輔導教師服務學生人數以一名為原則，在家教育專任教師服務學生人數以教育處相關規定為原則

6.其他

(1)每位在家教育學生依規定皆須編入設籍學校應就學年段班級並計入該班學生數。

(2)每位專任巡迴輔導教師服務以每週十八小時（含交通時間）為原則，兼任巡迴輔導教師服務學生人數以一名為原則。巡迴輔導教師、導師於每次輔導後需填寫輔導記錄，作為爾後轉介安置之參考。

(3)專任巡迴輔導教師服務之學生以輔導C級第一項「持有重度以上身心障礙手冊，經鑑輔會評估符合在家教育資格，具備認知、語言、溝通能力，有學習意願及需求者」為原則。

(4)學校兼任巡迴輔導教師選任原則，由各校依權責自行選派具特教專長之教師優先擔任，兼任巡迴輔導教師每週授課節數酌減兩節，以利其執行在家教育學生巡迴輔導工作。惟兼任巡迴輔導教師如為特教班教師，其酌減節數應納入學校特教班總節數之分配；兼任巡迴輔導教師如為普通班教師或行政人員，酌減時數應納入學校普通班總節數分配。

(5)定期研討：每月第一週之週三下午需至定點進行業務檢討及個案研討，得視實際情況變動調整之。

(6)A級第一項「經各縣市政府核定有案，安置於本縣醫院養護或教養機構就養之在家教育學生」，必要時得以電話訪視並做成紀錄，惟不得請領差旅費；電話訪視每學期不超過2次為原則。

(7)為落實依在家教育學生需求提供輔導服務，並降低在家教育學生人數，本縣訂於每學年度第1學期末（即每年12月至隔年1月），由在家教育學生設籍學校派員會同其巡迴輔導教師一起評估在家教育學生回校接受教育之可行性，並填具評估檢核表。上開評估結果，列入第2學期初在家教育學生的IEP會議中討論並做成記錄，評估需回校接受教育之在家教育學生，由設籍學校協助提送申請資料至本縣鑑輔會每年3月之身心障礙學生第1次轉介鑑定安置作業中辦理轉安置。

【不分類學生巡迴輔導部分】

1.服務對象：就讀本縣國民小學及公私立幼稚園（指三足歲以上）普通班之身心障礙學生，經鑑輔會依學生發展狀況及學習需要評估有服務需求，且未接受本縣視覺障礙巡迴輔導、在家教育巡迴輔導者。上述學生以未設特教班學校之學生及障礙程度重之學生為優先服務對象。

2.輔導方式

(1)依據學生個別教育需求，提供學生直接特教教學服務，包括個別學習、分組學習、團體學習及入班協助等型態之教學，並協助普通班導師擬定IEP（個別化教育計畫）。

(2)提供身心障礙學生就讀普通班之導師及學校特教行政相關人員諮詢服務，包括提供學校特教行政人員特殊教育行政諮詢、提供教師特殊教育課程、教材、教法之諮詢及協助教師班級經營及身心障礙學生相關問題之評估與解決。

3.其他

(1)不分類巡迴班每班服務學生數以16至20人為原則。巡迴輔導教師每次到校服務後，應填寫相關教學或諮詢輔導記錄。

(2)每位不分類巡迴班教師每週授課節數為18節。

(3)接受不分類巡迴輔導學生之設籍學校應主動提供一套教科書（含教師手冊）予巡迴輔導教師，俾便課程規劃及教材編擬。

(4)定期研討：為使不分類巡迴班業務順利推行，不分類巡迴班教師每週三下午不排課，每月第四週之週三下午需至定點進行業務檢討及個案研討，得視實際情況變動調整之。

八、其他事項

視覺障礙學生、在家教育學生、不分類巡迴學生之個別化教育計畫應由學生設籍學校、巡迴輔導教師共同編擬，並於每學期開學一個月內擬定完成後，留校備查，本縣身心障礙巡迴教育中心得不定時抽查之。各巡迴輔導教師應於開學兩週內排定接受巡迴輔導學生之課表及相關教學內容，並於每學期開學一個月內送交原服務學校、學生設籍學校承辦人、巡迴教育中心備查。

巡迴輔導教師應於每次輔導後填寫輔導記錄（或輔導日誌），作為爾後轉介安置參考或請領交通費之依據。

九、考核

為充分瞭解本縣巡迴輔導業務執行概況，巡迴教育中心得以電話、書面、實地訪查視覺障礙巡迴輔導教師、在家教育巡迴輔導教師、不分類巡迴輔導教師之輔導授課情形，並將訪查記錄報府備查，另本府亦得不定期訪查。兩者訪查發現無故不到或未授足規定之時數等情事，一學期累積達（含）三次以上者，視情節輕重給予申誡以上之處分。在家教育兼任輔導教師輔導次數超過（含）40次，輔導記錄詳實，且經本府訪查無不良記錄者，予嘉獎壹次；兼任輔導教師輔導次數超過35次未滿40次，輔導記錄詳實，且經本府訪查無不良記錄者，頒發獎狀乙紙獎勵。前述獎勵事實於每年7月15日前由教師所屬學校將輔導記錄正本逕送桃園市中山國小彙辦。

辦理本案巡迴教育中心之工作人員於計畫結束後，視工作成效辦理敘獎。

十、為利本縣巡迴輔導業務之執行，本處得視當年度身心障礙學生實際需求，經與相關單位（如巡迴教育中心、巡迴輔導教師設籍學校）協調後調整巡迴輔導教師支援輔導各類身心障礙學生。

十一、各類專（兼）任巡迴輔導教師每次進行實地輔導並填寫記錄者依規定請領差旅費。

十二、經費：本計畫所需經費由教育部補助支應。

二～4.1 新竹縣辦理國民中小學及幼稚園身心障礙特殊教育班實施要點

修正時間　中華民國98年9月21日

一、新竹縣政府（以下簡稱本府）為辦理國民中小學及幼稚園身心障礙特殊教育班業務事宜，特訂定本要點。

二、本要點所稱身心障礙特殊教育班（以下簡稱特教班），包括學前融合班、集中式特教班、分散式資源班及各類身心障礙巡迴輔導班。

三、特教班安置之對象係指經新竹縣特殊教育學生鑑定及就學輔導委員會（以下簡稱鑑輔會）鑑定，必須安置之各類具特殊教育服務需求之學生。

四、特教班設班原則以本縣特教通報網之身心障礙學生人數及實際需要規劃為依據。申請設立特教班應符合學校本位需求、無接縫轉銜服務及鄉鎮區域本位原則。申請設立特教班以現有設備、師資及學生數等條件完備之學校為優先考量。

五、特教班安置身心障礙學生人數及學生學籍管理原則如下：

㈠學前融合班每班以二十人為原則，其中身心障礙學生不得低於四人。

㈡集中式特教班國民小學每班以十人為原則；國民中學每班以十二人為原則。

㈢分散式資源班國民小學每班以二十至二十五人為原則；國民中學每班以二十至三十人為原則。

㈣各類身心障礙巡迴輔導班，以巡迴區域內該類特殊需求學生為輔導對象。

㈤學前融合班、集中式特教班及在家教育巡迴輔導班學生之學籍應設於該特教班。

六、特教班之教師應具特殊教育教師資格且以專任為原則，每班應設置導師，設置方式則依特殊教育設施及人員設置標準規定辦理。學前及國民小學階段，每班編制教師二人；國民中學階段，每班編制教師三人。特教班教師授課時數依新竹縣各類特殊教育班實施計劃規定辦理。特教班教師以兼任特教組長為限。但報經本府核定者，不在此限。如有特教助理員設置需求，由本府另案辦理。

七、特教班學生學習時數規定如下：

㈠學前融合班比照一般幼稚園班級之學習時數。

㈡集中式特教班按全日班方式學習，並經特推會評估學生學習特質，安排符合學習需求之課程。

㈢分散式資源班學生授課時數依照學生需要做最適當之安排。但不得多於原班級總學習時數之二分之一。

㈣各類身心障礙巡迴輔導班學生上課時數依照學生需求做最適當的安排。

八、特教班教師應於開學後一個月內，邀請學生家長參與擬定每位學生之個別化教育計畫，確實實施且每學期至少檢討一次。

九、申請設立或增設特教班之學校，應於每年八月三十一日前擬定設班計畫並報請本府核定。

前項計畫內容應包含設班需求、學生來源、場地規劃及經營理念等相關項目。

十、學校於辦理特教班，評鑑或輔導優良者得酌予獎勵；績效不佳或學生人數減少時，在不影響原服務特教學生就學權益前提下，得減班（員額）或改變服務型態辦理。

十一、本要點如有未盡事宜，悉依特殊教育相關規定辦理。

二～5.1　新竹市政府辦理身心障礙特殊教育班實施要點

中華民國100年1月17日本市第8屆市長第55次市務會議修正通過

一、新竹市政府（以下簡稱本府）為落實特殊教育法之精神，以滿足學生學習需要，並給予適當之安置，特訂定本要點。

二、本要點所稱身心障礙特殊教育班（以下簡稱特教班），包括學前特教班、集中式特教班、分散式資源班（以下簡稱資源班）及巡迴輔導班。

三、特教班安置之對象，為經由新竹市特殊教育學生鑑定及就學輔導會（以下簡稱鑑輔會）鑑定必須安置之各類具特殊教育服務需求之學生。

四、身心障礙學生就讀普通班安置原則：

㈠為滿足適性學習需要並落實最少限制之環境，身心障礙學生就讀普通班，可免參與常態編班抽籤，並應事先協助安排至適當教師之班級。

㈡安置有特殊教育學生之普通班，每招收安置嚴重情緒障礙、自閉症或全盲學生一名，得減收普通班學生人數三名；每安置其他各類身心障礙學生一名，得減收普通班學生人數二名。經減收班級人數後，該班總人數不得低於二十四名。上述酌減普通班班級人數，經學校特殊教育推行委員會（以下簡稱特推會）同意，報本府核定後實施。若一學校同一年級內倘因包含就讀普通班之身心障礙學生酌減班級人數而需辦理增班，於該年級學生數超過基準數三人以上且有三分之一以上班級數超過編班基準時，得報請本府辦理。

五、特教班安置身心障礙學生人數及教師服務學生人數規定如下：

㈠學前特教班：每班以八人為原則。

㈡集中式特教班

1. 國民小學階段：每班以十人為原則。
2. 國民中學階段：每班以十二人為原則。

㈢資源班

1. 國民小學階段：每班管理個案數以二十至三十人為原則，惟經鑑會安置者不在此限。
2. 國民中學階段：每班管理個案數以二十至三十人為原則，惟經鑑輔會安置者不在此限。

六、特教班之教師應具特殊教育教師資格且以專任為原則。學前教育及國民小學，每班編制教師二人；國民中學，每班編制教師三人。特教班教師授課時數依新竹市國民中小學（含幼稚園）特殊教育班授課節數實施要點規定辦理。

特教班教師工作職責如下：

㈠轉介前輔導。

㈡特殊教育學生鑑定與評量。

㈢擬定個別化教育計畫並協助普通班教師擬定個別化教育計畫。

㈣學生個案資料建立及分析。

㈤實施教學與輔導，隨時進行教學研究。

㈥編選教材與教具。

㈦進行教學評量（包括教學前的學生能力評估、教學中及教學後的評量）。

㈧與專業團隊合作進行教學。

㈨協助教育輔助器材及相關支持服務之申請。

㈩與普通班教師進行溝通合作。

⑾提供家長親職教育及家庭支援服務。

⑿協助特殊教育之行政工作。

⒀轉銜服務。

⒁其他特教相關事項。

特教班教師以兼任特教組長為限，但報經本府核定者，不在此限。

七、特教班學生學習時數

㈠學前特教班：比照一般幼稚園班級之學習時數。

㈡集中式特教班：按全日班方式學習，得經特推會評估學生學習特質，安排部分時間回歸普通班。

㈢資源班：學生到資源班上課時數，依照學生需要做最適當之安排，惟不得多於原班級時間之二分之一。資源班之排課可採下列方式：

1.抽離方式：依據學生原班上課時間抽離。

2.外加方式：利用週會、班會、自習課、聯課活動及早自習等上課時間，做彈性靈活運用。惟考量學生學習效果及學校日常作息，午休時間、學校放學後不得排課。

3.混合式：兼採上述兩種模式排課。

4.合作諮詢模式：由資源班教師協助普通班教師，針對班級身心障礙學生之學習、生活、人際、輔導技巧進行協助（包含入班服務、合作教學及諮詢服務）。

八、資源班學生成績評量，應由學校特推會依普通班學生成績考查規定，衡酌學生之學習優勢管道，彈性調整其評量方式及訂定回歸普通班標準，並應在必要時提供無障礙考試之輔助。

九、特教班教師應於開學後一個月內，邀請學生家長參與擬定每位學生之個別化教育計畫，確實實施且每學期至少檢討一次。學校應於每年十月底前，將特教班班級學生名冊、課程表（整體課程表及個別學生課程表）、擔任教師及授課節數等資料，報本府備查。

十、特教班學生於學期中如有適應不良現象、學籍異動情形及補救教學效果良好者，得依新竹市身心障礙特殊教育學生鑑定安置實施要點，由輔導室協助提出更改安置之申請，報本府移轉鑑輔會辦理。

十一、申請新（增）設特教班之學校，得於每年十月份擬定設班計畫報本府核定。

前項計畫內容應含設班需求、學生來源、場地規劃及經營理念等相關項目。

十二、本要點奉核定後實施。

二～6.1　臺中市身心障礙在家教育學生輔導實施要點

中華民國100年5月3日中市教特字第1000024834號函發布

一、臺中市政府教育局（以下簡稱本局）為辦理重度身心障礙學生在家教育輔導事宜，協助其完成國民教育，特訂定本要點。

二、輔導對象為經本市特殊教育學生鑑定及就學輔導會核定在家教育之國民教育階段身心障礙學生。

三、輔導方式如下：

㈠於各教養機構接受治療、復健及教養之在家教育學生，輔導教師應每月電訪或探訪一次，瞭解學生現況，提供各項輔導，並摘要撰寫輔導紀錄。

㈡在家教育學生每週接受二小時輔導為原則，得視學生實際需要調整之。

㈢輔導教師應視學生身心障礙狀況及其學習能力，適切擬定輔導日程表。

㈣輔導教師因故無法如期實施輔導時，應通知家長調整或改期實施之。

㈤輔導教師應針對學生需求，主動提出各項專業服務申請，配合相關專業人員提供各項專業服務措施，並登錄於學生個別化教育計畫及其輔導紀錄。

㈥輔導教師每月核予八個半天公假為原則，以利實施各項輔導工作。

㈦輔導教師至學生家中或其安置場所進行輔導，得依相關規定請領補助。

㈧輔導教師應針對學生身心障礙狀況及其學習需求，適切設計個別化教育計畫，循序實施各項教學、訓練、輔導與評量，並按時填寫輔導紀錄，以為檢討執行成效與考核之依據。

㈨輔導教師應與家長溝通教養觀念，協助家長建立正確教養態度與教養方式，並提供其他相關資訊與諮詢服務。

㈩學校相關行政人員應按月檢閱學生個別化教育計畫執行情形與輔導紀錄登載狀況，以確保在家教育學生輔導品質與成效。

四、輔導教師應依據學生輔導成效，每學期與家長共同評估學生安置之適切性；必要時，輔導教師應協助家長辦理轉介安置申請，保障學生充分受教之權益。

五、個別化教育計畫內容

㈠應符合特殊教育法施行細則第十八條及其他相關法令規定。

㈡內容應切合學生目前障礙狀況、學習能力發展水準、家長教育期待及相關專業人員建議事項。

㈢其教育目標概分為生活教育、社會適應、實用語文、實用數學、休閒生活等領域之能力培養與訓練，或實施相關能力之代償技能訓練。

㈣所提供相關專業服務之項目、服務方式或內容、服務時間與地點、提供專業服務人員等。

㈤提供在家教育學生家庭各資訊、諮詢、輔導、親職教育課程等支援服務。

六、本要點未盡事宜，悉依相關法令規定辦理之。

二～7.1 南投縣高級中等以下各教育階段特殊教育方案實施要點

中華民國99年5月18日府教特字第09901046790號函公布

一、本要點依特殊教育法（以下簡稱本法）第十一條第三項規定訂定之。

二、本要點所稱高級中等以下各教育階段，係包含下列教育階段：

㈠學前教育階段。

㈡國民教育階段。

㈢高級中等教育階段。

三、本要點所稱特殊教育方案（以下簡稱方案）區分為身心障礙教育方案及資賦優異教育方案。前項所稱身心障礙及資賦優異之認定依本法第三條及第四條規定辦理。

四、學校實施方案應依據校內特殊教育學生的能力與需求，採校內、校際或區域合作方式進行，並得結合學術、社區、醫療、社會福利資源等辦理。

五、高級中等以下各教育階段特殊教育學生，未依本法第十一條第一項規定安置於特殊教育班者，其所屬學校得擬具方案向南投縣政府（以下簡稱本府）提出申請，其程序如下：

㈠學校提出申請之方案須經校內特殊教育推行委員會通過並作相關紀錄。

㈡學校檢具方案及相關紀錄，向本府提出申請。

㈢本府召集方案審查小組進行審查，必要時得要求申請學校修正或重新申請。

㈣申請學校應依本府審查通過之方案內容執行。

六、學校辦理方案之申請內容應包含下列項目：

㈠依據。

㈡目的。

㈢個案評估及特殊教育需求說明。

㈣實施內容與方式：包含課程及服務項目。

㈤辦理時間與進度。

㈥師資安排：包含人力資源與職掌。

㈦所需設備及經費概算。

㈧預期成效及評估方式。

㈨獎勵。

㈩附則。

七、學校辦理方案，應依據教學需求優先遴聘熱心且對特殊教育工作意願高者擔任教學工作，且其資格需符合本法或相關子法之規定。

二～8.1　雲林縣視覺障礙學生混合教育實施要點

中華民國91年10月18日91府教特字第9104005676號函頒發

一、雲林縣政府（以下簡稱本府）為使雲林縣中等以下學校視覺障礙學生統合於正常教學環境，接受補救或充實性之個別化教學與輔導，以培養良好的社會適應能力，訂定本要點。

二、本要點所指視覺障礙混合教育實施之對象係指：

就讀本縣中等以下學校普通班，經矯正後視力未達〇．三（不含〇．三），經雲林縣特殊教育學生鑑定及就學輔導委員會（以下簡稱鑑輔會）安置之視覺障礙學生。

三、師資：

㈠視障巡迴輔導員：由本府遴選合格教師，參加國立臺南師範學院接受視覺障礙教育師資培訓，結訓後為本縣視覺障礙學生巡迴輔導員，負責推展本縣視覺障礙學生混合教育工作。

㈡級任教師：由各級學校於級任教師中遴選對視覺障礙有興趣具愛心、耐心之教師擔任，並參加本府相關特教專業知能研習者。

四、教學輔導內容

㈠學前個案輔導：輔導視障兒童身心正常發展，培育良好的生活習慣及適應能力，以為日後就學準備。

㈡學齡學生輔導：由輔導員巡迴輔導視障學生點字、摸讀技巧、移動技能、定向行動、生活技能及各科輔助器材之使用，並協助其級任教師處理特殊事項、諮詢、服務，共同擬定學生個別化教育計畫，使其適應團體生活。

㈢超齡視障生之輔導：由輔導員輔導其適應社會環境，充實生活能力，協助其接受職業訓練，以達自立自主之目標。

㈣高中、國中畢業生或已離校者；依學生性向、興趣，輔導升學或接受就業訓練。

㈤巡迴輔導時，如發現學生有多重障礙，無法適應視障混合教育時，應報請本府。

五、學生接受巡迴輔導時間及時數

㈠學生接受巡迴輔導服務時間，應依照學生需要與學生所在班級各項學習活動實施情形，為最適當之安排，可利用原班級上課時間、聯課活動、空白課程或週會等時間做補救教學。

㈡輔導員應於輔導前，通知學生班級導師本次巡迴輔導服務時間及時數，如因故無法實施，亦應事先告知，並排定翌次提供巡迴輔導服務之時間及時數。

㈢學生每週接受巡迴輔導服務時數，以一週二小時為原則，並得依學生個別學習狀況及需求予以當適調整。

㈣學生接受巡迴輔導服務時數，不包括巡迴輔導交通往返時間，及其他非教學服務時間。

㈤本輔導時間之安排，以不妨礙學生各科正常學習為原則。

六、教學方式

㈠以個別輔導，分組教學或與原班導師協同教學方式，依據學生個別需求及各教階段課程標準，擬定「個別化教育方案」實施教學與輔導。

㈡一般課程，由該生級任教師、任課教師負責，特殊課程如「點字教學」「定向行動」等課程，則由輔導員負責指導。

七、經費：視障特殊教學所需輔助器材，設備如點字課本、大字體課本、放大鏡，盲用電腦，點字筆等，由本府編列預算及教育部補助經費支應。

八、獎勵

㈠指導視障學生參加各項活動，表現優良之教師，依規定給予獎勵。

㈡推展本要點表現優良之學校（含校長、主任、教師）依規定給予獎勵。

九、本要點如有未盡事宜，依有關規定辦理。

十、本要點經奉核定後實施。

二～8.2　雲林縣國民中小學身心障礙資源班實施要點

中華民國91年10月18日91府教特字第9104005677號

中華民國93年1月2日府教特字第9204006692號函修正

一、雲林縣政府（以下簡稱本府）為使本縣國民中小學身心障礙學生融合於常態學習環境中，接受補救性之個別化教學與輔導，以培養良好的社會適應能力，充分發揮潛能，特訂定本要點。

二、資源班所招收對象係指：可因資源班之教學與輔導使顯著適應困難之身心障礙學生在學習成就及行為發展方面有所助益，經雲林縣特殊教育學生鑑定及就學輔導委員會（以下簡稱鑑輔會）安置者。

三、各類資源班學生之學籍應設於普通班。

四、師資

㈠資源班教師員額編制國中每班三人、國小每班二人，應遴選合格特殊教育教師擔任。

(二)每班置導師一人。

五、授課時數

(一)資源班教師以專任為原則，如需兼任行政工作，以特教組長為限。

(二)資源班教師每人每週授課時數比照同教育階段身心障礙特教班教師授課時數。

六、教師職責

(一)參與學生鑑定，個案資料建立，擬定個別化教育計畫，教學與輔導，教學評量。

(二)編選教材、教具、評估資源班運作成效。

(三)與普通班教師合作、溝通，並提供家長諮詢輔導。

七、班級人數

(一)國民小學每班二十人為原則，國民中學每班二十五人為原則。

(二)前項輔導上限人數得視學生需求及教師教學負擔而增加，且每一（小）組教學以輔導八人為上限，每次教學平均服務四名學生。

(三)凡國小資源班招收學生未滿十五人、國中資源班招收學生未滿二十人者，得由教育局安排如下措施：

1. 資源班教師提供教學服務時數至鄰近未設特教班級學校對身心障礙學生進行教學輔導活動或提供教師諮詢服務、教學資源等。
2. 調整資源班編制到其他特教學生需求較大學校，以充分發揮資源班服務身心障礙學生之特教功能。

八、教學方式：教師應於學生入班後會同普通班教師依學生個別化教育計畫安排教學輔導科目及教材內容：

(一)教學及輔導科目：含身心障礙所需之語言、溝通訓練及有學習困難之國語、數學、自然等學科。

(二)教材內容：參考同教育階段普通班課程標準及各類障礙學校（班）課程綱要相關教材改編、簡化或視學生能力自行編寫。

(三)資源班教學應參酌學生障礙類型、學習能力及原班上課時間等因素，以分組教學為主，輔以個別教學。

九、排課方式

㈠學生在資源班上課時數，以不超過其在普通班上課總時數的二分之一為原則。

㈡依學生原班課表採：外加方式：利用原班週會，自習，聯課活動或空白課程等時段進行外加補救教學。抽離方式：利用原班該科目上課時段到資源班上課。

學生與原班程度差異太大，以抽離式為主，差異不大及因身心障礙所需之特殊訓練，以外加式為主。

十、成績評量

㈠完全抽離之科目：平時考評：資源班應設計個別平時評量表以記錄學生學習情形，考核結果為學生原班平時成績。定期考評：學生在原班接受定期考評該科目由資源班教師協助決定試題內容，並於成績冊上註記。

㈡外加科目：資源班對該生所做之評量結果，供原班該科目平時成績之參考，所佔比例以該科目學生在資源班上課時數，佔該科目原班時數及資源班時數和之比例計算之。

十一、個案檢討：設有資源班之學校應定期舉行學生個案研討會，視學生輔導學習狀況決定學生下學期服務時數或安置方式：

㈠回歸普通班上課並追蹤輔導其適應期情形。

㈡續留資源班輔導

㈢或轉介至其他安置場所

十二、設有資源班之學校，應於開學後一個月內將班級數、學生基本資料、課程表、擔任教師及授課時數等資料，函報本縣特殊教育資源中心建檔列管。

十三、資源班教師除支給國中小教師待遇外，並得依規定報領導師費，教材編輯費，特殊教育津貼。

十四、資源班所需相關經費由本府編列預算支應。

十五、本要點如有盡事宜，依相關規定辦理。

十六、本要點自頒發日施行。

二～8.3　雲林縣中等以下學校身心障礙學生資源小組設置及作業要點

中華民國92年5月27日九二府教特字第9204002933號函頒
中華民國96年5月14日府教特字第0960403066號函修訂

一、雲林縣政府（以下簡稱本府）為使縣立高級中學及各國民中小學（以下簡稱學校）就讀普通班之身心障礙學生獲得個別化學習與生活輔導，提昇學習效果，使其適應普通班學習環境，特訂定本要點。

二、學校符合下列條件之一者，得申請設置身心障礙學生資源小組（以下簡稱資源小組）：

㈠本縣縣立中學及國民中小學未設立身心障礙類特殊教育班級，並收有身心障礙學生者。

㈡本縣縣立中學及國民中小學設有自足式特殊教育班，但未設資源班者，其自足式特教班學生人數國小平均每班達十人以上，國中平均每班達十二人以上者，亦得申請辦理本案服務。

三、申請程序及審核：學校得於每學期開學前二週備妥資源小組實施計畫、課程表及經費概算表等相關資料向本府提出申請。經審核後核復學校辦理。

四、資源小組成員應包括校長、學生原班教師、資源教師、相關處室主任、組長、校內及該區具有特殊教育或測驗診斷專長之教師相關專業人員、義工及個案學生家長或法定代理人共同參與，並由校長統籌。

五、資源小組師資及人力支援如下：

㈠教師

1.原班教師：如級任教師、科任教師。

2.資源教師：具有輔導熱忱教師。

㈡志工、個案學生家長及具輔導專業訓練之社會人士。

六、資源小組之運作由校長指導，各處室相互配合：教務處配合教學及課程之安排；訓導處配合各項訓導工作；總務處負責各項教材、教具之購置；輔導室負責整個資源小組實施計畫之執行及協調聯繫事宜。未設上述處室學校，由應管單位負責。

七、學校應整合學校教師、社區義工等人力支援，協助各類身心障礙或學習有嚴重困難之學生接受補救性個別化教學與輔導，以增進學習能力，並改變學習態度，使其適應普通班學習環境，提升學習效果。

八、資源小組服務對象為經本縣特殊教育學生鑑定及就學輔導委員會（以下簡稱鑑輔會）鑑定安置於普通班之學生。但為使資源充分利用，如有餘額，可服務其他學習困難學生。

九、資源小組實施方式如下：

㈠篩選轉介：各校依「雲林縣國民中小學特殊教育學生普查工作手冊」普查工作內容，進行身心障礙學生普查、篩選、推介，建立待鑑定學生名單報本縣鑑輔會。

㈡鑑輔會核定：本縣鑑輔會依各校申請審核核定。

㈢經核定屬身心障礙學生應予安置者，學校資源小組依據學生評量資料，輔導需求科目、時數，會同相關人員及學生家長擬定學生「個別化教育計畫」，以利教學與生活輔導之實施。

㈣教學與輔導：資源小組人員依據學生「個別化教育計畫」執行教學及輔導工作。

㈤評量學習效果：學校應定期評估學生學習效果，以利再安置之參考

十、教學與輔導

㈠擬定個別化教育計畫：資源小組應於提供服務後一個月內，依據個別化學生資料擬定個別化教育計畫，內容至少應包括學生個人基本資料、評量紀錄、教學科目、教學型態、上課時數與時間、學生能力敘述、長期教學目標、教學評量方式與標準及其所需之相關服務項目等。

㈡課程內容：依據學生之能力與需求，參考現有課程教材加以改編，簡化後進行輔導，內容應包括有重大學習困難之主要學科或身心障礙所需協助之特殊服務及訓練，並應隨時評量，以為課程安排與改進教學之參考。

㈢教學型態：以小組進行教學輔導為主，個別方式為輔，另可安排獨立

學習及團體活動。每小組以不超過五人為原則，不足部分可招收學習困難之學生；必要時可參酌學生障礙類別及其程度、學習能力分組實施。

㈣服務時數：每學期以四個月計算，每週以提供五節課學習輔導為原則。

㈤資源小組得比照資源班並依學生原班課表採下列方式排課：

1.抽離方式：利用原班該科目上課時段提供資源小組服務。

2.外加方式：利用原班週會、聯課活動、午休、作業指導等時數為之，如需動用部分科目上課時段應於擬定「個別化教育計畫」時決定。

十一、考核程序：經本府核定辦理資源小組服務之學校，於辦理期間或辦理完畢，由本府遴派相關人員進行考核，並以考核結果作為隔年本案經費補助之參考（資源小組考核表如附件一）。

十二、經本府核定辦理資源小組之學校，國中每學期原則由本府補助新臺幣四萬二000元整，國小每學期由本府補助三萬元整，並視年度經費及辦理學校特教學生人數多寡酌予調整，以支應教師鐘點費、教材教具、行政管理等費用，需核實編列，專款專用。

十三、本案實施績優有功人員，依具體成果，比照「雲林縣公私立中小學及幼稚園授權獎懲案件處理要點」，由各校本權責核實敘獎。

十四、本要點未規定者，依相關規定辦理。

十五、本要點自頒發日施行。

二～9.1　嘉義市高級中等以下各教育階段學校特殊教育方案實施辦法

中華民國100年1月16日府行法字第0991102310號令發布

第一條　本辦法依據特殊教育法（以下簡稱本法）第十一條規定訂定之。

第二條　本辦法所稱各教育階段，係指學前教育階段及國民教育階段。

第三條　本辦法所稱特殊教育方案（以下簡稱方案）區分為身心障礙教育方案及資賦優異教育方案。前項所稱身心障礙及資賦優異之認定依本法第三條及第四條規定辦理。

第四條　學校實施方案辦理方式應依據校內特殊教育學生的能力與需求，採校內、校際或區域合作方式進行，並得結合學術、社區、醫療、社會福利資源等辦理。

第五條　各教育階段學生，未依本法第十一條第一項規定安置於特殊教育班者，其所屬學校得擬具方案向嘉義市政府（以下簡稱本府）提出申請，其作業程序及申請內容由本府另訂之。

第六條　本辦法自發布日施行。

二～9.2　嘉義市身心障礙巡迴輔導教師服務要點

中華民國100年5月16日府教特字第1001505652號函發布

一、嘉義市政府（以下簡稱本府）為使本市身心障礙學生享有適性教育，發展良好之社會適應能力，充分發揮身心潛能，獲致最大學習成效，特訂定本要點。

二、本要點所稱身心障礙學生係指國民教育及學齡前教育階段之身心障礙學。

三、身心障礙巡迴輔導教師（以下簡稱巡迴輔導教師）應具備特殊教育相關專業知能之合格特殊教育教師資格。

四、巡迴輔導教師於每學年度應配合本府完成分配輔導身心障礙學生之相關工作，並擬定及實施學生個別化教育計畫。

五、本要點巡迴輔導教師之服務項目如下：

㈠轉介前諮詢輔導。

㈡身心障礙學生鑑定與評量。

㈢訂定個別化教育計畫。

㈣執行適性課程與行為輔導。

㈤蒐集、編製教材教具。

㈥實施教學評量工作。

㈦提供普通班教師及家長特殊教育之諮詢及支援服務。

㈧輔導疑似身心障礙學生及有特殊教育需求之學生。

㈨提供身心障礙學生班級輔導及轉銜服務。

㈩協助特殊教育工作，如參與特殊教育宣導、個案研討會議、本市巡迴輔導之工作規劃等。

⑾其他經本府指定之項目。

六、巡迴輔導教師對於以學科為主要需求之身心障礙學生，排課以小組教學為原則；非學科需求者，可視學生情況安排適當教學模式。

七、巡迴輔導教師之教學課程內容以特殊教育課程為主、學習困難之學科補救教學為輔。特殊教育課程包括聽能訓練、說話訓練、點字教學、定向行動訓練、情緒管理、社會適應、社交技巧、注意力訓練、生活自理及學習策略教導等。學科補救教學之學科包括國語（文）、數學等。

八、巡迴輔導教師對每一身心障礙學生每週至少應巡迴輔導一次。但得視學生實際情形調整之。巡迴輔導教師於每次輔導後應確實填寫輔導記錄表。

九、巡迴輔導教師每人每週授課節數，學前及國小以二十節為原則；國中以十八節為原則。

十、專任巡迴輔導教師每人每週授課節數，學前及國小以二十節為原則（不含交通時間）。國中以十八節為原則（不含交通時間）。兼任本府教育處行政工作之巡迴輔導教師，得酌減授課節數。

十一、巡迴輔導教師依規定領交通費，每人每月新臺幣600元，一年以9個月計（學前特教巡迴輔導教師一年以11個月計）。

十二、教師請假應依教師請假規則及嘉義市所屬各公立學校教師出勤差假補充管理規定辦理，因病、事假缺課，需自行補課。

十三、巡迴輔導班應於每學年度第一學期開學後一個月內將本學期服務身心障礙學生數及名冊、巡迴輔導班全體課表、師資、教師任課課表及節數提送各校特殊教育推行委員會審查，並送本府備查；第二學期資料有更改部分，應於開學二週內送本府備查。

十四、巡迴輔導班學生經巡迴輔導教師評估學習情況改善、適應良好，或擬改變安置型態，須經學校特殊教育推行委員會核定，再報請本市特殊教育學生鑑定及就學輔導委員會同意後重新安置。

十五、接受巡迴輔導教師服務之學校應配合辦理下列事項：

㈠在開學前協助排課。

㈡學生請假時，應提前告知巡迴輔導教師。

㈢協助提供巡輔教師固定上課教室，含身心障礙學生課桌椅、老師辦公桌、黑板或白板、放置教材之櫥櫃、電腦桌椅、印表機（可與其他老師一起共用）等，及教學所需之課本、教材教具（指國語、數學的教具箱）等。

㈣提供停車空間。

二～10.1　高雄市國民教育階段身心障礙分散式資源班班群編班／區段排課實施要點

100年1月12日高市四維教特字第1000001924號函訂

一、高雄市政府教育局為因應身心障礙學生不同的能力需求，實施分散式資源班（以下簡稱資源班）完全抽離排課，以達成個別化教學目標，依「特殊教育課程教材教法及評量方式實施辦法」訂定本實施要點。

二、本要點實施對象為國小三年級至國中三年級安置於資源班之身心障礙學生。

三、本要點所稱「班群編班」係指將程度相近的身心障礙學生編入同一普通班級，每班以安置1-3人為原則；「區段排課」係指將2-5個班級之同一科別排一區段授課為原則，分組教學每組學生至少4人（範例如附表1、2、3）。

四、班群編班辦理方式

㈠特殊教育教師應於每年六月底前評估學生特殊教育需求之起點行為，依據學科程度或能力需求進行班群規劃，再將班群學生名單送教務處作為班群編班之依據。

㈡實施班群編班之普通班，得控管該班學生人數，經學校特殊教育推行委員會審查後送編班委員會辦理，以少於其他班級學生人數0-3名為原則。

㈢班群編班導師應依據「高雄市高級中等以下各教育階段學校就讀普通班身心障礙學生教學原則及輔導辦法」第七條辦理。

㈣各校實施班群編班區段排課相關事宜，需提經學校編班委員會審議討論通過後辦理。

五、區段排課辦理方式

㈠特殊教育教師提供須安排同一組群之班級及學習領域課程給教務處，教務處安排「全校課程配課總表」時，錯開同一班群班級之任課教師，避免任課教師重疊。

㈡教務處依特殊教育學生年級、班級、領域課程、預排課表等作班群優先排課。

㈢由教務處依照班群配課之任課教師設定同時上課條件，進行排課作業。

㈣特殊教育教師製作資源班教室課表、學生課表、教師授課課表（包含授課學生組群班級名單）。

㈤教務處統整全校總課表，包含資源班班級課表及資源班教師課表。

高雄市國民教育階段身心障礙資源班班群編班／區段排課作業流程

6月份	鑑定安置會議結果發函通知各校	特殊教育科
6月份	學校將鑑定安置會議通過安置資源班之學生名單送教育局國中教育科、國小教育科。	特殊教育科
7月初	學校依身心障礙學生轉銜資料，根據學生需求安排需抽離課程之班群，並將班群名單提供註冊組。	各校
7月份	教務處協調安排具有特教專業知能或合適的教師擔任相關身心障礙學生導師。	各校
7月份	學校將導師與身心障礙學生配對名單送交教育局國中教育科、國小教育科進行編班作業	各校 國中教育科、 國小教育科
8月份	編班名單確定後，學校依身心障礙學生能力作班群區段排課	各校

二～10.2　高雄市市立國中小及幼稚園身心障礙分散式資源班實施要點

高雄市政府教育局100年1月12日
高市四維教特字第1000001927號函訂

一、高雄市（以下簡稱本市）政府教育局（以下簡稱教育局）為提供本市市立國中小及幼稚園身心障礙學生適性教育及多元安置，以充分發揮潛能，依特殊教育法第十一條訂定本要點，得設立分散式資源班（以下簡稱資源班）。

二、本要點服務對象為經本市特殊教育學生鑑定及就學輔導會（以下簡稱鑑輔會）鑑定為身心障礙學生。

三、資源班設班標準

每校如安置身心障礙學生十人以上，得設立一班資源班，編制教師一名，學生人數十六人以上，設置一班編制教師二名，學生人數二十五人以上，設置一班編制教師三名。學生人數達三十五人以上，得設立第二班，師生比如前述。學生數在此定值區間內，則視學生之需求狀況，由教育局統籌規劃師資調配，介入該校提供服務。學生人數近三年連續未達十人之班級，教育局得減班。

四、資源班服務內容應包括下列事項：

㈠協助普通班教師作學生轉介前輔導。

㈡協助特殊教育學生鑑定與評量。

㈢訂定個別化教育計畫。

㈣執行課程調整、個別化教學、學生生涯轉銜與學生行為輔導等。

㈤支援校內特殊教育之推廣與宣傳活動。

㈥協助特殊教育之行政工作。

㈦提供特殊學生親職教育。

㈧提供普通班教師及家長特殊教育之諮詢及支援服務。

五、資源班教師應依學生特質、學習能力及特殊需求安排上課方式並設計課程。

課程內容包含調整普通教育課程和特殊需求課程。排課方式如下：

㈠完全抽離式：抽離學生某一學習領域原班全部上課時間至資源班上課。

㈡外加式：利用升旗、班（週）會、早自習、導師時間、第八節課、彈性課程、空白課程、團體活動、國小低年級下午時段等時間。

㈢混合式：兼採完全抽離式及外加式上課時間安排。

㈣特殊教育抽離之學習領域須與原班學習領域相符，如有特殊狀況須經過學生個別化教育計畫會議通過。

㈤上揭排課方式依據「高雄市國民教育階段身心障礙資源班班群編班/區段排課實施要點」實施。

六、資源班應於每學期開學三週內將本學期服務學生數及名冊、師資、全體特殊教育教師課表及任課節數、教師輔導每組學生人數提送學校特殊教育推行委員會（以下簡稱特推會）審查，報教育局進行審查。

七、資源班學生成績評量以學生最佳利益為考量，採多元評量方式，學生學習領域成績評量分定期評量及平時評量，各占學期總成績之百分之五十。完全抽離排課之學生平時評量在資源班實施，定期評量在原班實施。平時評量及定期評量各佔該生百分之五十，當學生需要調整評量方式時，須列入學生個別化教育計畫之內容項目。相關評量方式依據「高雄市國民教育階段特殊教育學生成績評量實施要點」辦理。

八、資源班學生如需改變原特殊教育服務部分內容，得召開個別化教育會議，並報請校內特推會審查通過；如擬改變安置型態或回歸原班，則須報請本市鑑輔會重新鑑定安置，學生於改變安置後，資源班仍應持續追蹤並提供輔導服務。

二～10.3　高雄市高級中等以下學校暨幼稚園身心障礙巡迴輔導班實施要點

高雄市政府教育局100年1月12日
高市四維教特字第1000001928號函訂

一、高雄市（以下簡稱本市）政府教育局（以下簡稱教育局）為提供本市高級中等以下學校暨幼稚園身心障礙學生適性教育及多元安置，以充分發揮潛能，依特殊教育法第十一條訂定本要點，得設立巡迴輔導班（以下簡稱巡輔班）。

二、本要點服務對象為經本市特殊教育學生鑑定及就學輔導會（以下簡稱鑑輔會）鑑定為身心障礙學生。

三、巡輔班服務類別

㈠到校巡迴輔導

1.服務偏遠、特偏地區、學前、國小全校班級數十三班以下學生。

2.服務已接受特殊教育，經審查通過需要合作諮詢之情緒行為障礙、聽覺障礙、視覺障礙學生。

㈡在家教育巡迴輔導：經本市鑑輔會鑑定安置為接受在家教育之學生。

㈢醫院床邊巡迴輔導：經本市鑑輔會鑑定安置為接受醫院床邊教學之學生。本條於本要點公布實施三年內逐步完成。

四、巡輔班設班標準

每輔導區如安置身心障礙學生一至八人，得設立一班巡迴輔導班，編制教師一名，學生人數九至十四人，設置一班編制教師二名。學生數在此定值區間內，則視學生之需求狀況，由教育局統籌規劃師資調配，介入該校提供服務。

五、巡輔班服務方式

㈠到校巡迴輔導：以直接教學或合作諮詢模式，提供入班輔導、合作教學、諮詢服務、小組或個別教學與輔導。

㈡在家教育巡迴輔導：以到宅或機構直接教學為主，並結合身心障礙專業團隊，配合學生及其家長需求，提供諮詢及資源整合與協調服務。

㈢醫院床邊巡迴輔導：以到醫療院所或家庭，以直接教學為主，或結合身心障礙專業團隊，並配合學生及其家長需求提供諮詢及資源整合與協調服務。

六、到校巡迴輔導服務方式

㈠服務偏遠、特偏地區、學前、國小全校班級數十三班以下之到校巡迴輔導，應依學生特質、學習能力及特殊需求安排上課方式並設計課程。課程內容包含調整普通教育課程和特殊需求課程，排課方式如下。

1.完全抽離式

抽離學生某一領域原班全部上課時間至巡輔班上課為原則

2.外加式

利用升旗、班（週）會、早自習、導師時間、第八節課、彈性課程、空白課程、團體活動等時間。

3.混合式

兼採完全抽離式及外加式上課時間安排。上述排課方式據「高雄市國民教育階段身心障礙資源班班群編班／區段排課實施要點」實施。

㈡服務已接受特殊教育，經審查通過需要合作諮詢之情緒行為障礙、聽覺障礙、視覺障礙學生之到校巡迴輔導方式，依相關規定辦理。

七、提出巡迴輔導服務之設籍學校，應於教育部特殊教育通報網提出巡迴輔導申請，其工作事項如下：

㈠辦理學生註冊、平安保險、代金、獎助學金。

㈡負責召開個別化教育計畫會議。

㈢開學前協助巡迴輔導教師排課事宜並提供教學場所。

㈣協助學生學習輔具之借用。

㈤學生個人檔案管理。

㈥整合社會福利及醫療資源。

㈦檢視巡輔教師課表、輔導紀錄、差勤紀錄。

㈧設籍學校原班導師會同在家教育及醫院床邊教學巡輔教師每學期至少訪視一次，由設籍學校填寫紀錄備查。

㈨巡輔教師依個別化教育計畫實施評量，評量結果提交設籍學校登錄。

八、巡輔教師應與設籍學校之相關人員密切配合，依據特殊教育專業提供服務並至特教通報網填寫相關紀錄，並留存設籍學校備查。

九、服務偏遠、特偏地區、學前、國小全校班級數十三班以下之巡輔班，應於開學後三週內將本學期服務學生數及名冊、師資、全體特殊教育教師課表及任課節數、教師輔導每組學生人數提送各校特殊教育推行委員會審查（以下簡稱特推會），報教育局進行審查。

十、擔任巡輔班教師應具合格特教教師資格，其授課節數依本市各教育階段身心障礙類特教班教師授課節數表辦理。

十一、提供情緒行為障礙、聽覺障礙、視覺障礙學生合作諮詢、在家教育及醫院床邊教學之巡輔教師，每週需參加三小時督導會議。

十二、巡輔教師差勤管理如下：

㈠巡輔教師須將每週輔導時程表送原服務學校及設籍學校備查。

㈡非巡迴輔導時段應返回原服務學校準備教學或聯繫輔導相關事宜。

㈢教師請假出差須事先告知設籍學校或家長，並協調補（調）課時間。

㈣其餘未盡事項依相關規定辦理。

十三、巡輔班學生成績評量以學生最佳利益為考量，採多元評量方式。相關評量方式依據「高雄市國民教育階段特殊教育學生成績評量實施要點」辦理。

十四、巡輔班學生如需改變原特殊教育服務部分內容，得召開個別化教育會議，並報請校內特推會審查通過；如擬改變安置型態或回歸原班，則須報請本市鑑輔會重新鑑定安置，學生於改變安置後，巡輔班仍應持續追蹤並提供輔導服務。

二～11.1　屏東縣高級中等以下各教育階段特殊教育方案實施要點

99.6.8屏府教特字第0990139813號函

一、本要點依據特殊教育法（以下簡稱本法）第十一條第三項規定訂定之。

二、本要點所稱高級中等以下各教育階段，係包含下列教育階段：

㈠學前教育階段。

㈡國民教育階段。

㈢高級中等教育階段。

三、本要點所稱特殊教育方案（以下簡稱方案）區分為身心障礙教育方案及資賦優異教育方案。前項所稱身心障礙及資賦優異之認定依本法第三條及第四條規定辦理。

四、學校實施方案辦理方式應依據校內特殊教育學生的能力與需求，採校內、校際或區域合作方式進行，並得結合學術、社區、醫療、社會福利資源等辦理。

五、高級中等以下各教育階段學生，未依本法第十一條第一項規定安置於特殊教育班者，其所屬學校得擬具方案向屏東縣政府(以下簡稱本府)提出申請，其程序如下：

㈠學校提出申請之方案須經校內特殊教育推行委員會討論通過並作成相關紀錄。

㈡學校檢具方案及相關紀錄，函文向本府提出申請。

㈢本府召集方案審查小組進行方案審查，必要時得要求申請學校修正或重新申請。

㈣申請學校應依本府審查通過之方案內容執行。

六、學校辦理方案之申請計畫內容應包含下列項目：

㈠經營理念與願景。

㈡實施對象暨特殊需求評估。

㈢辦理方式。

㈣辦理期間與進度。

㈤人力資源規劃。

㈥課程與教學規劃。

㈦經費概算。

㈧預期效益。

七、學校辦理方案，應依據教學需求優先遴聘熱心且對特殊教育工作意願高者擔任教學工作，且其資格需符合本法或相關子法之規定。

二～12.1　澎湖縣高級中等以下學校身心障礙資源班（含巡迴輔導）實施要點

91年4月2日府教社字第0910017555號函訂定

101年7月30日府教社字第1010907502號函修正

一、澎湖縣政府（以下簡稱本府）為提供本縣國民教育階段資源班（含巡迴輔導）實施特殊教育及辦理相關服務之依據，以促進資源班順利運作，充分發揮協助身心障礙學生接受適性教育之功能，特訂定本要點。

二、資源班（含巡迴輔導）之實施對象為經本縣特殊教育學生鑑定及就學輔導會（以下簡稱鑑輔會）安置於普通班，需資源班服務之身心障礙學生。

三、資源班（含巡迴輔導）設班標準：每特殊教育輔導區如安置身心障礙學生一至六人，得設立一班資源班，編制教師一名，學生人數十二人以上，設置一班編制教師二名，學生人數達二十二人以上，設置一班編制教師三名。

學生數在此定值區間內，則視學生之需求狀況，由教育主管機關統籌規劃師資調配，介入該校提供服務。

四、資源班（含巡迴輔導）服務類別：

㈠到校巡迴輔導：

1. 以身心障礙學生出現人數組成學校特殊教育輔導區，輔導區之劃分，由教育主管單位視實際狀況於每學年度彈性調整之。

2.服務已接受特殊教育，經審查通過需要合作諮詢之情緒行為障礙、聽覺障礙、視覺障礙學生。

㈡在家教育巡迴輔導：經安置為在家教育之學生，得以二倍學生人數計算，納入到校巡迴輔導。

五、資源班（含巡迴輔導）應提供特殊教育之教學、輔導、諮詢與支持及整合資源等服務，其內容如下：

㈠協助辦理普通班教師作學生轉介前輔導。

㈡協助特殊學生鑑定與評量。

㈢訂定個別化教育計畫。

㈣執行課程調整、個別化教學、學生生涯轉銜與學生行為輔導等。

㈤提供特殊學生親職教育。

㈥支援校內特殊教育之推廣與宣導活動。

㈦提供普通班教師及家長特殊教育之諮詢及支援服務。

六、資源班（含巡迴輔導）之排課方式

㈠資源班（含巡迴輔導）之排課應視學生個別差異與特殊需求，採完全抽離、外加及混合等方式。

㈡完全抽離式係指利用原班正式上課時間安排至資源班上課，抽離課程視學生個別之需求，以語文和數學等基本能力課程為主，並不得影響學生其他領域學習。

㈢外加式係指利用學生非正式上課時間安排至資源班上課為原則，例如利用升旗、早自習、導師時間、彈性課程、空白課程、第八節課、國小低年級下午時段等時間。

㈣混合式係兼採完全抽離及外加之上課時間安排。

㈤資源班（含巡迴輔導）排定之課程應於個別化教育計畫中載明，排定後若有異動，應通知普通班教師、家長與教務處。

㈥學校教務處排課時應配合資源班（含巡迴輔導）完全抽離排課需求，提供區段排課優先排課協助。

㈦特殊教育抽離之學習領域需與原班學習領域相符，如有特殊狀況需經過學生個別化教育計畫會議通過。

七、資源班（含巡迴輔導）課程與教學實施原則

㈠課程設計應依據學生需求，參照學生個別化教育計畫目標及特殊教育課程綱要。

㈡特殊教育課程內容依據普通教育課程進行調整，以語文和數學為原則，調整方式包括簡化、減量、分解、替代、重整、加深或加廣等。

㈢根據學生需求提供特殊教育需求課程，例如：學習策略、社會技巧、溝通訓練、職業教育、定向行動、聽能訓練等。

㈣資源班之教學採小組教學，以3-4人為原則，有特殊狀況得報請學校特殊教育推行委員會（以下簡稱特推會）審查通過。

㈤資源班（含巡迴輔導）應採用正式、非正式評量，評估學生基本能力和特殊教育需求，以做為課程設計之依據。

㈥資源班教師應將相關專業人員之建議融入教學活動，並定期與普通班教師及相關專業人員討論學生之學習情形與成效。

㈦校內同時設有集中式特教班與資源班，必要時應依特殊學生需求與目標安排課程與學習場所，並與其他教師以合作教學及輔導方式進行。

八、資源班學生成績評量應以學生最佳利益為考量，採多元評量方式，原則如下：

㈠彈性調整學生評量，包括評量方式、評量地點、評量工具、評量標準或評量人員等。如延長考試時間、口語作答、電腦作答、提供獨立考試空間、試題報讀服務、放大試卷、點字卷、提供輔具等。

㈡學生之完全抽離課程之學習領域評量分為平時評量及定期評量，其平時評量由資源教師實施與考察，定期評量則回原班實施與考察。

㈢學生成績評量方式、標準與成績採計方式之調整，應於個別化教育計畫中載明，必要時應經學校特推會審議。其他相關評量依學生成績考查相關規定辦理。

九、資源班（含巡迴輔導）學生如需改變原特殊教育服務部分內容，得召開個別化教育會議，並報請特推會審查通過；如欲改變安置型態回歸原班，則需報請本縣鑑輔會重新鑑定安置，學生於改變安置後，資源班仍應持續追蹤並提供必要之輔導服務。

十、資源班（含巡迴輔導）應於每學期開學三週內，將本學期服務學生名冊、班級日課表、師資、教師課表、教師授課節數與教師輔導每組學生人數等提送校內特推會審議後，報本府教育處備查。

十一、資源班每班應至少設有一間專用教室。

學校應考量資源班運作需求，按規定編列特殊教育經費，並專款專用。

十二、縣府應定期或不定期聘請學者專家及相關人員辦理特殊教育評鑑或訪視，以瞭解並輔導資源班之運作成效。

對於資源班運作成效及辦理情形優良之學校，依規予以獎勵；對於執行成效不彰之學校，應持續追蹤輔導。

十三、本要點如有未盡事宜，悉依現行有關法令規定辦理。

討論與練習

一、如果依據資源教室的行政運作，你認爲資源教室應該隸屬於輔導室或教務處之下，最能發揮其功能？

二、你認爲依據分工原則，縣市教育局對於資源教室經營應該提供哪些行政規定之協助？各校各處室又可以提供哪些行政協助項目，以利各校資源教室之運作？

三、請試擬一份國小或國中的學校本位資源教室實施計畫。此目的是讓大家得以練習如何擬定一份確實可行的資源教室實施計畫，以作爲經營資源教室之能力儲訓，請任選某一個縣市之相關規定作規劃，計畫內容如下：

資源教室實施計畫大綱

- 法源依據
- 成立目標
- 行政組織
- 師資（資格、職稱、授課時數、職責）
- 服務學生障礙類別
- 服務學生人數
- 服務型態與內容
- 學生分組方式與原班級編班配合情形
- 學生補救課程安排方式
- 學生評量方式與成績計算方式
- 學生回歸原班之方式與標準
- 空間規劃
- 設備
- 經費預算

第五章

資源教室的師資、授課時數與每班服務人數

第一節 資源教師的培訓與任用資格

資源教師的職責可謂身兼教學、行政、諮詢與個案管理之多重角色，我國資源教師的養成與任用，主要依據師資培育法和高級中等以下學校及幼稚園教師資格檢定辦法的相關規定。我國過去師資培育的法源依據，首要是民國21年公布的「師範學校法」、民國36年修正發布成「師範學校規程」、民國65年則公布為「師範教育法」，從民國21年至此時我國的師資培育方式為一元化和公費制；其基本精神是以單純的師範學校環境，培育教師的專業素養，再以一元化政策，充分掌控教師的師範院校養成和公費分發任用。民國83年「師範教育法」又修正為「師資培育法」，一改過去師資一元化制度，而邁向多元化培育暨任用自由市場機制；民國94年師資培育法又修訂了部分條文，所以總計七十三年間，我國師資培育政策共計作了四次修訂，尤其以民國83年所修訂之「師資培育法」可視為師資培育的教育改革。民國83至94年間，師資培育法本身的數次修訂亦有重大變更，所以民國94年修訂公布的師資培育法第20條，對於適用不同師資培育政策的教師乃有下列規定：

> 中華民國83年2月9日本法修正生效前，依師範教育法考入師範校院肄業之學生，其教師資格之取得與分發，仍適用修正生效前之規定。
>
> 本法修正施行前已修畢師資培育課程者，其教師資格之取得，自本法修正施行之日起六年內，得適用本法修正施行前之規定。但符合中華民國90年6月29日修正生效之高級中等以下學校及幼稚園教師資格檢定及教育實習辦法第32條、第33條規定者，自本法修正施行之日起二年內，得適用原辦法之規定。
>
> 本法修正施行前已修習而尚未修畢師資培育課程者，其教師資格之取得，得依第8條及第11條規定辦理，或自本法修正施行之日起十年內，得適用本法修正施行前之規定。但符合中華民國90年6月29日修正生效之高級中等以下學校及幼稚園教師資格檢定及教育實習辦法第32條、第33條規定者，自本法修正施行之日起六年

內，得適用原辦法之規定。

我國民國91年修正之師資培育法與民國83年師資培育法最大的不同在於教育實習與教師資格檢定方式，如表5-1-1所示，亦即是民國96年以後畢業之特殊教育學系、特殊教育學程或學士後學分班學生，必須要通過特殊教育教師檢定考試之後，方可以成為合格之特殊教育教師。民國96年之前畢業之學生，則是先通過初檢合格，取得實習教師資格，再經過教育實習一年，成績及格，通過教師資格複檢程序，就可以成為合格之特殊教育教師。

表5-1-1　新舊制教育實習與教師資格檢定方式的比較

	91年新制	83年舊制
實習階段	畢業前	畢業後
實習時間	半年一學期	一年兩學期
大學修業時間	四年半	四年
實習身分	學生	定位不明
實習津貼	無	每月八千元
教師資格取得方式	檢定考試通過	實習成績及格
適用對象	92學年度入學的大一新生、8月起修讀教育學程、教育學分班、師資班的學員	92年8月1日以前已在修讀教育學程、教育學分班、師資班或正在實習者

資料來源：中華民國師資培育白皮書（草案），93年12月，p.3。

依據民國94年修訂公布之師資培育法，其中第5條是在說明師資培育的機構，第7條、第8條、第10條、第11條和第14條，則是說明如何成為合格教師的程序；而師資培育法第10條，以及師資培育法施行細則第3條和第5條，則是明確解釋何謂修畢師資職前教育課程。擔任資源教室的特殊教育教師，其師資培育過程和普通教育教師一樣，都必須先修畢特殊教育職前訓練課程。

師資培育法

第 5 條　師資培育，由師範校院、設有師資培育相關學系或師資培育中心之大學為之。

前項師資培育相關學系，由中央主管機關認定之。

大學設立師資培育中心，應經中央主管機關核准；其設立條件與程序、師資、設施、招生、課程、修業年限及停辦等相關事項之辦法，由中央主管機關定之。

第 7 條　師資培育包括師資職前教育及教師資格檢定。

師資職前教育課程包括普通課程、專門課程、教育專業課程及教育實習課程。

前項專門課程，由師資培育之大學擬定，並報請中央主管機關核定。

第2項教育專業課程，包括跨師資類科共同課程及各師資類科課程，經師資培育審議委員會審議，中央主管機關核定後實施。

第 8 條　修習師資職前教育課程者，含其本學系之修業期限以四年為原則，並另加教育實習課程半年。成績優異者，得依大學法之規定提前畢業。但半年之教育實習課程不得減少。

第 10 條　持國外大學以上學歷者，經中央主管機關認定其已修畢第7條第2項之普通課程、專門課程及教育專業課程者，得向師資培育之大學申請參加半年教育實習，成績及格者，由師資培育之大學發給修畢師資職前教育證明書。

前項認定標準，由中央主管機關定之。

第 11 條　大學畢業依第9條第4項或前條第1項規定取得修畢師資職前教育證明書者，參加教師資格檢定通過後，由中央主管機關發給教師證書。

前項教師資格檢定之資格、報名程序、應檢附之文件資料、應繳納之費用、檢定方式、時間、錄取標準及其他應遵行事項之辦法，由中央主管機關定之。

已取得第6條其中一類科合格教師證書，修畢另一類科師資職前教育課程之普通課程、專門課程及教育專業課程，並取得證明書者，由中央主管機關發給該類科教師證書，免依規定修習教育實習課程及參加教師資格檢定。

第14條　取得教師證書欲從事教職者，除公費生應依前條規定分發外，應參加與其所取得資格相符之學校或幼稚園辦理之教師公開甄選。

師資培育法施行細則

第3條　本法第7條第2項規定用詞定義如下：

一　普通課程：學生應修習之共同課程。

二　專門課程：為培育教師任教學科、領域專長之專門知能課程。

三　教育專業課程：為培育教師依師資類科所需教育知能之教育學分課程。

四　教育實習課程：為培育教師之教學實習、導師（級務）實習、行政實習、研習活動之半年全時教育實習課程。

前項第3款教育專業課程及第4款教育實習課程，合稱教育學程

第5條　本法第8條、第9條第3項及第10條第1項所定半年教育實習，以每年8月至翌年1月或2月至7月為起訖期間；其日期，由各師資培育之大學定之。

特殊教育學系或學程畢業生於民國96年修畢師資職前訓練課程之後，則將需再依據教育部於民國94年修訂公布的「高級中等以下學校及幼稚園教師資格檢定辦法」，通過「教師資格檢定考試」，再參加教師甄選以成為正式教師，此辦法之第2條、第3條和第8條詳細內容如下述。

高級中等以下學校及幼稚園教師資格檢定辦法

第2條　高級中等以下學校及幼稚園教師資格檢定，以筆試（以下簡稱本考試）行之。每年以辦理一次為原則。

第3條　中華民國國民修畢師資培育之大學規定之師資職前教育課程，取得修畢師資職前教育證明書者，得依證明書所載之類科別，報名參加本考試。

第 8 條　本考試各類科各應試科目以100分為滿分，其符合下列各款規定者為及格：

一　應試科目總成績平均滿60分。

二　應試科目不得有二科成績均未滿50分。

三　應試科目不得有一科成績為0分。

缺考之科目，以零分計算。

考試結果經中央主管機關所設教師資格檢定委員會審查及格者，由中央主管機關發給教師證書。

我國首次「教師資格檢定考試」乃由國立教育研究院負責命題，於民國94年4月9日舉行完成，通過檢定者將由教育部發給合格教師證書。考試科目共四科：1.國語文基本能力，2.教育原理與制度，3.課程與教學：幼稚園類為「幼稚園課程與教學」，特殊教育類為「特殊教育課程與教學」，國小類為「國民小學課程與教學」，中學類為「中等學校課程與教學」，4.發展與輔導：幼稚園類為「幼兒發展與輔導」，特殊教育類為「特殊教育學生評量與輔導」，國小類為「兒童發展與輔導」，中學類為「青少年發展與輔導」。此教師資格檢定考試的計分方式為：1.每科滿分100分，不設定檢定通過人數或通過率；2.及格標準：四科平均成績達60分及格，且沒有一科0分、至少三科分數達到50分（即最多只能有一科低於50分）。若單純以特殊教育教師的資格檢定考試而言，應考者必須通過四科考試科目：1.國語文基本能力，2.教育原理與制度，3.特殊教育課程與教學，4.特殊教育學生評量與輔導，方可取得合格的特殊教育教師證。

目前國內培育特殊教育教師的機構，總計包含六所師範院校的特殊教育學系（臺灣師範大學、國立臺北教育大學、新竹教育大學、臺中教育大學、彰化師範大學、高雄師範大學），以及七所綜合大學所設立的特殊教育學系（臺北市立大學、中原大學、嘉義大學、臺南大學、屏東大學、東華大學、臺東大學），以及上述大學內所設立的特殊教育學程。然而不管特殊教育學系或是特殊教育學程，其特殊教育師資職前訓練課程都必須依據師資培育法第7條之規定，亦即是師資培育課程包括普通課程、專門課程、教育專業課程；目前上述各校之普通科目、教育專業科目及專門科目課程，皆依據各大學校院之發展特色及師資培育需要規劃開設，所以每一所大學的特殊教育學系或是特殊教育學程，所開設的職前訓練課程並不盡相同。然而在特殊教育專門科目方面，教育部曾於民國92年曾公布「特殊教育教師師資職前教育課程教育專業課程科目及學分」，提出一般教育專業課程至少10學分，特殊教育專業課程至少30學分的特殊教育職前訓練課程，以供特殊教育師資培育單位作課程規劃之參考。民國102年教育部乃廢止上述規定，重新頒布「師資職前教育課程教育專業課程科目及學分對照表實施要點」，以作為各師資培育大學規劃職前訓練課程之依據。縱使上述所有大學的特殊教育學系或是特殊教育學程，皆參考教育部頒布之特殊教育專業科目，作為其開設師資培育課程之參考，但是基於各校各學系、各學程的發展特色和師資專長等，每一所學系或學程所規定的必修課程和選修課程以及學分數皆不同，表5-1-2整理各學系和學程在網路上公布對特殊教育專業科目學分數的規定。師資聘用單位最好對上述特殊教育學系或特殊教育學程之特殊教育專門科目有所瞭解，方能擇才適用，讓每一位經過專業培訓之特殊教育教師皆得以在學校充分發揮所長。

表5-1-2　特殊教育職前訓練課程學分數統計表

校　名	學系／輔系／雙主修／學程	學分數	備　註
國立臺灣師範大學	特殊教育學系	73學分	必修29、身障綜合組32、選修39（選修當中有27學分可跨系選修）
	輔系資優組 身障組 雙主修	32學分 36學分 61學分	必修29、身障綜合組選修32
國立彰化師範大學	特殊教育學系	80學分	
	輔系	38學分	
國立高雄師範大學	特殊教育學系	62-80學分	系必修30，分組共同必修16，專業課程分組選修至少16-34
	職前專業課程	30／38學分	身心障礙組38 資賦優異組30
	雙主修	62-80學分	

校 名	學系／輔系／雙主修／學程	學分數	備 註
國立臺南大學	特殊教育學系	72學分	必修34、選修38
	輔系	30學分	
國立屏東大學	特殊教育學系	70學分	
	輔系	20學分	必修12，選修8
	特殊教育學程	30學分	
國立東華大學	特殊教育學系	76學分	1.共同必修科目44學分 2.選修科目32學分（94學年課程）
	輔系	40學分	40-41，含教育專業科目10、特教專門科目30-31
國立臺北教育大學	特殊教育學系	68學分	占全部課程53.13%
	輔系	20學分	
臺北市立大學	特殊教育學系	70學分	必修40、選修科30
	輔系	20學分	輔系：資優類或身障類二選一，每類選修20
新竹教育大學	特殊教育學系	1.74學分 2.100學分	1.148畢業學分（其中10可跨系選修） 2.128畢業學分（特殊教育專業課程16、系專門課程84）（96級課程）
	輔系	20學分	必修16、至少選修4（96級課程）
國立臺中教育大學	特殊教育學系	1.76學分 2.78學分 3.70-76學分 4.80學分	1.94級課程 2.95級課程 3.96級課程 4.97級課程（系專門課程54，自由選修系專門課程或他系課程或國小教育實習26）
	輔系	20學分	
	雙主修	60學分	
中原大學	特殊教育學系	任教職：92學分 不任教職：72學分	系必修54、系必選修21、專業分組選修17-27

校　名	學系／輔系／雙主修／學程	學分數	備　註
	特殊教育學程	40學分	共同專業必修8，選修8-12，各類組專業科目10-14
國立嘉義大學	特殊教育學系	98學分	專業必修62、專業選修36
臺東大學	特殊教育學系	68學分	至少需包含本系共同必修、分類課程32學分（適用於93學年起度入學新生）

第二節　資源教師的編制與任課時數

依據我國「高級中等以下學校特殊教育班級及專責單位設置與人員進用辦法」（民101）第12條的規定：身心障礙特殊教育班員額編制，由該主管教育行政機關視實際需要，準用第9條第4款至第6款及第8款之規定。而第9條第4、5、6款的規定分述如下：第9條第4款—教師：學前教育及國民小學教育階段，每班置教師二人；國民中學及高級中等教育階段，每班置教師三人。第9條第5款—導師：每班一人，由教師兼任之。第9條第6款—教師助理員：學校身心障礙人數，每十五人置一人，未滿十五以十五計。亦即是國民中學及高級中等教育階段，每班資源班可編制專任資源教師三人，學前教育及國民小學教育階段，每班資源班可編制專任資源教師二人，而且依據第9條第5款，資源班亦可由專任教師兼任導師一職，以利資源班之工作進行。

我國教師授課時數會因為教學階段別、職別和教師編制有所不同，目前我國國民中小學教師的授課時數的法規，為了配合九年一貫課程的推動，教育部於民國96年修訂「國民中小學教師授課節數訂定基本原則」，97學年度起全面實施。依據此條款，國民中學教師每週以十八節至二十二節為原則，且不得高於九年一貫課程實施前之授課節數；國民小學科任教師之授課節數，每週以二十節至二十四節為原則，且不得高於九年一貫課程實施前之授課節數。兼任導師之專任教師，扣除導師時間後，其授課節數與專任教師之差距，國民中學以四節至六節為原則；國民小學以二節至四節為原則。

目前國內各階段特殊教育教師的授課時數，主要仍由各縣市教育行政主管單位訂定之。有些縣市對於特殊教育教師的授課時數乃比照普通班教師辦理，有些縣市對於特殊學校、自足式特殊班或是資源班教師的任課時數規定不一，有些縣市則沒有差別。整體而言，我國國小階段資源班導師或召集人的平均授課時數為十八節，專任資源教師和巡迴資源教師的平均授課時數為二十節；國中階段資源班導師或召集人的平均授課時數為十四節，專任資源教師和巡迴資源教師的平均授課時數為十八節。國小和國中階段相同性質資源教師的授課時數差異，應該和國小特殊教育教師的編制一班為兩人，而國中階段一班為三位教師編制的計算有關。

本節主要是探討資源教師的授課時數，本書作者在多年學校訪視及參與縣市訂定特殊教育教師授課時數經驗中，建議一縣內同一階段的特殊教育教師之授課時數應該完全一致，不宜有差別；亦即是在國小或國中階段，不管自足式特教班、資源班或是巡迴輔導班教師，其授課時數應該都是一樣。此行政規劃設計有下列三項優點：1.一校內若有兩類以上特教班，例如：自足式特教班和資源班，教師就可以互通交流排課，不受限於歸屬自足式特教班教師是授課幾節，而歸屬資源班教師又是授課幾節的困擾；當特殊教育教師們的授課時數都一樣時，教師就可以依據專長排課，不受不同安置類型教師授課時數基準不同的限制，而影響教師授課的交流。2.當教師的排課互通交流，不同安置類型的學生都可以受業於更多的教師，而不再侷限於固定少數幾位教師的教學。3.教師的排課互流，可以增進特殊教育教師的專業成長和團隊工作士氣，讓特殊教育在校內形成一個完整的專業團隊，而不是分立的自足式特教班、資源班或是巡迴輔導班，分散了人力資源。

表5-2-1整理各縣市資源班教師的任課時數以供參考，有些縣市沒有相關資料，所以本表無法呈現資料而以＊表示，各縣市的詳細規定請參見本章第三節的法規彙編。

表5-2-1　各縣市資源教師任課時數一覽表

縣市	教育階段別	兼任特教組長	導師／召集人	專任教師	與其他特殊教育教師之差別
臺北市	國小	*	學校設置身心障礙類特殊教育班三班以上者，得視需要置召集人，召集人得減授課4節。	國小每週不得少於20節	
	國中			國中每週16節	
新北市	國小	由全校總授課節數對等補足	每週最高減授2節，應由全校總授課節數對等補足。	國小每週最低授課節數21節	
	國中			國中每週最低授課節數18節	
桃園縣	國小	14-15節	20-22節	20-22節	
	國中	8-10節	14節	18節	
新竹市	國小	身障類特教組長所酌減節數應比照其他組長納入全校總體節數分配，不得減少任教特教班之每週授課總節數。	20-22節		
	國中		14節	18節	
新竹縣	國小	*	*	國小資源班教師每人每週至少授滿16-20節課	
	國中	*	*	國中資源班教師每人每週至少授滿14-18節課	
臺中市	國小	資源班教師因兼任學校行政工作所減授課節數，應由學校總授課節數對等補足。	資源班導師每星期最高減授4節；其實際減授節數，由學校特推會決定之。	最低授課節數20節	
	國中			最低授課節數18節	
	高中（職）			高中（職）階段每名專任教師每星期最低授課節數14節	

縣市	教育階段別	兼任特教組長	導師／召集人	專任教師	與其他特殊教育教師之差別
彰化縣	國小	資源班教師每人每週授課節數，比照同教育階段普通班教師授課節數。			
	國中				
南投縣	國小	專任教師兼任資源班導師或兼任特教組長任課時數得酌減2至4節，唯兩者不得重複減課。		21節	
	國中			18節	
雲林縣	國小	授課時數比照同校其他組長。	21-24節	21-24節	
	國中	授課時數比照同校其他組長。	14-16節	18-20節	
嘉義市	國小	*	*	國小特殊班教師比照普通班教師每週授課分鐘標準辦理。	身心障礙巡迴輔導班教師兼任本市特教資源中心，每週授課節數得斟酌減3-4節。
	國中	特教組長比照一般組長。	14節	18節	
高雄市	國小	組長依全校班級數。	減以2至4節爲原則。	不低於20節	
	國中	組長依全校班級數。	15節	20節	
屏東縣	國小	依照本縣國小兼行政職務教師每週授課節數實施要點辦理。	20節	22節	巡迴輔導班專任教師22節（得酌減交通時數2節）。
	國中	依照本縣國中兼行政職務教師每週授課節數實施要點辦理。	16節	18節	國中巡迴輔導班專任教師20節（得酌減交通時數2節）。
花蓮縣	國小	與一般組長任課節數一致。	酌減授課節數4節	國小教師請依據「花蓮縣國民小學教師每週任課節數表」之規定排課。	

縣市	教育階段別	兼任特教組長	導師／召集人	專任教師	與其他特殊教育教師之差別
	國中	與一般組長任課節數一致，惟國中特教組長任課時數不得低於每週8節。	*	18節	
宜蘭縣	國小	1.資源班教師應以專任爲原則，若需兼任行政職務亦以輔導室相關組長爲限。 2.特教組長每週任課時數原則與校內一般組長任課時數一致，校內身心障礙班級三班之特教組長任課時數可酌減2節，四班以上之特教組長任課時數可再酌減2節。但國中特教組長任課時數不得低於四節。在家教育巡迴教師兼任特教組長得比照上列節數酌減時數。	*	20節	1.一般地區巡迴教師每週任課時數，國小教師18節，國中教師16節。 2.偏遠地區、視障巡迴教師任課時數，國中小教師皆爲16節。 3.在家教育巡迴教師每週上課16小時。
	國中		*	18節	

第三節 各縣市普通教師與特教教師授課時數相關規定

本節蒐錄教育部至部分縣市對教師授課時數的相關規定，其中包含普通教育教師和特殊教育教師兩類，此相關資料的呈現，乃期待不管擔任普通教育或是特殊教育領域的教師，不管在哪個領域兼任行政工作，其任課時數應該有一致性，減少之授課時數，不宜有差距；終究不管教導身心障礙學生或是一般學生，教師都應該具備等量僅性質不同的教育專業能力。

目　錄

一、教育部公告之國民中小學教師授課節數訂定基準

發布／函頒日期　民國91年4月24日
修正日期　民國101年1月20日
發文字號　臺國(四)字第1000234382C令

1.教育部（以下簡稱本部）為使各領域專任教師之授課節數一致，並達總量管制之要求，特訂定本基準。
2.國民中小學專任教師之授課節數，依授課領域、科目及學校需求，每週安排十六節至二十節為原則，且不得超過二十節之上限。專任教師授課節數應以固定節數為原則，不宜因學校規模大小而不同。
3.專任教師兼任導師者，其授課節數與專任教師之差距以四節至六節為原則。
4.專任教師兼任行政職務，其減授節數之基準由各該主管教育行政機關訂定之國立師資培育大學附設實驗國民小學專任教師兼任主行政職務者，每週之授課節數以一節至四節為原則；兼任組長行政職務者，每週之授課節數以七節至十三節為原則。
5.專任輔導教師負責執行發展性及介入性輔導措施，以學生輔導工作為主要職責，原則上不排課或比照教師兼主任之授課節數排課；兼任輔導教師之減授節數，國民中學教師以十節為原則，國民小學教師以二節至四節為原則。
6.國民中小學之人事、會計人員，不論規模大小，不得由教師兼任，其人員之任用，應依國民教育法之規定辦理。
7.各該主管教育行政機關應訂定不同規模國民中小學之行政組織層級、單位及人員配置，發揮總量管制效益，合理調配專任、兼任及部分時間支援教學之人力，以維教學品質。
8.中央政府專案補助增置之員額，應優先運用於教師人力缺乏之學校。
9.各該主管教育行政機關，應依本基準規定及人力、經費等實際狀況，訂定補充規定。

二、各縣市國民中小學普通班教師授課時數表

二～1 新竹縣國民中學教師每週授課節數實施要點

發文日期　101.3.23

發文字號　府教學字第1010032048號函

一、新竹縣政府（以下簡稱本府）為所屬國民中學（以下簡稱各校）之專任教師、代理及代課教師專才專業（不含特殊教育班教師），以提高教學效果，特參酌國民中學課程標準、九年一貫課程綱要、國民中小學教師授課節數訂定基準第九條及教育部補助國民中小學調整教師授課節數及導師費實施要點第四點第二項等相關規定，訂定本要點。

二、各校應本諸教師專長、適才適所，因應學校規模大小、員額編制，編排教師課務。

三、各校導師不得兼任處室主任或組長。但班級數在十二班以下者，得視實際需要兼任組長。

四、為保障學生學習權益，各校應在核定員額編制及經費額度內，授完學生學習節數。

五、為配合九年一貫課程之推動及減輕教師每週授課節數負擔，專任教師之授課節數，依授課領域、科目及學校需求，每週安排以十六節至二十節為原則。

六、各校處室主任、組長、導師及專任教師每週授課節數，得參酌附表，視實際需要酌予增減。

七、教師兼任行政及學校發展特色業務者，其減授課節數後之授課節數，均視為該教師之每週基本授課節數。

八、教師每週實際授課節數超過其每週基本授課節數，得依規定支領超鐘點費。

九、本實施要點之導師授課節數不含導師時間。

十、各校人事、會計人員，應依國民教育法第十條之規定任用，不論規模大小，不得由教師兼任。

十一、教師兼任二項以上行政職務者，其每週授課節數以所兼任行政職務授課節數擇一為原則，非經學校課程發展委員會審議通過，不得再予減少授課節數。

十二、各校得酌減授課節數人員如下：

㈠行政命令規定得減授課者，依其規定。

㈡各校因應業務需要減授課者。

十三、學校若有特殊情形，得專案報請本府核定後實施。

（附表一）新竹縣國民中學教師每週授課節數表

<table>
<tr><th>班級數
節數
職別</th><th>17〈含〉班以下</th><th>18～26班</th><th>27～35班</th><th>36～44班</th><th>45〈含〉班以上</th></tr>
<tr><td>主　任</td><td>4</td><td>4</td><td>2</td><td>1</td><td>1(0)</td></tr>
<tr><td>組　長</td><td>8</td><td>6</td><td>6</td><td>4</td><td>2</td></tr>
<tr><td rowspan="4">導　師</td><td colspan="2">領域別</td><td colspan="3">節數</td></tr>
<tr><td colspan="2">語文</td><td colspan="3">12</td></tr>
<tr><td colspan="2">數學、自然與生活科技、社會</td><td colspan="3">12</td></tr>
<tr><td colspan="2">藝術與人文、健康與體育、
綜合活動</td><td colspan="3">14</td></tr>
<tr><td rowspan="3">專任教師</td><td colspan="2">語文</td><td colspan="3">16</td></tr>
<tr><td colspan="2">數學、自然與生活科技、社會</td><td colspan="3">18</td></tr>
<tr><td colspan="2">藝術與人文、健康與體育、
綜合活動</td><td colspan="3">30</td></tr>
<tr><td>備　註</td><td colspan="5">一、擔任資訊聯絡人得按應授課節數再酌減三節。
二、教師兼任副組長，其授課節數爲每週六節。
三、全校教師（含教師兼行政人員）任課時數均依規定排至最高限時，所超出之鐘點始得支領超支鐘點費。
四、班級數計算包含普通班、體育班、特教班、才藝班、分校。</td></tr>
</table>

二～2　臺中市立國民中學教師授課節數編排要點

100年3月31日中市教中字第1000015619號函

1.依據教育部98年8月6日「國民中小學教師授課節數訂定基本原則」、98年10月30日「國民小學與國民中學班級編制及教職員員額編制準則」及99年1月19日「補助直轄市縣（市）政府增置國中小輔導教師實施要點」訂定之。

2.本要點適用本市市立國民中學及市立高級中學附設國中部教師。

3.各領域之專任教師及導師之教師每週授課節數如（附表一）「專任教師及導師每週授課節數表」。

4.兼任行政職務之教師每週授課節數如（附表二）「兼任行政職務之教師每週授課節數表」。

5.為落實正常教學，學校應按教師專長排課。

6.教學科目如跨二種不同學科，其中授課節數較多之學科，節數佔75%以上時，依該學科排課，如若時數占50%-75%時，授課節數就以兩者之平均值排定之。

7.各校得在現有員額編制下，依人力及經費等實際狀況，延請經常性協助行政工作教師4-16人予以減授節數，減授之節數以不超過2節為原則；本市各輔導團團員依其原有職務授課節數酌減2-4節。以上兼任多項職務者僅能擇一減授。

8.教師兼任午餐執行秘書之授課節數，規定如下：

9.公辦公營或公辦民營設有廚房之學校：比照主任之授課節數編排。

10.委辦或以團膳方式辦理之學校：比照組長之授課節數編排。

11.專任輔導教師負責執行發展性及介入性輔導措施，以學生輔導工作為主要職責，原則上不排課或比照教師兼主任之授課節數排課；兼任輔導教師以減授10節為原則，依教育部「補助直轄市縣（市）政府增置國中小輔導教師實施要點」由直轄市縣（市）政府核定並向教育部提列經費補助。

12.國中附設補習學校兼職行政教師減授節數以該補習學校班級數為計算標

準。

13.國中每節課授課45分鐘；完全中學國中部每節授課50分鐘之學校，每週專任教師及導師授課節數依表列再減授兩節課。

14.特殊教育教師授課節數規定本府教育局另定之。

15.本要點自100學年度起實施。

（附表一）臺中市市立國民中學專任教師及導師每週授課節數表

學習領域／教師職稱	語文領域		數學	自然與生活科技	社會	健康與體育	藝術與人文	綜合活動
	國文	英語						
專任教師	18	18-20				18-21		
導　　師	13-14	13-15						

（附表二）臺中市市立國民中學兼任行政職務之教師每週授課節數表

職別	35班以下	36～44班	45～53班	54～62班	63班以上
主　任	4-6	2-4	1-2	1-2	1
組　長	8-10	6-8	4-6	2-4	1-2
副組長				4~6	2~4
說明	一、依據教育部頒「國民小學與國民中學班級編制及教職員員額編制準則」61班（含）以上之學校，訓導處及輔導室得共置副組長1至3人，由教師兼任。 二、各校總班級數計算包含有教師員額編制之班級數，惟不含附設補習學校之班級數。				

二～3 高雄市國民中學教師及兼任行政職務人員每週授課節數編排要點

高雄市政府教育局100年4月8日高市四維教中字第1000020267號函訂
高雄市政府教育局102年7月31日高市特教字第10234778400號函修訂

一、高雄市政府教育局為期國中教師專才專業，以提高教學效果，特參酌「國民中學九年一貫課程暫行綱要」暨教育部訂頒「國民中小學教師授課節數訂定基本原則」等有關規定，訂定本要點。

二、各校應本諸教師專長、適才適所，因應學校規模大小、員額編制，編排教師課務。

三、導師不得兼任處室主任或組長，惟四十班以下學校導師得視實際需要兼任組長。

四、為保障學生學習權益，各校應在核定員額編制及經費額度內，授完學生學習節數。

五、各校應訂定課務編配原則，經校務會議通過後實施。有關各校課務編配，應由校務會議或授權課務編配小組依各校課務編配原則，編定學校教師每週授課節數，經公告後實施。課務編配小組組成及推選方式經校務會議通過，成員包括校長、教務（導）主任、教學（務）組長、教師、教師會代表（無則免）。

六、處室主任、組長、導師及專任教師每週授課節數，如附表編排。

七、教師兼任二項以上行政職務者，其每週授課節數以所兼任行政職務授課節數擇一為原則，不得再予減少授課節數。教師兼任行政工作再兼辦其他行政職務，需經校務會議通過，得同時減少授課節數。

（附表一）高雄市立國民中學教師及兼行政職務教師每週授課節數參考表

職別＼節數＼班數	12班以下	13~30班	31~40班	41~50班	51班以上
主　任	6	4	4	2	
組　長	10	10	8	6	4
導　師	國文科14，其他類科15				
專任教師	國文科18，其他類科20				
備　註	一、各項兼行政職務教師減課節數詳減課標準表。 二、需設專任輔導教師者，得由輔導教師、協辦行政及中途資源班導師等減課數調整運用。 三、協辦行政之減課數得依總節數由各校議定彈性運用外，其餘各項兼行政職務人員之減課數不得挪移他用。 四、補校主任、組長之授課節數依其相關規定辦理。				

（附表二）高雄市立國民中學特殊教育班教師每週授課節數參考表

班別		職稱	每週授課節數
身心障礙類	集中式特殊教育班	專任教師	16
		導　師	12
	分散式資源班	專任教師	16
		導　師	14
	巡迴輔導班	專任教師	15
		導　師	13
資賦優異類	集中式特殊教育班	專任教師	16
		導　師	14
	分散式資源班	專任教師	16
		導　師	14
備　註	一、特教組長請參照「高雄市立國民中學教師及兼任行政職務教師每週授課節數參考表」。 二、特教組長應優先由合格特殊教育教師兼任。 三、特殊教育班之教師應具特殊教育教師資格，並應以專任爲主；如有特殊情形，應專案報局核准。 四、以本表列授課節數排課者，需在特殊教育班授課超過二分之一。 五、99學年度以前之藝術才能資賦優異班，其教師授課節數依本表辦理。		

（附表三）高雄市國民中學體育班教師每週授課節數

體育班	集中式	導　　師	14
		專任教師	16
	資源式	專任教師	16
備　註	以本表列授課節者，應授該校體育班專長結束超過二分之一		

二～4　高雄市國民小學教師及兼任行政職務人員每週授課節數編排要點

中華民國100年6月2日高市四維教小字第1000034635號函訂定
中華民國102年6月5日高市教小字第10233501500號函修正
並自102年8月1日生效

一、高雄市政府教育局（以下簡稱本局）為期國小教師勞逸平均，專才專業，以提高教育效果，特參酌「國民中小學九年一貫課程綱要」及「國民中小學教師授課節數訂定基本原則」等有關規定，訂定本要點。

二、各校分配教師課務，應優先考量教師專長適才適所，並視學校規模大小，課務繁簡及教師意願等妥適安排。

三、各校應在核定員額編制及經費額度內，編配學校課程應授節數。

四、處室主任不得兼任導師，各組長以專任教師兼任為原則，學校得視實際需要以導師兼任。

五、學校應訂定課務編配須知，並成立課務編配小組，提校務會議通過後實施。

前項課務編配小組，其組成及推選方式應經校務會議通過，成員包括校長、教務（導）主任、教學（務）組長、教師、教師會代表（無則免）。

六、課務編配小組應依本要點及「學校課務編配須知」編定學校教師每週授課節數，並公告實施。

七、各校得酌減授課節數人員如下：

(一)行政命令規定得減授課者，依其規定。

(二)各校教師兼任行政職務、兼辦行政工作，因應業務需要減授課節數，須列入「學校課務編配須知」。

八、處室主任、組長、導師及專任教師每週授課節數，如附表一編排。

九、特殊教育班教師每週授課節數，如附表二編排。

十、體育班教師每週授課節數，如附表三編排。

十一、教師兼任二項以上行政職務者，其每週授課節數以所兼任行政職務授課節數擇一授課為原則，非經校務會議通過，不得再予減少授課節數。

（附表一）高雄市國民小學教師及兼任行政職務教師每週授課節數表

職別＼節數＼班數	12班以下	13~24班	25~36班	37~60班	61班以上
主　任	5-7	4-6	3-5	2-4	1-3
組　長	16-18	15-17	14-16	13-15	11-13
專任教師	22				
導　師	20				
備　註	一、教師每週授課節數表以普通班班級數計算。 二、導師兼任組長不得少於十四節。 三、資訊教師比照組長排課。但兼任行政職務之主任、組長再兼辦者，每週酌減授課節數2至4節。40班以上者得增置資訊秘書一人，每週得酌減授課2至4節。 四、教師擔任輔導教師，每人每週酌減授課節數2至4節。 五、教師及兼任行政職務教師每週授課節數不得少於1節。 六、藝術才能班教師每週授課節數比照普通班。 七、自設廚房學校，教師兼辦午餐業務授課節數規範如下： (一)自設廚房且未有營養師學校：教師兼辦午餐執行秘書，比照組長排課，但兼任行政職務之主任、組長再兼辦者，每週酌減授課節數2-4節。 (二)自設廚房但有營養師學校：教師兼辦午餐執行秘書，得酌減授課3-4節，但兼任行政職務之主任、組長再兼辦者，每週酌減授課節數1-3節。 八、「發展學校特色團隊」團隊教師每週得酌減授課節數。				

（附表二）高雄市國民小學特殊教育班教師及兼任行政職務教師每週授課節數表

班別		職稱	每週授課節數
身心障礙類	集中式特殊教育班	專任教師	20
		導師	20
	分散式資源班	專任教師	20
		導師	20
	巡迴輔導班	專任教師	18
		導師	18
資賦優異類	集中式特殊教育班	專任教師	20
		導師	20
	分散式資源班	專任教師	20
		導師	20
備註	一、特教組長授課節數比照附表一組長授課節數。 二、以本表列授課節數排課者，需在特殊教育班授課超過二分之一。 三、99學年度以前之藝術才能資賦優異班，其教師授課節數依本表辦理。		

（附表三）高雄市立國民小學體育班教師每週授課節數表

體育班	集中式	導師	20
		專任教師	22
備註	一、體育班專項術科課程得使用彈性學習節數，並可運用晨間、課後、例假日或寒、暑假實施之專項術科課程納入體育班專業課程節數。 二、專項術科課程規劃應於培訓及參賽計畫中明列其訓練科目與授課時數。		

二～5　高雄縣國民中小學教師每週授課節數實施要點

92年9月29日　府教學字第0920176493號函

一、依據

㈠教育部訂頒「國民中小學教師授課節數訂定基本原則」。

㈡國民中小學九年一貫課程暫行綱要。

二、目的

㈠配合九年一貫課程之推動，考量學校本位管理，與學生受教之品質。

㈡建立教師專業分工公平合理之機制，以提高教學效果。

三、實施原則

㈠各領域教師之授課節數力求一致，並依總量管制之精神妥於安排。國民中學教師每週以十八至二十二節為原則；國民小學教師每週以二十一至二十五節為原則。

㈡各校應依九年一貫課程所定學生總學習節數及該校法定員額總數，核配教師之每週授課節數。

㈢兼任導師之專任教師，扣除導師時間後，其授課節數與專任教師之差距，國民中學以四至六節課為原則；國民小學以二至四節課為原則。

四、實施方式

㈠各校應成立課務編配小組，其組成及推選辦法經校務會議通過，成員包括校長、教務（導）主任、教學（務）組長、教師、教師會代表（無則免）。課務編配小組依參考表（如附表）編定學校教師授課節數，經公告後實施。

㈡各校應本諸教師專長，適才適所，因應學校規模大小、員額編制，編排教師課務。並考量各校特性及需求，調整主任、組長、導師、專任（科任）教師之授課時數，確實做到合法、合情、合理、公平編排之原則。

㈢組長、資訊教師、午餐執行秘書、人事、主計得以專任（科任）教師兼任為原則，學校得視實際需要由導師兼任之；惟導師不得兼任處室主任。

㈣教師兼任二項以上行政職務者，其每週授課節數以所兼任行政職務授課節數擇一為原則，不得再予減少授課節數。

㈤學校長期社團、校隊指導老師、學校教師會會長或國中級導師，得依其職別之授課節數酌減一至二節，惟不得超支鐘點費。

五、附則

㈠各類特殊教育班教師（含組長）之每週授課節數另定。

㈡本要點自九十二學年度起開始實施，九十一學年度由各校參考本原則辦理。

（附表一）高雄縣國民小學主任、組長及教師每週授課節數參考表

	12班以下	13班-24班	25班-36班	37班~60班	61班以上
主　　任	9~12	7~10	5~8	3~6	2-4
科任兼組長	17-22	15~19	13-16	11~16	10-13
級任兼組長	17-22	17-21	15-17	14-16	13-15
資訊教師	17-22	15-21	13-16	11-16	10-13
級任教師	19-23				
科任教師	21-25				
人事主計 午餐秘書	17-22	15-21	13-16	8-16	6-13

（附表二）高雄縣國民中學教師兼行政職務教師每週授課節數參考表

	24班以下	25-36班	37-48班	49-60班	61班以上
主任	6-8	4-6	2-4	1-2	
組長（人事、主計）	10-12	8-10	6-8	4-6	2-4
備　註	一、在不支領超鐘點情況下，教師協辦行政人員，每週酌減授課節數由各校議定之。 二、補校主任、組長之授課節數依其相關規定辦理。				
備　註	三、六十一班以上學校得設置副組長一至三人，酌減授課節數4-6節。 四、輔導教師酌減4-6節，但必須是員額編制內的輔導教師，在輔導室實際參與行政工作、輔導行爲偏差學生。 五、午餐執行秘書得酌減授課節數二節（在不超支鐘點情況下得酌減授課節數以五節爲限），資訊教師得酌減授課節數四節，男、女童軍團長得酌減授課節數各一節，由兼職教師（主任、組長等）再兼者，不再減少其授課時數（惟小校因考慮人力、專長等因素，故不在此限）。 （備註四、五於九十三學年度併入備註一辦理）				

（附表三）國民中學教師每週授課時數表

	國文	英、數、自然、社會	藝術、綜合、健體
專任教師	18	18-20	18-22
導　師	14	14-15	14-16

二～6　屏東縣國民小學教師及兼行政職務教師每週授課節數訂定實施要點

97年8月15日屏府教字第0970166331號函修正

一、依據：教育部95.6.29.臺國（四）字第0950086011B號函辦理。

二、屏東縣國民小學教師及兼行政職務教師每週授課節數表

班數 節數 班別	6班以下	7-12班	13-18班	19-24班	25-36班	37-48班	49班以上
主任	8-10節	6-8節	6-8節	4-6節	4-6節	2-4節	2-4節
組長	19-21節	18-20節	17-19節	16-18節	14-16節	12-14節	12-14節
級任導師	18-22節						
專任教師	20-24節						
備註	1. 依據總量管制原則（以編制內員額數爲主），國小教師依據本授課時數表，妥善安排全校授課節數，無保留缺額不得領兼任、兼課鐘點費，違者議處並繳回款項。 2. 上表級任教師授課節數不包含導師時間。 3. 各校應成立課務編配小組（以下簡稱課編小組），審議各校授課節數之編配。課編小組成員含兼行政教師及專任教師；其設置要點應提交校務會議通過後施行。 4. 教師授課節數，由各校課務編配相關人員依上述授課時數規定，就全校班級數及教師人數，並參酌實際情形預爲安排後提交各校課務編配相關人員討論訂定。 5. 爲配合九年一貫課程之推動，各專任教師授課節數應力求一致。 6. 級任導師扣除導師時間後授課節數，以少於專任教師2～4節爲原則。校內如將「導師時間」列入級任導師之每週授課節數計算，則應安排與專任教師之授課節數一致。 7. 組長以專任教師兼任爲原則，惟得視學校規模大小及行政需要由級任導師兼任之，其授課節數依級任導師授課標準得酌減2～4節。 8. 教師兼任午餐執行秘書、網管、出納…等職務，其每週減授課節數由課編小組議定之。 9. 教師兼任二項以上行政職務者，其每週授課節數以所兼任行政職務授課節數擇一爲原則，其每週減授課節數由課編小組議定之。 10. 本要點如有未規定事項，悉應依相關法令規定辦理。 11. 本要點自九十七學年度起全面實施。						

三、本要點經縣長核可後實施，修正時亦同。

2～7　屏東縣國民中學教師及兼行政職務教師每週授課節數訂定實施要點

中華民國93年6月1日屏府教學字第0930104134號函

中華民國96年8月15日屏府教學字第0960166282號函修正

一、依據：教育部92.8.19臺國字第0920124060號函辦理。

二、屏東縣國民中學教師及兼行政職務教師每週授課節數表

班別＼班數／節數	17班以下	18-26班	27-35班	36-44班	45-53班	54-62班	63班以上
主任	8-10節	6-8節	4-6節	2-4節	2節	2節	2節
組長	12-14節	8-10節	8-10節	6-8節	4-6節	2-4節	2節
副組長							8節
協辦行政減授課節數	10節	10節	12節	12節	16節	16節	20節
輔導教師	酌減4節						

領域別＼職別	語文領域（國文）	語文領域（英語）數學 自然與生活科技	社會 健康與體育	藝術與人文 綜合活動
專任	18	20	21	21
導師	14	16	16	16
備註	1. 依據教育部頒「國民中學各領域教師及導師每週最高授課節數表」辦理。 2. 學生每週學習節數及各學習領域之課程內容，請依照教育部頒訂之「九年一貫課程綱要」及本府96.1.15屏府教學字第0960013795號函規定辦理，自95學年度第二學期實施。 3. 補校主任每週授課時數（10節），補校組長每週授課時數（14節）。補校主任、組長並非只限於夜間教學，仍應支援日間之行政工作及其他交辦業務。 4. 教師兼任二項以上行政職務者（不含協助學校行政），其每週授課節數以所兼任行政職務授課節數擇一爲原則，不得再予減少授課節數。			

	5. 本縣縣立國中（不含九班以下學校）不再每九班增置乙名教師。在學生每週學習總節數，七、八年級不得超過33節、九年級不得超過34節，及各領域所有教師（含教師兼行政人員）均授課至最高限後，無法授完之節數，由每校控留百分之五員額（每控留乙名員額，核予35節鐘點費），仍無法授完之節數，改以鐘點費方式補足各校。 6. 各國中之級任導師、輔導教師及兼任行政人員宜聘正式編制專任教師擔任。 7. 各校應成立課務編配小組（以下簡稱課編小組）。課編小組成員含兼行政教師及專任教師；其設置要點應提交校務會議通過後施行。 8. 協辦行政教師之員額數、工作內容及減授時數，由各校課務編配小組決定。 9. 本要點自九十五學年度第二學期全面實施。

三、本要點經縣長核可後實施，修正時亦同。

三、特殊學校（班）教師授課節數相關規定

三～1　臺中市高級中等以下學校特殊教育班教師授課時數實施要點

中華民國101年6月25日中市教特字第1010044475號函訂定並自101年8月1日生效

一、臺中市政府為規範臺中市高級中等以下學校特殊教育班教師授課時數，特訂定本要點。

二、本要點所稱特殊教育班，指符合下列情形之一者：

㈠集中式特殊教育班：各身心障礙類、資賦優異類等集中式特教班。

㈡分散式資源班：各身心障礙類、資賦優異類等分散式資源班。

㈢巡迴輔導班：各身心障礙類巡迴輔導班。

三、授課時數

㈠授課時數：指同教育階段教師授課節數計算方式。

㈡特殊教育班教師（以下簡稱特教教師）授課時數如附表。

四、實施原則

㈠特殊教育班課表每節分鐘數與該教育階段普通班相同，因排課需要致授課分鐘數不足，得合併各節分鐘數採計。

㈡導師授課時數不包括晨光時間、午休時間、導師時間、課後打掃時間，及因導師職務所衍生事務所需時間，不得納入授課時數。

㈢集中式特教班上課時間除考量專任教師授課時數外，應比照普通班上課時間由該班教師負責授課。

㈣資源班授課時數不得少於該班編制員額總時數計算。

㈤資源班教師如因授課實際需要，部分領域與普通班教師交互支援教學，時數應對等補足且以不超過該名教師授課時數三分之一。

㈥資源班教學分組以三名至六名學生為原則。但經特殊教育推行委員會通過，不在此限。

㈦資優資源班如課程教學需要於假期辦理研習營，其節數得由學期間之上課節數彈性調整沖抵之，調整方式以不超過資優資源班每星期總授課節數百分之十。

五、特教教師兼任行政工作，依下列規定辦理：

㈠兼任特教組長以具備合格特教教師資格或具有特殊教育班實際教學經驗者為優先。

㈡特教教師如兼任學校行政職務，其授課時數比照該教育階段同職務行政人員授課時數。

㈢特教教師如兼任學校行政職務，所減授時數應由合格特教教師以兼代課方式補足。

六、特殊教育學生在校學習時間（包括上課時間及休息時間）應與同年級普通班學生相同為原則，集中式特教班非特殊因素不得延後上課或提早放學；分散式資源班為安排外加課程得加以調整。

七、兼任臺中市政府教育局或臺中市特殊教育資源中心行政工作之教師，每星期以授課二節為原則。

八、學校主管處（室）應依本要點查核教師授課時數及課表。

附表：

<table>
<tr><th colspan="5">臺中市高級中等學校特殊教育班教師每週授課時數參照表</th></tr>
<tr><th colspan="2">班　別</th><th colspan="2">職　稱</th><th>應授時數</th></tr>
<tr><td rowspan="3">身心障礙類</td><td rowspan="3">巡迴輔導班</td><td rowspan="3">專任教師</td><td>服務一校</td><td>十四</td></tr>
<tr><td>服務二校</td><td>十三</td></tr>
<tr><td>服務三校以上</td><td>十二</td></tr>
</table>

<table>
<tr><th colspan="5">臺中市國民中學特殊教育班教師每週授課時數參照表</th></tr>
<tr><th colspan="2">班　別</th><th colspan="2">職　稱</th><th>應授時數</th></tr>
<tr><td rowspan="7">身心障礙類</td><td rowspan="2">集中式特殊教育班</td><td colspan="2">專任教師</td><td>十六</td></tr>
<tr><td colspan="2">導師</td><td>十四</td></tr>
<tr><td rowspan="2">分散式資源班</td><td colspan="2">專任教師</td><td>十六</td></tr>
<tr><td colspan="2">導師</td><td>十二</td></tr>
<tr><td rowspan="3">巡迴輔導班</td><td rowspan="3">專任教師</td><td>服務一校</td><td>十六</td></tr>
<tr><td>服務二校</td><td>十五</td></tr>
<tr><td>服務三校以上</td><td>十四</td></tr>
<tr><td rowspan="2">資賦優異類</td><td rowspan="2">分散式資源班</td><td colspan="2">專任教師</td><td>比照同職務普通班教師</td></tr>
<tr><td colspan="2">導師</td><td>比照同職務普通班教師</td></tr>
</table>

<table>
<tr><th colspan="5">臺中市國民小學特殊教育班教師每週授課時數參照表</th></tr>
<tr><th colspan="2">班　別</th><th colspan="2">職　稱</th><th>應授時數</th></tr>
<tr><td rowspan="6">身心障礙類</td><td>集中式特殊教育班</td><td colspan="2">導師</td><td>十八</td></tr>
<tr><td rowspan="2">分散式資源班</td><td colspan="2">專任教師</td><td>二十</td></tr>
<tr><td colspan="2">導師</td><td>十六</td></tr>
<tr><td rowspan="3">巡迴輔導班</td><td rowspan="3">專任教師</td><td>服務一校</td><td>十八</td></tr>
<tr><td>服務二校</td><td>十七</td></tr>
<tr><td>服務三校以上</td><td>十六</td></tr>
<tr><td rowspan="4">資賦優異類</td><td rowspan="2">集中式特殊教育班</td><td colspan="2">專任教師</td><td>二十</td></tr>
<tr><td colspan="2">導師</td><td>十六</td></tr>
<tr><td rowspan="2">分散式資源班</td><td colspan="2">專任教師</td><td>二十</td></tr>
<tr><td colspan="2">導師</td><td>十六</td></tr>
</table>

註：學前巡迴輔導班教師每週授課時數比照國小教育階段辦理。

三～2　臺南市國民中小學特殊教育班教師授課節數實施要點

南市教特字第1000447553號函

一、為合理規劃臺南市（以下簡稱本市）各國民中、小學特殊教育班教師授課節數，特訂定本要點。

二、本要點所稱特殊教育班，指符合下列情形之一者：

㈠集中式特教班：啟智班、極重度班、聽障班或九十八學年度以前設立之藝術才能資優班等。

㈡分散式資源班：身心障礙資源班、一般智優資源班或數理資優資源班等。

㈢巡迴輔導班：聽語障班、在家教育班、視障班、不分類巡迴班、情緒行為障礙班或自閉症班等。

三、特教教師授課節數如附表。

特教教師因學生學習需要與普通班教師交互支援教學，應以一節換一節之方式補足授課節數，且不得超過專任教師授課總節數之二分之一。

四、特教教師兼任行政工作，依下列規定辦理：

㈠特殊教育班教師以兼任特殊教育行政工作為原則，除兼任特教組長外，不得兼任其他行政職。但因學校員額編制需兼任其他行政職者，應報臺南市政府教育局（以下簡稱本府教育局）核准。

㈡兼任特教組長以具備合格特教教師資格或具有特殊教育班實際教學經驗者為優先。

㈢國中、國小特教組長授課節數，比照本市兼任其他組長授課節數辦理。

㈣特教組長所減之授課節數應以兼代課方式補足。

㈤未置特教組長而由特教教師一人辦理特教行政工作者，得酌減授課節數二節。

㈥各類巡迴輔導班之組長，每週授課節數得酌減二節。

五、特教學生在校學習時間（包括上課時間及休息時間）應與同年級普通班學生相同為原則，集中式特教班非特殊因素不得延後上課或提早放學；分散式資源班為安排外加課程得加以調整。

六、各校應聘任具特殊教育合格教師資格者擔任特殊教育班教師。

前項特殊教育班教師，於國小應每班編制二人，於國中應每班編制三人。

七、各校遇有特殊情形，特教教師之授課節數得於不影響特教學生受教權下，經各校特殊教育推行委員會決議通過後調整，並報本府教育局備查。

附表　臺南市國民中小學特殊教育班教師每週授課節數參照表

班級類別節數 / 教育階段	身心障礙類			資賦優異類		兼任導師者	兼任特教組長者
	集中式	分散式	巡迴式	集中式	分散式		
國小	二十	十八	十八（含一節交通時間）	比照普通班	十八	減授二節	比照其他組長授課節數
國中	十八	十六	十六（含一節交通時間）	比照普通班	十六	減授四節	比照其他組長授課節數

三～3　高雄市立國民中學特殊教育班教師及兼任行政職務教師每週授課節數參考表（課稅方案）

中華民國102年7月31日高市特教字第10234778400號函訂定

班別		職稱	每週授課節數
身心障礙類	集中式特殊教育班	專任教師	16
		導師	12
	分散式資源班	專任教師	16
		導師	12
	巡迴輔導班	專任教師	16（含交通節數1節）
		導師	12（含交通節數1節）

班別		職稱	每週授課節數
資賦優異類	分散式資源班	專任教師	16
		導師	12

備註

一、本表所稱特殊教育班，指身心障礙類與資賦優異類之集中式特殊教育班、分散式資源班及巡迴輔導班。

二、特殊教育班教師每節授課分鐘數比照同一教育階段之普通班，特殊教育班教師兼任行政職務者，應依下列規定辦理：

㈠特殊教育組長優先由合格特殊教育教師兼任。

㈡每週授課節數比照同一教育階段之普通班兼任行政職務教師。

㈢因兼任行政職務所減授節數，由兼任、代課等方式補足之。

三、特殊教育班教師因學生學習需要，與普通班教師交互支援教學者，應以一節換一節之方式補足授課節數，且不得超過其授課節數二分之一。

四、集中式特殊教育班教師每週授課節數合計超過該班每週上課總節數部分，應依學生能力以分組教學、協同教學等方式補足。

五、本市市立特殊教育學校之國民中學部及國民小學部教師每週授課節數，比照同一教育階段之特殊教育班教師。

三～4　高雄市立國民小學特殊教育班教師及兼任行政職務教師每週授課節數參考表（課稅方案）

中華民國102年7月31日高市特教字第10234778400號函訂定

班別		職稱	每週授課節數
身心障礙類	集中式特殊教育班	導師	18
	分散式資源班	專任教師	18
		導師	16
	巡迴輔導班	專任教師	18（含交通節數1節）
		導師	16（含交通節數1節）
資賦優異類	分散式資源班	專任教師	18
		導師	16

班別	職稱	每週授課節數
備註 一、本表所稱特殊教育班，指身心障礙類與資賦優異類之集中式特殊教育班、分散式資源班及巡迴輔導班。 二、特殊教育班教師每節授課分鐘數比照同一教育階段之普通班，特殊教育班教師兼任行政職務者，應依下列規定辦理： (一)特殊教育組長優先由合格特殊教育教師兼任。 (二)每週授課節數比照同一教育階段之普通班兼任行政職務教師。 (三)因兼任行政職務所減授節數，由兼任、代課等方式補足之。 三、特殊教育班教師因學生學習需要，與普通班教師交互支援教學者，應以一節換一節之方式補足授課節數，且不得超過其授課節數二分之一。 四、集中式特殊教育班教師每週授課節數合計超過該班每週上課總節數部分，應依學生能力以分組教學、協同教學等方式補足。 五、本市市立特殊教育學校之國民中學部及國民小學部教師每週授課節數，比照同一教育階段之特殊教育班教師。		

第四節 資源教室的服務對象

資源教室既是特殊教育服務體系的一環，無庸置疑其服務對象必須是我國特殊教育法所稱之特殊教育學生，本書所謂的特殊教育學生亦指此十三類身心障礙學生。依據我國於民國102年所公告之「身心障礙及資賦優異學生鑑定辦法」，必須由各縣市鑑定安置輔導委員會研判符合十三類身心障礙鑑定標準，且以資源教室為其最適當安置環境者，才可以到資源教室接受個別化的特殊教育服務，表5-4-1即為我國十三類身心障礙學生的鑑定標準彙整表。

表5-4-1　十三類身心障礙鑑定標準

智能障礙	本法第三條第一款所稱智能障礙，指個人之智能發展較同年齡者明顯遲緩，且在學習及生活適應能力表現上有顯著困難者。前項所定智能障礙，其鑑定基準依下列各款規定： 一、心智功能明顯低下或個別智力測驗結果未達平均數負二個標準差。 二、學生在生活自理、動作與行動能力、語言與溝通、社會人際與情緒行爲等任一向度及學科（領域）學習之表現較同年齡者有顯著困難情形。

視覺障礙	本法第三條第二款所稱視覺障礙，指由於先天或後天原因，導致視覺器官之構造缺損，或機能發生部分或全部之障礙，經矯正後其視覺辨認仍有困難者。 前項所定視覺障礙，其鑑定基準依下列各款規定之一： 一、視力經最佳矯正後，依萬國式視力表所測定優眼視力未達〇．三或視野在二十度以內。 二、視力無法以前款視力表測定時，以其他經醫學專業採認之檢查方式測定後認定。
聽覺障礙	本法第三條第三款所稱聽覺障礙，指由於聽覺器官之構造缺損或功能異常，致以聽覺參與活動之能力受到限制者。前項所定聽覺障礙，其鑑定基準依下列各款規定之一： 一、接受行爲式純音聽力檢查後，其優耳之五百赫、一千赫、二千赫聽閾平均值，六歲以下達二十一分貝以上者；七歲以上達二十五分貝以上。 二、聽力無法以前款行爲式純音聽力測定時，以聽覺電生理檢查方式測定後認定。
語言障礙	本法第三條第四款所稱語言障礙，指語言理解或語言表達能力與同年齡者相較，有顯著偏差或低落現象，造成溝通困難者。前項所定語言障礙，其鑑定基準依下列各款規定之一： 一、構音異常：語音有省略、替代、添加、歪曲、聲調錯誤或含糊不清等現象。 二、嗓音異常：說話之音質、音調、音量或共鳴與個人之性別或年齡不相稱等現象。 三、語暢異常：說話節律有明顯且不自主之重複、延長、中斷、首語難發或急促不清等現象。 四、語言發展異常：語言之語形、語法、語意或語用異常，致語言理解或語言表達較同年齡者有顯著偏差或低落。
肢體障礙	本法第三條第五款所稱肢體障礙，指上肢、下肢或軀幹之機能有部分或全部障礙，致影響參與學習活動者。前項所定肢體障礙，應由專科醫師診斷；其鑑定基準依下列各款規定之一： 一、先天性肢體功能障礙。 二、疾病或意外導致永久性肢體功能障礙。
腦性麻痺	本法第三條第六款所稱腦性麻痺，指腦部發育中受到非進行性、非暫時性之腦部損傷而顯現出動作及姿勢發展有問題，或伴隨感覺、知覺、認知、溝通、學習、記憶及注意力等神經心理障礙，致在活動及生活上有顯著困難者。前項所定腦性麻痺，其鑑定由醫師診斷後認定。
身體病弱	本法第三條第七款所稱身體病弱，指罹患疾病，體能衰弱，需要長期療養，且影響學習活動者。前項所定身體病弱，其鑑定由醫師診斷後認定。

情緒行爲障礙	本法第三條第八款所稱情緒行爲障礙，指長期情緒或行爲表現顯著異常，嚴重影響學校適應者；其障礙非因智能、感官或健康等因素直接造成之結果。 前項情緒行爲障礙之症狀，包括精神性疾患、情感性疾患、畏懼性疾患、焦慮性疾患、注意力缺陷過動症、或有其他持續性之情緒或行爲問題者。 第一項所定情緒行爲障礙，其鑑定基準依下列各款規定： 一、情緒或行爲表現顯著異於其同年齡或社會文化之常態者，得參考精神科醫師之診斷認定之。 二、除學校外，在家庭、社區、社會或任一情境中顯現適應困難。 三、在學業、社會、人際、生活等適應有顯著困難，且經評估後確定一般教育所提供之介入，仍難獲得有效改善。
學習障礙	本法第三條第九款所稱學習障礙，統稱神經心理功能異常而顯現出注意、記憶、理解、知覺、知覺動作、推理等能力有問題，致在聽、說、讀、寫或算等學習上有顯著困難者；其障礙並非因感官、智能、情緒等障礙因素或文化刺激不足、教學不當等環境因素所直接造成之結果。 前項所定學習障礙，其鑑定基準依下列各款規定： 一、智力正常或在正常程度以上。 二、個人內在能力有顯著差異。 三、聽覺理解、口語表達、識字、閱讀理解、書寫、數學運算等學習表現有顯著困難，且經確定一般教育所提供之介入，仍難有效改善。
多重障礙	本法第三條第十款所稱多重障礙，指包括二種以上不具連帶關係且非源於同一原因造成之障礙而影響學習者。 前項所定多重障礙，其鑑定應參照本辦法其他各類障礙之鑑定基準。
自閉症	本法第三條第十一款所稱自閉症，指因神經心理功能異常而顯現出溝通、社會互動、行爲及興趣表現上有嚴重問題，致在學習及生活適應上有顯著困難者。 前項所定自閉症，其鑑定基準依下列各款規定： 一、顯著社會互動及溝通困難。 二、表現出固定而有限之行爲模式及興趣。
發展遲緩	本法第三條第十二款所稱發展遲緩，指未滿六歲之兒童，因生理、心理或社會環境因素，在知覺、認知、動作、溝通、社會情緒或自理能力等方面之發展較同年齡者顯著遲緩，且其障礙類別無法確定者。 前項所定發展遲緩，其鑑定依兒童發展及養育環境評估等資料，綜合研判之。

其他障礙	本法第三條第十三款所稱其他障礙，指在學習與生活有顯著困難，且其障礙類別無法歸類於第三條至第十三條類別者。 前項所定其他障礙，其鑑定應由醫師診斷並開具證明。

雖然十三類身心障礙學生依法皆可以資源教室為其安置的考量之一，但是資源教室的本質是一種部分時間制的特殊教育服務方式，因此當某一位身心障礙學生的特殊教育需求，已經需要全時制的特殊教育服務，以調整普通教育課程為主的資源教室就較不適合此類學生。綜觀前述資源教室的源起與發展，資源教室的服務對象應以輕度身心障礙學生為主，這些學生仍可以適應大部分普通教育的課程，只是某些基本學習能力訓練、社會技巧或是溝通能力，仍有待資源教師予以協助。

Raymond（2004）曾提出對輕度身心障礙學生（learners with mild disabilities）的操作性定義：若以課程觀點論之，輕度身心障礙學生，意味需要調整普通教育課程，方能有效學習與適應普通教育環境的學生；若以學習的內容視之，輕度身心障礙指學生可能在認知能力、學習能力、語言發展或情緒行為方面有某些程度的障礙；若以障礙類別言之，輕度身心障礙大約指輕度智能障礙、學習障礙、注意力缺陷或過動症、情緒障礙或感官障礙等。所以當我們論及資源教室的服務對象時，即可參考以上操作性定義，以資源教室為這些學生的最適當特殊教育安置環境。

第五節　資源教室的每班服務人數

依據我國高級中等以下學校特殊教育班班級及專責單位設置與人員進用辦法（民101）第6條、第7條規定，特殊學校和自足式特教班的每班服務人數乃一致，而且皆只訂定每班服務人數的上限，即學前階段為10人，國小階段為12人，國中以上階段為15人，然而這些條款並未制定每班服務人數的下限，亦即是成立一班自足式特教班的基本學生數。

依據教育部規定，資源班和巡迴輔導班的每班服務學生人數的規範訂定，乃授權給各縣市教育局自行訂定，表5-5-1乃整理了目前我國十四縣市的不同階段資源班的服務人數；迥異於上述教育部對特殊學校和自足式特殊教育班只規定服務人數上限，各縣市對資源班或巡迴輔導班的服務學生人數規定大都以下限為準，以作為設班之依據。

大致上，目前國小階段資源班成班人數為20人，國中階段則為25人，本書作者傾向建議各縣市對於每班資源班應該服務的學生人數作為一個「參考點」，而非「絕對值」。基於地方政府財政主計單位之要求，資源班確實需要確實的設班人數規定，然而當縣市鑑輔會在實際運作安置某校資源教室身心障礙學生時，應該多元考量每一資源班當時已經服務的學生的不同特殊教育需求，因為資源教室方案的基本精神，是提供需要部分時間制的特殊教育給輕度障礙的學生，有的學生每週可能需要所有基本學科（國、英、數）完全抽離的直接教學，再加上社會技巧訓練等外加課程；有的學生則僅需要每週一節課的學習策略課程。因此資源教室的服務人數計算方式，乃必須有別於自足式特殊班或特殊學校的全時制服務型態，因為全時制的每一位學生每天的特殊教育需求都是一樣7小時，而資源教室學生的特殊教育需求，每週可能從1到17小時（約占一週總時數之一半）不等，所以資源教室的每班服務學生人數，實不宜以「人數量」計算之，而比較適合以「人次量」評估之。

本書作者基於二十幾年來實際參與資源教室運作的經驗，強烈呼籲資源班的設班標準宜以「生師比」為基準，亦即是有多少安置後的身心障礙學生人數，再對照給予一位特教教師的編制，如此設計一方面可以降低各校可設立資源班的門檻，不必等到20人或75人才能成班，另一方面亦可適時提供師資人力，不必再等到雙倍學生人數才能有第二班的師資人力。

綜論之，各縣市制定各階段資源班的每班服務人數量，確實有其行政職權之必要性，但是若要更周全顧及每校資源教室的服務品質，希望各縣市鑑輔會在作身心障礙學生之鑑定與安置時，能以學生最適當安置為目標，考量到每一學校資源教室的當時服務總量，而非單僅以每班服務學生總人數為依歸，將總服務學生人數規定當作參考值而非絕對點。

表5-5-1　各縣市資源班每班服務人數

縣市	教育階段別	服務人數
臺北市	國小	每班以不超過30人爲原則 （即師生比1：15；1：10爲原則）。
新北市	國小	每班不得少於12人，上限以16人爲原則。
	國中	每班不得少於20人，上限以24人爲原則。
桃園縣	國小	每班至少20人。
	國中	每班至少25人。
新竹市	國小	每班管理個案數以20至30人爲原則，惟經鑑會安置者不在此限。
	國中	每班管理個案數以20至30人爲原則，惟經鑑輔會安置者不在此限。
新竹縣	國小	每班以20至25人爲原則。
	國中	每班以20至30人爲原則。
臺中市	國小	每名教師服務66人次、54人次（學生會重複計算）。
	國中	每名教師服務42人次、54人次、54人次（學生會重複計算）。
彰化縣	國小	設立資源班，國小身心障礙學生須達20人（含）以上。
	國中	國中身心障礙學生須達30人（含）以上，
南投縣	國小	凡國小資源班招收學生（主要服務學生）未滿20名者、得由教育局安排資源班教師提供教學服務時數至鄰近未設特教班級學校對身心障礙學生進行教學輔導活動、或提供教師諮詢服務、教學資源等。
	國中	國中資源班招收學生（主要服務學生）未滿25名者，得由教育局安排資源班教師提供教學服務時數至鄰近未設特教班級學校對身心障礙學生進行教學輔導活動、或提供教師諮詢服務、教學資源等。
雲林縣	國小	每班20人爲原則。
	國中	每班25人爲原則。
嘉義縣	國小 國中	分散式資源班不分階段，每班最高安置學生數爲30人，未達15人者，該班特教教師必須服務校內安置於普通班之需特殊教育學生，與普通班教師進行協同教學，或至其他學校提供特殊教育服務，或至嘉義縣特殊教育資源中心提供間接式服務。
臺南市	國小	國中小每名專任教師輔導學生以10至15名爲原則。

縣市	教育階段別	服務人數
高雄市	國小	每校如安置身心障礙學生10人以上，得設立一班資源班，編制教師1名，學生人數16人以上，設置一班編制教師2名，學生人數25人以上，設置一班編制教師3名。學生人數達35人以上，得設立第二班，師生比如前述。
	國中	
屏東縣	國小	資源班服務學生以每班至少20人爲原則
	國中	
花蓮縣	國小	每班10至20人爲原則。
	國中	每班15至30人。

討論與練習

一、你認為國小或國中的資源教師必須具備哪些專業能力，方足以承擔其職責？

二、你認為資源教室的服務對象應該依據哪些考量比較適合？例如：障礙類別、障礙程度……等。

三、你贊同資源教室的每班服務人數應以「班級」為計算單位，或是以「師生比」為計算單位？或是有其他的計算方式？

四、你認為資源教室方案的服務學生人數，是否應有不同教育階段的差別呢？

第六章

資源教室的課程規劃

資源教室方案是實踐融合教育的最有效措施，而資源教室方案的成敗則取決於資源教室的課程規劃。Raymond（2004）曾經整理有關不同身心障礙學生安置議題的研究如Schulte, Osborne和McKinney, 1990；Deno, Maruyama, Espin和Cohen, 1990；Shinn, Powell-Smith, Good和Baker, 1997；Guterman, 1995等，Raymond的分析結果發現：單純比較「不同安置環境」因素，譬如完全融合、資源教室、集中式特教班等情境，並無法有效證實哪一種安置環境對身心障礙學生比較適合；決定是否為適當安置環境的關鍵，應是此安置環境是否提供最適合學生的特殊教育需求課程。

課程（curriculum）的拉丁文緣起是Currere，意指奔跑或跑馬場，後來引申為學習的進程（施良方，民86）。依隨教育史的發展，課程的定義從廣義到狹義眾說紛紜，但是大致不出以下界定：課程即科目與教材、課程即學習者的經驗、課程即以適應未來成人生活的目標與成果，以及課程即為學習者設計之有經驗之學習機會（施良方，民86）。廣義的課程包含教學，但是今日隨著教育研究的日益精進，課程與教學的研究已經區分成不同的專業領域。教學（instruction）的廣義定義是展示（show）、告訴（tell）、指出（point out）某事給某人，例如醫生可以教我們如何預防得腸病毒，化妝品專櫃美容師可以教我們如何美白肌膚等等，這些都是教學；但是狹義的教學則專指建立（build）或建構（structure）一個教學情境，以為不同能力興趣和需要的學生提供一系列之學習經驗，它必須至少包含三要項：1.為特定的對象訂定計畫，2.擬定教學目標及評量方法，3.選定教材及設計教學過程（Kameenui & Simmons, 1990）。簡言之，課程意指要教導給學生的內容（What to teach?），教學意指將這些內容傳授給學生的過程（How to teach?），所以課程與教學的關係是相屬而分工。本書應為著重於資源教室的行政經營主題，所以本章將僅論及資源教室相關之課程類型、學生的教學分組與課表安排，而不述及教學實務，有關身心障礙學生之有效教學設計，有興趣者可再參考相關的書籍與研習活動。

第一節　資源教室的課程類型

資源教室是為普通教育課程學習有嚴重落後，或有特殊需求課程需要的身心障礙學生而規劃的學習環境，這些學生或許由於其感官、生理、認知或情緒上的障礙限制，並無法與一般正常的學生以相似的方法學習相同的課程，特殊教育之課程調整（curriculum adaptation）的概念乃應運而生，以協助身心障礙學生的學習成效。課程調整，意指修改普通教育課程以符合學生之個別需求（Hoover & Patton, 1997）。調整課程的理念是以因應普通教育課程可以滿足不同需求學生而生，它亦可延伸至獨立於普通教育課程之外的替代性課程或是實用性課程。特殊教育領域常見的調整課程模式約有五種：Nolet & McLaughlin的普通教育延伸至特殊教育課程模式、Hoover和Patton的課程調整模式、Bigge, Stump, Spagna, 和Silberman，課程調整的選擇模式、Billingsley, Farley和Rude的課程調整策略，以及Switilick和Stone的課程調整模式，略述如下。

Nolet & McLaughlin（2000）提出特殊教育課程與普通教育課程的相互關係（如下圖6-1-1），在此關係中對於普通教育課程（General curriculum）、調整課程（Adaptive Curriculum）和替代性課程（Alternative Curricula）給予非常明確的闡釋；Nolet & McLaughlin認為調整課程的概念可以包含調節（Accommodations）和修改（Modifications）普通教育課程的課程內容（content）、學生及格標準（performance expectations）、課程編排順序（sequence and timelines）和教學設計（instruction），如果上述四項要項都需要不同於普通教育課程時，這樣的課程就是替代性課程；Raymond（2004）也指出通常替代性課程適用於重度或多重障障礙的學生，其內容偏向以生活技能或自我照顧的能力訓練，而調整課程則適用於安置於資源教室的輕度身心障礙學生。

Hoover和Patton的課程調整模式：Hoover和Patton（1997）認為課程調整乃植基於學生的學習需求與普通教育課程之間的差異性，其間的差異程度愈大，就愈有必要進行更多的課程調整，他們因此針對學習困難及行為問題的學生，協助教師發展出一套具有四個流程的課程調整模式（如圖6-1-2）：

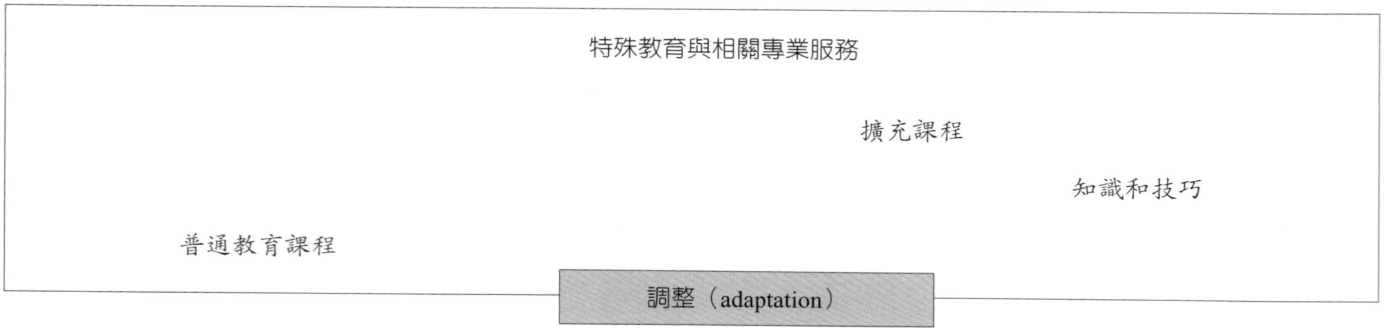

特殊教育與相關專業服務

擴充課程

知識和技巧

普通教育課程

調整（adaptation）

不調整或修改（no accommodations or modifications）	調適（accommodations）	修改（modifications）	替代（alternate）
不改變： ・課程內容（content） ・學生及格標準（performance expectations） ・課程編排順序（sequence and timelines） ・教學設計（instruction）	*不改變：* ・課程內容（content） ・學生及格標準（performance expectations） *改變：* ・課程編排順序（sequence and timelines） ・教學設計（instruction）	*改變部分或全部：* ・課程內容（content） ・學生及格標準（performance expectations） ・課程編排順序（sequence and timelines） ・教學設計（instruction）	・個別需求課程（individualized） ・功能性課程（separate functional curriculum）

圖6-1-1　特殊教育課程與普通教育課程的關係

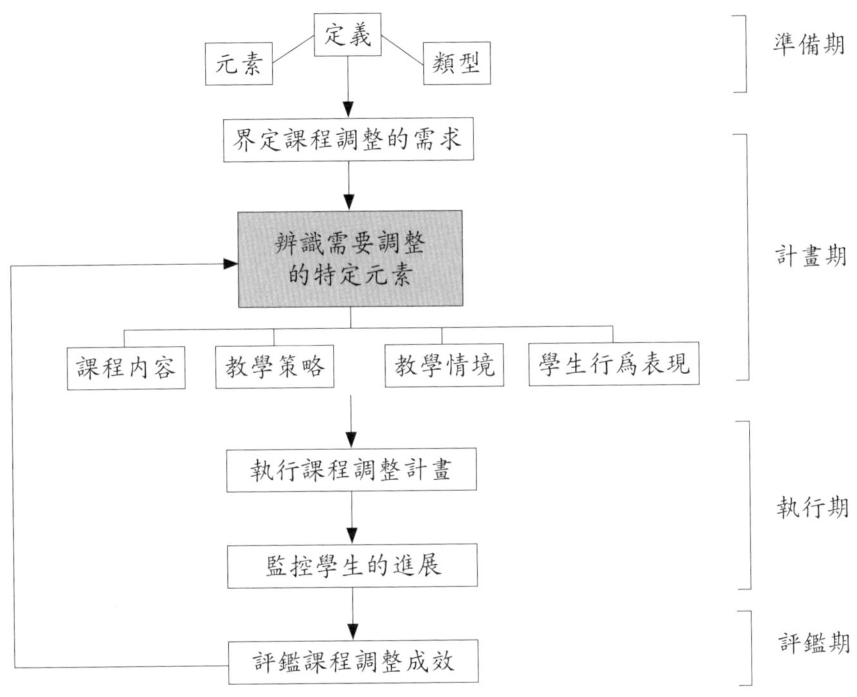

圖6-1-2　課程調整模式（Hoover & Patton, 1997）

1. 準備期：教師依據四項課程元素（課程內容、教學策略、教學情境與學生行為表現）和四種課程類型（正式課程、潛在課程、空白課程及三者混合）考量其課程調整的內容。
2. 計畫期：教師透過各種方式瞭解身心障礙學生的學習需求，再依據學生需求與普通教育課程間的差異，決定上述課程需要調整的特定元素。
3. 執行期：當學生的特殊學習需求的調整內容已定，便可執行課程調整計畫。要達到有效的課程調整，首先，可從上述四項課程元素中思考學生的需求，選擇進行教學設計調整（課程內容、教學策略、教學情境）或行為管理技巧應用（學生行為表現）。
4. 評鑑期：當調整課程執行告一段落後，便可進行課程評鑑，檢視此課程調整的成效，有必要的話需再進行修正、調整原先的課程調整計畫。

Bigge, Stump, Spagna, 和Silberman課程調整的選擇模式：Bigge等人（1999）提供教師四種課程調整的選擇模式（如圖6-1-3）：1.一般課程不需

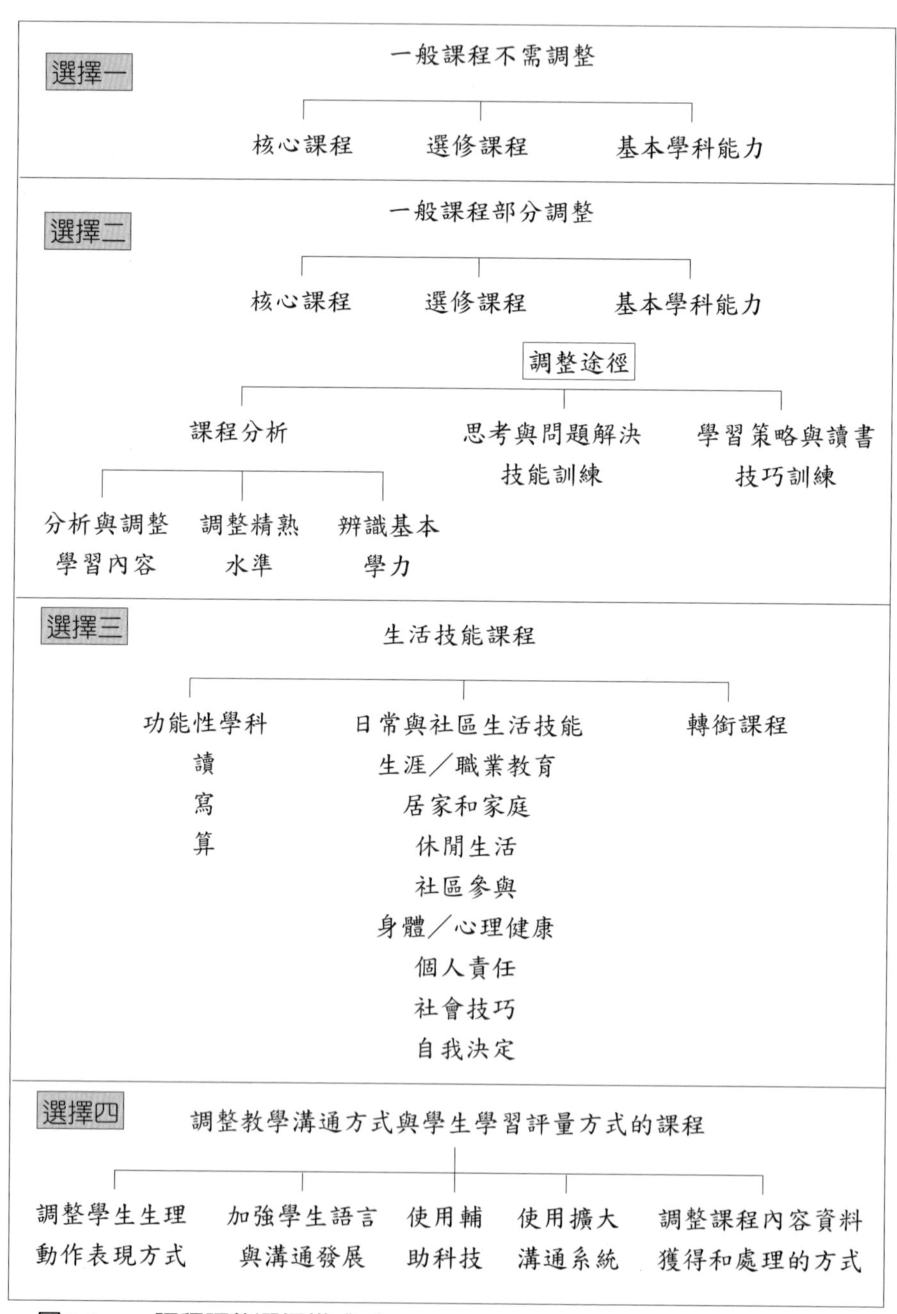

圖6-1-3　課程調整選擇模式（Bigge, Stump, Spagna, & Silberman, 1999）

調整（general education without modifidation），2.一般課程部分調整（general education with modifidation），3.生活技能課程（life skills curriculum），4.調整教學溝通方式與學生學習評量方式的課程（curriculum in modified means of communication and performance），身心障礙學生的課程調整可能包括上述四種選擇中的一項至多項。

Billingsley, Farley和Rude的課程調整策略：Billingsley, Farley和Rude（1993）歸納出三種課程調整的策略：1.使用相同的活動和相同的目標，但是調整教材呈現、練習作業和評量的方法（例如：教材重組、用打字代替書寫、以口試代替筆試等），此種策略常用於輕度障礙學生；2.使用相同的活動，但有不同層次的難度，這種多元層次的教學適用於輕度或中度障礙的學生；3.使用相同的活動，但有不同的內容及目標，讓特殊需求學生能和一般學生同儕一起參與活動，學習社交技巧、動作模仿或溝通技能，這種方法特別適合重度障礙的學生。

綜合上述國外學者所提出之課程調整模式，皆對普通教育的課程內容、教學設計和學生評量方式或通過標準提出可以調整變化的空間，以因應身心障礙學生的不同特殊教育需求，Nolet & McLaughlin和Bigge更提出替代性課程對重度障礙學生之必要性。表6-1-1比較上述不同課程調整模式的差異，若是依照參與普通教育課程的程度所作的調整，其調整幅度較小者是調整教材呈現方式、練習作業或學生評量方式等；調整程度居中者指調整課程的難度或是編排程序，例如刪除或改變順序某一冊內某些單元或課別；當課程內容或難度需要大幅度改變時，例如使用替代課程，則顯現學生的特殊教育需求必須在普通教育課程之中納入大量的生活技能課程內容。

晚近，Smith et al.（2012）和其同僚乃提出一套差異化教學模式（model of differentiated Instruction），此模式可適用於一般班級內的差異化教學，也可以適用於資源教室的小團體教學，此模式乃包含了六個向度的差異化設計：課程／內容、教材、教學、教室環境、行為管理和情緒心理。事實上，此差異化教學模式也是由前述調整普通教育課程的理念延伸發展而成（林素貞，2013a；林素貞，2013b），也正是非常適合資源教室實施的課程規劃，今日的資源教師皆必須充分精熟此差異化教學模式，此差異化教學模式的六個向度分述如下：

表6-1-1 不同課程調整模式之比較

學生能力	調整幅度	參與普通課程層次	Nolet & McLaughlin（2000）	Bigge等人（1999）	Billingsley等人（1993）
高 ↓ 低	小 ↓ 大	高 ↓ 低	調適	‧一般課程部分調整 ‧調整溝通方法與表現方式的課程	相同的活動和相同的目標，但是調整呈現、練習和評量的方法
			修改	一般課程部分調整	相同的活動，但有不同層次的難度
			替代	生活技能課程	相同的活動，但有不同的內容及目標

1.課程的差異化調整：指減少或改變普通教育課程綱要所涵蓋的範圍或份量，或是添加基本的重要內容或是實用性內容。

2.教材的差異化調整：教材調整比課程調整具有更大的變化空間，包含：(1)協助學生預習教材內容，以協助學生掌握重點，(2)教導學生運用教材格式化的設計，例如大小標題、粗黑體字、視覺化圖表、文章的總論等，(3)運用學習指引的問題以幫助學生閱讀教材文本，(4)減少學生需要閱讀的內容份量，或是減緩閱讀速度等，(5)重組或改寫教科書每一章／單元之後的問題與討論，以減低對低閱讀能力學生的困擾。

3.教學的差異化調整：主要包含教師在教學歷程、課堂練習或回家作業設計以及考試所作的調整；教學上教師可以在教學活動一開始作今日重點預告，運用討論或教學媒體等多感官的教學方式，對全體學生或個別學生皆隨時予以反應回饋；如果設計課堂討論活動，教師也需要教導學生提問問題的技巧。此外將作業縮小份量，或是分散成不同小段，允許延長作業繳交時間，減低作業的難度，改變作業形式或是設計替代性的作業或作品，都可以解決某些學生因為障礙限制無法完成作業，或是由於太困難而不願意繳交作業的困境。此外針對教學評量，教師可以有下列的調整：提供考試例題練習、變化考卷的字形大小和題數、考試時間長短、口試和筆試的形式、無干擾的考試環境等；而成績計算之改變可以考量調整題項的比例分配等。

4.教室環境的差異化調整：則以優先座位的安排為首要之選，教師可以因應學生的專心狀況、視力、聽力或行動能力的考量，選擇對學生最有利的教室內座位安排；或是減少教室內光線、聲音、氣味或是色彩，對某些身心障礙學生所產生的學習專注力干擾。

5.行為管理調整：則是針對特殊行為問題學生，設計一套正向行為支持策略，以減少學生的負向行為和增加正向行為，從而提昇學習的成效。

6.學生的情緒心理考量：則是指實施上述的差異化教學策略時，教師仍必須考量到學生的特殊家庭背景因素，或是學生的偶發的個人心理狀況等，方能讓所有差異化教學向度的介入策略達成預期成效。

本文作者長期在大學教授輕度身心障礙學生的教材教法課程，早期一直在訓練特殊教育教師如何調整普通教育課程，現今則推展上述的差異化教學模式。作者過去依據國內教育的相關狀況，將Hoover & Patton（1997）課程調整模式的四個階段五個步驟，修訂調整成三個階段：評估期、執行期和評鑑期共六個步驟，以訓練職前師資生和提供教師在職進修之用，此差異化教學三階段流程如下圖6-1-4。其中階段3-2調整普通教育課程－教學七步驟（如表6-1-2），可以進一步協助教師在課程內容、講義教材和評量為學生所作的調整。圖6-1-5乃是作者以普通教育國中國文之一課的作者介紹為例，說明如何可以調整成加深加廣和減量暨重點化內容的三種層次。此差異化教學三階段模式乃專為身心障礙學生的教學所設計，然而此流程除了步驟二：決定學生為認知功能嚴重受損或認知功能輕微受損2層次，以及步驟五之二：擬定個別化教育計畫以外，其餘的步驟實施，事實上也適合普通教育教師應用於一般教室班級內的差異化教學。

針對資源教室方案的課程和教學實施議題，民國98年修訂公告的特殊教育法第19條，載明我國特殊教育的課程、教材、教法和評量方式須保持彈性；因應此法規，民國99年底教育部乃公告「特殊教育課程教材教法及評量方式實施辦法」，此辦法即是目前我國特殊教育教材教法實施的最主要依據，其中第2條乃提出中央主管機關須視需要訂定特殊教育課程大綱，第3條指出適性課程包含一般學業學習和特殊需求課程的內容，第4條則指出特殊教育課程調整包

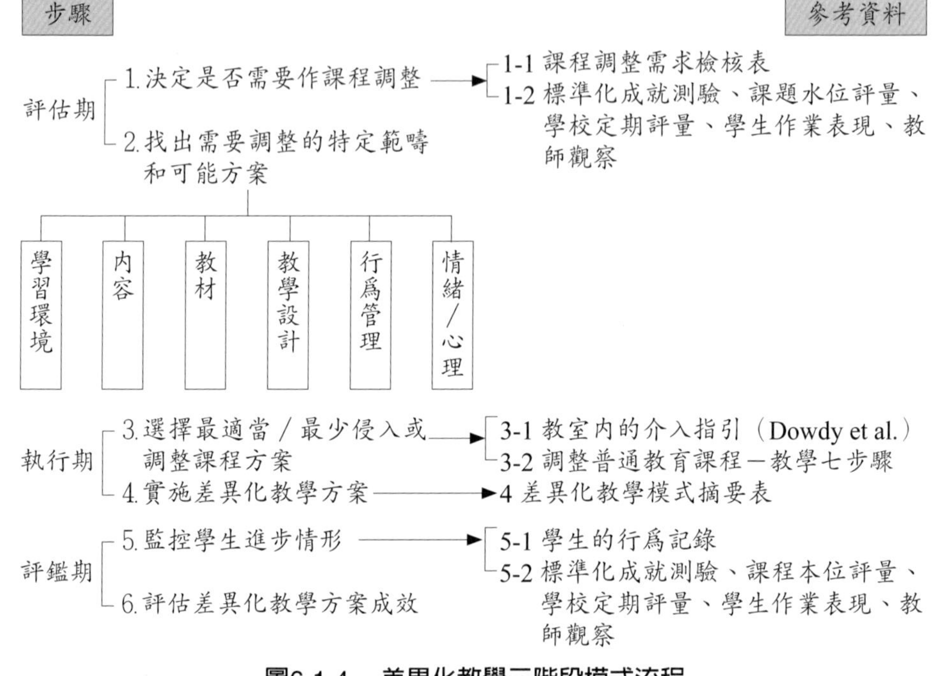

圖6-1-4　差異化教學三階段模式流程

表6-1-2　調整普通教育課程與教學七步驟

步驟1-	瞭解身心障礙學生特殊教育需求＋起點行爲
步驟2-	決定調整普通教育課程2層次 （1.實際生活技能導向－認知功能嚴重受損　2.學科導向－認知功能輕微受損）
步驟3-	普通班學生的教學目標/學習內容（九年一貫課程、高中職課程）
步驟4-	決定特殊教育學生的教學目標/學習內容－簡化、減量、、分解、添加或替代原則
步驟5-1	編寫特殊教育學生的教學目標（小組）（內容、評量方式、精熟水準）
步驟5-2	編寫個別化教育計畫長、短程目標（個案－內容、評量方式、精熟水準）
步驟6-	設計調整後的講義（教材）、作業單、評量單
步驟7-	擬定教案

含學習內容、歷程、環境及評量方式。本文作者乃將特殊教育課程大綱所謂的適性課程以視覺圖形呈現如下圖6-1-6。

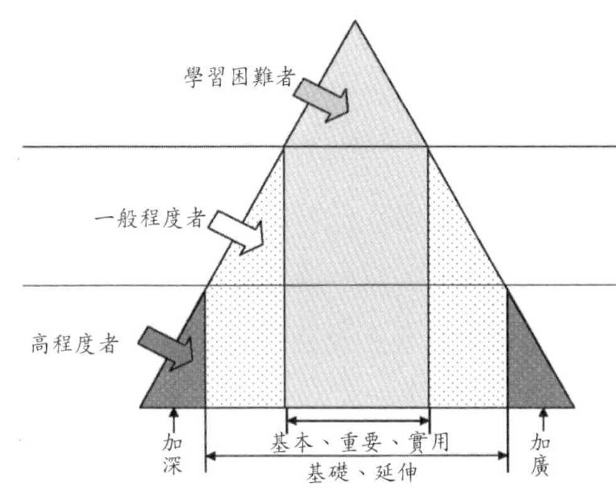

圖6-1-5　調整普通教育教材內容成三層次之範例

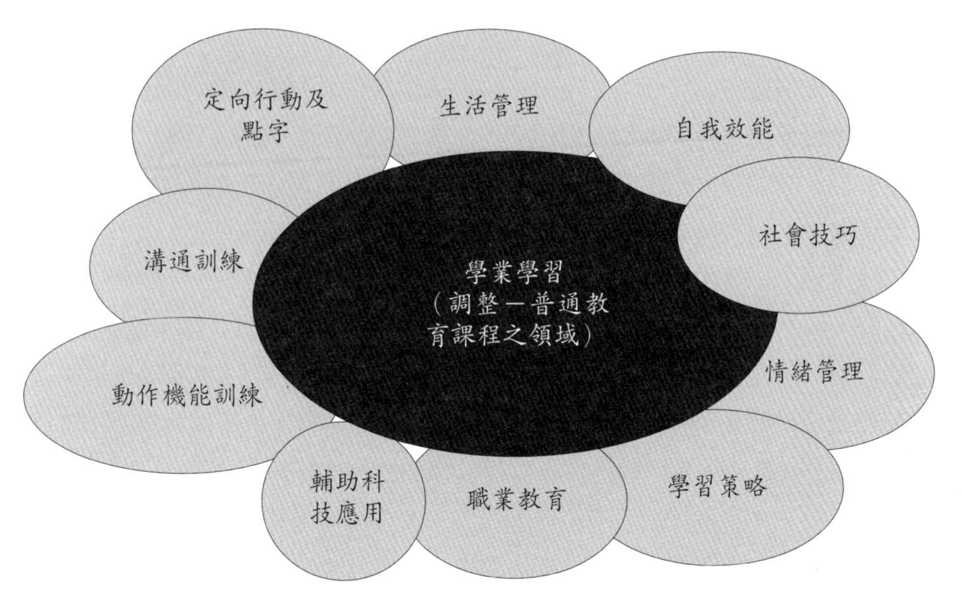

圖6-1-6　新修訂特殊課程課程大綱之課程內容

亦即是自民國100年開始，我國的特殊教育課程乃以調整普通教育課程的內容和特殊需求課程並列，告別過去的普通教育課程和特殊教育課程的平行雙軌制，身心障礙學生不再因其障礙類別，而只能接受啟智課程、啟聰課程、啟明課程或啟仁課程。教育部為了協助特殊教育教師和普通教育教師瞭解和實施特殊教育的課程革新，乃委託學者專家進行「新修訂完成高中教育階段特殊教育課程綱要」的研究專案，以作為全國實施特殊教育課程大綱之依循和參考。

新修訂課程大綱乃將身心障礙學生分為認知功能無缺損、認知功能輕微缺損以及認知功能嚴重受損三種層次，一改過去對身心障礙學生完全以類別區分課程內容的作法。新修訂的課程大綱強調應先評估學生的特殊教育需求和現況能力，再決定學生需要接受哪些特殊需求領域課程，以及應該調整哪些普通教育的領域課程。其所提出的課程調整三步驟如下：1.先評估特殊需求學生之身心特質與學習需求，瞭解學生的起點行為和先備能力，2.分析能力指標與學生需求與能力之適配性，3.進行學習內容、學習歷程、學習環境及學習評量四大向度的調整。針對普通教育課程學習內容的調整方式包含加深、加廣、簡化、減量、分解、替代及重整；加深和加廣適用於資賦優異學生，身心障礙學生則可進行簡化、減量、分解、替代及重整等方式。

本書作者自1995年即開始在大學的課堂教授普通教育之課程調整，以應用在身心障礙學生的教育實務；近年來，亦應用此簡化、減量、分解、替代及重整原則於大學部學生的相關課程訓練，學生的學習成果皆非常顯著成功，我們亦發現除了上述五種方式之外，針對身心障礙學生的調整普通教育課程內容，還可以再增加「添加」原則，亦即是添加普通教育課程內容未強調的實用性知識技能，或是添加普通教育課程已列入先備經驗的基礎能力；當身心障礙學生在學習某一階段的普通教育課程內容時，實用性知識技能和基礎基本能力常常是他們需要被強化的能力，圖6-1-7乃是作者嘗試說明運用不同的調整方式，如何調整普通教育課程內容，讓不同認知能力的學生都可以學習不同層次的普通教育課程。亦即是認知功能嚴重受損的學生，仍可以學習以實際生活技能為主導的普通教育課程內容，以因應他們未來的成人生活適應；而認知功能輕微受損的學生，則可以調整為以學科導向的內容為主，以協助學生準備未來進入高等教育就讀的可能性。

新修訂的課程大綱確實更符合特殊教育學生的需求，也更能達到適性教育和個別化教育的理想。我國的融合教育應自民國100年起邁向更精進的里程碑，我們不僅作到了物理空間之學校和班級的融合，我們以調整普通教育課程和特殊需求課程的融合課程，讓臺灣的身心障礙學生得以進入有意義負責任的融合教育。

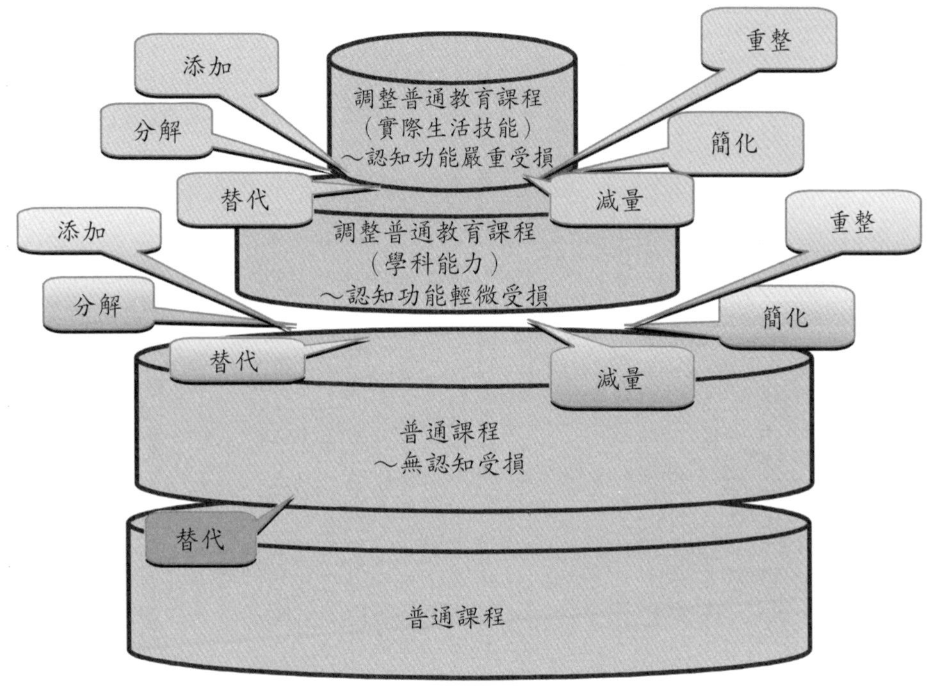

圖6-1-7　調整普通教育課程三層次圖

新修訂特殊教育課程大綱對資源教師而言，應該是衝擊最小的特殊教師群體，因為資源教師長期以來都會進行調整普通教育課程內容，以及實施特殊需求課程，然而資源教師仍需要加強研習新修訂課程大綱和相關法規對於適性課程的實施要求，以提供身心障礙學生最佳的學習成效。

第二節　如何進行學生編組與排課

如前所述，資源教室安置的成敗，取決於資源教師是否能依據學生之特殊教育需求，提供適合的課程調整方案，而此能力是資源教師最重要的專業能力，也是最大的教學挑戰。根據上述課程調整模式和調整幅度，資源教室的課程安排，原則上可以分為下列三種：外加式排課、完全抽離式排課及外加式併完全抽離式排課，此三種排課方式和調整課程內容之整合說明如下表6-2-1。

表6-2-1 資源教室三種排課型態之比較

排課型態	課程類別	調整課程內容	適用對象
外加式排課	・一般課程部分調整 ・特殊需求領域課程	・強化課程重點的協助學生提前預習 ・思考與問題解決技能訓練 ・學習策略與讀書技巧訓練 ・語言與溝通能力訓練 ・社會技能訓練	對於同年級之普通教育課程尚能學習者
完全抽離式排課	・一般課程部分調整 ・修改課程—改變部分或全部	・調整普通教育課程內容編排順序—冊別或課別 ・調整普通教育課程內容難度—冊別或課別 ・調整學生精熟水準或及格標準 ・調整評量方式 ・調整教學設計	對於同年級之普通教育課程有嚴重學習困難者
外加式併完全抽離式排課	・一般課程部分調整 ・修改課程—改變部分或全部	・思考與問題解決技能訓練 ・學習策略與讀書技巧訓練 ・語言與溝通能力訓練 ・社會技能訓練 ・調整普通教育課程內容編排順序—冊別或課別 ・調整普通教育課程內容難度—冊別或課別 ・調整學生精熟水準或及格標準 ・調整評量方式 ・調整教學設計	對於同年級之普通教育課程有非常嚴重學習困難者

上述三種課程排課方式的區別，主要需以學生的特殊教育需求程度為依歸，資源教師在決定學生的課程需求前，一定要先進行學生的能力現況評估。當學生的程度尚足以勉強跟得上其普通班課程時，但是因其認知能力、學習能力、語言發展、情緒發展等之障礙，使其確實有學習方法、溝通技巧、社會技能訓練之特殊教育需求時，資源教室就應該提供上述特殊需求課程和學科課程之外加式排課。如果學生的基本學習學力已經無法跟得上同年級的普通班課程時，資源教室就應該規劃完全抽離式排課，或是合併兩者的課程。此書用完全抽離式課程名稱來強調完全抽離式課程安排的必要性，因為國內許多資源教室的課程安排乃採用部分抽離式的課程設計，亦即是將學生的基本學科課程，從其

普通班課程節數中抽離部分節數至資源教室進行補救教學，例如將某一學生原班級的五節課國語文課程，抽離其中兩節課至資源教室上課，所以此學生一週的國語文課程，變成三節課在普通班接受普通教育課程，兩節課在資源教室接受特殊教育課程。部分抽離式的課程安排，並不符合上述以學生特殊教育需求為主的課程調整模式；如果學生的基本學習能力上可以接受普通教育的課程，資源教室的課程安排應該讓其在原班級，接受與同儕相同的課程與教學，再利用外加式課程提供其學習上的協助；如果學生的基本學習能力上已經無法學習普通教育的課程，資源教室的課程設計，應該完全提供另一套調整後的課程內容與教學設計，避免讓學生在原班級普通教育課程中無法學習。部分抽離式排課課程設計將使學生無法受益於普通教育課程，也無法從資源教室有限的抽離時數中，得到完整的特殊教育課程介入，基本上部分抽離式課程排課安排，對於普通教育課程和特殊教育介入課程是兩敗俱傷，更無法凸顯資源教室的教育安置成效。

資源教室方案對不同學生應有不同的課程安排設計，所依據的即是學生的特殊教育需求或學習程度。對於新進資源教室的學生，資源教師要先診斷評估學生的基本學習學力或是特殊教育需求，再進行學生教學編組和課程安排工作。資源教室的學生的教學編組到底可以分成幾組？每一組應該有多少學生？總共可以提供多少種課程？上述問題皆無一定的答案，視每一個資源教室狀況而定，但是資源教室整體服務量的總量管制，是所有資源教師的總授課時數；亦即是在「供應」與「需求」之間取得平衡，「供應」指的是資源教師可以提供的課程與時數，「需求」指的是學生的數量和需要的訓練和課程；也因此資源教室的課程、學生編組與課表安排，至少每一學期會有所更動，因為師資供應與學生需求條件因素都會有所變動，尤其當不同學生的學習進度不一時，分組、課程與時數安排就會跟著調動。目前國內常見的資源教室學生編組與排課方式方式有兩種，一者為在每學期「開學前完成型」，即開學前就完成所有資源教室學生的編組和課表安排，另一者為「開學後開始型」，即開學後再開始作排課與學生編組工作。表6-2-2為此兩種資源教室常見的學生編組方式與利弊分析，基本上那是資源教師常面臨的學生編組與排課抉擇。

「開學前完成型」基本上資源教師在開學日前，即要完成學生評估、學生分組以及與教務處協調學生編班與排課等事宜，這種排課與學生編組方式，由

表6-2-2 資源教室之學生編組與課程安排設計類型

類型	方式	優點	缺點
開學前完成型	開學前，將所有的學生作程度或需求分組，將相似程度或需求學生2-3人當成一個群組編入同一普通班，再將此學生分組名單和抽離／外加課程及節數，交給教務處安排班群排課	‧抽離或外加排課皆不影響原班級課程，甚至可以作跨年級編組排課 ‧每一組內學生程度差異小 ‧師生比例高（1：4-8）開學第一週即可上課	‧需要暑假中事先作業 ‧需要和教務處溝通協調
開學後開始型	開學後，依據學生所屬原班級課表課程相似者編成同一組，課程則依據原班級課表作部分抽離或外加式課程排課	‧暑假中不需作 ‧配合教務處排課，不需作事前協調溝通	‧抽離式或外加式課程排課都容易和原班級課表衝突，很難做到完全抽離式排課 ‧每一組內學生差異大 ‧師生比例偏低（1：2-3） ‧開學後再作編組和排課，大約開學後第三週方可正式上課

於事先作過協調與準備，將可以達成完全抽離式課程安排的目標，以協助學生達成有最佳學習成效的目的。「開學後開始型」資源教師比較處於被動角色，等到開學後全校各班級課表都排定後，資源教師再蒐集資源教室學生的班級課表，作資源教室學生排課的整合；然而在這種狀況下，很難顧及完全抽離式課程安排，因為校內每一個班級的課表很難做到完全一致，若要作到完全抽離式課程，大都會形成一對一的師生比例教學，若是要形成小組教學，通常只能將此一組學生課表內相同時段的某一課程，抽離至資源教室進行教學，形成所謂的部分抽離式課程安排，而部分抽離式的課程安排對學生的學習效果總是弊多於利。

第三節 如何安排資源教室課表

資源教室的課程安排可以分為外加式課程、完全抽離式課程及外加式課程併完全抽離式課程三種，針對完全抽離式的排課，作者提出「班群編班－區塊排課」模式，方能讓資源教室方案的功能發揮極致。此三種學生課程需求的課表安排程序基本上大致相同，依循下列七個步驟程序：

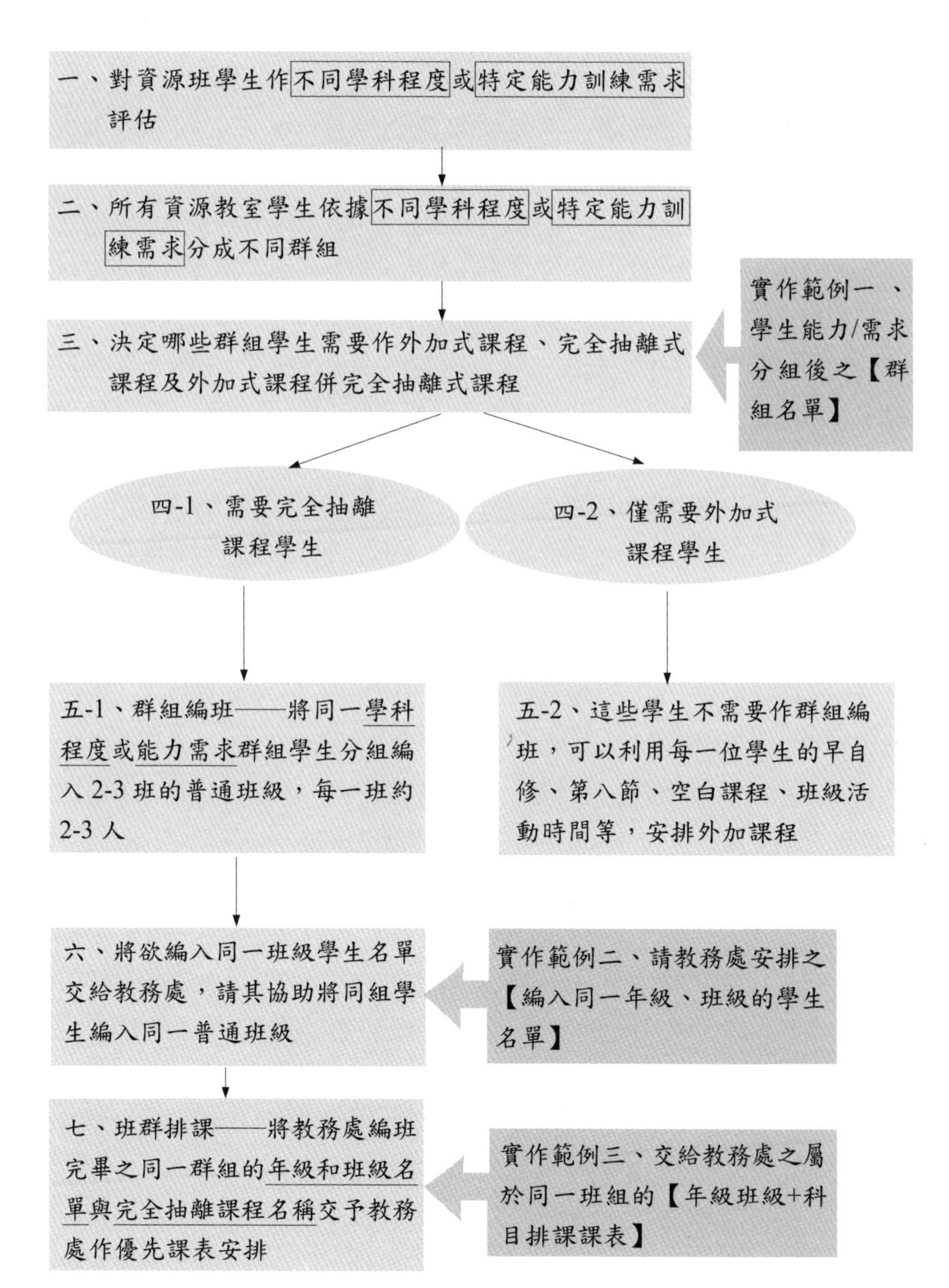

針對資源教室學生的課程和課表安排，資源教師首先必須先作學生的基本學科學習能力（即聽、說、讀、寫、算）和需求的評估，再依據評估結果作學生學習群組的安排，即上述步驟一至三。學生每一分組的人數量，並無一定量額，有些學生的某些課程可能真的需要教師一對一教學，例如：某些注意力缺陷暨過動學生或是自閉症學生；有些課程則非常適合採十人以上的小團體教學，不過一般學科的補救教學小組人數則以4至10人為最佳（Brown, 1985; Carnine, Granzln, & Becker, 1987）。步驟四-2和五-2是針對僅需要外加式課程需求的學生作設計，資源教室的課表安排比較容易，因為外加式課程排課儘量利用非學科課程時間，比較不會影響到原班級的學科課程進行。步驟四-1至步驟七為需要完全抽離課程學生所設計——「班群編班－區塊排課」模式，首先資源教師必須將學生作班群編班，以方便將同一學習群組學生的原班級某些課程課表（例如：國、英、數）排在同一時段，此即所謂的區塊排課或是班群排課；而資源教室的這一群組學生的課表時間，即依據教務處排出的課表時段，作相同時段的安排，以達成完全抽離的課程課表安排。而在上述七個步驟中，本書作者提出三個實作範例如表6-3-1至表6-3-3，以提供資源教師作參考使用；實作範例一、學生能力／需求分組後之【群組名單】；實作範例二、請教務處安排之【編入同一年級、班級的學生名單】；實作範例三、交給教務處之屬於同一群組的【年級班級+科目排課課表】。

資源教室的成效，核心關鍵在於資源教室學生的課程設計與課表安排，是否能符合與滿足學生的特殊教育需求，而此項工作亦是資源教室行政經營中最重要、也最具挑戰性的一項。本書作者基於多年來與資源教師實務工作研討經驗，乃設計出下列資源教室分組教學一覽表，表6-3-4是空白表格、表6-3-5是範例、表6-3-6是檢核說明。此項資料的整理，可以協助資源教師彙整其每一學期資源教室學生的課程設計和分組教學狀況，此一覽表的檢核說明也將有助於學校行政單位和地方教育局主管單位，瞭解每一個資源班的運作狀況，包含：1.學生服務人數總量是否恰當或符合縣市教育局規定；2.服務學生是否皆經過鑑輔會鑑定為身心障礙學生；3.資源教室師資是否專任專用；4.資源教師之教學時數是否符合任課時數規定；5.學生是否有作能力分組；6.資源教師是否服務了所有年級的身心障礙學生；7.課程安排是否作完全抽離排課；8.排課

表6-3-1　實作範例一：94學年度一學期資源教室學生之學科／能力分組名單

學科／需求	起點行為之程度能力 【適用課程】	學生姓名	年級	班級	排課型式／時數
（國文）	‧小三之認字年級 （35-65個字） 【國小第六冊之調整課程】	張一震	1		抽離／5
		楊子瓊	1		抽離／5
		章紫怡	1		抽離／5
		周發	1		抽離／5 外加／1
（國文）	‧小六之認字年級 【國中國文第一冊】	張阿妹	1		抽離／5
		齊一	1		抽離／5
		蔡阿琴	2		抽離／5 外加／1
		陳淑華	2		抽離／5 外加／1
		周華建	2		抽離／5 外加／1
（社交技巧訓練）	‧自信心需要加強 ‧人際關係不佳	張一震	1		外加／2
		周發	1		外加／2
		周華建	2		外加／2
		鄭一	3		外加／2
		包梅聖	3		外加／2

表6-3-2　實作範例二：資源教室交給教務處之預作群組編班學生名單

年　級	編入同一班之學生姓名（學號）	班　別
一年級	張一震（001）、楊子瓊（002）	
	周發（007）、章紫怡（010）	
	齊一（014）、張阿妹（017）	
二年級	陳淑華（017）、蔡阿琴（023）、周華建（085）	
三年級	鄭一（058）、包梅聖（045）	

表6-3-3　實作範例三：資源教室交給教務處之預先排課課表（完全抽離式課程）

年　級	班　別	排課科目
1	3	國文
1	7	
2	1	
1	3	數學
1	4	

表6-3-4　縣／市國民中（小）學資源教室學生分組教學一覽表（空白表格）

<table>
<tr><td colspan="9">＊每週任課時數：______教師______節（導師、專任教師、特教組長）
______教師______節（導師、專任教師、特教組長）
______教師______節（導師、專任教師、特教組長）
＊服務人數：共______人</td></tr>
<tr><th>編號</th><th>任課教師</th><th>小組人數</th><th>起點行為之程度能力【適用課程】</th><th>學生姓名</th><th>年級</th><th>班別</th><th>排課型式／時數</th><th>一週總時數</th></tr>
<tr><td rowspan="3"></td><td rowspan="3"></td><td rowspan="3"></td><td rowspan="3"></td><td></td><td></td><td></td><td></td><td rowspan="3"></td></tr>
<tr><td></td><td></td><td></td><td></td></tr>
<tr><td></td><td></td><td></td><td></td></tr>
<tr><td rowspan="3"></td><td rowspan="3"></td><td rowspan="3"></td><td rowspan="3"></td><td></td><td></td><td></td><td></td><td rowspan="3"></td></tr>
<tr><td></td><td></td><td></td><td></td></tr>
<tr><td></td><td></td><td></td><td></td></tr>
<tr><td colspan="9">注意事項：
一、不可利用午休時間外加課程。
二、早自修時間一節課國小必須上滿四十分、國中必須上滿四十五分。</td></tr>
</table>

表6-3-5　國民中（小）學資源班學生分組教學一覽表（範例）

＊每週任課時數：李　安教師　14　節（導師、專任教師、特教組長）
　　　　　　　　＿＿＿教師＿＿＿節（導師、專任教師、特教組長）
　　　　　　　　＿＿＿教師＿＿＿節（導師、專任教師、特教組長）
＊服務人數：共　25　人

編號	任課教師	小組人數	起點行為之程度能力【適用課程】	學生姓名	年級	班別	排課型式／時數	一週總時數
A	李安（國文）	4	·小三之認字年級（35-65個字）【國小第六冊之調整課程】	張一震	1	3	抽離／5	6
				楊子瓊	1	3	抽離／5	
				章紫怡	1	5	抽離／5	
				周發	1	5	抽離／5 外加／1	
B	李安（國文）	5	·小六之認字年級【國中國文第一冊】	張阿妹	1	7形式是否恰當	抽離／5	6
				齊一	1	7	抽離／5	
				蔡阿琴	2	1	抽離／5 外加／1	
				陳淑華	2	1	抽離／5 外加／1	
				周華建	2	1	抽離／5 外加／1	
C	李安（社交技巧訓練）	5	·自信心需要加強 ·人際關係不佳	張一震	1	3	外加／2	2
				周發	1	5	外加／2	
				周華建	2	1	外加／2	
				鄭一	3	3	外加／2	
				包梅聖	3	4	外加／2	

表6-3-6 資源教室學生分組教學資料檢核表

＊每週任課時數：______教師______節（導師、專任教師、特教組長）
______教師______節（導師、專任教師、特教組長）
______教師______節（導師、專任教師、特教組長）
＊服務人數：共______人

編號	任課教師	小組人數	起點行為之程度能力【適用課程】	學生姓名	年級	班別	排課型式／時數	一週總時數

形式是否恰當；9.排課時數是否真正符合學生程度需要；10.資源教室學生是否有叢集編班；11.課程設計是否符合學生起點行為或特殊教育需要；12.每一教學小組人數是否恰當。

簡言之，此一學生分組教學一覽表，可以整體確認資源教室的：1.師資狀況：包含是否聘用足額的資源教室專任教師、資源教師的專長與分配、資源教師的任課時數是否符合規定等。2.資源教室服務學生狀況：包含每一分組教學師生比率是否過高或是過低、學生是否具有身心障礙法定資格、整體服務學生數是否過少或是過多等。3.課程安排狀況：資源教室所提供的課程是否符合學生需求或學生的起點行為、課程安排是否達到完全抽離式排課目標、除了學科補救教學是否提供其他特定能力訓練課程、是否作到叢集編班與區塊排課設計、排課時數是否符合不同學生的獨特教育需求等。

討論與練習

一、請運用資源教室20位身心障礙學生的基本資料，練習作資源教室整學期學生的編組與與排課，並完成：

㈠資源教室教師、學生組別和課程名稱之整學期的總課表

範例：○○國中資源班94學年度第一學期總課表

	一	二	三	四	五
早自修	溝通訓練（柯老師）	社會技能訓練一（王老師）	國文—加強閱讀理解能力（辛老師）	專注力訓練（陳老師）	國文—加強閱讀理解能力（辛老師）
第一節	*英語A（黃老師） *英語C（辛老師） *數學B（柯老師）	*英語B（陳老師） *國文D（辛老師） *數學E（柯老師）	*國文A（辛老師） *國文C（黃老師） *數學D（柯老師）	*國文A（辛老師） *數學B（柯老師）	*國文B（黃老師） *數學A（柯老師）
第二節	*英語A（黃老師） *英語B（陳老師） *英語C（辛老師） *數學D（柯老師）	*英語A（黃老師） *數學C（柯老師）	*英語C（辛老師） *數學E（柯老師）	*國文C（黃老師） *數學E（柯老師）	*國文B（黃老師）
第三節	*國文A（辛老師） *英語B（陳老師）	*國文A（辛老師）	*國文A（辛老師） *國文B（黃老師） *數學C（柯老師）	*國文C（黃老師） *國文D（辛老師） *數學E（柯老師）	*國文D（辛老師） *數學A（柯老師）
第四節		*國文B（黃老師） *英語C（辛老師）	*國文B（黃老師） *數學C（柯老師）	*英語A（黃老師） *英語B（陳老師）	*數學C（柯老師）
午休					
第五節		英語C（辛老師） 數學A（柯老師）			
第六節	數學B（柯老師）	數學B（柯老師）	國文D（辛老師）		社會技能訓練三（王老師）

	一	二	三	四	五
第七節			數學A（柯老師）		
第八節	數學—應用題解題技巧（柯老師）	團體輔導（張老師）	社會技能訓練二（王老師）	數學—應用題解題技巧（柯老師）	
＊代表完全抽離式課程安排					

㈡單一資源教師的週課表

範例：柯老師

	一	二	三	四	五
早自修	溝通訓練（柯老師）				
第一節	數學B（柯老師）	數學E（柯老師）	數學D（柯老師）	數學B（柯老師）	數學A（柯老師）
第二節	數學D（柯老師）	數學C（柯老師）	數學E（柯老師）	數學E（柯老師）	
第三節			數學C（柯老師）	數學E（柯老師）	數學A（柯老師）
第四節			數學C（柯老師）		數學C（柯老師）
午休					
第五節		數學A（柯老師）			
第六節	數學B（柯老師）	數學B（柯老師）			
第七節			數學A（柯老師）		
第八節	數學—應用題解題技巧（柯老師）			數學—應用題解題技巧（柯老師）	

㈢某一位學生的週課表

範例：王同學之特殊教育需求

- 國文完全抽離5節，外加2節，共7節課。（含考試技巧、學習策略）
- 英文完全抽離4節，無外加，共4節課。（含考試技巧、學習策略）
- 數學完全抽離4節，無外加，共4節課。（含考試技巧、學習策略）
- 溝通訓練外加1節
- 社交技能訓練外加2節

	一	二	三	四	五
早自習		社會技能訓練	社會技能訓練		
第一節	*國文	*國文	地理	*英語	*數學
第二節	*國文	*國文	*數學	美術	美術
第三節	*數學	*數學	音樂	歷史	理化
第四節	生活輔導	理化	*英語	*國文	*英語
午休					
第五節	健康教育	公民道德	自習	電腦	家政
第六節	理化	英語	行事	國文	體育
第七節	理化	工藝	班會	體育	童軍教育
第八節			溝通訓練		
*代表完全抽離原班級課務到資源班上課時間					

第七章

資源教室的評量與回歸原班

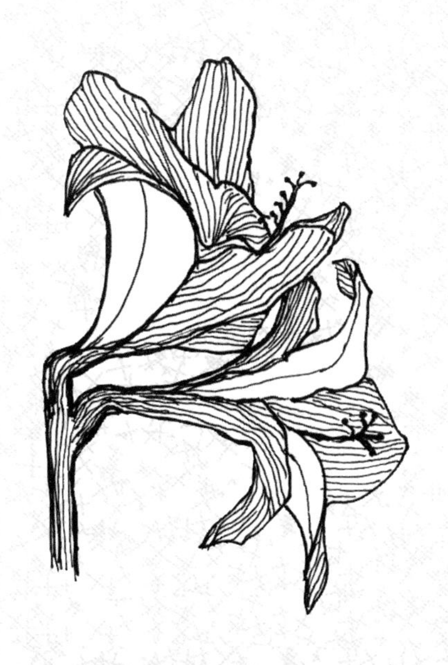

第一節 資源教室的考試與成績計算

資源教室是身心障礙教育安置的一環，其服務的學生以輕度障礙學生為主，依據我國特殊教育法（民98）第28條規定，每一位身心障礙學生都將有每一學期的個別化教育計畫，由個別化教育計畫的內容中，我們可以瞭解每一位身心障礙學生的特殊教育需求，以及每一學期的長程和短程教育目標、評量方式、評量標準和評量結果，由評量結果我們可以知道這些學生在資源教室的學習成效。然而身心障礙學生在資源教室的學習結果，是否該納入其普通教育的相同課程學習評量計算，此是資源教室行政作業中應該慎重討論的內容。

依據美國2004年修正通過之特殊教育法（IDEA）的規定，為了提升特殊教育的服務成效，瞭解身心障礙學生的學習成效，所有身心障礙學生都必須參加各州或各學區定期所舉行的基本學力測驗（Statewide or School Districtwide Assessment）。身心障礙學生在參加此基本學力測驗時，若有必要改變評量方式，則必須在其個別化教育計畫中說明描述，以利校方執行。假若有些學生的障礙狀況確實不適合參加此基本學力測驗時，也必須在個別化教育計畫會議中詳述理由，並且將會議結果記錄於個別化教育計畫內。此由美國各州教育局或學區委員會所舉行的定期基本學力測驗，實相當於我國各校每學期所舉行的定期評量。

而我國針對身心障礙學生的學習評量與成績計算相關規定，目前乃以民國99年公告的「特殊教育課程教材教法及評量方式實施辦法」第8條為最重要之依據。特殊教育課程教材教法及評量方式實施辦法（民99）第8條：「學校實施多元評量，應考量科目或領域性質、教學目標與內容、學生學習優勢及特殊教育需求。學校定期評量之調整措施，應參照個別化教育計畫，經學校特殊教育推行委員會審議通過後實施。」此第8條的精神乃強調身心障礙學生的評量需採用多元評量原則，並且載明於學生的個別化教育計畫當中。同時亦說明特殊教育學生知成績評量亦須遵守教育部對於學生成績評量的相關規定。而我國一般學生的學校成績評量主要依據國民教育法（民100）第13條，民國103年教育部公布之國民小學及國民中學學生成績評量準則（請見本章第三節），以及各縣市自訂之學生成績評量相關補充規定（請見本章第三節）。

國民教育法（民100）第13條：學生之成績應予評量，其評量內容、方式、原則、處理及其他相關事項之準則，由教育部定之；直轄市、縣（市）政府應依準則，訂定學生成績評量相關補充規定。國民小學及國民中學學生修業期滿，成績及格，由學校發給畢業證書。

資源教室學生學習評量的議題，應該與資源教室的課程安排搭配考量，如前所述資源教室的課程安排包含外加式課程、完全抽離式課程、完全抽離式併外加式課程三種；但是若以納入普通教育相同課程的成績計算議題，則惟有觸及學科課程作完全抽離式課程安排的學生，資源教師方需考量這些學生在資源教室的學習評量結果，這些學生要不要接受原班級的被完全抽離課程的定期評量，即所謂的期中考和期末考考試，以及這些學生的成績該如何計算等問題，以上的思考都將觸及公平性與合理性的考量。本書作者以參與高雄市資源教室相關法規的制定經驗提出以下經驗分享。

外加式課程通常是針對學生的學習方法與策略、社會技巧、溝通能力、行動能力等外加式特殊需求課程，比較無關於普通教育的課程內容，所以並不會產生普通教育課程的學習評量與計算方式的問題；而這些外加式課程的教學成效，將透過每一位學生的個別化教育計畫呈現，以瞭解每一位學生的學習進步狀況，所以外加式課程比較無成績評量上的困擾。

針對資源教室學生若有學科課程是完全抽離的排課設計，其成績評量形式或方式，若依據「國民小學及國民中學學生成績評量準則」（民103）第6條：「國民中小學學生成績評量時機，分為定期評量及平時評量二種。學習領域評量應兼顧定期評量及平時評量，惟定期評量中紙筆測驗之次數，每學期至多三次，平時評量中紙筆測驗之次數，於各學習領域皆應符合第四條第四款最小化原則。日常生活表現以平時評量為原則，評量次數得視需要彈性為之。」以及第8條：「國民中小學學生學習領域之平時及定期成績評量結果，應依評量方法之性質以等第、數量或文字描述記錄之。前項各學習領域之成績評量，至學期末，應綜合全學期各種評量結果紀錄，參酌學生人格特質、特殊才能、學習情形與態度等，評定及描述學生學習表現和未來學習之具體建議；並應以優、甲、乙、丙、丁之等第，呈現各學習領域學生之全學期學習表現，其等第與分數之轉換如下：一、優等：九十分以上。二、甲等：八十分以上未滿九十分。

三、乙等：七十分以上未滿八十分。四、丙等：六十分以上未滿七十分。五、丁等：未滿六十分。前項等第，以丙等為表現及格之基準。學生日常生活表現紀錄，應就第三條第二款所列項目，分別依行為事實記錄之，並酌予提供具體建議，不作綜合性評價及等第轉換。」亦即是在考量資源教室完全抽離課程學生的成績評量比重時，定期評量及平時評量是兩個主要的參考點，本書作者傾向建議資源教師針對學生的整體學習表現定位為平時評量成績的計算，定期評量成績則依據學生參加學校每一次定期評量的成績結果。而事實上依據國民小學及國民中學學生成績評量準則之第3條：「國民中小學學生成績評量，應依學習領域及日常生活表現，分別評量之；其評量範圍及內涵如下：一、學習領域：其評量範圍包括國民中學及國民小學九年一貫課程綱要所定之七大學習領域及其所融入之重大議題；其內涵包括能力指標、學生努力程度、進步情形，並應兼顧認知、情意、技能及參與實踐等層面，且重視學習歷程與結果之分析。二、日常生活表現：其評量範圍及內涵包括學生出缺席情形、獎懲紀錄、團體活動表現、品德言行表現、公共服務及校內外特殊表現等。」

綜合第3和第6條的規定，學校定期評量和平時評量的內容，都必須包含學習領域和日常生活表現兩種範圍，傳統的紙筆測驗乃歸屬在學習領域評量之中，定期評量之紙筆測驗的次數，每學期至多三次，平時評量紙筆測驗的次數亦應符合最小化之原則。所以對於某位學科學習顯著低落而需要作完全抽離課程的學生，因為其參加學校定期評量的成績基本上較難達到高分，即使資源教師予以滿分的成績，仍然僅占學期總成績50%，在其全班成績排序上應該不至於有太大改變，可以兼具公平性與合理性。

本書彙整各縣市教育局目前自訂之有關資源教室學生的成績評量規定如表7-1-1，以供各縣市教育行政單位或是各校資源教室參考。

表7-1-1　各縣市資源教室學生成績評量相關規定

縣市	評　量
臺北市	・平時考查：身心障礙資源班實施資源教學時，應設計學生平時考查評量表，隨時記錄學生學習情況；平時考查評量結果作爲學生原班該科平時成績（外加課程與原課程之平時成績依授課節數平均計算）。 ・定期考查：學生如在身障資源班參加定期考查，其成績應換算爲普通班成績，如需登錄資源班考查成績時，應在成績單上註明爲資源班考查成績。
新北市	國小 (一)完全抽離之科目 ・平時考查：資源班應設計個別平時評量表以記錄學生學習狀況。資源班平時考查結果應作爲學生原班該科平時成績。 ・定期考查：學生在原班接受定期考查。該科目由資源班教師決定試題內容，並於成績冊上註記。 (二)外加之科目 資源班對該生所做之評量結果，供原班該科目平時成績之參考。所占比例以該科目學生在資源班上課時數，占該科目原班時數及資源班時數和之比例計算。
	國中 (一)完全抽離之科目 ・平時考查：資源班應設計個別平時評量表以記錄學生學習狀況。資源班平時考查結果應作爲學生原班該科平時成績。 ・定期考查：學生在資源班接受定期考查。該科目由資源班教師決定試題內容，並於成績冊上註記。
	(二)外加之科目 資源班對該生所做之評量結果，供原班該科目平時成績之參考。所占比例以該科目學生在資源班上課時數，占該科目原班時數及資源班時數和之比例計算。
臺中市	・平時考查：形成性評量結果作爲學生原班該科平時成績（外加課程與原課程之平時成績依節數平均計算）。 ・定期考查：學生在原班接受定期學習成效評量。
新竹縣	(一)完全抽離之科目 ・平時考查：資源班應設計個別平時評量表以記錄學生學習狀況。資源班平時考查結果應作爲學生原班該科平時成績。 ・定期考查：學生在原班或資源班接受定期考查。惟該科目得由資源班教師決定試題內容，並於成績冊上註記。 (二)外加之科目 資源班對該生所做之評量結果，供原班該科目平時成績之參考。所占比例以該科目學生在資源班上課時數，占該科目原班時數及資源班時數和之比例計算。

縣市	評量
新竹市	資源班學生成績評量，由學校特殊教育推行委員會應依普通班學生成績考查規定，衡酌學生之學習優勢管道，彈性調整其評量方式及訂定回歸普通班標準，並應在必要時提供無障礙考試之輔助。
苗栗縣	・平時考查：應設計個別平時評量表，以記錄學生學習狀況，其考查結果，作爲該科平時成績。 ・定期考查：學生在原班或資源班接受定期考查，惟該科目試題內容得由任課教師決定，並於原班成績冊上註記。
彰化縣	資源班學生成績評量應採彈性方式，視個別學生能力與需求採不同的評量方式與標準進行。
雲林縣	㈠完全抽離之科目 ・平時考查：資源班應設計個別平時評量表以記錄學生學習情形，考核結果爲學生原班平時成績。 ・定期考查：學生在原班接受定期考評，該科目由資源班教師協助決定試題內容，並於成績冊上註記。 ㈡外加科目 資源班對該生所做之評量結果，供原班該科目平時成績之參考，所占比例以該科目學生在資源班上課時數，占該科目原班時數及資源班時數和之比例計算之。
臺南市	資源班學生仍回原班參加定期考查，在資源班的成績可列入其平時成績50%計算。如有學習和適應困難程度較重，無法回原班參加定期考查者，學習評量得由資源班教師視個案狀況採彈性處理。
屏東縣	㈠完全抽離之科目 ・平時考查：資源班應設計個別平時評量表以記錄學生學習狀況。資源班平時考查結果應作爲學生原班該科平時成績。 ・定期考查：學生在資源班接受定期考查。惟該科目得由資源班教師自行命題，並於成績冊上註記。 ㈡外加或外加抽離並用式之科目 ・平時考查：資源班對該生所做之評量結果，供原班該科目平時成績之參考。所占比例以該科目學生在資源班上課時數，占該科目原班時數及資源班時數和之比例計算。 ・定期考查：學生在原班接受定期考查。該科目之試題亦與普通班同。
宜蘭縣	㈠完全抽離之科目 ・平時考查：資源班應設計個別平時評量表以記錄學生學習狀況。資源班平時考查結果應作爲學生原班該科平時成績。 ・定期考查：學生在資源班接受定期考查。惟該科目得由資源班教師決定試題內容，並於成績冊上註記。 ㈡外加之科目 資源班對該生所做之評量結果，供原班該科目平時成績之參考。所占比例以該科目學生在資源班上課時數，占該科目原班時數及資源班時數和之比例計算。

縣市	評　量
宜蘭縣（力行國小）	資源班所舉行之平時考及定期考成績，提供原班級導師作爲學期成績評量的參考。平時考及定期考之試題，由資源班教師自行出題。
花蓮縣	㈠抽離式 ・平時考查：資源班教師應設計形成性評量表，以記錄學生學習狀況，其評量結果得作爲學生原班該科目之平時成績。 ・定期考查：由資源班教師決定評量內容與方式，學生在資源班接受定期評量。學期成績經特殊教育推行委員會由資源班教師及任課教師共同商定之。 ㈡外加式 資源班學生所做之評量結果，得爲原班該科目平時成績之一。

縱使有些縣市已經對於資源教室學生的成績評量與計算方式有所規定，但是似乎可以再具體的呈現資源班學生的成績計算方式；本書作者希望強調資源教室學生的學科成績計算，應該以完全抽離課程的學生為主，外加式課程的成績計算或學習評量結果呈現在個別化教育計畫即可。以下為本書作者彙整多年來的資料蒐集與研討會或是大學課堂中討論的結論，針對資源教室學生之成績評量方式，乃以個人參與法規訂定的經驗，是以高雄市國民教育階段特殊教育學生成績評量實施要點（民100）之第4、5和7條的規定作為資源班學生成績評量之計算比例、方式和行政程序作說明。

第4條：「身心障礙學生成績評量應以學生最佳利益為考量，依學生之特殊需求，彈性調整評量時間、施測場所、試題呈現、學生反應方式、提供報讀、輔具及增加試題指導語等，以適性及多元化之評量方式為之，並衡酌其學習優勢管道彈性調整之。」

第5條：「分散式資源班實施完全抽離排課，學生學習領域成績評量分定期評量及平時評量，各占學期總成績之百分之五十。其成績評量應依下列方式辦理。㈠平時評量：特殊教育教師得設計學生適性之平時評量，其平時評量結果應做為學生原班級該科或學習領域平時成績。㈡定期評量：身心障礙學生應參加學校原班級定期評量，特殊教育教師應協助評量方式之調整。」

第7條：「學生有調整評量方式之必要者，應列入個別化教育計畫之內容項目；其評量成績應與普通班成績合併計算，合併計算之比例及方式由學校特殊教育推行委員會（以下簡稱特推會）決定之。」

第二節 資源教室回歸原班原則

資源教室學生的回歸原班標準與原則，應該是相互呼應資源教室學生的當初安置決策，亦即是需要部分時間特殊教育服務介入的身心障礙學生，當此「需要部分時間特殊教育服務介入」的條件不復存在時，也就是資源教師要考量是否該結束對學生的特殊教育介入協助，亦如諮商輔導個案的結案。本書作者累積多年的實務經驗，發現資源教室的回原班議題，大致可以分為兩種類型：一為部分回歸原班——結束某一或單一特殊教育的介入方案，二為全部回歸原班——結束所有的特殊教育介入方案。全部回歸原班應該意味此學生不再有特殊教育需求，也就是不再符合特殊教育法的鑑定標準，也不再稱之為身心障礙學生；若學生僅是部分特殊教育不再需要資源教師的協助，則其應該仍是具有身心障礙學生的特殊教育身分。所以以法定程序而言，本書作者建議資源教室學生若是部分回歸原班，應該要經過各校特殊教育推行委員會的決議；若是要結束資源教師的全部特殊教育服務，則應該提報各縣市特殊教育鑑定及就學輔導委員會，針對此學生的身心障礙狀況重新鑑定與安置，撤除身心障礙身分和資源教室的服務安置，而從圖7-2-1特殊教育的實施流程，可以瞭解資源教室學生從鑑定安置至回歸原班級的運作。

表7-2-1整理了各縣市對於所屬學校資源教室的回歸原則所做之規定，表7-2-2則蒐集各校自訂的資源教室實施計畫中所做的回歸原班標準和流程，以上屬於縣市層級和各校層級的不同規定，可以提供需要者做參考。

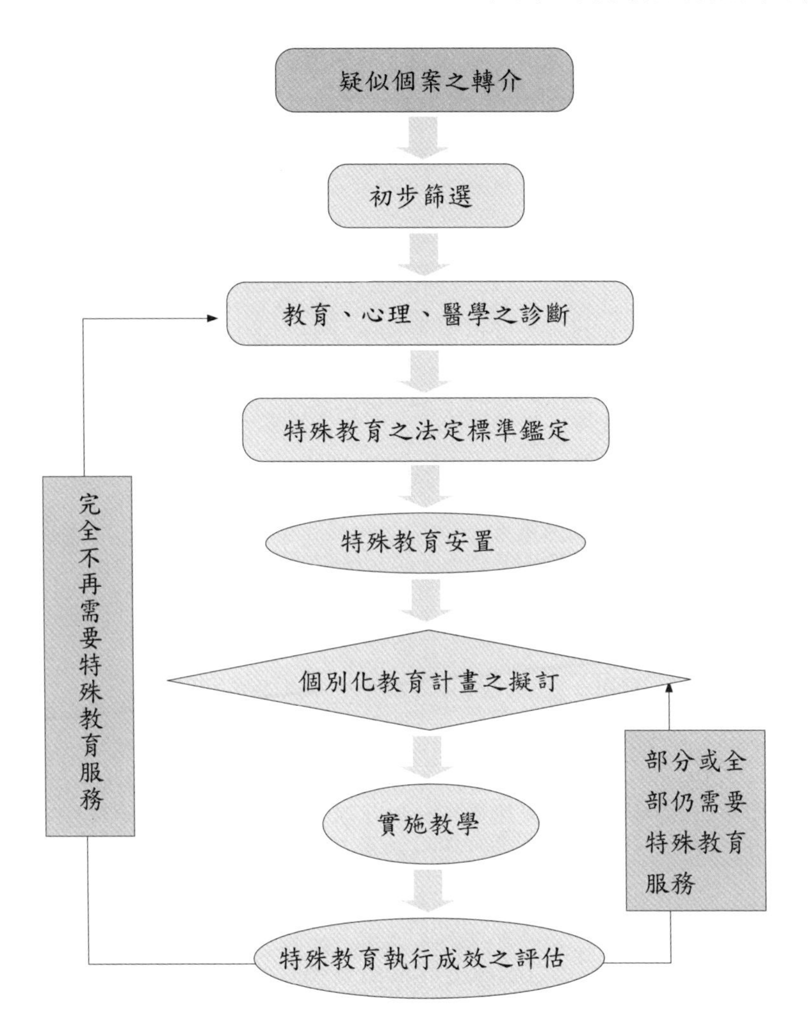

圖7-2-1　特殊教育實施之流程圖

表7-2-1 縣市對資源班「回歸原班」原則之規定

縣市		回歸原班原則
新北市	國中小	下一階段之轉介安置：資源班學生經教學輔導後，應視學生學習狀況，可於每學期末召開一次校內個案安置會議，評估輔導成效，以決定學生下學期服務時數或安置方式：(一)回歸普通班上課，並追蹤輔導其適應情形；(二)續留資源班輔導；或(三)轉介其他安置場所。
新竹縣	國中小	下一階段之轉介安置：資源班學生經教學輔導後，應視學生學習狀況，可於每學期末召開一次校內個案安置會議，評估輔導成效，以決定學生下學期服務時數或安置方式，安置方式有三：(一)回歸普通班上課，並追蹤輔導其適應情形；(二)續留資源班輔導；(三)轉介其他安置場所。
彰化縣	國中小	資源班學生經評估，學習情況改善、適應良好者，得酌減學習時數或變更安置型態。
雲林縣	國中小	設有資源班之學校應定期舉行學生個案研討會，視學生輔導學習狀況決定學生下學期服務時數或安置方式： (一)回歸普通班上課並追蹤輔導其適應期情形。 (二)續留資源班輔導。 (三)或轉介至其他安置場所。
臺南市	國中小	資源班學生於輔導過程中得依其發展與適應情況，經特殊教育推行小組瞭解後，輔導返回普通班並追蹤輔導，且由其他學生遞補。如有不適應之情形，則需適時介入輔導。
高雄市	高中以下	資源班學生如需改變原服務內容，需報請校內特殊教育推行委員會審查通過；如擬改變安置型態或回歸原班，則需報請本市鑑輔會重新鑑定安置，學生於改變安置後，資源班仍應持續追蹤並提供輔導服務。
屏東縣	國中小	下一階段之轉介安置：資源班學生經教學輔導後，視學生學習狀況，於每學期末召開一次校內個案安置會議，評估輔導成效，以決定學生下學期服務時數及安置方式，其安置方式有三： (一)回歸原班上課，並追蹤輔導其適應情形。 (二)續留資源班輔導。 (三)轉介其他安置場所。
花蓮縣	國中小	學生回歸標準： (一)提報鑑輔會重新鑑定安置。 (二)提報校內特殊教育推行委員會，依據學生評量結果，修正IEP及作爲重安置之參考。
宜蘭縣	國中小	下一階段之轉介安置：資源班學生經教學輔導後，視學生學習狀況，於每學期末召開一次校內個案安置會議，評估輔導成效，以決定學生下學期服務時數及安置方式，安置方式有三：(一)回歸原班上課，並追蹤輔導其適應情形；(二)續留資源班輔導；(三)轉介其他安置場所。

表7-2-2　各級學校對資源班「回歸原班」原則之規定

縣市	學校	回歸原班原則
宜蘭縣	力行國小	回歸與安置：每學期末召開一次安置會議，評估輔導成效以決定下學期服務時數及安置方式。安置方式如下： ㈠在原班級成績達70分以上或經由資源班測驗後成績達80分以上者，回歸原班上課，並追蹤輔導其適應行為。 ㈡成績未達標準者，續留資源班接受輔導。 ㈢無法接受資源班教學，且障礙嚴重者，將轉介到其他安置機構或學校。
臺中市	中平國中	再安置：學生在資源班學習有顯著進步或強烈抗拒在資源班學習時，可考慮進行「回歸評鑑」，讓其回歸原班學習。 ㈠執行評鑑成員：輔導主任、資料組長、普通班導師、普通班任課教師、資源班教師及家長。 ㈡回歸標準： 1.學生該科成績在原班定期考查能維持在全班倒數五名以內，且其學習態度與學習行為能為普通班任課教師所接受。 2.學生強烈抗拒在資源班學習，經資源班教師及普通班教師溝通輔導無效且經由家長同意，始得回歸原班。 ㈢追蹤輔導：資源班導師定期與普通班導師、任課教師及學生晤談，並做協調溝通的工作。
高雄市	大社國中	下一階段之轉介安置： 資源班學生經教學輔導後，視學生學習狀況，可於每學期末召開一次校內個案安置會議評估輔導成效，以決定學生下學期服務時數或安置方式。 ㈠回歸普通班上課，並追蹤輔導其適應性。 ㈡續留資源班輔導。 ㈢轉介其他安置場所。
	阿蓮國小	㈠回歸的程序 1.部分課程回歸：經過學校特殊教育推行委員會通過。 2.全部課程回歸：經過學校特殊教育推行委員會，再由鑑輔會鑑定。 ㈡回歸的標準 1.該生接受補救教學的學科定期考查成績能夠連續兩次達到70分。 2.人際關係有改善，可以與班上相處。 3.可以適應原班的生活作息。 ㈢追蹤：返回普通班，隨時與導師保持聯繫，並追蹤輔導其適應情形。

縣市	學校	回歸原班原則
高雄市	前金國中	回歸程序： ㈠如學生學業成就在10%以上達回歸標準，可持逐步回歸原則。 1.減少時數：逐漸減少到資源班小組上課時數。 2.指導作業或考試前指導：可於諮詢時間內做隨機彈性指導。 ㈡學生回歸後，資源班教師仍應隨時追蹤輔導，必要時得給予適當之協助。 1.安排時間與回歸學生晤談，瞭解其回歸本班後的學習情況。 2.檢查學生作業完成的情形。 3.與導師及任課教師會談，瞭解其回歸情形。 4.瞭解其形成性評量及總結性評量之結果，及其百分位數。 ㈢回歸主流之學生，如不適應普通班課程，而需再接受資源班輔導時，逕予入班。 ㈣學生回歸後所空出之名額，應立即遞補需要輔導者入班。 1.由特殊學生自願者優先入班。 2.在班級中學習情緒低落者，經任課教師推薦之學生。 3.成績明顯退步者。

第三節　資源教室成績考查與評量相關規定

資源教室學生既然同時隸屬於普通教育和特殊教育服務之對象，資源教室學生終是以回歸原班級學習為目標，因此資源班學生的評量與成績計算，就不能獨立於普通教育之外。本節蒐錄與資源教室學生相關的學生成績考查辦法相關規定，從教育部對普通教育高級中學至國民中小學的學生成績評量辦法，以及部分縣市針對資源班學生的成績評量方式之規定，以作為縣市和學校層級對於資源班學生成績評量相關規定之參考。

目　錄

一、國民小學及國民中學學生成績評量準則

民國103年4月25日修正

第　一　條　本準則依國民教育法第十三條第一項規定訂定之。

第　二　條　國民小學及國民中學（以下簡稱國民中小學）學生成績評量，以協助學生德智體群美五育均衡發展為目的，並具有下列功能：

一、學生據以瞭解自我表現，並調整學習方法與態度。

二、教師據以調整教學與評量方式，並輔導學生適性學習。

三、學校據以調整課程計畫，並針對學生需求安排激勵方案

或補救教學。

四、家長據以瞭解學生學習表現，並與教師、學校共同督導學生有效學習。

五、直轄市、縣（市）政府及教育部據以進行學習品質管控，並調整課程與教學政策。

第　三　條　國民中小學學生成績評量，應依學習領域及日常生活表現，分別評量之；其評量範圍及內涵如下：

一、學習領域：其評量範圍包括國民中學及國民小學九年一貫課程綱要所定之七大學習領域及其所融入之重大議題；其內涵包括能力指標、學生努力程度、進步情形，並應兼顧認知、情意、技能及參與實踐等層面，且重視學習歷程與結果之分析。

二、日常生活表現：其評量範圍及內涵包括學生出缺席情形、獎懲紀錄、團體活動表現、品德言行表現、公共服務及校內外特殊表現等。

第　四　條　國民中小學學生成績評量原則如下：

一、目標：應符合教育目的之正當性。

二、對象：應兼顧適性化及彈性調整。

三、時機：應兼顧平時及定期。

四、方法：應符合紙筆測驗使用頻率最小化。

五、結果解釋：應標準參照為主，常模參照為輔。

六、結果功能：應形成性及總結性功能並重；必要時應兼顧診斷性及安置性功能。

七、結果呈現：應質性描述及客觀數據並重。

八、結果管理：應兼顧保密及尊重隱私。

第　五　條　國民中小學學生成績評量，應依第三條規定，並視學生身心發展及個別差異，採取下列適當之方式辦理：

一、紙筆測驗及表單：依重要知識與概念性目標，及學習興趣、動機與態度等情意目標，採用學習單、習作作業、紙筆測驗、問卷、檢核表、評定量表等方式。

二、實作評量：依問題解決、技能、參與實踐及言行表現性目標，採書面報告、口頭報告、口語溝通、實際操作、作品製作、展演、行為觀察等方式。

三、檔案評量：依學習目標，指導學生本於目的導向系統彙整或組織表單、測驗、表現評量等資料及相關紀錄，以製成檔案，展現其學習歷程及成果。特殊教育學生之成績評量方式，由學校依特殊教育法及其相關規定，衡酌學生學習需求及優勢管道，彈性調整之。

第　六　條　國民中小學學生成績評量時機，分為定期評量及平時評量二種。

學習領域評量應兼顧定期評量及平時評量，惟定期評量中紙筆測驗之次數，每學期至多三次，平時評量中紙筆測驗之次數，於各學習領域皆應符合第四條第四款最小化原則。

日常生活表現以平時評量為原則，評量次數得視需要彈性為之。

第　七　條　國民中小學學生成績評量之評量人員及其實施方式如下：

一、各學習領域：由授課教師評量，且須於每學期初向學生及家長說明評量計畫。

二、日常生活表現：由導師參據學校各項紀錄，以及各學習領域授課教師、學生同儕及家長意見反應等加以評定。

第　八　條　國民中小學學生學習領域之平時及定期成績評量結果，應依評量方法之性質以等第、數量或文字描述記錄之。前項各學習領域之成績評量，至學期末，應綜合全學期各種評量結果紀錄，參酌學生人格特質、特殊才能、學習情形與態度等，評定及描述學生學習表現和未來學習之具體建議；並應以優、甲、乙、丙、丁之等第，呈現各學習領域學生之全學期學習表現，其等第與分數之轉換如下：

一、優等：九十分以上。

二、甲等：八十分以上未滿九十分。
三、乙等：七十分以上未滿八十分。
四、丙等：六十分以上未滿七十分。
五、丁等：未滿六十分。
前項等第，以丙等為表現及格之基準。
學生日常生活表現紀錄，應就第三條第二款所列項目，分別依行為事實記錄之，並酌予提供具體建議，不作綜合性評價及等第轉換。

第 九 條 學校就國民中小學學生學習領域及日常生活表現之成績評量紀錄及具體建議，每學期至少應以書面通知家長及學生一次。
學校得公告說明學生分數之分布情形。但不得公開呈現個別學生在班級及學校排名。
直轄市、縣（市）政府應於每學期結束後一個月內檢視所轄國民中小學學生之評量結果，作為其教育政策擬訂及推動之參據，並於每學年結束後二個月內連同補救教學實施成效報教育部備查。

第 十 條 學校應結合教務、學務、輔導相關處室及家長資源，確實掌握學生學習狀況，對學習表現欠佳學生，應訂定並落實預警、輔導措施。
學生學習過程中各學習領域之成績評量結果未達及格基者，學校應實施補救教學及相關補救措施；其實施原則，由直轄市、縣（市）政府定之。
學生日常生活表現欠佳者，學校應依教師輔導及管教學生相關規定施以輔導，並與其法定代理人聯繫，且提供學生改過銷過及功過相抵之機會。

第 十一 條 國民中小學學生修業期滿，符合下列規定者，為成績及格，由學校發給畢業證書；未達畢業標準者，發給修業證明書：
一、學習期間扣除學校核可之公、喪、病假，上課總出席率至少達三分之二以上，且經獎懲抵銷後，未滿三大過。

二、七大學習領域有四大學習領域以上，其各學習領域之畢業總平均成績，均達丙等以上。

前項規定，自中華民國一百零一年八月一日以後入學國民中小學之學生適用之。

第十二條　國民中小學就學生之成績評量結果，應妥為保存及管理，並維護個人隱私與權益；其評量結果及紀錄處理，應依個人資料保護法規相關規定辦理。

第十三條　為瞭解並確保國民中學學生學力品質，應由教育部會同直轄市、縣（市）政府辦理國中教育會考（以下簡稱教育會考）；其辦理方式如下：

一、中華民國一百零三年起每年五月針對國民中學三年級學生統一舉辦，評量科目為國文、英語、數學、社會與自然五科及寫作測驗；其評量結果，除寫作測驗分為一級分至六級分外，分為精熟、基礎及待加強三等級。

二、教育部應會同直轄市、縣（市）政府設教育會考推動會，審議、協調及指導教育會考重要事項。

三、教育會考推動會下設教育會考全國試務會，統籌全國試務工作，並由各直轄市政府輪流辦理為原則。

四、教育會考考區試務工作，由考區所在地之直轄市、縣（市）政府辦理，並得個別或共同委由考區所在地之學校設教育會考考區試務會辦理之。

五、由專業評量機構負責命題、組卷、閱卷與計分工作，以達公平客觀並實踐國家課程目標。

六、教育會考之結果供學生、教師、學校、家長及主管機關瞭解學生學習品質及其他相關法規規定之使用。但不得納入在校學習評量成績計算。

第十四條　國民中小學學生各項成績評量相關表冊，由直轄市、縣（市）政府定之。

第 十五 條　國民中學及其主管機關為輔導學生升學或協助學生適應教育會考之程序、題型及答題方式，得辦理模擬考，其辦理次數，全學期不得超過二次。模擬考成績不得納入學生評量成績計算；相關處理原則，依教育部之規定。前項模擬考，國民中學除自行或配合主管機關辦理外，不得協助其他機構、團體或個人辦理。

第 十六 條　本準則自中華民國一百零一年八月一日施行。本準則修正條文，自發布日施行。

二～1　臺北市高級中學訂定學生成績考查辦法補充規定參考原則

中華民國97年8月20日臺北市政府教育局第9733局務會議討論通過
臺北市政府教育局99年6月15日北市教中字第0993669900號函頒修正

一、臺北市政府教育局（以下簡稱本局）為協助臺北市（以下簡稱本市）公私立高級中學（以下簡稱各校）訂定學生成績考查辦法補充規定，並配合本局建置校務行政電腦化系統運作，特訂定本參考原則。

二、各學年入學學生適用成績考查標準如下：

㈠九十四學年度（含）以前入學之學生，依照本局九十三年八月三日北市教二字第09336003000 號函頒之臺北市高級中學學生成績考查辦法補充規定參考原則辦理。

㈡九十五及九十六學年度入學之學生，除德行成績及畢業條件依本局九十三年八月三日北市教二字第09336003000號函頒之臺北市高級中學學生成績考查辦法補充規定參考原則辦理之外，其餘各項成績考查相關條件均應參考高級中學學生成績考查辦法（以下簡稱本辦法）及本參考原則。

㈢九十七學年度（含）以後入學學生之成績考查，依照本辦法及本參考原則辦理。

三、各校每學期補考以辦理乙次為限。另專班重修及自學輔導成績不及格者，不予補考。

四、補考、專班重修或自學輔導成績考查不及格者，以原學期成績、補考成績、專班重修或自學輔導成績擇優登錄為該學科成績，升學用之成績統計仍以原學期成績登錄計算。

五、學生於定期考查時，因故不能參加全部科目或部分科目之考查，報經學校核准給假者，准予補行考試或採其他方式考查之，成績計算方式如下：

㈠請公假、病假、喪假、產前假、娩假、育嬰假、流產假者，按實得分數計算。

㈡請事假者，成績超過及格基準，以及格成績計算；未超過及格基準者，按實得分數計算。

㈢其餘假別之成績認定由各校定之。

六、學生參加補行考試，依下列方式辦理：

㈠銷假日未超過定期考試結束五個上班日者，應於銷假日當天向教務處報到，由教務處安排參加補行考試。無故不參加補行考試者，缺考科目以零分計算，且不得要求再次補行考試。

㈡銷假日超過定期考查結束後五個上班日者，該次定期考查成績不併入學期成績計算，學期成績計算由任課教師調配日常考查及其他次定期考查佔分比例。缺考科目成績欄應以空白呈現。

七、學生各學年度上學期學業成績不及格科目之學分數，達該學期修習總學分數二分之一者，下學期得由學校輔導其減修或補修學分。其減修及補修方式如下：

㈠學生減修、補修之學分數，每學期不得超過該學期開設學分數的三分之一。

㈡減修學分之科目應以選修科目為原則。

㈢經學校輔導減修學分之學生，得由學校安排進行補救教學或指定適當場地進行自主學習，其出、缺席狀況列入學期德行評量。

㈣補修學分科目之學科成績考查比照一般成績考查規定辦理。

八、學生學年成績不及格科目經補考後，其不及格科目學分數逾該生當學年所修習學分數二分之一者，應重讀。

九、學生因重讀而申請免修時，由學校安排適當場所進行自主學習，並將其出缺席狀況列入學期德行評量。

十、有關本辦法第十一條第一項、第十二條及第十三條各項審查工作，由各校教務處聘請校內相關行政人員及教師組成甄審小組辦理之。

十一、九十七學年度以後入學學生，其德行評量以學期為單位由導師參考下列項目規定及各科任課教師、相關行政單位提供之意見，依行為事實記錄，不評定分數及等第，並視需要提出具體建議。

㈠日常生活綜合表現與校內外特殊表現：考量學生之待人誠信、整潔習慣、禮節、班級服務、社團活動、參與校內外競賽情形及對學校聲譽之影響等。

㈡服務學習：考量學生尊重生命價值、規劃生涯發展、提升生活素養、體驗社區實際需求，具備公民意識及責任感等。

㈢獎懲紀錄：依下列規定辦理：

1.獎勵：分為嘉獎、小功及大功。

2.懲處：分為警告、小過、大過及留校察看。

3.獎懲換算基準為大功一次等於小功三次等於嘉獎九次；大過一次等於小過三次等於警告九次；記滿三大過等於留校察看。

㈣出缺席紀錄：學生請假須檢附相關證明，除公假外，全學期缺課達教學總日數（每日以七節課計算）二分之一者，應辦理休學。曠課累積達四十二節，經提學生事務會議通過後，應依據各校學生獎懲規定與相關程序輔導及安置（如：由家長或監護人帶回管教、輔導轉學等）。

㈤其他具體建議。

十二、暑期重修、補修學生德行評量之考查併入新學期德行評量之。高三第二學期結束後之重、補修及延修學生德行評量考查由各校另訂規範，其德行評量不列入成績考查。

十三、九十七學年度以後入學之學生，應符合下列條件，始得畢業：

㈠修畢教育部所定課程規定應修課程及學分。

㈡每學年學業總平均成績及格。

㈢德行評量之獎懲紀錄相抵後未滿三大過。

十四、學生修業滿三年以上，成績考查不符合畢業規定者，得由學生主動申請或學校核發修業證明書。修業證明書一經核發，學生不得要求返校重修、補修、延修或改發畢業證書。

十五、各校得依本辦法、本參考原則及相關法令訂定成績考查補充規定，或為適應實際需要，自行訂定成績考查補充規定，並應提經校務會議通過後，報請本局備查。

二～2　臺北市國民中學學生成績評量補充規定

中華民國101年10月8日臺北市政府(101)府教中字第10141334400號令修正

一、本補充規定依國民教育法第十三條第一項規定訂定之。

二、國民中學學生（以下簡稱學生）成績評量原則依國民小學及國民中學學生成績評量準則（以下簡稱成績評量準則）第四條規定辦理。其中形成性評量，指教師教學過程中，為瞭解學生學習情形，所進行之評量；總結性評量，指教師於教學活動結束後，為瞭解學生學習成就所進行之評量；診斷性評量，指診斷學生學習、情緒或人際關係困難，作為個別輔導與補救教學依據所進行之評量；安置性評量，指依據學生之學習表現與需求，評估特殊性向能力，提供適切安置所進行之評量。

三、學習領域評量依下列各學習領域辦理：

㈠語文。

㈡數學。

㈢社會。

㈣自然與生活科技。

㈤健康與體育。

㈥藝術與人文。

㈦綜合活動。

彈性學習課程之評量得併入各學習領域評量之。

四、學習領域評量應兼顧平時評量及定期評量，並依下列各款規定辦理：

㈠定期評量，每學期至多三次；由各學習領域課程小組擬定評量方式、實施日期及次數，送教務處彙辦，並經課程發展委員會審議通過後，於每學期初公布。

㈡定期評量成績與平時評量成績各占學期成績百分之五十。

㈢學習領域平時評量之實施，應依下列原則辦理：

1.應符合教學目標，採取彈性、多元化方式，配合教學進度，並兼顧學生學習需求，教師並得依學生日常學習表現訂定評量方式。

2.平時評量之次數及時間，由教師審酌教學需求自定之。

3.應利用課堂時間實施，個別狀況之補考則例外。提早到校之學生，學校應輔導學生自主學習，不得強制抄寫、寫練習卷或實施考試。

4.學習領域之學期總平均成績，為各學習領域之學期成績乘以各該領域每週學習節數，所得總和再以每週學習領域總節數除之。

㈣運用彈性學習節數所開設之社團活動課程，每學期至少評量一次。

第五款總結性評量之科別及次數，由班級導師協調統計及調整，並定期公布。

五、學校辦理學生定期評量時，對於准假缺考者，應於銷假後立即補考，並於學期成績結算前完成。無故缺考者，不得補考，其成績以零分計算。補考成績依下列規定計算：

㈠因公、喪假或不可抗力事由缺考者，按實得分數計算。

㈡因病假缺考者，其成績在六十分以下者，依實得分數計算；超過六十分者，其超過部分以百分之九十計算。

㈢因事假缺考者，其成績在六十分以下者，依實得分數計算；超過六十分者，其超過部分以百分之七十計算。

六、學生成績之登記及處理應資訊化，學習領域評量由教務處主辦；日常生活表現評量由學生事務處主辦；各任課教師及導師應配合辦理。各項成績評量相關表冊，由本局另定之。

七、學生成績評量紀錄，學校應分別於實施定期評量及學期結束後，以書面通知父母或監護人及學生。

八、學校應組成學生成績評量審查委員會（以下簡稱審查委員會），審查第三點各款之評量紀錄，並研議及審查學生成績評量之相關事宜。審查委員由教務主任召集，置委員五人至十七人，由學校行政人員代表、教師代表、教師會代表及家長會代表組成。其設置要點應經由校務會議通過。

九、學生每學期日常生活表現評量紀錄，經審查委員會評定為需輔導者，學校應進行專案輔導。

十、學生符合下列情形者，准予畢業，學校應發給畢業證書：

㈠學習領域畢業成績，有三學習領域之總平均均在丙等以上者，或九年級第二學期成績有三學習領域均在丙等以上。

㈡日常生活表現評量紀錄，經九年級第二學期審查委員會審核通過。

前項規定，一百零一年八月一日以前入學之學生適用之。一百零一年八月一日以後入學之學生依成績評量準則第十一條規定辦理。

十一、學生修業期滿，成績不符規定者，學校應發給修業證明書。

十二、參加技藝教育課程之學生其成績評量方式，本局得另訂補充規定。

十三、學生成績登錄及處理資訊化系統之相關規定，由本局另定之。

十四、本補充規定自一百零一年八月一日施行。

二～3　臺北市國民小學學生成績評量補充規定

中華民國101年8月10日臺北市政府教育局（101）
北市教國字第10140245200號函修正

一、臺北市政府教育局（以下簡稱本局）為規範臺北市公私立國民小學（以下簡稱學校）學生成績評量，特依國民教育法第十三條第一項與國民小學及國民中學學生成績評量準則訂定本補充規定。

二、學習領域評量之成績計算方式，依下列各款規定辦理：

㈠定期評量及平時評量之成績占學期成績之百分比，由學校訂定之。

㈡學習領域之學期總平均成績，為各學習領域之學期成績乘以各該領域每週學習節數，所得總和再以每週學習領域總節數除之。

㈢彈性學習時數及重大議題教學與學習領域相關者得併入學習領域評量。

㈣學生畢業總成績之計算方式，由學校訂定之。

三、定期評量之實施，依下列各款規定辦理：

㈠以紙筆測驗方式辦理定期評量時，學校應訂定試卷編製、審查及保密之注意事項。

㈡教師於設計評量試題時，不得直接引用坊間出版之試題。

㈢學校教育人員不得有洩題或暴露試卷之行為，違者依相關規定懲處。

四、學生因故未參加學習領域定期評量時，應另予評量，其評量時間、方式及成績計算由學校訂定之；平時評量由授課教師審酌教學需求自定之。

五、日常生活表現之評量每學期至少記錄一次，並應參酌下列各款規定辦理：

㈠學生出缺席情形：依學生請假之實際情形記錄之。

㈡獎懲紀錄：依學生實際獎懲情形記錄之。

㈢品德言行表現：依平日個別行為觀察、談話及家庭訪問等記錄之。

㈣團體活動表現：依班級活動、社團活動、學生自治活動及學校活動等記錄之。

㈤公共服務表現：依班級服務及學校服務等記錄之。

㈥校內外特殊表現：依學生參加校內外比賽、展演及服務特殊表現之情形記錄之。

六、特殊教育學生成績評量，應明訂於個別化教育計畫，必要時由學校特教推行委員會審議。

七、學校應以電腦處理學生成績登記及紀錄，並列入檔案存檔。

學生成績評量表冊由本局於校務行政系統中定之。

教師應將學生各項成績登錄於校務行政系統，並於每學期期末成績結算後由學校備份保存。

三～1　新竹市國民中學學生成績評量辦法

101.09.20府行法字第1010116194號令修正

第 1 條　本辦法依國民教育法第十三條第一項及國民小學及國民中學學生成績評量準則規定訂定之。

第 2 條　國民中學學生成績評量，以協助學生德智體群美五育均衡發展為目的，並具有下列功能：

一、學生據以瞭解自我表現，並調整學習方法與態度。

二、教師據以調整教學與評量方式，並輔導學生適性學習。

三、學校據以調整課程計畫，並針對學生需求安排激勵方案或補救教學。

四、家長據以瞭解學生學習表現，並與教師、學校共同督導學生有效學習。

五、作為新竹市政府（以下稱本府）據以進行學習品質管控，並調整課程與教學政策。

第 3 條　成績評量，應依學習領域及日常生活表現，分別評量之；其評量範圍及內涵如下：

一、學習領域：其評量範圍包括國民中學及國民小學九年一貫課程綱要所定之七大學習領域及其所融入之重大議題；其內涵包括能力指標、學生努力程度、進步情形，並應兼顧認知、情意、技能及參與實踐等層面，且重視學習歷程與結果之分析。

二、日常生活表現：其評量範圍及內涵包括學生出缺席情形、獎懲紀錄、團體活動表現、品德言行表現、公共服務及校內外特殊表現等。

第 4 條　國民中學學生成績評量原則如下：

一、目標：應符合教育目的之正當性。

二、對象：應兼顧適性化及彈性調整。

三、時機：應兼顧平時及定期。

四、方法：應符合紙筆測驗使用頻率最小化。

五、結果解釋：應標準參照為主，常模參照為輔。

六、結果功能：應形成性及總結性功能並重；必要時應兼顧診斷性及安置性功能。

七、結果呈現：應質性描述及客觀數據並重。

八、結果管理：應兼顧保密及尊重隱私。

第 5 條　國民中學學生成績評量時機，分為定期評量及平時評量二種。

學習領域評量應兼顧定期評量及平時評量，惟定期評量中紙筆測驗之次數，每學期至多三次，各次定期評量間進行之 十五分鐘以上平時評量之紙筆測驗，其實施次數不得超過各學習領域每週排課時數之節數，且每日不得超過三科。

日常生活表現以平時評量為原則，評量次數得視需要彈性為之。

第 6 條　成績評量，應依第三條規定，並視學生身心發展及個別差異，採取下列適當之方式辦理：

一、紙筆測驗及表單：依重要知識與概念性目標，及學習興趣、動機與態度等情意目標，採用學習單、習作作業、紙筆測驗、問卷、檢核表、評定量表等方式。

二、實作評量：依問題解決、技能、參與實踐及言行表現性目標，採書面報告、口頭報告、口語溝通、實際操作、作品製作、展演、行為觀察等方式。

三、檔案評量：依學習目標，指導學生本於目的導向系統彙整或組織表單、測驗、表現評量等資料及相關紀錄，以製成檔案，展現其學習歷程及成果。

特殊教育學生之成績評量方式，應衡酌其學習需求及優勢管道，彈性調整之。

第 7 條　國民中學學生成績評量之評量人員及其實施方式如下：

一、各學習領域：由授課教師評量，且須於每學期初向學生及家長說明評量計畫。

二、日常生活表現：由導師參據學校各項紀錄，以及各學習領域授課教師、學生同儕及家長意見反應等加以評定。

第 8 條　學生學習領域之平時及定期成績評量結果，應依評量方法之性質以等第、數量或文字描述記錄之。

前項各學習領域之成績評量，至學期末，應綜合全學期各種評量結果紀錄，參酌學生人格特質、特殊才能、學習情形與態度等，評定及描述學生學習表現和未來學習之具體建議；並應以優、甲、乙、丙、丁之等第，呈現各學習領域學生之全學期學習表現，其等第與分數之轉換如下：

一、優等：九十分以上。

二、甲等：八十分以上未滿九十分。

三、乙等：七十分以上未滿八十分。

四、丙等：六十分以上未滿七十分。

五、丁等：未滿六十分。

前項等第，以丙等為表現及格之基準。

學生日常生活表現評量紀錄，應就第三條第二款所列項目，分別依行為事實記錄之，並酌予提供具體建議，不作綜合性評價及等第轉化。

第 9 條　為瞭解並確保國民中學學生學力品質，應由教育部會同直轄市、縣（市）政府辦理國中教育會考（以下簡稱教育會考），其辦理方式如下：

一、中華民國一百零三年起每年五月針對國民中學三年級學生統一舉辦，評量科目為國文、英語、數學、社會及自然五科及寫作測驗。

二、由專業評量機構負責命題、組卷、閱卷與試務工作，以達公平客觀並實踐國家課程目標。

三、教育會考之結果供學生、教師、學校、家長及主管機關瞭解學生學習品質及其他相關法規規定之使用。但不得納入在校學習評量成績計算。

第 10 條　本市國民中學應組成學生成績評量審查委員會，研議並審查學生評量之相關事宜。

審查委員由教務主任召集，置委員五人至十七人，由學校行政人員代表、教師代表、教師會代表及家長會代表組成。

任一性別委員應占委員總數三分之一以上。但前項學校有關人員任一性別人數少於委員總數三分一者，不在此限。

其設置要點應經校務會議通過。

第 11 條　日常生活表現之評量，於學期末辦理一次，並依下列各款內容分別評定及記錄：

一、學生出缺席情形。

二、獎懲。

三、日常行為表現。

四、團體活動表現。

五、公共服務。

六、校內外特殊表現。

第 12 條　日常生活表現及格之評定標準，依下列各款辦理：

一、學生出缺席情形：每學期無故曠課未逾四十二節者（集會無故缺席，每二次視為曠課一節）。

二、獎懲：

㈠全學期記大過未逾三次者（三次警告等同一次小過；三次小過等同一次大過）。

㈡功過相抵及銷過辦法，依各校相關規定辦理。

三、日常行為表現：導師應依學生個別行為於評量表中予以記錄，並酌予提供具體建議。經評定「待改進」事項未超過四項者。

第 13 條　學習領域評量分下列學習領域辦理：

一、語文。

二、數學。

三、社會。

四、自然與生活科技。

五、健康與體育。

六、藝術與人文。

七、綜合活動。

彈性學習節數之評量成績，如全校性和全年級活動、補救教學、班級輔導、學生自我學習等教育活動，則視其所屬學習領域或日常生活表現評量之，其評量成績並應計入相關學習領域或日常生活表現。

除前項所述外，學校為發掘學生興趣、試探學生性向、發展學校特色、落實課程多元化之理念，於彈性課程等開設特色課程及選修課程，其成績則應獨立列入彈性學習節數成績。

第 14 條　學習總成績之計算，依下列各款辦理：

一、學習成績包含學習領域及彈性學習節數。

二、每次定期學習評量總成績，為定期評量和平時評量成績各占百分之五十。

三、學期領域成績，為各次定期學習評量總成績總和之平均。

四、彈性學習節數如列入相關學習領域成績，其計算方式按實際節數比例計算。

五、學習領域及彈性學習節數之學期總平均成績，為各學習領域之學期成績及彈性學習節數，乘以每週學習節數，所得總和再以每週學習總節數除之。

第 15 條　學生定期評量時，因公、因病或因事經准假缺考者准予補考。但無故擅自缺考者，不准補考，其缺考學習領域之成績以零分計算。補考成績依下列規定辦理：

一、因公、喪假或其他不可抗力事件者，按實得分數計算。

二、因事、因病假缺考者，其成績在六十分以下者，依實得分數計算；超過六十分者，其超過部分七折計算。

第 16 條　學生學期成績之計算依日常生活表現及各學習領域分別辦理。其畢業成績之計算，以各學期成績平均之。

第17條 學生日常生活表現由各班級任老師及相關人員於學期末登錄於檢核表中。

各學習領域成績之登記處理，由各班級任教師及領域教師辦理，於學期末以百分制登錄於學生學籍紀錄表上。

前項學生學籍紀錄表由本府另訂之。

第18條 學生修業期滿，符合下列規定者，為成績及格由學校發給畢業證書；未達畢業標準者，發給修業證明書：

一、學習期間扣除學校核可之公、喪、病假，上課總出席率至少達三分之二以上，且經獎懲抵銷後，未滿三大過。

二、七大學習領域有四大學習領域以上畢業總平均成績丙等以上。

前項規定，自中華民國一百零一年八月一日以後入學國民中學之學生適用之。一百零一學年度前已入學之國中學生核發畢業證書之標準，依原成績評量辦法辦理。

第19條 學校就學生學習領域及日常生活表現之成績評量紀錄及具體建議，每學期至少應以書面通知家長及學生一次。

學校得公告說明學生分數之分布情形。但不得公開呈現個別學生在班級及學校排名。

學生定期評量之成績，如經評定未達及格基準者，學校應施以補救教學。

學生日常生活表現評量表現不佳者，學校應依所定教師輔導與管教學生相關規定施以輔導，必要時得與家長（或法定代理人）聯繫，且提供學生改過銷過及功過相抵之機會。

第20條 轉入學生或中途輟學及請假原因消滅復學之學生，如其部分學科成績無法連貫時，轉入就讀或復學後，得按學科辦理測驗，評定其成績之計算以補考或甄試之成績為準。如學期中轉入者，其轉學證明書應填寫定期評量成績。

前項經甄試就讀學生之畢業成績，得以有成績紀錄學期之次數平均之。

第 21 條　經本府核定實施非學校型態實驗教育學生，其成績評量依本市國民教育階段辦理非學校型態實驗教育實施原則辦理。

第 22 條　經新竹市特教學生鑑定及就學輔導會鑑定安置之特教學生，其評量方式應由學校特教推行委員會定期召開會議衡酌其學習優勢管道及公平性彈性調整。

第 23 條　有關中途班及技藝教育學程學生之成績評量，各依其相關規定辦理。

第 24 條　本於維護學生人格尊嚴，其學習成績評量記錄不得據以對學生施加任何歧視待遇，且不得以足資識別個人之任何形式予以公開。經學校、家長及學生本人之同意，得將其評量紀錄以接受獎勵之目的予以公開。

第 25 條　成績評量結果及紀錄處理，應依個人資料保護法相關規定辦理。非經學校、家長及學生本人同意，不得提供作為非教育之用。

第 26 條　國民中學為輔導學生升學所辦理之模擬升學測驗，其成績不得納入學生評量成績計算；相關處理原則，依教育部之規定。

第 27 條　學校得依本辦法訂定國民中學學生成績評量補充規定。

第 28 條　本辦法自一百零一年八月一日施行。
本辦法修正條文自發布日施行。

三～2　新竹市國民小學學生成績評量辦法

101.9.20府行法字第1010116173號令修正

第 1 條　本辦法依國民教育法第十三條第一項及國民小學及國民中學學生成績評量準則規定訂定之。

第 2 條　國民小學學生成績評量，以協助學生德智體群美五育均衡發展為目的，並具有下列功能：
一、學生據以瞭解自我表現，並調整學習方法與態度。

二、教師據以調整教學與評量方式，並輔導學生適性學習。

三、學校據以調整課程計畫，並針對學生需求安排激勵方案或補救教學。

四、家長據以瞭解學生學習表現，並與教師、學校共同督導學生有效學習。

五、作為新竹市政府（以下稱本府）據以進行學習品質管控，並調整課程與教學政策。

第 3 條　成績評量，應依學習領域及日常生活表現，分別評量之；其評量範圍及內涵如下：

一、學習領域：其評量範圍包括國民中學及國民小學九年一貫課程綱要所定之七大學習領域及其所融入之重大議題；其內涵包括能力指標、學生努力程度、進步情形，並應兼顧認知、情意、技能及參與實踐等層面，且重視學習歷程與結果之分析。

二、日常生活表現：其評量範圍及內涵包括學生出缺席情形、獎懲紀錄、團體活動表現、品德言行表現、公共服務及校內外特殊表現等。

第 4 條　國民小學學生成績評量原則如下：

一、目標：應符合教育目的之正當性。

二、對象：應兼顧適性化及彈性調整。

三、時機：應兼顧平時及定期。

四、方法：應符合紙筆測驗使用頻率最小化。

五、結果解釋：應標準參照為主，常模參照為輔。

六、結果功能：應形成性及總結性功能並重;必要時應兼顧診斷性及安置性功能。

七、結果呈現：應質性描述及客觀數據並重。

八、結果管理：應兼顧保密及尊重隱私。

第 5 條　國民小學學生成績評量時機，分為定期評量及平時評量二種。

學習領域評量應兼顧定期評量及平時評量，惟定期評量中紙筆測驗之次數，每學期至多三次，平時評量中紙筆測驗之次數，於各學習領域皆應符合第四條第四款最小化原則。

日常生活表現以平時評量為原則，評量次數得視需要彈性為之。

第 6 條　成績評量，應依第三條規定，並視學生身心發展及個別差異，採取下列適當之方式辦理：

一、紙筆測驗及表單：依重要知識與概念性目標，及學習興趣、動機與態度等情意目標，採用學習單、習作作業、紙筆測驗、問卷、檢核表、評定量表等方式。

二、實作評量：依問題解決、技能、參與實踐及言行表現性目標，採書面報告、口頭報告、口語溝通、實際操作、作品製作、展演、行為觀察等方式。

三、檔案評量：依學習目標，指導學生本於目的導向系統彙整或組織表單、測驗、表現評量等資料及相關紀錄，以製成檔案，展現其學習歷程及成果。

特殊教育學生之成績評量方式，應衡酌其學習需求及優勢管道，彈性調整之。

第 7 條　國民小學學生成績評量之評量人員及其實施方式如下：

一、各學習領域：由授課教師評量，且須於每學期初向學生及家長說明評量計畫。

二、日常生活表現：由導師參據學校各項紀錄，以及各學習領域授課教師、學生同儕及家長意見反應等加以評定。

第 8 條　學生學習領域之平時及定期成績評量結果，應依評量方法之性質以等第、數量或文字描述記錄之。

前項各學習領域之成績評量，至學期末，應綜合全學期各種評量結果紀錄，參酌學生人格特質、特殊才能、學習情形與態度等，評定及描述學生學習表現和未來學習之具體建議；並應以優、甲、乙、丙、丁之等第，呈現各學習領域學生之全學期學習表現，其等第與分數之轉換如下：

一、優等：九十分以上。

二、甲等：八十分以上未滿九十分。

三、乙等：七十分以上未滿八十分。

四、丙等：六十分以上未滿七十分。

五、丁等：未滿六十分。

前項等第，以丙等為表現及格之基準。

學生日常生活表現評量紀錄，應就第三條第二款所列項目，分別依行為事實記錄之，並酌予提供具體建議，不作綜合性評價及等第轉化。

第 9 條　本市國民小學應組成學生成績評量審查委員會，研議並審查學生評量之相關事宜。審查委員由教務主任召集，置委員五人至十七人，由學校行政人員代表、教師代表、教師會代表及家長會代表組成。其設置要點應經校務會議通過。

第 10 條　日常生活表現評量於學期末辦理一次，其評量標準依下列各款辦理：

一、學生出缺席情形，應予以詳實記錄。

二、日常行為表現：導師應依學生個別行為予以記錄，並酌予提供具體建議。

三、其他表現：

㈠團體活動表現：導師或任課教師依班級活動、社團活動、學生自治活動、學校活動等參與情形，予以記錄。

㈡公共服務：導師或相關人員依班級服務、學校服務及社區服務等參與情形，予以記錄。

㈢校內外特殊表現：導師或相關人員依其校內外特殊表現情形，予以記錄。

第 11 條　學習領域評量分下列學習領域辦理：

一、語文。

二、數學。

三、社會。

四、自然與生活科技。

五、健康與體育。

六、藝術與人文。

七、綜合活動。

八、生活課程（一至二年級社會、藝術與人文、自然與生活科技學習領域統合為生活課程）。

彈性學習節數之評量成績，如全校性和全年級活動、補救教學、班級輔導、學生自我學習等教育活動，則視其所屬學習領域或日常生活表現評量之，其評量成績並應計入相關學習領域或日常生活表現。

除前項所述外，學校為發掘學生興趣、試探學生性向、發展學校特色、落實課程多元化之理念，於彈性課程等開設特色課程及選修課程，其成績則應獨立列入彈性學習節數成績。

第12條　學習總成績之計算，依下列各款辦理：

一、學習成績包含學習領域及彈性學習節數。

二、每次定期學習評量總成績，為定期評量和平時評量成績各占百分之五十。

三、各領域之學期成績，為各次定期學習評量總成績總和之平均。

四、彈性學習節數如列入相關學習領域成績，其計算方式按實際節數比例計算。

五、學習領域及彈性學習節數之學期總平均成績，為各學習領域之學期成績及彈性學習節數，乘以每週學習節數，所得總和再以每週學習總節數除之。

第13條　學生定期評量時，因公、因病或因事經准假缺考者准予補考。但無故擅自缺考者，不准補考，其缺考學習領域之成績以零分計算。補考成績依下列規定辦理：

一、因公、喪假或因不可抗力事件者，按實得分數計算。

二、因事、因病假缺考者，其成績在六十分以下者，依實得分數計算；超過六十分者，其超過部分七折計算。

第14條　學生學期成績之計算依日常生活表現及各學習領域分別辦理；其畢業成績之計算，以各學期成績平均之。

第15條　學生日常生活表現、各學習領域成績之登記及處理，由各班級任教師辦理，於學期末登錄於學生學籍紀錄表上。

前項學生學籍紀錄表由本府另訂之。

第16條　學生修業期滿，符合下列規定者，為成績及格由學校發給畢業證書；未達畢業標準者，發給修業證明書：

一、學習期間扣除學校核可之公、喪、病假，上課總出席率至少達三分之二以上，且經獎懲抵銷後，未滿三大過。

二、七大學習領域有四大學習領域以上畢業總平均成績丙等以上。

前項規定，自中華民國一百零一年八月一日以後入學國民小學之學生適用之。101學年度前已入學之國小學生核發畢業證書之標準，依原成績評量辦法辦理。

第17條　學校就學生學習領域及日常生活表現之成績評量紀錄及具體建議，每學期至少應以書面通知家長及學生一次。

學校得公告說明學生分數之分布情形。但不得公開呈現個別學生在班級及學校排名。

學生定期評量之成績，如經評定未達及格基準者，學校應施以補救教學。

學生日常生活表現評量表現不佳者，學校應依所定教師輔導與管教學生相關規定施以輔導，必要時得與家長（或法定代理人）聯繫。

第18條　轉入學生或中途輟學及請假原因消滅復學之學生，如其部分學科成績無法連貫時，轉入就讀或復學後，得按學科辦理測驗，評定其成績之計算以補考或甄試之成績為準。

前項經甄試就讀學生之畢業成績，得以有成績紀錄學期之次數平均之。

第19條　經本府核定實施非學校型態實驗教育學生，其成績評量依本市國民教育階段辦理非學校型態實驗教育實施原則辦理。

第 20 條　經新竹市特教學生鑑定及就學輔導會鑑定安置之特教學生，其評量方式應由學校特教推行委員會定期召開會議衡酌其學習優勢管道及公平性彈性調整。

第 21 條　成績評量結果及紀錄處理，應依個人資料保護法相關規定辦理。非經學校、家長及學生本人同意，不得提供作為非教育之用。

第 22 條　學校得依本辦法訂定國民小學學生成績評量補充規定。

第 23 條　本辦法自一百零一年八月一日施行。
本辦法修正條文自發布日施行。

四、新竹縣國民中小學學生成績評量補充規定

府教學字第1010151632號函

一、本補充規定依據國民教育法第十三條第一項及國民小學及國民中學成績評量準則訂定之。

二、國民小學及國民中學（以下簡稱國民中小學）學生成績評量，以協助學生德智體群美五育均衡發展為目的，並具有下列功能：

㈠學生據以瞭解自我表現，並調整學習方法與態度。

㈡教師據以調整教學與評量方式，並輔導學生適性學習。

㈢學校據以調整課程計畫，並針對學生需求安排激勵方案或補救教學。

㈣家長據以瞭解學生學習表現，並與教師、學校共同督導學生有效學習。

㈤本縣據以進行學習品質管控，並調整課程與教學政策。

三、七大學習領域評量分為平時評量及定期評量，並依下列各款規定辦理：

㈠定期評量，每學期以三次為原則；由各學習領域課程小組擬定評量方式實施日期及次數，送教務處彙辦，並經課程發展委員會審議通過後，於每學期初公布。

㈡平時評量之實施，應符合教學目標，採取多元化方式，並兼顧學生學習需求，教師並得依學生學習現況自行命題。平時評量之方式、次數及時間，由教師審酌教學需求自定之。

㈢定期評量成績與平時評量成績各占學期成績百分之五十。

㈣七大學習領域之學期總平均成績，為各學習領域之學期成績乘以各該領域每週學習節數，所得總和再以每週學習領域總節數除之。

四、日常生活表現評量紀錄，每學期至少一次，並由導師負責。

五、國民中小學學生學習領域之成績評量結果未達及格基準者，應施以補救教學，並依教育部所定「國民小學及國民中學補救教學實施方案」規定辦理。

學生各學習領域（科）評量之學期成績，被評定為丁等者，經補救教學措施後，成績評定及格者，該學習領域（科）學期成績應調整為六十分。

六、學校辦理學生定期評量時，對於准假缺考者，應於銷假後立即補考，並於學期成績結算前完成。無故缺考者，不得補考，其成績以零分計算。

補考成績依下列規定計算：

㈠因公、喪假、娩假或不可抗力事由缺考者，按實得分數計算。

㈡因病假缺考者，其成績在六十分以下者，依實得分數計算；超過六十分者，其超過部分以百分之九十計算。

㈢因事假缺考者，其成績在六十分以下者，依實得分數計算；超過六十分者，其超過部分以百分之七十計算。

七、國民中學為輔導學生升學所辦理之模擬升學測驗及教育會考，其成績不得納入學生評量成績計算。

八、學生成績之登記及處理應資訊化，學習領域評量由教務處主辦；日常生活評量紀錄由學生事務處主辦；各任課教師及導師應配合辦理。

九、學校應組成學生成績評量審查委員會（以下簡稱審查委員會），審查各項評量紀錄，並研議及審查學生成績評量之相關事宜。審查委員由教務主任召集，置委員五人至十七人，由學校行政人員代表、教師代表及家長會代表組成。

十、學生每學期日常生活表現評量紀錄，經審查委員會評定為需輔導者，學校應由學生事務處及輔導處進行專案輔導。

十一、國民中小學學生修業期滿，符合下列規定者，為成績及格由學校發給畢業證書；未達畢業標準者，發給修業證明書：

㈠學習期間扣除學校核可之公、喪、病假，上課總出席率至少達三分之二以上，且經獎懲抵銷後，未滿三大過。

㈡七大學習領域有四大學習領域以上畢業總平均成績丙等以上。

前項規定，自中華民國一百零一年八月一日以後入學國民中小學之學生適用之。中華民國一百零一年八月一日以前入學國民中小學之學生則依據原規定辦理。

十二、有關非學校型態實驗教育及中輟生，其成績依新竹縣非學校型態之實驗教育實施辦法及新竹縣國民中小學中途輟學學生復學安置輔導及成績評量實施要點辦理。

五～1　臺中市國民中學學生成績評量補充規定

中市教中字第1020091663號函

一、臺中市政府教育局（以下簡稱教育局）為規範臺中市公私立國民中學（以下簡稱學校）學生成績評量，特依國民教育法第十三條第一項規定訂定本補充規定。

二、國民中學學生（以下簡稱學生）成績評量依國民小學及國民中學學生成績評量準則第四條規定應本適性化、多元化之原則，兼顧形成性評量、總結性評量，必要時得實施診斷性評量及安置性評量。

三、學生成績評量，應依學習領域及日常生活表現，分別評量之；學習領域成績評量由學校教務處主辦，日常生活表現評量由學校學生事務處主辦，各任課教師及導師應配合辦理。

四、學習領域評量分定期評量及平時評量。定期評量以每學期至多三次為原則；平時評量由各校自訂，但不得舉辦全年級排名之學業競試。

五、各學習領域學期成績評量及計算方式，依下列各款規定辦理：

㈠定期及平時評量成績占學期成績之百分比，由學校訂定之。

㈡彈性學習時數與學習領域相關者得併入學習領域評量。

㈢學生成績評量及計算方式，由各學習領域課程小組擬定成績評量方式，送教務處彙辦，並經課程發展委員會審議通過後，於每學期初公布。

六、學生成績評量紀錄，學校應分別於實施定期評量及學期結束後，以書面通知家長或監護人及學生。

七、學生定期評量時，因公（喪、病、事）經准假缺考者，准予銷假後立即補考。但無故擅自缺考者，不准補考，缺考學科之成績以零分計算，其補考成績依下列規定辦理：

㈠因公、喪、病請假或不可抗拒事件缺考，按實得分數計算。

㈡因事請假缺考，成績列六十分以下，依實得分數計算；超過六十分，超過部分八折計算。

八、學生成績之登記及處理應配合校務行政電腦格式紀錄，列入檔案存查，電子資料管理規範，由教具局另定之。

九、本補充規定所需相關表冊，由教育局另定之。

五～2　臺中市國民中學學生成績評量補充規定

中市教中字第1020091663號函

一、本補充規定依國民教育法第十三條第一項規定訂定之。

二、國民中學學生成績評量應本適性化、多元化之原則，兼顧形成性評量、總結性評量，必要時得實施診斷性評量及安置性評量。

三、國民中學學生成績評量，應視學生身心發展及個別差異，依各學習領域內容及活動性質，採取筆試、口試、表演、實作、作業、報告、資料蒐集整理、鑑賞、晤談、實踐等適當之多元評量方式，並得視實際需要，參酌學生自評、同儕互評辦理之；對於身心障礙學生之成績評量方式，應衡酌其學習優勢管道彈性調整之。

四、國民中學學生成績評量應依學習領域及日常生活表現，分別評量之，學習領域成績評量由學校教務處主辦，日常生活表現評量由學校訓導處主辦，各任課教師及導師應配合辦理。

㈠學習領域評量：依能力指標、學生努力程度、進步情形，兼顧認知技能、情意等層面，並重視各領域學習結果之分析，除彈性學習課程併入七大學習領域評量外，分別依下列各領域辦理：

1.語文學習領域。

2.健康與體育學習領域。

3.數學學習領域。

4.社會學習領域。

5.藝術與人文學習領域。

6.自然與生活科技學習領域。

7.綜合活動學習領域。

㈡日常生活表現評量：學生出缺席情形、獎懲、日常行為表現、團體活動表現、公共服務及校內外特殊表現等。

五、學習領域評量分定期評量及平時評量，由任課教師負責評量之。定期評量以每學期三次為原則，並得視實際需要增減之；平時評量由各校自訂，但不得舉辦全年級排名之學業競試。

六、各學習領域學期成績，定期與平時評量成績各占百分之五十；各項課程成績評量所占比例，由各校依課程內容自訂。

七、國民中學學生成績評量紀錄方式如下：

㈠學習領域評量以量化紀錄為之，輔以文字描述時，應依評量內涵與結果說明，並提供具體建議。量化紀錄得以百分制分數計之，不排名次，至學期末應轉換為優等、甲等、乙等、丙等、丁等五等第方式紀錄，其等第之評定標準依國民小學及國民中學學生成績評量準則第七條規定辦理。

㈡日常生活表現評量以文字描述紀錄為之，依學生出缺席情形、獎懲、日常行為表現、團體活動表現、公共服務及校內外特殊表現等，分別依行為事實記錄，並酌予提供具體建議，不作綜合性評價及等第轉化。

八、學校應依本市國民中學學生獎懲實施要點之規定，辦理學生獎懲，實施懲罰存記及改過銷過等事項，以輔導學生改過遷善。依規定程序審核通過者註銷其紀錄。

九、學生定期評量時，因公、因喪、因病或因事經准假缺考者，准予銷假後立即補考。但無故擅自缺考者，不准補考，缺考學科之成績以零分計算，其補考成績依下列規定辦理：

㈠因公、因喪請假或不可抗拒事件缺考，按實得分數計算。

㈡因事、病請假缺考，成績列六十分以下，依實得分數計算；超過六十分，超過部分八折計算。

十、國民中學應組成學生日常生活表現評量審查委員會，研議、審查學生日常生活表現評量相關事宜，由校長擔任主席，訓導主任為召集人，置委員五人至十七人，其中應包括教師代表、行政人員代表等委員，其組成由各校訂定之。

十一、國民中學學生修業期滿符合下列情形者，准予畢業，並由學校發給畢業證書：

㈠學習領域畢業成績有三項學習領域平均達丙等以上，或三年級第二學期成績有三項學習領域平均達丙等以上。

㈡日常生活表現符合下列情形者，應經學生日常生活表現評量審查委員會審核通過：

1.任一學期有超過四十節曠課。

2.任一學期缺席超過該學期授課時數三分之一。

3.經功過相抵後仍記有三大過以上（含折算累計：三次警告折算一次小過，三次小過折算一次大過）。

十二、修業期滿評量結果未符前點第二款規定者，發給修業證明書。但有特殊情形，得經學校審核通過後發給畢業證書。

十三、學生學習之成績評量紀錄，每學期至少應以書面通知家長及學生一次；

學生成績評量紀錄除優等、甲等、乙等、丙等、丁等五等第紀錄外，應參酌學生人格特質、學習能力、生活態度、特殊才能等，同時以文字加以說明，並提出具體建議。

十四、學生定期評量與平時評量成績不得製作且不得公告全班或全校排名之成績單。

十五、為輔導學生升學所辦理之模擬升學測驗，其成績不得納入學生評量成績計算。

十六、學生成績之登記及處理應配合校務行政電腦格式紀錄，列入檔案存查，電子資料管理規範，由本府教育局另定之。

十七、本補充規定所需相關表冊，由本府教育局另定之。

六、南投縣國民中小學學生成績評量要點

府教學字第1010217783號修正

一、本補充規定依國民教育法第十三條第一項暨國民小學及國民中學學生成績評量準則規定訂定之。

二、國民小學及國民中學（以下簡稱國民中小學）學生成績評量，以協助學生德智體群美五育均衡發展為目的，並具有下列功能：

㈠學生據以瞭解自我表現，並調整學習方法與態度。

㈡教師據以調整教學與評量方式，並輔導學生適性學習。

㈢學校據以調整課程計畫，並針對學生需求安排激勵方案或補救教學。

㈣家長據以瞭解學生學習表現，並與教師、學校共同督導學生有效學習。

㈤本府及教育部據以進行學習品質管控，並調整課程與教學政策。

三、國民中小學學生成績評量，應依學習領域及日常生活表現，分別評量之；其評量範圍及內涵如下：

㈠學習領域：其評量範圍包括國民中學及國民小學九年一貫課程綱要所

定之七大學習領域及其所融入之重大議題；其內涵包括能力指標、學生努力程度、進步情形，並應兼顧認知、情意、技能及參與實踐等層面，且重視學習歷程與結果之分析。

㈡日常生活表現：其評量範圍及內涵包括學生出缺席情形、獎懲紀錄、團體活動表現、品德言行表現、公共服務及校內外特殊表現等。

四、成績評量記錄應就各學習領域分別記錄之。各領域成績計算應按實際授課內涵所佔比重，加權計算之。

五、國民中小學學生成績評量原則如下：

㈠目標：應符合教育目的之正當性。

㈡對象：應兼顧適性化及彈性調整。

㈢時機：應兼顧平時及定期。

㈣方法：應符合紙筆測驗使用頻率最小化。

㈤結果解釋：應標準參照為主，常模參照為輔。

㈥結果功能：應形成性及總結性功能並重；必要時應兼顧診斷性及安置性功能。

㈦結果呈現：應質性描述及客觀數據並重。

㈧結果管理：應兼顧保密及尊重隱私。

六、國民中小學學生成績評量時機，分為定期評量及平時評量二種。

學習領域評量應兼顧定期評量及平時評量，惟定期評量中紙筆測驗之次數，每學期至多三次，平時評量中紙筆測驗之次數，於各學習領域皆應符合第五條第四款最小化原則。

日常生活表現以平時評量為原則，評量次數得視需要彈性為之。

七、國民中學學生成績評量之評量人員及其實施方式如下：

㈠各學習領域：由授課教師評量，且須於每學期初向學生及家長說明評量計畫。

㈡日常生活表現：由導師參據學校各項紀錄，以及各學習領域授課教師、學生同儕及家長意見反應等加以評定。

八、國民中小學學生成績評量，應依第三條規定，並視學生身心發展及個別差異，採取下列適當之方式辦理：

㈠紙筆測驗及表單：依重要知識與概念性目標，及學習興趣、動機與態度等情意目標，採用學習單、習作作業、紙筆測驗、問卷、檢核表、評定量表等方式。

㈡實作評量：依問題解決、技能、參與實踐及言行表現性目標，採書面報告、口頭報告、口語溝通、實際操作、作品製作、展演、行為觀察等方式。

㈢檔案評量：依學習目標，指導學生本於目的導向系統彙整或組織表單、測驗、表現評量等資料及相關紀錄，以製成檔案，展現其學習歷程及成果。

特殊教育學生之成績評量方式，應衡酌其學習需求及優勢管道，彈性調整之。

九、國民中小學學生學習領域之平時及定期成績評量結果，應依評量方法之性質以等第、數量或文字描述記錄之。前項各學習領域之成績評量，至學期末，應綜合全學期各種評量結果紀錄，參酌學生人格特質、特殊才能、學習情形與態度等，評定及描述學生學習表現和未來學習之具體建議；並應以優、甲、乙、丙、丁之等第，呈現各學習領域學生之全學期學習表現，其等第與分數之轉換如下：

㈠優等：九十分以上。

㈡甲等：八十分以上未滿九十分。

㈢乙等：七十分以上未滿八十分。

㈣丙等：六十分以上未滿七十分。

㈤丁等：未滿六十分。

前項等第，以丙等為表現及格之基準。

學生日常生活表現紀錄，應就第三條第二款所列項目，分別依行為事實記錄之，並酌予提供具體建議，不作綜合性評價及等第轉換。

十、國民中小學學生學習領域及日常生活表現之成績評量紀錄及具體建議，每學期至少應以書面通知家長及學生一次。定期評量通知部分，以等第紀錄為原則；學期總成績通知部分，得兼顧文字描述。

學校得公告說明學生分數之分布情形。但不得公開呈現個別學生在班級及學校排名。

十一、學生定期評量時，無故缺考者，其成績以零分計算；如經准假缺考或情況急迫經報備者，得以補考。補考成績之計算依下列規定：

㈠因學校公務、直系尊親屬喪亡或其它不可抗力情事致缺考者，成績按補考實得分數計算。

㈡因前款以外之原因缺考，補考實得分數在六十分以下者，按實得分數計算成績；六十分以上，其缺考原因為事假者，補考成績超過六十分部分以百分之六十計算後加六十分為補考成績；缺考原因為病假者，其超過六十分部分以百分之七十計算後加六十分為補考成績。

十二、國民中小學學生學習領域之成績評量結果未達及格基準者，應施以補救教學，並依教育部所定國民小學及國民中學補救教學實施方案規定辦理。

學生之日常生活表現不佳者，學校應依所定教師輔導與管教學生相關規定施以輔導，必要時得與家長（或法定代理人）聯繫，且提供學生改過銷過及功過相抵之機會。

十三、國民中小學學生修業期滿，符合下列規定者，為成績及格由學校發給畢業證書；未達畢業標準者，發給修業證明書：

㈠學習期間扣除學校核可之公、喪、病假，上課總出席率至少達三分之二以上，且經獎懲抵銷後，未滿三大過。

㈡七大學習領域有四大學習領域以上畢業總平均成績丙等以上。

前項規定，自中華民國一百零一年八月一日以後入學國民中小學之學生適用之。

中華民國一百零一年八月一日以前已入學之國民中小學學生，其畢業證書之核發標準依據本縣原規定辦理。

十四、國民中小學就學生之成績評量結果，應妥為保存及管理，並維護個人隱私與權益；其評量結果及紀錄處理，應依個人資料保護法規相關規定辦理。

十五、為瞭解並確保國民中學學生學力品質所辦理之國中教育會考之結果供學生、教師、學校、家長及主管機關瞭解學生學習品質及其他相關法規規定之使用。但不得納入在校學習評量成績計算。

十六、國民中學為輔導學生升學所辦理之模擬升學測驗，其成績不得納入學生評量成績計算；相關處理原則，依教育部之規定。

十七、國民中小學應依本補充規定辦理學生成績評量，並得衡酌特殊學生及學校狀況，針對學生日常生活表現及特殊需求，訂定學校成績評量相關規定，經校務會議通過，彈性調整評量方式。

本縣各公私立國民中小學以外，相當於國民中小學之學校或學習機構學生成績評量，得參照本補充規定辦理。

十八、本補充規定自101年8月1日起施行。

七、嘉義縣國民小學及國民中學學生成績評量作業要點

府教學字第1020150306號函

壹、總則

一、嘉義縣政府（以下簡稱本府）為瞭解國民小學及國民中學（以下簡稱國民中小學）學生學習情形，激發學生多元潛能，促進學生適性發展，肯定個別學習成就，並作為教師教學改進與學生學習輔導之依據，特依教育部國民小學及國民中學學生成績評量準則訂定本要點。

嘉義縣國民中小學學生成績評量，除法令另有規定外，悉依本要點辦理。

二、國民中小學學生成績評量應依學習領域及日常生活表現，分別評量之；其評量範圍如下：

㈠學習領域評量：依能力指標、學生努力程度、進步情形，兼顧認知、情意、技能及參與實踐等層面，並重視各領域學習結果之分析。

㈡日常生活表現評量：品德言行表現、團體活動表現、公共服務、校內外特殊表現、學生出缺席情形、獎懲等。

三、國民中小學學生成績評量應本適性化、多元化之原則，兼顧形成性評量、總結性評量，必要時得實施診斷性評量及安置性評量。

四、國民中小學學生成績評量，分定期評量及平時評量兩種。定期評量每學期二至三次，經「課程發展委員會」通過後實施，定期評量方式由各學習領域課程小組決定。

五、國民中小學學生成績評量，應視學生身心發展與個別差異，以獎勵及輔導為原則，並依九年一貫課程綱要中各學習領域內容、活動性質及評量原則與方式，採取適當之多元評量方式，包括筆試、口試、表演、實作、作業、報告、資料蒐集整理、鑑賞、晤談、實踐、檔案評量及其他方式，並得視實際需要，參酌學生自評、同儕互評辦理之，各校並得發展適當之基本學力量表。

對於身心障礙學生之成績評量方式，應衡酌其學習優勢彈性調整之。

六、國民中小學學生成績評量方式，由任課教師依教學計畫在學期初以口頭或書面通知等方式向學生及家長說明，並負責評量。

學校應避免教師任教自己之子女，惟於小校無可避免時，所任教該班該科目評量方式做法應於學期初送學生成績評量審查委員會審查，學生成績評量審查委員會並應執行該班該科目審題機制與成績評量審查。

七、國民中小學學生學習領域成績評量紀錄以量化紀錄為之；輔以文字描述時，應依評量內涵與結果予以說明，並提供具體建議。項量化紀錄得以百分制分數計之，至學期末應將其分數依下列基準轉換為等第：

㈠優等：九十分以上。

㈡甲等：八十分以上未滿九十分。

㈢乙等：七十分以上未滿八十分。

㈣丙等：六十分以上未滿七十分。

㈤丁等：未滿六十分。

學生日常生活表現評量紀錄，應就第二點第二款所列項目，分別依行為事實以文字紀錄之，措辭用語宜具有鼓勵性。

貳、日常生活表現之評量

八、日常生活表現之評量，分下列各款辦理：

㈠品德言行表現。

㈡團體活動表現。

㈢公共服務。

㈣校內外特殊表現

㈤學生出缺席情形

㈥獎懲

九、學生日常生活表現之紀錄分別依行為事實紀錄於日常生活表現檢核表，並酌予提供具體建議不作綜合性評價及等第轉化。

㈠有關學生出缺席紀錄應依事實行為紀錄，因公、喪假或不可抗力事件經准假者，不予缺席計。

㈡學生日常生活表現評量學校應依日常生活檢核表之紀錄，辦理獎懲實施、懲罰存記及改過銷過等事項，以輔導學生改過遷善。

參、學習領域之評量

十、學習領域之評量分下列各學習領域辦理：

㈠語文學習領域。

㈡健康與體育學習領域。

㈢社會學習領域。

㈣藝術與人文學習領域。

㈤數學學習領域。

㈥自然與生活科技學習領域。

㈦綜合活動學習領域。

彈性學習課程併入七大學習領域評量；一至二年級社會、藝術與人文、自然與生活科技學習領域統合為生活課程。

十一、學習領域之評量成績，依下列各款辦理：

㈠每次定期學習評量總成績，為定期評量和平時評量成績各占百分之五十。

㈡學期成績，為各次定期學習評量總成績總和之平均。

㈢七大學習領域之學期總平均成績，為各學習領域之學期成績乘以各該領域，每週學習節數，所得總和再以每週學習領域總節數除之。

肆、評量結果之處理

十二、學生定期評量時，因故經准假缺考者，准予銷假後立即補考。但無故缺考者不准補考，該缺考領域科目之成績以零分計算。補考成績依下列規定辦理：

㈠公、喪請假或不可抗力事件缺考者，按實得分數計算。

㈡事、病請假缺考者，其成績計算由學校視實際情形決定。

十三、因天然災害等不可抗力因素涉及團體補考者，依下列原則辦理：

㈠以學校或班級為補考單位。

㈡當次定期評量，學校應編制難度題型題數相近之試卷。

㈢學校應於補課完畢一週內完成當次定期評量補考事宜。

㈣學生評量成績依補考實得分數計算，以符合公平原則。

㈤不列入日常生活表現扣分之依據。

十四、學生日常生活表現之評量成績如經發現適應不良之學生，級任老師應依實際情形給予適切鼓勵及輔導或洽請輔導單位專案輔導。

學生學習領域之評量成績，如經評定為丁等者，學校應對該生實施補救教學措施。

十五、學生成績之登記及處理應資訊化，國民中學部分，學習領域評量由教務處主辦，日常生活表現評量由學生事務處主辦，任課教師應配合辦理；國民小學部分，由各班導師及任課老師辦理。國民中小學學生各項成績評量相關表冊，由本府另訂之。

十六、國民中小學學生成績評量紀錄，學校每學期至少應以書面通知家長及學生一次。學期或畢業成績通知除量化紀錄外，應參酌學生人格特質、學習能力、生活態度、特殊才能等同時以文字描述加以說明，並提出具體建議。

十七、本縣國民中小學應組成學生成績評量審查委員會（以下簡稱學生成績評審會），研議、審查學生成績評量事宜。本委員會由校長召集，置委員五至十七人，含學校行政人員代表、教師代表、教師會代表、家長會代表等。其設置辦法應經校務會議通過。

十八、學生修業期滿，能否畢業，由學生成績評審會依下列各款辦理：

㈠兼具下列情形者准予畢業：

1.日常生活表現，由各校成績評審會，衡酌學生日常生活表現檢核表之紀錄，審核通過者。

2.學習期間扣除學校核可之公、喪、病假，上課總出席率至少達三分之二以上，且經獎懲抵銷後，未滿三大過。

3.七大學習領域有四大學習領域以上畢業總平均成績丙等以上。

㈡修業期滿，不符前款規定者，由學校發給修業證明書。

前項規定，自中華民國一百零一年八月一日以後入學國民中小學之學生適用之。

十九、國民中小學學生成績評量結果與紀錄，應本保密與維護學生權益原則，未經學校、家長及學生本人同意不得提供作為非教育之用。

伍、附則

二十、為因應學校本位發展，學校得在不違反本要點之精神原則下，由學生成績評審會訂定補充規定。

二十一、技藝教育（班）、特殊教育（班）等學生之成績評量方式及各校學生成績登錄及處理資訊化系統相關規定，由本府另訂之。

二十二、中輟生復學後其輟學期間之各學習領域成績，得由任課教師採取適當之多元評量方式辦理，評定其成績。

八、臺南市國民小學學生成績評量補充規定

中華民國102年7月14日府教課(一)字第1020600522B函發布

一、臺南市政府教育局為規範臺南市公私立國民小學學生成績之評量，特訂定本補充規定。

二、學生成績評量應衡量學生個別 狀況，本適性化、多元化原則，彈性調整評量方式，並視視學生學習歷程，實施形成性評量、總結性評量。

身心障礙學生之評量方式，應衡酌其學習優勢管道，由學校彈性調整，並得實施診斷性評量及安置性評量。

三、學生成績評量，應視學生身心發展與個別差異，依各學習領域內容及活動

性質，選擇下列適當之方式辦理：

㈠紙筆測驗：由教師依教學目標與教材內容，所編之測驗評量之。

㈡口試：就學生之口頭問答結果評量之。

㈢表演：就學生之表演活動評量之。

㈣實作：就學生之實際操作與解決問題等行為表現評量之。

㈤作業：就學生各種習作簿評量之。

㈥報告：就學生閱讀、觀察、實驗、調查等，所得結果之書面或口頭報告評量之。

㈦資料蒐集整理：就學生對資料之蒐集、整理、分析與應用等活動評量之。

㈧鑑賞：就學生由資料或活動中之鑑賞領悟情形評量之。

㈨晤談：就學生與教師晤談過程，瞭解學生反應情形評量之。

㈩實踐：就學生之日常行為表現評量之。

⑾自我評量：學生就自己學習態度、行為表現與學習成效，作自我評量。

⑿同儕互評：學生彼此就學習態度、行為表現與學習成效，相互評量之。

學生成績評量應適時參酌家長意見辦理之；教師並應於學期初就各項評量方式向學生及家長說明。。

四、學生成績評量，依語文、社會、健康與體育、藝術與人文、自然與生活科技、數學、綜合活動等七大學習領域及日常生活表現分別辦理。

學生成績評量內涵應包含學習領域基本理念、課程目標及能力指標，並兼顧認知、情意、技能等三層面。

五、學習領域評量內容應依照教育部九年一貫課程綱要分段能力指標辦理。

語文學習領域評量內容包括國語、英語及本土語言三部分；其學習領域成績以各項語文教學成績乘以教學節數百分比之總和計算。

六、學習領域之定期評量每學期二次至三次，且定期評量與平時評量占各學習領域學期成績百分之五十。

七、學生於學校辦理定期評量時，因故請假缺考者，應於該學期結束前補考。

但無故缺考者，不得補考，其缺考學習領域成績以零分計算。

前項補考應另行命題，其成績計算方式如下：

㈠因公、喪、產假或不可抗力事由請假缺考者，按實得分數計算。

㈡因事、病假缺考者，其補考成績在六十分以下者，依實得分數計算；超過六十分者，超過部分之分數以百分之八十計算。但有特殊理由經學校核准者，不在此限。

八、學生日常生活表現之評量之項目及方式依下列規定辦理：

㈠學生出缺席及獎懲之評量，依實際出缺席及獎懲情形。

㈡日常行為表現之評量，依下列表現評量之：

1.敬愛他人。

2.保持整潔。

3.遵守秩序。

4.待人有禮。

5.團隊合作。

6.勤做環保。

7.其他。

㈢團體活動表現之評量，依下列表現評量之：

1.遵守團體規範。

2.團體服務態度。

3.團隊合作表現。

4.人群互動關係。

5.其他。

㈣公共服務成績之評量，依下列表現評量之：

1.校內外之善行紀錄。

2.公共區域及責任區之清掃情形。

3.擔任班級或社團幹部，其服務精神及領導統御能力之表現。

4.在團體活動中互動情形及團隊精神。

5.其他。

㈤特殊表現成績之評量，依下列表現評量之：

1.家長填註之學生幫忙家事情形。

2.參加校內、校外之比賽，具有優秀成績表現。

3.行為表現為其他學生之楷模。

4.特殊義行之表現。

5.其他。

九、學生彈性學習課程之成績評量，應依下列規定辦理：

㈠全校性和全年級活動、補救教學、班級輔導及學生自我學習等教育活動者，視其所屬學習領域及日常生活表現評量，且評量成績應計入相關學習領域日常生活表現。

㈡學校為發掘學生興趣、試探學生性向、發展學校特色及落實課程多元化理念，開設特色課程及選修課程者，其成績應獨立評量之。

十、學生成績計算，依下列規定辦理：

㈠學期總成績：以各學習領域學期成績乘以各該學習領域教學節數之百分比之總和計算。

㈡日常生活表現：就第八點所定項目，分別依行為事實記錄，並酌予提供具體建議。但不作綜合性評價及等第轉換，且不列入學期總成績計算。

㈢畢業總成績：以各學期總成績合併計算，其中一、二年級各佔百分之十；三、四年級各佔百分之十五；五、六年級各佔百分之二十五。。

十一、學生成績評量紀錄，除量化紀錄外，教師應針對學生個別學習表現，依評量內涵與結果，輔以文字具體描述並為適當之建議，幫助家長瞭解學生之學習狀況。

十二、中輟復學學生成績計算，由學校視學生實際學習情形彈性處理之。

十三、學生成績評量紀錄，每學期至少應以書面通知家長及學生一次，其次數、方式、內容，由學校自行定之。

十四、自中華民國一百零一年八月一日以前入學國民小學之學生修業期滿，有三大學習領域以上畢業總成績達丙等以上，或有三大學習領域以上應屆畢業當學期成績達丙等以上，且日常生活表現良好，並經學校審核通過者，發給畢業證書；不符規定者，發給修業證書。但有特殊情形經學校審查，同意其畢業者，不在此限。

自中華民國一百零一年八月一日以後入學之國民小學學生，其畢業標準依國民小學及國民中學學生成績評量準則第十一條規定辦理。

第一項所定學生畢業成績之審核人員，應包括學校行政人員、教師、教師會及家長會代表。

十五、學校為彰顯學校本位及評量多元化特色，得視其本位發展與實際評量需要，另訂定規定。

九、高雄市國民教育階段特殊教育學生成績評量實施要點

高雄市政府教育局100年1月12日高市四維教特字第1000001923號函訂

一、本要點依據特殊教育法第十九條、高雄市國民中學學生成績評量辦法暨高雄市國民小學學生成績評量辦法（以下簡稱國中小成績評量辦法）第三條規定辦理。

二、本要點適用對象為經高雄市特殊教育學生鑑定及就學輔導會鑑定通過之特殊教育學生。

三、資賦優異縮短修業年限學生成績評量除依國中小成績評量辦法第六條，選擇適當多元評量方式外，得依個案情況適性調整評量時間、場所等方式實施。縮短修業年限各類別學生評量內涵及規範如下：

㈠逐科（學習領域）加速、各科（學習領域）同時加速、提早選修高一年級以上之課程者，仍需參加原學籍年級之定期評量，平時評量由原班教師及個別輔導教師共同評量，並逐年予以評量成績登錄。

㈡免修課程者，該生該科（學習領域）免修之學期成績由註冊組設定「免修」，該科（學習領域）成績不列入加權計算。學生免修課程後之學習狀況由原班教師及個別輔導教師在該科（學習領域）文字描述加註。

㈢單科（學習領域）跳級者，該生該科（學習領域）因跳級而無修習之

學期成績由註冊組設定「跳級」，於學籍自然升至該年級時再將跳級科目成績補登錄之。惟學生適應困難時，以學期為單位，得申請回歸原班，其成績依國中小成績評量辦法辦理。

㈣全部學科跳級、提早選修高一級以上教育階段之課程者，該生學籍狀態由註冊組加註「跳級生」，該年級成績不列入畢業總成績加權計算。

㈤縮短修業年限各類別學生評量，除上列規範外，依國中小成績評量辦法辦理之。

四、身心障礙學生成績評量應以學生最佳利益為考量，依學生之特殊需求，彈性調整評量時間、施測場所、試題呈現、學生反應方式、提供報讀、輔具及增加試題指導語等，以適性及多元化之評量方式為之，並衡酌其學習優勢管道彈性調整之。

五、分散式資源班實施完全抽離排課，學生學習領域成績評量分定期評量及平時評量，各占學期總成績之百分之五十。其成績評量應依下列方式辦理。

㈠平時評量：特殊教育教師得設計學生適性之平時評量，其平時評量結果應做為學生原班級該科或學習領域平時成績。

㈡定期評量：身心障礙學生應參加學校原班級定期評量，特殊教育教師應協助評量方式之調整。

六、特殊教育學校與集中式特殊教育班之學生評量方式依國中小成績評量辦法辦理。

七、學生有調整評量方式之必要者，應列入個別化教育計畫之內容項目；其評量成績應與普通班成績合併計算，合併計算之比例及方式由學校特殊教育推行委員會（以下簡稱特推會）決定之。

八、身心障礙學生修業期滿，評量結果依據國中成績評量辦法第十九條、國小成績評量辦法第十八條規定辦理。特殊狀況由學校特推會審議之，提交學生成績評量委員會備查。

十、屏東縣國民中小學（含學前）身心障礙資源班實施要點

屏府教特字第0980175096號

一、屏東縣政府（以下簡稱本府）為提供本縣國中小學暨幼稚園階段身心障礙學生適性與個別化教學與輔導，以充分發揮潛能，特依特殊教育法施行細則第十三條及特殊教育設施及人員設置標準第十一條訂定本要點。

二、本要點所稱資源班分為校內資源班及巡迴輔導式資源班兩類。資源班教師應進用具備身心障礙類合格特殊教育專業教師資格之教師。

三、本要點服務對象以設籍本縣之身心障礙學生為主，資源班採個案管理方式服務學生，服務項目應包括下列內容：

㈠轉介前輔導。

㈡特殊教育學生鑑定與評量。

㈢個別化教育計畫之擬定及執行。

㈣協助特殊教育之行政工作與支援校內特教團隊有關特殊教育活動。

㈤特殊學生親職教育。

㈥提供普通班教師及家長特殊教育之諮詢及支援服務。

四、資源班教師應依學生特質、學習能力及特殊需求安排上課方式並設計課程，學生在資源班上課時數，以不超過其普通班上課總時數之二分之一為原則。

課程內容及上課方式如下：

㈠課程內容可包含：

1.普通班課程輔導。

2.依個別化教育計畫內容實行適性輔導。

3.實用生活技能課程。

㈡上課方式可採：

1.抽離式：利用學生原班原課上課時間抽離，該課至資源班上課，適用於明顯困難之身心障礙學生。

2.外加式：學生仍在原班上課，但利用升旗、班（週）會、早自習、導

師時間、作業指導、選修課程、空白課程、團體活動等時間，增加該課上課時數。

3.混合式：視學生需要兼採抽離式及外加式上課時間。

五、本府基於特教資源整合，得視實際狀況就教師人力資源狀況進行調整學生十人以上，設置教師一名；二十人以上，置一班教師二名；達三十人以上，中等教育階段置一班教師三名。學生數在前定值區間內，則視學生之需求狀況，由本府統籌規劃師資調配，介入該校提供服務。如有特殊情形，經屏東縣特殊教育學生鑑定及就學輔導委員會（以下鑑輔會）審核同意後得酌減學生數。

六、身心障礙類別除情障或自閉症及障礙程度嚴重者外，分組教學人數四人以上為宜；若分組人數少於四人，請註明學生障礙情況。

七、資源班若安排在早自修時間上課，國小須上滿四十分鐘、國中上滿四十五分鐘為一節課，不得利用午休時間外加課程。

八、資源班學生成績評量，應以學生最佳利益為考量，參酌學生特性實施多元評量及評量調整作法，若學生同時在資源班實施評量亦回原班接受定期評量，學生成績考查應合併計算，合併計算比例方式應依據學生個別化教育計畫實施，當學生需要調整評量方式時，須列入個別化教育計畫之內容項目。

九、資源班學生如需改變服務，須依校內特殊教育相關程序審查通過；如擬改變安置型態服務，則須報請鑑輔會重新鑑定安置。

十、資源班應於每學期開學後二週內將本學期服務學生數及名冊、資源班教師課表提送各校特殊教育推行委員會審查並報本府備查。屏東縣政府（以下簡稱本府）為配合全面週休二日及家長需求，結合社區及民間人力，在課後協助家長妥善照顧兒童，特依據教育部研商「政府機關實施全面週休二日及寒暑假國小學童安置問題」會議決議事項及「國民小學辦理兒童課後照顧服務及人員資格標準」，訂定本要點。

十一、宜蘭縣國民中小學學生成績評量作業要點

宜府教學字第1010111897號函

一、宜蘭縣政府（以下簡稱本府）為瞭解國民中小學學生學習情形，激發學生多元潛能，促進學生適性發展，肯定個別學習成就，並作為教師教學改進與學生學習輔導之依據，參照國民小學及國民中學學生成績評量準則訂定本要點。

二、國民中小學學生成績評量應依學習領域，及日常生活表現分別評量之，評量範圍如下：

㈠學習領域評量：依能力指標、學生努力程度、進步情形，兼顧認知、技能、情意等層面，並重視各領域學習結果之分析。

㈡日常生活表現評量：學生出席情形、獎懲、日常行為表現、團體活動表現、公共服務及校外特殊表現等。

三、國民中小學學生成績評量應本適性化、多元化之原則，目標應符合教育目的之正當性，方法應符合紙筆測驗使用頻率最小化，功能上兼顧形成性評量、總結性評量，必要時得實施診斷性評量及安置性評量。

四、國民中小學學生成績評量，分定期評量及平時評量兩種。

定期評量中紙筆測驗之次數，每學期至多三次，次數及時間由學校訂定，並經課程發展委員會通過後實施。定期評量方式由各學習領域課程小組決定。

日常生活表現以平時評量為原則，評量次數得視需要彈性為之。

五、國民中小學學生成績評量，應視學生身心發展與個別差異，以獎勵及輔導為原則，並依九年一貫課程綱要中各學習領域內容、活動性質及評量原則與方式，採取適當之多元評量方式，包括筆試、口試、表演、實作、作業、報告、資料蒐集整理、鑑賞、晤談、實踐、檔案評量及其他方式。

身心障礙之學生評量方式，應斟酌其學習優勢管道彈性調整之，並得發展適當之基本學力量表。

六、國民中小學學生成績評量方式，由任課教師依教學計畫在學期初，以口頭

或書面通知等方式向學生及家長說明。

七、國民中小學學生成績由任課教師負責評量，亦得視實際需要，參酌學生自評、同儕互評及家長意見辦理。

八、國民中小學學生學習領域成績評量紀錄應兼顧文字描述及量化紀錄。

文字描述應依評量內涵與結果詳加說明，並提供具體建議。

量化紀錄以百分制分數計之，不排名次，至學期末轉換為優、甲、乙、丙、丁五等第方式紀錄。其等第之評定標準如下：

㈠優等：九十分以上者。

㈡甲等：八十分以上未滿九十分者。

㈢乙等：七十分以上未滿八十分者。

㈣丙等：六十分以上未滿七十分者。

㈤丁等：未滿六十分者。

九、日常生活表現之評量，依下列各款辦理：

㈠日常行為表現。

㈡學生出席情形。

㈢獎懲。

㈣團體活動表現。

㈤公共服務。

㈥校外特殊表現。

十、學生日常生活表現紀錄，應就第九點所列項目，分別依實際行為紀錄之，並酌予提供具體建議，不做綜合性評價及等第轉化。但學校對於九十五學年度前已入學國民小學或國民中學之學生實施有困難者，得不適用之。

㈠日常行為表現：由導師考量學生之智力、性向、興趣、家庭環境及社會背景等因素，並依平日個別行為觀察、談話紀錄、家庭訪視紀錄、學生自評、同儕互評及校外生活指導委員會彙送之資料等，以文字詳實描述。

㈡學生出席情形：依出席事實予以文字記錄：

1.以月份為單位，學校統計彙整學生出席情形紀錄。

2.未經請假無故曠課者，依事實予以文字記錄，並通知家長；超過三天以上者，列為中輟生通報。

㈢獎懲：依宜蘭縣國民中小學學生獎懲實施要點辦理，獎懲事實予以文字記錄。

㈣團體活動表現：由導師或任課教師應依班級活動、社團活動、學生自治活動、學校活動及綜合活動學習領域等參與情形，以文字詳實描述。

㈤公共服務：由導師或相關人員應依班級服務、學校服務和社區服務等參與情形，以文字詳實描述。

㈥校內外特殊表現：其標準由學校訂定公布，並視學生校外特殊表現予以文字記錄。

學校應依教師輔導與管教學生之相關規定，辦理獎懲實施、懲罰存記及改過銷過等事項，以輔導學生改過遷善；依規定程序審核通過者註銷其記錄，並按宜蘭縣立國民中學學生日常生活表現評量紀錄審查表辦理（如附表）。

學校辦理學生日常生活表現獎懲功過折抵換算（如附表），應依宜蘭縣國民中小學學生獎懲實施要點，大過以上之獎懲（含小過累計三次視同大過壹次）應送學生獎懲委員會決議，做成通知書，並記載事實、理由及獎懲依據，通知學生當事人及其家長或監護人。

十一、學習領域之評量依下列各學習領域辦理：

㈠語文學習領域。

㈡健康與體育學習領域。

㈢社會學習領域。

㈣藝術與人文學習領域。

㈤數學學習領域。

㈥自然與生活科技學習領域。

㈦綜合活動學習領域。

彈性學習課程併入七大學習領域評量；一至二年級社會、藝術與人文、自然與生活科技學習領域統合為生活課程。

十二、各學習領域之評量方式，應依下列方式隨機採用三種以上辦理：

㈠鑑賞：就學生由資料或活動中之鑑賞領悟情形考查之。

㈡晤談：就學生與教師晤談過程，瞭解學生反應情形考查之。

㈢報告：就學生閱讀、觀察、實驗、調查等所得結果之書面或口頭報告考查之。

㈣表演：就學生之表演活動考查之。

㈤實作：就學生之實際操作及解決問題等行為表現考查之。

㈥資料蒐集整理：就學生對資料之蒐集、整理、分析及應用等活動以學習成長檔案呈現考查之。

㈦設計製作：就學生之創作過程及實際表現考查之。

㈧作業：就學生各種習作簿考查之。

㈨紙筆測驗：就學生經由教師依教學目標及教材內容所自編之測驗考查之。

㈩實踐：就學生之日常行為表現考查之。

⑪其他。

十三、學習領域之評量成績，依下列各款辦理：

㈠每次定期學習評量總成績，為定期評量和平時評量成績各占百分之五十。

㈡學期成績為各次定期學習評量總成績總和之平均。

㈢七大學習領域之學期總平均成績，為各學習領域之學期成績乘以各該領域每週學習節數，所得總和再以每週學習領域總節數除之。

十四、學生定期評量時，無故或因故無法應試者，依下列規定辦理：

㈠學生無故缺考者：不予補考，該缺考領域之成績以零分計算。

㈡學生經學校准假缺考者：

1.公假、喪假或不可抗力事件缺考者：補考成績按實得分數計算。（註：不可抗力事件係指非可歸因學生之事件，如天然災害、疫情感染或其他重大事故等）

2.事假、病假缺考者：其成績計算由任課教師視實際情形決定。

3.長期病假、高關懷學生事假、中輟生復學缺考者：其成績計算由學校本於權責召開學生成績評量審查委員會視學生實際學習能力決定成績計算方式。

㈢班級或全校因不可抗力事件停課者：

學校本於權責召開學生成績評量審查委員會參考下列模式辦理

1.彈性調整評量日期、內容、方式、成績採計比例等。

2.辦理班級或全校團體補考。

㈣為因應上述情形，學校辦理定期評量倘採取筆試，應編製難易度相近之補考試卷備用本，以確保評量之公平性。

十五、學生日常生活表現依行為事實記錄有重大缺失時，各校應由輔導單位專案輔導；學生定期評量及平時評量之成績，如經評定為丁等者，學校應對該生實施補救教學措施。

十六、為瞭解國民中學學生學力品質之國中教育會考成績，及輔導學生升學之模擬升學測驗成績，均不得納入學生學習評量成績計算。

十七、國民中小學學校就學生學習領域及日常生活表現之成績評量紀錄及具體建議，每學期至少應以書面通知家長及學生一次。

學校得公告說明學生分數之分布情形。但不得呈現個別學生在班級及學校排名。

十八、學生修業期滿，成績及格，由學校發給畢業證書；未達畢業標準者，發給修業證明書。畢業成績及格標準，依下列各款辦理：

㈠各國民中小學學生於一百零一學年度(含)以後入學者，畢業及格標準須符合下列規定：

1.學習期間扣除學校核可之公、喪、病假，上課總出席率至少達三分之二以上，且經獎懲抵銷後，未滿三大過。

2.七大學習領域有四大學習領域以上畢業總平均成績丙等以上。

㈡各國民中小學學生於一百零一學年度前已入學者，畢業及格條件依下列規定辦理：

1.學習領域畢業成績有三大學習領域總平均達丙等以上者，或應屆畢業學期成績有三大學習領域達丙等以上者，准予畢業。

2.國中學生日常生活表現評量紀錄，獎懲經功過相抵後，每學期累計次數未超出兩次大過，且修業期滿累計未超出三次大過者，准予畢業。

十九、國民中小學學生成績評量結果與紀錄，應妥為保存及管理，並維護個人隱私與權益，其評量結果及紀錄處理，應依個人資料保護法規相關規定辦理。

二十、為因應學校本位發展，學校得在不違反本要點之精神原則下，由學生成績評量審查委員會訂定補充規定。

二十一、技藝教育（班）、特殊教育（班）等學生之成績評量方式，由本府另訂之。

二十二、各校學生成績登錄及處理資訊化系統相關規定由本府另訂之。

十二、基隆市國民中小學學生成績評量補充規定

本府96年3月20日第1251次市務會議決議通過
96年3月30日基府教學貳字第0960070471號函頒
101年8月27日基府教學貳字第1010173635號函頒修正

一、本補充規定依「國民教育法」第十三條第一項及「國民小學及國民中學學生成績評量準則」訂定之。

二、基隆市所轄公私立國民中小學（以下簡稱國民中小學）學生成績評量應依學習領域及日常生活表現，分別評量之；其評量範圍及內涵如下：

㈠學習領域：其評量範圍包括國民中學及國民小學九年一貫課程綱要所定之七大學習領域及其所融入之重大議題；其內涵包括能力指標、學生努力程度、進步情形，並應兼顧認知、情意、技能及參與實踐等層面，且重視學習歷程與結果之分析。

㈡日常生活表現：其評量範圍及內涵包括學生出缺席情形、獎懲紀錄、團體活動表現、品德言行表現、公共服務及校內外特殊表現等。

三、國民中小學學生成績評量應本適性化、多元化之原則，兼顧形成性評量、總結性評量，必要時應實施診斷性評量及安置性評量。其結果應兼顧保密

及尊重隱私。

前項形成性評量，指教師教學過程中，為瞭解學生學習情形，所進行之評量；總結性評量，指教師於教學活動結束後，瞭解學生學習成就之評量；診斷性評量，指診斷學生學習、情緒或人際關係困難，作為個別輔導與補救教學之依據；安置性評量，指依據學生的學習表現與需求，評估特殊性向與能力，提供適切安置。

四、國民中小學成績評量，應視學生身心發展及個別差異，並衡酌特殊教育學生之學習需求及優勢管道，彈性調整其評量方式，以獎勵輔導為原則，並依各學習領域內容及活動性質，採取紙筆測驗及表單、實作評量、檔案評量等適當之多元評量方式，並得視實際需要，參酌學生自評、同儕互評或家長提供之資訊辦理。

五、學生各學習領域成績由任課教師負責評量；評量方式，由任課教師依教學計畫在學期初以口頭或書面方式向學生及家長說明。

六、國民中小學學生學習領域之平時及定期成績評量結果，應依評量方法之性質以等第、數量或文字描述紀錄之。

前項各學習領域之成績評量，至學期末，應綜合全學期各種評量結果紀錄，參酌學生人格特質、特殊才能、學習情形與態度等，評定及描述學生學習表現和未來學習之具體建議；並應以優、甲、乙、丙、丁之等第，呈現各學習領域學生之全學期學習表現，其等第與分數之轉換如下：

㈠優等：九十分以上。

㈡甲等：八十分以上未滿九十分。

㈢乙等：七十分以上未滿八十分。

㈣丙等：六十分以上未滿七十分。

㈤丁等：未滿六十分。

前項等第，以丙等為表現及格之基準。

七、學生日常生活表現之評量，應就第二點第一項第二款所列項目，分別依行為事實紀錄之，並酌予提供具體建議，不做綜合性評價及等第轉化。

㈠出缺席情形：含事假、病假、曠課、公假暨喪假等記錄。

㈡獎懲紀錄：依學生實際獎懲情形記錄之。

㈢品德言行表現：導師應考量學生之智力、性向、興趣、家庭環境與社會背景等因素，並依平日個別行為觀察、談話紀錄、家庭訪視紀錄之資料等評量，並以文字詳實描述。

㈣團體活動表現：導師或任課教師應依班級活動、社團活動、學生自治活動、學校活動及綜合活動學習領域等參與情形評量，並以文字詳實描述。

㈤公共服務表現：導師或相關人員應依班級服務、學校服務和社區服務等參與情形評量，並以文字詳實描述。

㈥校內外特殊表現：導師或相關人員依學生實際表現記錄之。

八、學生學習領域成績評量分為語文領域、健康與體育領域、數學領域、社會領域、藝術與人文領域、自然與生活科技領域、綜合活動領域及生活課程領域等。

彈性學習課程得併入各學習領域評量。

九、學習領域之評量，分定期評量及平時評量，並依下列規定辦理：

㈠定期評量每學期至多三次，六年級下學期及九年級下學期以兩次為原則，或由各校另訂之，評量方式由學校課程發展委員會通過後實施。

㈡平時評量應以多元評量為原則，平時評量之次數、時間及方式，由任課教師審酌教學需求及學生日常表現自定之，惟平時評量中紙筆測驗之次數應以最小化為原則。

㈢定期評量及平時評量之成績各占學期成績之百分之五十為原則。

㈣七大學習領域之學期總平均成績，為各學習領域之學期成績乘以各該領域每週學習節數，所得總和再以每週學習領域總節數除之。

㈤國民中學學習領域成績評量得分科辦理，分科成績佔該學習領域成績之權重比例依各分科授課時數比例訂之。

㈥學校就各學習領域及日常生活表現之成績評量紀錄，得公告說明學生分數之分布情形。但不得公開呈現個別學生在班級及學校排名。

十、學生定期評量時，因故經准假缺考者，准予銷假後立即補考，並於學期成績結算前辦理。但無故缺考者不准補考，其缺考成績以零分計算。補考成績依下列規定計算：

(一)因公、因直系血親尊親屬喪亡或其他不可抗力因素缺考者，按實得分數計算。

(二)非屬前款所列原因，補考成績在六十分以下者依實得分數列計；超過六十分者，其超過部份以七折計算後列計。

學生於學期中途依規定核給公假者，其學業成績處理如下：

(一)公假期間之日常考查成績，得以心得報告代替考試。

(二)公假期間定期考查成績之補考，得單獨舉行，不受定期補考之限制。

大陸或國外轉學生，參加補考者，其定期評量成績之計算依第一項第一款規定辦理。

十一、復學學生成績之處理依下列規定辦理：

(一)學生無故缺課又返校就讀者，當學期缺課成績經申請後准予補考，否則其缺課期間之成績以零分計算。

(二)依規定辦理長期請假後復學者，得採計其復學後重讀之成績。

(三)請假期間，提前復學，其成績計算應以復學後之成績為準。

十二、轉入學生如其部分課業成績無法連貫計算時，得依其轉入就讀學校之課業成績計算，或按學科測驗之成績評定之。

十三、學生成績之登記及處理應資訊化，國民中學，學習領域評量由教務處主辦，日常生活表現評量由學務處主辦，任課教師應配合辦理；國民小學，由各班導師或任課老師辦理。國民中小學學生各項成績評量相關表冊，由本府另訂之。

十四、國民中小學學生學習領域及日常生活表現之成績評量紀錄及具體建議，學校應定期告知家長及學生。

學期或畢業成績通知除量化紀錄外，應參酌學生人格特質、學習能力、生活態度、特殊才能等同時以文字描述加以說明，並提出具體建議。

十五、國民中小學學生學習領域之成績評量結果未達及格基準者，應施以補救教學，並依教育部所定國民小學及國民中學補救教學實施方案規定辦理。

學生之日常生活表現不佳者，學校應依所定教師輔導與管教學生相關規定施以輔導，必要時得與家長（或法定代理人）聯繫，且提供學生改過銷過及功過相抵之機會。

十六、學生在校成績包括學習領域評量成績與日常生活表現，各校應成立學生成績評量審查委員會（以下簡稱審查委員會），研議、審查學生成績評量事宜。

審查委員會置委員五至十七人，由學校行政人員、教師、教師會及家長會等代表組成。

審查委員會得就學生學習領域評量成績及日常生活表現綜合表現，審酌發給畢業證書或修業證明書。

十七、學校學生修業期滿，經審查委員會審查符合下列規定者，由學校發給畢業證書；不符規定者，發給修業證明書：

㈠學習期間扣除學校核可之公、喪、病假，上課總出席率至少達三分之二以上，且經獎懲抵銷後，未滿三大過。

㈡七大學習領域有四大學習領域以上畢業總平均成績丙等以上。

前項規定，自中華民國一百零一年八月一日以後入學國民中小學之學生適用之。

十八、國民中學為輔導學生升學所辦理之模擬升學測驗，其成績不得納入學生評量成績計算；相關處理原則，依教育部之規定。

十九、國民中小學就學生之成績評量結果，應妥為保存及管理，並維護個人隱私與權益；其評量結果及紀錄處理，應依個人資料保護法規相關規定辦理。

二十、本補充規定經市務會議討論通過後函頒實施。

討論與練習

一、你對於資源教室學生參加原班級的定期評量之看法如何？

二、你對於資源教室學生的成績計算方式看法為何？

三、你對於資源教室學生的回歸班級的看法為何？

第八章

高中職的資源教室方案經營

高中職資源教室方案乃是我國從國小到大專校院資源教室方案發展系統中最慢的一環，事實上，它也確實是在校內組織定位和教師角色最困難發展的一個階段。一方面，高中職資源教師要扮演有直接教學的教師角色，另一方面，他們又要扮演資源整合的個案管理員角色，此階段的高中職學生們，有人有就業的需求，也有人會繼續升學高等教育，因此，資源教師要面臨協助學生轉銜的更多挑戰。本章，將從高中職資源教室方案之發展開始探討，此階段資源教室方案的定位，接著再探討目前高中職資源教室運作模式，最後提供高中職資源教室相關行政規定，以協助所有相關人員執行高中職資源教室方案服務之依據。

第一節　我國高中職資源教室方案之發展

我國的資源教室於64學年度首先由國中開始設立，71學年度國小也開始有資源教室的服務，73學年度大專院校開始設立資源教室，而一般高中高職則是最後在83學年度首先於省立板橋高中成立視障資源教室，當時由教育廳提供專職人員和經費（蔡瑞美，民89；林怡慧，民97）。此後從83至90學年度間，臺灣省教育廳逐年核准28所公私立高中和高職成立資源班一班，提供專職人員編制和專款經費補助；同時於85學年度開始於啟聰、啟明學校設立高中職巡迴輔導班，提供協助給全省公私立各高中高職普通班級的聽覺障礙和視覺障礙學生。90至93學年度之間，國立高中和高職資源班的增設似乎停頓了一段時間；93至96學年度之間，依據「國立及臺灣省私立高級中等學校輔導身心障礙學生實施計畫」，國立高中和高職普通班身心障礙學生人數在20人以下者，皆可以向教育部中部辦公室申請設立「資源教室」，以兼任方式聘請校內原有編制內教師，辦理資源教室業務，此兼任教師得減授其每週基本授課時數六節，此期間教育部亦補助各校「資源教室」的相關學生輔導經費。然而為了因應教育現場之需求，依據民國96年修訂公告之「國立及臺灣省私立高級中等學校輔導身心障礙學生實施要點」，教育部中部辦公室於97學年度同時增設46所高中和高職的資源班各一班，此些學校的普通班身心障礙學生人數皆在21人以上，這46所新設高中和高職資源班的專職教師編制為一名，此些新設班學校將由教育部中部辦公室分三年補助開班費資本門新臺幣50萬元整。民國102年1月1日教育部為了配合中央政府之組織改造，乃成立「國民及學前教育署」，專責掌理高級中等以下學校教育政策與制度之規劃，執行及督導地方政府辦理國民及學前教育共同性事項。基於組織改造因素，前述「國立及臺灣省私立高級中等學校輔導身心障礙學生實施要點」也因此更名為「教育部主管之高級中等學校輔導身心障礙學生實施要點」，並於102年1月1日起生效。此實施要點現今即成為國立高級中等學校設立和實施資源教室和分散式資源班的依據，此實施要點詳見本章第三節。

臺北市高中職身心障礙學生資源教室的服務，始於民國69年先由國中特殊教育教師兼任高中職聽覺障礙學生的巡迴輔導服務，83年度市立士林高商自行報備設立駐校式資源教室，輔導協助聽覺障礙學生，當時臺北市市政府並未提供學校人員與經費補助。87學年度開始，臺北市所有公立高中皆設立資源教室，公立高職重點學校則設立資源中心，88學年度亦將實施多年的國中教師兼任高中職巡迴輔導制度，成立專任巡迴輔導教師，以持續高中職的巡迴輔導制度（蔡瑞美，民89）。

高雄市高中職資源教室的服務，始於77年公告「高雄市高中職聽覺障礙學生巡迴輔導實施要點」，其實施方式主要是由一般高中職遴選校內普通教育教師，配合聽覺障礙教育巡迴輔導教師，擔任校內聽覺障礙學生的輔導工作（蔡瑞美，民89）。91學年度則在楠梓特殊學校成立視障巡迴輔導班和聽障巡迴輔導班各一班，教育局核准一班編制三位專任教師，巡迴輔導協助全市28所公私立高中職和一所國立高中的視障和聽障學生（高雄市政府教育局，民92）。92學年度又在原特殊學校增設聽障巡迴輔導班一班（高雄市政府教育局，民93）。94學年度則在高雄市一所公立高中和五所公立高職成立六班不分類資源班，共聘用九位專職資源教師，採用分區域巡迴輔導全市29所高中職安置普通班的身心障礙學生，其中三所學校以北區、中區和南區中心學校方式編制兩位資源教師，其餘三所學校則各聘用一名資源教師，共同提供全市性的巡迴輔導服務（高雄市政府教育局，民95）。97學年度高雄市則亦在兩所公立高中增設資源班一班，各聘用一位專職資源教師。直至97學年度，高雄市共計在三所公立高中和五所公立高職，設有不分類資源班八班，專任資源教師共11人，加上視障和聽障巡迴輔導班各一班，視障和聽障專任巡迴輔導老師共四人，以提供全市公私立高中職身心障礙學生的特殊教育服務。

整體而言，我國高中職的資源教室的設立與提供服務起始於83年，從93到102學年度之間就讀一般高中職學校的身心障礙學生逐年增加，直至102學年度高中職階段身心障礙學生有23,281人；其中在一般學校接受分散式資源班、巡迴輔導或特殊教育方案的學生為13,862人，已占高中職一般學校全體身心障礙學生18,732人之74%。102年度全國的分散式資源班已經有185班，巡迴輔導班有八班（教育部，102年度特殊教育統計年報）。圖8-1-1呈現此十年間三種安置型態學生人數的變化，其中巡迴輔導班的學生變化較少，十年來皆維持在58-112人之間。安置在普通班之特殊教育方案學生在2004年有5,006名學生，2011年增加至最多為8,996人，2012和2013年則開始下降維持在6,000人左右。分散式資源班學生在2004至2008年之間，學生數量大約維持在610-772人之間，2009年開始持續增加人數，在2012年第一次超越安置於特殊教育方案的學生人數，2013年更增加為7,690人，超越集中式特教班首次躍居一般高中職學校身心障礙學生安置比例的第一位。預期未來隨12年國教的實施，接受高中職資源教室方案服務的學生人數將會持續增加，高中職資源班的特質恰巧介於國

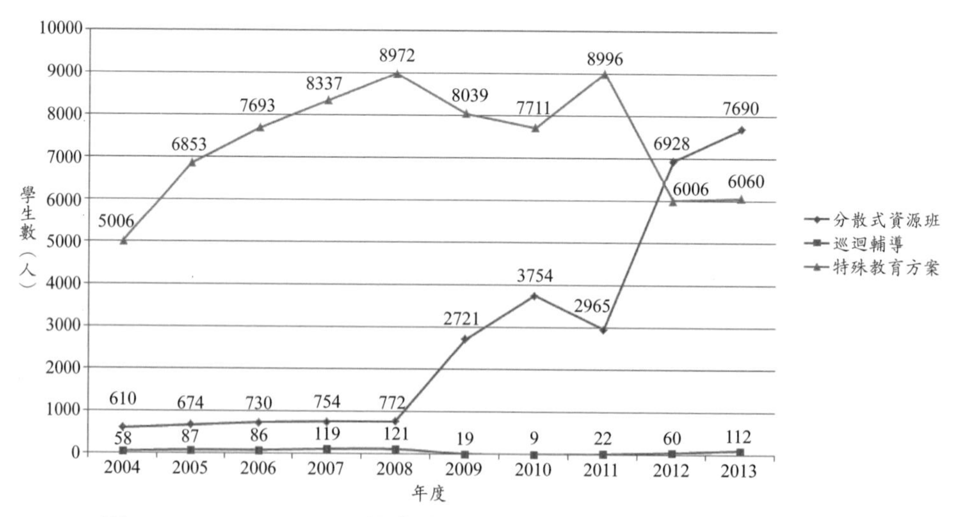

圖8-1-1　2004-2013一般高中職身心障礙學生不同安置型態統計圖

資料來源：教育部。93-102年度特殊教育統計年報。

中小和大學之間，它的功能定位和教師的職責更是多元和複雜，也因此高中職資源教室的運作模式探討有實務需求的迫切性。

第二節　高中職資源教室方案運作模式

此節將以三部分探討高中職資源教室方案的運作模式：一、資源教師的角色和職責，二、資源教師的教學和授課時數議題，三、資源班（教室）的校內行政單位歸屬，分述如下。

一、高中職資源教師的角色和職責

「教育部主管之高級中等學校輔導身心障礙學生實施要點（民101）」中明列出資源教室的目的，主要是協助身心障礙學生可以順利完成學業，並促進其生活、學習、社會和職業等各方面的發展，以增進其社會服務能力。基於前述之教育目標，本書作者認為高中職資源教室的定位與運作模式，相較於國中小和大專校院的性質和需求，其比較相似於大專院校的運作模式。主要理由為此兩階段學生的發展成熟度和學習獨立性比較相似，但是高中職和大專校院資源教室運作模式仍有其差異，主要來自於高中職學生有升學大學的課業壓力，學習成就或獨立性也都尚不如大學生，所以高中職資源班仍需要聘用教師，以提供高中職學生更多的直接教學介入協助。大專院校的資源教室輔導人員並未具有正式教師資格，所以並不能擔任教學工作，再者配合大學校園的生態，大學資源教室輔導員適合定位為個案管理員角色，協助身心障礙學生之校內外各項學習資源的溝通與整合。基於高中職和大學階段需求的相似性，高中職資源教師除了個案管理員角色外，亦須扮演教師的功能，需要和國中小資源教師一樣提供身心障礙學生基本學科補救教學、特殊教育需求課程的直接教學，以及學生的輔導工作。

我國的高級中等學校，大致可區分為普通高中、完全中學、綜合高中和高級職業學校四種，然而不管哪一種型態的學校，高中職階段學生在一般學科或是職業類科的專業性都必須達到一定的水準，但是身心障礙學生若有專門學科學習嚴重落後問題，此專門學科領域的教學已非特殊教育專業背景的資源教師所能承擔，然而以協助身心障礙學生學習困難的專業性需求，若資源教師具有學科第二專長，其擔任學生的學科補教教學比較不成問題；儘管如此，目前每一所高中或高職都可能僅有一位到三位的資源教師，實在無法滿足所有學生的所有學科學習上的直接教學介入需求，因此資源教師以協同教學方式介入普通班的教學活動，或是聘請普通班級任課教師擔任學生的課後課業輔導，應該都是資源班合作教學的可行方案。

針對高中職資源教室聘請專科教師協助身心障礙學生的課業學習輔導，國立高中職可由教育部補助之「輔導人員輔導鐘點費」支出，高雄市教育局則編列有「普通班身心障礙學生輔導經費」可供應用，臺北市則在高級中等學校身心障礙學生輔導實施計畫中，規定資源班可編列鐘點費以因應學生之特殊教育需求介入。然而對於語文與數學之基本學科學習仍有顯著困難的身心障礙學生，則仍必須依賴資源教師運用特殊教育的有效教學策略，提供此些學生的差異化教學介入，也因此特殊教育教師具備學科第二專長，已經是時勢所趨，值得師資培育單位和資源教師本身重視此議題。除此之外，身心障礙學生的調整普通教育課程與實施多元評量，本來就是特殊教育教師的專業職責，資源教師當然義不容辭要協助普通班教師和身心障礙學生達成有效的教學和學習成效。強化高中職階段特殊教育教師和普通教育教師的合作教學（cooperative teaching）更是有其必要性，此合作教學模式可以包含資源教師提供諮詢給普通教師，協同教學（co-teaching）、輔導教師的合作以及教師助理員的介入等等。綜合上述高中職資源教室的任務與功能，本書統整高中職資源教師的能力需求與工作內容如下表8-2-1，期待能促進大家對此一階段資源教師職責的認識與瞭解。

表8-2-1　高中職資源教師的角色與工作內容

高中職資源教師應該具備的能力	高中職資源教師在學校扮演的角色
1.具備瞭解各類身心障礙學生特質與特殊教育需求的專業能力。 2.調整普通教育課程與特殊需求課程教學專長 3.一般學科教學專長	1.對身心障礙學生提供基本學科補救教學、相關學習能力訓練、社會技巧能力訓練、轉銜輔導、學生行爲輔導等。 2.提供普通班教師特殊教育的相關專業知識。

高中職資源教師應該具備的能力	高中職資源教師在學校扮演的角色
4.可以提供給他人有關特殊教育行政、教學和特殊行爲處理的相關知識。 5.充分瞭解普通班的行政運作、教學和次文化。 6.在校內能得到其他同事的瞭解、接納和尊重。 7.能作有效的教室經營和管理。 8.良好的溝通技巧。 9.能與他人分工合作與分享。 10.組織能力佳且做事有效率。 11.富有創造力與活力充沛。	3.提供有關資源教室的服務方式和內容給校內其他教師、行政人員、家長、和學生。 4.提供相關學習輔具、教材和教具給特殊需求學生。 5.提供學習相關資訊資源給校內普通班學生－全校性或班級內特殊教育宣導。 6.學校內特殊教育業務的執行者。 7.學校內特殊教育相關資訊的提供者。
高中職資源教師的工作內容	
A.個案輔導 1.接受轉介及協助診斷鑑定疑似身心障礙學生 2.建立疑似特殊教育學生個案資料 3.實施特殊教育學生的特教需求評估與建立起點行爲 4.擬定身心障礙學生個別化教育計畫 5.協助校內召開個別化教育計畫會議 6.協調外加或抽離之特殊需求課程編組與課表安排工作 7.協調需要專業課程補救教學學生之上課時間與聘請輔導教師 8.提供學生相關科技輔助、課堂手語翻譯、課堂電腦文字轉譯等 9.提供調整教材、點字書、有聲課本或輔助科技等 10.提供身心障礙學生多元評量考試方式之評估與實施 11.提供學生涯輔導和轉銜服務 12.對回歸原班之特殊教育學生做追蹤輔導 13.協調相關專業人員提供學生相關訓練與諮商輔導	
B.直接教學 1.調整普通教育領域或學科的直接教學 2.特殊需求課程的直接教學	
C.間接諮詢 1.與資源教室學生之普通班教師隨時保持聯繫以瞭解學生之學習狀況 2.提供普通班教師相關之身心障礙學生教學與行爲輔導專業知能 3.提供特殊教育學生及普通教育學生相關特殊教育諮詢與輔導 4.對全校師生進行特殊教育理念之推廣	
D.特殊教育行政業務協調 1.協助處理特殊教育之行政業務 2.擬定資源教室行事曆與召開例行會議 3.參與校內特殊教育推行委員會之工作 4.出面與校內各行政單位或普通班教師做工作聯繫 5.協助輔導室召開資源教室相關會議 6.協助輔導室召開校內相關人員和身心障礙家長的座談會	

此外，本書亦提供一位資深高中職資源教師的實務經驗，呈現高中職資源教師所常面臨的問題和相對應之職責，以說明高中職資源教師的實際工作內容（蔡瑞美，民97）。

表8-2-2 高中職資源教師常面臨之問題和因應措施

資源教師常面對的問題	學生課業學習困擾，學生行為與情緒困擾，學生社交與人際關係處理，提供學生學習輔具與設備，學生教室座位安排、學生升學管道諮詢，學生獎助學金申請，實施教學，經費申請、使用與核銷，校內外行政協調，相關訊息傳達，教師經驗交流，排課問題，教師員額編制，教室規劃，減少班級人數，校園無障礙空間規劃，特殊教育例行業務……等等。
資源教師所提供的服務	一、直接服務 1.特殊需求課程的教學或服務：學習策略、社交技巧、輔助科技應用、行為管理、點字摸讀、定向行動、生活協助、語文補充、電腦操作……。 2.一般學科補救教學：英文、數學、國文、職業專業課程等……。 3.輔導：始業輔導、生活輔導、人際關係輔導、升學輔導、親職輔導、生涯輔導、班級輔導、休閒輔導、轉銜輔導、學習輔導、升學輔導……。 二、間接服務 1.教學支援：同儕教導、建立義工制度、改變評量方式、延長評量時間、教學調整、自我訓練、班級教學、介入行為……。 2.行政與協調相關專業服務：協助召開IEP會議、諮詢服務、安排座位、提供學習策略、提供相關專業人員、支援教學、提供校內外資源、家庭支援、籌劃會議、辦理訓練、提供危機處理、安排特教研習、提供教學策略、安排特教活動、安排親職教育、班級小老師訓練、安排團體到校、辦理園遊會、帶領參與身心障礙者自強活動、辦理座談會、請導師特別照顧、成長團體，校外參觀、安排認輔老師、教師座談會……。 3.提供學習輔具：調頻麥克風、調頻接受器、放大鏡、擴視機、升降桌、收音機、錄音機、盲用電腦、點字機、輔助燈具、電腦、掃描器、輪椅、電動車、電視、錄放影機、語言學習讀卡機、放大鏡燈、下肢復健器、桌球發球機、游泳訓練器、皮鞋、復健輔助器材、眼鏡、枴杖、專用升降梯……。 三、相關資料的建立：學生個案資料（含IEP）、參考圖書、相關資訊、輔具資源、特教宣導資料、資源班、授課日誌、特教公文、簽陳、各校資源教室聯絡網、特教工作日誌、班級課表、畢業生追蹤資料、全校名單、特教實施計畫、經費使用情形、升學就業、設備圖書等。

高中職資源教師必須具有授課教師、學生輔導和執行行政工作的多重角色，方能提供高中職階段各類身心障礙學生的不同教育需求。基本上，資源教師必須在開學前主動運用各種評量方式和工具，訪談或蒐集學生國中階段的IEP等，以瞭解學生的特殊教育需求和現況能力，再進行普通教師、資源教師和相關專業人員的共同介入學生的直接和間接服務。下表8-2-3代表某高職校內身心障礙學生的特殊教育需求評估結果，表8-2-4則是依據此需求評估所安排之直接服務的課程介入，★代表安排由學校各專科教師擔任學生的課業輔導，無★的部分則是由資源教師擔任之課程，（　）內為特殊教育學生姓名。

表8-2-3　國立○○高工特殊教育學生需求評估結果一覽表

	科別	姓名	特殊教育需求之現況能力
1	汽車一甲	黎白	1.學科表現 (1)國文：文字推理的能力差，社會常識缺乏，概念性能力不佳、記憶廣度小、寫字速度慢。 (2)英文：國一程度。 (3)數學：過於複雜的圖形拆解、處理速度會變慢。 2.社交／情緒行爲：由於學業成績低落，造成個案缺少信心，以致不喜歡與原班同學互動，並且對上課也不熱中參與。 3.認知能力：推理、記憶能力皆弱。
2	汽車一乙	郝欲想	1.學科表現 (1)英文：記憶單字的速度快，但易忘；文法運用較差。 (2)數學：理解速度慢，需要放慢速度及重複教學。 2.學習行爲／習慣：上課易分心玩手機。 3.社交／情緒行爲：對於男女關係好奇。
3	汽車一乙	陳啓珍	1.學科表現 (1)國文：識字量少、閱讀能力差，只能逐字逐句的閱讀，文意理解困難。 (2)數學：書寫會有顚倒，但是在實際運用上（購物）並無困難。 2.社交／情緒行爲：常遲到、上課愛睡覺。
4	電子一甲	楊棕尾	1.學科表現 (1)國文：識字能力爲小三，閱讀能力爲小六。 (2)數學：公式運用困難，會亂套；題目理解有困難。 2.社交／情緒行爲：人際關係處理不佳，沒有朋友、易被排擠。

	科別	姓名	特殊教育需求之現況能力
5	電子一乙	蕭進藤（聽障）	1.學科表現 (1)國語文：聽力、語文表達及理解能力停留在小二程度。 (2)英文：尚停留在學習字母上面。 (3)數學：停留在小三程度，且因爲閱讀理解困難，再回答應用題方面顯得吃力。 2.學習行爲／習慣：被動。 3.社交／情緒行爲：因爲受限於聽力，所以顯的畏縮、不與人交往、沒有朋友。 4.溝通：習慣採口手語及筆談合併與人溝通。 5.輔具：配戴耳掛式助聽器。
6	電機一甲	潘玉雯	1.學科表現 (1)國文：閱讀速度慢，且理解有問題。 (2)數學：題意理解有困難、心算速度慢。 2.學習行爲／習慣：學習意願差。
7	電機一乙	林佑佳	1.學科表現：視覺處理優於聽覺處理。 2.學習行爲／習慣：準備考試的技巧差。
8	土木一甲	賴明偉	1.學科表現 (1)國文：閱讀速度慢，文意理解常出錯。 (2)數學：計算速度慢，且常出錯。 2.社交／情緒行爲：沒自信、內向、易害羞。
9	建築一甲	葉偉婷	1.學科表現 英文：背誦能力佳，但不喜歡複習，所以考試都必須調整爲臨時考試。 2.社交／情緒行爲：個性好強，喜歡與人聊天。 3.學習行爲／習慣：學習意願低，喜歡接受讚美，挫折容忍度差。
10	建築一乙	徐嘉寅	1.學科表現 (1)國文：無法流暢閱讀、會跳字。不喜歡寫字，但可以打字。 (2)英文：英文能力停留在國一階段。對於回答選擇題的意願較高。 2.學習行爲／習慣：學習意願低，個性懶散。注意力維持較差。 3.社交／情緒行爲：喜歡口出穢言。
11	建築一乙	夏正蜂	1.學科表現 (1)國文：書寫困難、寫週記、寫作業有困難，所以常不交作業。 (2)英文：國一程度。 2.社交／情緒行爲：外型邋遢、有味道，不懂得整理自己的儀容。

	科別	姓名	特殊教育需求之現況能力
12	製圖一	吳辰恩	1.學科表現 (1)國文：閱讀速度慢。 (2)英文：國一程度。 2.社交／情緒行爲：不擅長看人家臉色說話。 3.學習行爲／習慣：不懂得如何畫重點。
13	汽車二甲	于光鐘	1.學科表現 (1)國文：語文常識不足，難以理解他人所描述的現象。 (2)英文：英文單字書寫困難。
14	汽車二乙	蔡速棻	1.學科表現 (1)國文：記憶力差，常需要反覆背誦。 (2)英文：單字記憶力差，且常拼錯。 2.學習行爲／習慣：上課易分心，常注意外面發生的事。
15	電子二甲	陳號南	1.學科表現 (1)國文：識字量、閱讀理解達小四程度。 (2)英文：單字量少，只會運用簡單的文法。
16	電子二乙	陳勇仁（聽覺障礙）	學科表現：語文能力較弱，所以與一年級一起上課。
17	電機二甲	劉劍明	1.學科表現 (1)國文：識字量爲國二程度、記憶力差，需要反覆背誦。 (2)英文：單字量少，只會運用簡單的文法。 2.社交／情緒行爲：喜歡口出穢言，對老師講話也常沒大沒小。
18	土木二乙	陶哲	1.學科表現 (1)國文：閱讀理解能力不佳（小二程度），不知如何使用閱讀技巧。 (2)英文：理解尚可，閱讀方面有困難。 2.學習行爲／習慣：時間管理不佳。
19	化工二甲	王麗紅（腦性麻痺）	1.生活自理、行動能力有困難。 2.學科方面的作答速度慢，須加長考試時間。
20	製圖二	周捷倫（自閉症）	1.社交／情緒行爲：不懂得調整說話口氣，常常暗自竊笑、不懂適時停止話題。 2.情緒控制：情緒控制差，不符合己意就會開始大叫。 3.溝通：語用困難，無法用語言表達。
21	汽車三甲	王嘉祥	1.學科表現 (1)國文：書寫困難，字形顚倒、寫鏡像字。

	科別	姓名	特殊教育需求之現況能力
22	汽車三乙	許惠枝	1.學科表現 (1)國文：閱讀理解有困難，不懂句子背後的涵義。 (2)數學：圖像處理有困難。 2.社交／情緒行爲：不懂的與人保持適當接觸的距離，常常會太過靠近且一直盯著別人看。
23	電子三甲	陳津鋒	社交／情緒行爲：喜歡口出穢言、常盯著異性看、不懂諷刺的話、喜歡喃喃自語。一但不合己意就會開始猛罵髒話。
24	電機三甲	馬拉桑	1.學科表現 (1)數學：公式運用有困難，大部分都是亂猜亂套。 2.社交／情緒行爲：對於理解他人非語言表現有困難。
25	土木三乙	曹瑾暉（肢體障礙）	腦性麻痺下肢障礙，行動能力可以，上下樓梯對其比較累。體育課無法和同學一起活動。
26	建築三甲	王劍旻	1.學科表現 專業科目：表現較差，工程力學被當。 2.社交／情緒行爲：錯誤的異性交往觀念、人際關係差。 3.社交／情緒行爲：對於別人要求的事會表示不願意遵從且發脾氣。
27	製圖三	郭宏治	1.學科表現 (1)英文：單字常常會漏字，或者顛倒。 2.學習行爲／習慣：不懂如何安排時間、不懂如何畫重點、做筆記。
28	汽車一甲	江見民（亞斯柏格症）	1.社交／情緒行爲：會有不當發言，來展示優勢能力，讓同學覺得很自傲。 2.對於自己擅長的事（做模型）很專注，學科則是漠不關心。 3.會有儀式性的行爲，如收東西會照順序拿進拿出。

表8-2-4 97學年度第一學期 國立○○高工資源班總課表

國立○○高工九十七學年度第一學期資源教室總課表 （ ）內爲學生姓名 ★表示原授課教師上課

節次	時間＼星期	一	二	三	四	五
早自修	07：20 ｜ 08：10	英文 ★高組：（郝欲想、葉偉婷、于光鐘、蔡速菜、陶哲、郭宏治） ★中組：（黎白、徐嘉寅、夏正蜂、吳辰恩、陳號南、劉劍明）	英文 ★高組：（郝欲想、葉偉婷、于光鐘、蔡速菜、陶哲、郭宏治） ★中組：（黎白、徐嘉寅、夏正蜂、吳辰恩、陳號南、劉劍明）	數學 ★高組：（黎白、郝欲想、陳啓珍、楊棕尾、潘玉雯、賴明偉、許惠枝、馬拉桑）	數學 ★高組：（黎白、郝欲想、陳啓珍、楊棕尾、潘玉雯、賴明偉、許惠枝、馬拉桑）	國文 ★高A組：（黎白、陳啓珍、潘玉雯、賴明偉、徐嘉嘉寅、夏正蜂、吳辰恩、蔡速菜、劉劍明、陶哲、王嘉祥） ★高B組：（夏正蜂、吳辰恩、蔡速菜、劉劍明、陶哲、王嘉祥） 低組：（楊棕尾、蕭進藤、于光鐘、陳號南、許惠枝）
1	08：20 ｜ 09：10	英文 低組：（蕭進藤）	英文 低組：（蕭進藤）	數學 ★低組：（蕭進藤）	數學 ★低組：（蕭進藤）	化工裝置 ★（王麗紅）
2	09：20 ｜ 10：10	電子學 ★（陳勇仁）	電子學實習 ★（陳勇仁）	基本電學 ★（蕭進藤）	基本電學實習 ★（蕭進藤）	化工裝置 ★（王麗紅）
3	10：20 ｜ 11：10	電子學 ★（陳勇仁）	電子學實習 ★（陳勇仁）	基本電學 ★（蕭進藤）	基本電學實習 ★（蕭進藤）	化工裝置 ★（王麗紅）

化工裝置 ★（王麗紅）	基本電學實習 ★（蕭進藤）	基本電學 ★（蕭進藤）	電子學實習 ★（陳勇仁）	電子學 ★（陳勇仁）	11：20 ｜ 12：10	4	
					12：30 ｜ 13：10	午休	
	基礎化工 ★（王麗紅）	分析化學 ★（王麗紅）			13：10 ｜ 14：00	5	
	基礎化工 ★（王麗紅）	分析化學 ★（王麗紅）	工程力學 ★（王劍旻）	數學 ★低組：（蕭進藤）	14：10 ｜ 15：00	6	
英文 ★高組：（郝欲想、葉偉婷、于光鐘、蔡速棻、陶哲、郭宏治） ★中組：（黎白、徐嘉寅、夏正蜂、吳辰恩、陳號南、劉劍明） 低組：（蕭進藤）	英文 ★高組：（郝欲想、葉偉婷、于光鐘、蔡速棻、陶哲、郭宏治） ★中組：（黎白、徐嘉寅、夏正蜂、吳辰恩、陳號南、劉劍明） 低組：（蕭進藤） 基礎化工 ★（王麗紅）	國文 ★高A組：（黎白、陳啓珍、潘玉雯、賴明偉、徐嘉寅、夏正蜂、吳辰恩、蔡速棻、劉劍明、陶哲、王嘉祥） ★高B組：（夏正蜂、吳辰恩、蔡速棻、劉劍明、陶哲、王嘉祥） 低組：（楊棕尾、蕭進藤、于光鐘、陳號南、許惠枝） 分析化學 ★（王麗紅）	工程力學 ★（王劍旻） 數學 ★低組：（蕭進藤）	數學 ★高組：（黎白、郝欲想、陳啓珍、楊棕尾、潘玉雯、賴明偉、許惠枝、馬拉桑） 社交技巧B組：（夏正蜂、吳辰恩、周捷倫、陳津鋒、王劍旻、江見民、蕭進藤、葉偉婷、徐嘉寅）	15：10 ｜ 16：00	7	

| 學習策略（郝欲想、陳啓珍、蕭進藤、潘玉雯、林佑佳、葉偉婷、徐嘉寅、吳辰恩、蔡逮棻、陶哲、郭宏治） | 社交技巧A組：（黎白、郝欲想、楊棕尾、賴明偉、許惠枝、馬拉桑） | 社交技巧A組：（黎白、郝欲想、楊棕尾、賴明偉、許惠枝、馬拉桑） | 數學★高組：（黎白、郝欲想、陳啓珍、楊棕尾、潘玉雯、賴明偉、許惠枝、馬拉桑）
社交技巧B組：（夏正蜂、吳辰恩、周捷倫、陳津鋒、王劍旻、江見民、蕭進藤、葉偉婷、徐嘉寅） | 學習策略（郝欲想、陳啓珍、蕭進藤、潘玉雯、林佑佳、葉偉婷、徐嘉寅、吳辰恩、蔡逮棻、陶哲、郭宏治） | 16：10
｜
17：00 | 8 | |

如上所述，高中職資源教師的工作內容大致可以分為學生的課業輔導、行為輔導、生涯輔導和特殊教育相關行政工作等類別。然而基於高級中學和職業學校的教育目標和課程規劃的差異，高級中學和職業學校的資源教室方案運作模式亦會有所不同，主要差別乃在於課業輔導的內容，高級中學偏向基本學科為主之學術導向課程，職業學校則以實用之職業導向課程為主。針對身心障礙學生之課業輔導，職業學校資源教師所面對的各類科學生之學習輔導挑戰將更大，因此如何善用校內外的教學資源，以協助職業學校各類科學生專業課程的學習，更有賴資源教師的主動爭取與協調校內外相關單位的資源配合。表8-2-5為國立某高工之一週資源班總課表，以呈現資源教師和校內普通班專科教師共同提供學生所有特殊教育需求的狀況。此資源班以一位教師每週12節授課時數排課，★為代表安排由學校之各專科教師進行學生課業輔導，其餘由資源教師擔任授課。

表8-2-5 ○○高工資源教室週課表總表

國立○○高工九十七學年度第一學期資源教室總課表

五	四	三	二		一	星期	
學習策略 外加 （韓參、徐淑貞、周捷倫、丁珍珍）	生活小團體 外加 （韓參、歐陽斯）	學習策略 外加 （彭大海、郭聰敏、李水）	生活小團體 外加 （林淑、彭大海、彭建明、張阿嘉）		生活小團體 外加 （張雅惠、穆榮復、吳茂柏）	07：20 ｜ 08：10	早自修
			圖學實習 完全抽離 ★（郭聰敏）		機械原理 完全抽離 ★（王元、李平）	08：20 ｜ 09：10	1
	數學 完全抽離 ★（徐淑貞、周捷倫）	自然領域 完全抽離 ★（李雯、曾松尾、江建民）	數學 完全抽離 ★（徐淑貞、周捷倫）	圖學實習 完全抽離 ★（郭聰敏）	機械原理 完全抽離 ★（王元、李平）	09：20 ｜ 10：10	2
	英文 完全抽離 ★（丁珍珍、張小珍）			圖學實習 完全抽離 ★（郭聰敏）	社會領域 完全抽離 （林家芬、林麗雲、林立華）	10：20 ｜ 11：10	3
						11：20 ｜ 12：10	4
		轉銜輔導 外加 （郭聰敏、王元、李平）				12：30 ｜ 13：10	午休
						13：10 ｜ 14：00	5

（ ）內爲學生姓名 ★表示原授課教師上課

		英文 完全抽離 ★（丁珍珍、張小珍）			14：10 ｜ 15：00	6	
國文 外加 （林家芬、林麗雲、林立華）					15：10 ｜ 16：00	7	
國文 外加 （林家芬、林麗雲、林立華）	英文 外加 （張妃、劉貝、關宇）	英文 外加 ★（丁珍珍、張小珍） 學習策略 外加 （彭大海、郭聰敏、李水、李平）	數學 外加 ★（彭大海、夏有子、張玉燕） 國文 外加 （林家芬、林麗雲、林立華）	數學 外加 ★（彭大海、夏有子、張玉燕）	16：10 ｜ 17：00	8	

二、資源教師的教學和授課時數議題

目前國內由於高中職資源教室的運作模式仍尚未如國中小的發展成熟和定型，各校資源教師的員額編制也低於國中小的資源教師編制。目前大多數高中職資源教師編制乃以一校一人為主，因此高中職資源教師的授課時數也易形成爭議。本書作者基於高中職資源教室的功能考量，以及徵詢許多資深優秀高中職資源教師的意見後，原則上支持高中職資源教師必須有授課時數的規定，以定期密集方式提供此階段身心障礙學生的各種特殊教育需求課程，例如基本學科和學習策略、社會技巧到生涯規劃等課程教學。

依據教育部於102年公告的「教育部主管之高級中等學校輔導身心障礙學

生實施要點」，設立資源班的學校，應聘請特殊教育合格教師擔任導師一職，此教師可減授其每週基本授課時數四節；學校設立資源教室者，應遴選校內教師辦理特殊教育業務，此教師可減授其每週基本授課時數六節。

表8-2-6為教育部國民及學前教育署於民國103年公告之高級中等學校教師每週教學節數標準，依據此規定專任教師與兼任導師之間的任課時數差異為四節課，專任教師擔任二種以上課程教學時，各該課程每週基本教學節數相同者，按各該課程教學節數合併計算；若基本教學節數不同者，依各該課程教學節數比例折算後併計之；兼任導師應擔任綜合活動課程每週一節之班會或班級活動教學，並併入第一項兼任導師之每週基本教學節數計算。本書作者認為因應102學年度開始實施之新修訂特殊教育課程大綱之規定，身心障礙學生仍需要學習普通教育科目及特殊需求課程，因此整體而言，高中職階段特殊教育教師包含特殊學校或集中式特教班，基本上可依據其授課課程領域，比照一般

表8-2-6　高級中等學校教師每週教學節數標準

<table>
<tr><th colspan="2">節數　職稱類別
課程</th><th>專任教師</th><th>兼任導師</th></tr>
<tr><td rowspan="2">語文領域</td><td>國文（含選修）</td><td>14</td><td>10</td></tr>
<tr><td>英文（含選修）</td><td rowspan="4">16</td><td rowspan="4">12</td></tr>
<tr><td>數學（含選修）</td><td></td></tr>
<tr><td>社會領域（含選修）</td><td></td></tr>
<tr><td>自然領域（含選修）</td><td></td></tr>
<tr><td>藝術領域（含選修）</td><td></td><td rowspan="2">18</td><td rowspan="2">14</td></tr>
<tr><td>生活領域（含選修）</td><td></td></tr>
<tr><td>生活領域之計算機概論、資訊科技概論</td><td></td><td>16</td><td>12</td></tr>
<tr><td>健康與體育（含選修）</td><td></td><td rowspan="2">18</td><td rowspan="2">14</td></tr>
<tr><td>全民國防教育（含選修）</td><td></td></tr>
<tr><td>各群科學程之專業課程（含選修及專題製作）</td><td></td><td>16</td><td>12</td></tr>
<tr><td rowspan="2">各群科學程之實習課程（含選修及專題製作）</td><td>分組</td><td>18</td><td>14</td></tr>
<tr><td>不分組</td><td rowspan="2">16</td><td rowspan="2">12</td></tr>
<tr><td colspan="2">藝術才能班（音樂、美術、舞蹈）、體育班</td></tr>
<tr><td colspan="2">選修課程（生命教育類、生涯規劃類、其他類）</td><td>18</td><td>14</td></tr>
</table>

表8-2-7　為學校兼任行政職務教師之每週基本教學節數

職稱類別＼節數＼班級數	九班以下	十班至十八班	十九班至二十四班	二十五班至三十班	三十一班至四十班	四十一班至五十班	五十一班至六十班	六十一班以上
副校長、秘書 一級單位：處、室、圖書館主任	8	6	4	2	2	0	0	0
二級單位：教學、註冊、訓育、生活輔導、衛生組長	9	9	7	6	4	2	0	0
前欄以外其他編制內組長	10	10	8	8	6	4	2	0
各群、科、學程主任	全科總班級數三班以下者，九節：四班至六班者，八節；七班至九班者，七節；十班以上者，六節。							

學校教師的任課時數規定辦理，而且特殊需求課程亦可列入選修課程的節數規範。假若特殊教育教師任課的課程領域在一個課程以上時，仍可依據普通教育之「基本教學節數不同者，依各該課程教學節數比例折算後併計之」的規定實施。表8-2-7為學校兼任行政職務教師之每週基本教學節數，資源教師若有兼任二級單位之特教組長，應可比照辦理。

高雄市於97學年度起規定各校高中職資源班可設召集人一人，此召集人須兼辦校內特殊教育行政工作，每週授課時數為6-8節，召集人以外之專任資源教師之授課時數則為16節，比照一般高中職專任教師之授課時數規定。臺北市高級中學和職業學校的教師每週任課時數規定，則將自足式特殊教育班導師的任課時數訂為12節，專任教師為16節，身心障礙資源班召集人可減授4節課為12節，全校班級數在18班以下的特教組組長授課時數為9節，全校班級數在19-24班的特教組組長授課時數為7節，全校班級數在25-30班的特教組組長授課時數為6節，全校班級數在31-40班的特教組組長授課時數為4節，全校班級數在41-50班的特教組組長授課時數為2節，全校班級數在51班以上的特教組組長則為零授課時數。

綜合以上所述，目前全國高中職資源班教師的任課時數會依據所屬地方主管單位的不同而有所差異，然而本書作者認為高中職資源教室未來在運作實施更加成熟穩定後，應該可以重新檢討此些教師授課時數規定的適切性，以讓資源教室的靈魂人物——資源教師更可以充分發揮其職責。

三、資源班（教室）的校內行政單位歸屬

資源教室的服務模式除了資源教師之外，校內其他相關人員的共同協助亦是扮演著成敗的關鍵，然而高中職資源教室在校內的行政組織歸屬，也一直是一個被廣泛討論的議題，目前大多數的學校會設立在教務處或是輔導室，有極少數的學校也會設在學務處。民國97年臺北市訂定有「臺北市中等以下學校特殊教育相關支援及工作職責要項」，以落實辦理學校特殊教育工作之行政分工與合作和相關支援，此要項針對人員職責、處室職責和相關支援三部分列出各自的工作職責；人員分為校長、輔導主任（主任輔導教師）／教務主任、特教組長、特教教師和普通班教師五類，處室則包含教務處、訓導處／學務處及教官室、總務處、輔導室、實習輔導處、會計室、人事室，相關支援包含教師會、家長會和特殊教育學生家長，提供各校參考辦理，以提供特殊教育學生的整合性服務，此要項附列於本章第三節。

本書作者於2008年曾參與編輯「高雄市高級中等學校資源班工作手冊」，此編輯小組乃由高中職主任輔導教師和資源教師共同組成，我們經由討論評估後提出高中職資源班（教室）的行政組織架構如下圖8-2-1，此小組認為以高中職資源教室的功能和對學生的協助特質考量，行政組織宜架構在主任輔導教師之下，以強化對身心障礙學生整體性輔導的機制；倘若校內亦有自足式特教班的設立，此行政組織規劃則亦結合所有特殊教育教師組成完整的特殊教育組織團隊，提供全校性更周全的人力資源和教學資源的整合。

對於國立高中職而言，依據102年公告之「教育部主管之高級中等學校輔導身心障礙學生實施要點」，其中對於各國立高中職學校資源班（教室）的行政單位歸屬並無強制規定，也就是尊重各校校園文化和特色，各校可以自行規劃其行政單位的歸屬，目前國內高中職資源班（教室）大多歸屬在教務處或輔導室。唯有賴於校內各處室人員的分工合作，才能全方位幫助身心障礙學生的

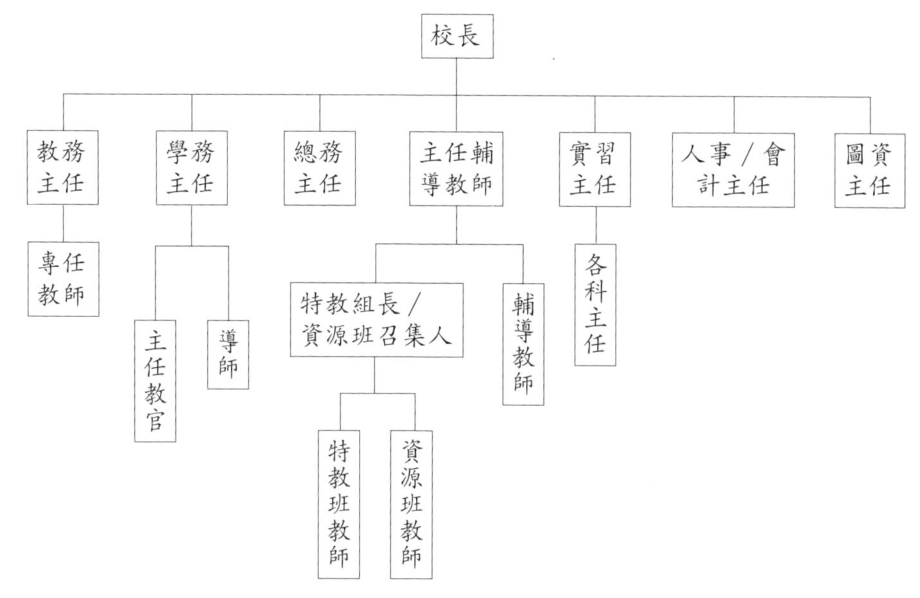

圖8-2-1　高雄市高中職資源班的學校行政組織架構圖

學習和適應，使特殊教育的全校性介入服務確實的幫助安置於普通班的身心障礙學生。「高雄市高級中等學校資源班工作手冊」對於駐校式和巡迴式資源教師的工作職責，以及資源教師如何與校內相關單位人員的合作有所說明，此工作手冊之部分內容載於本章第三節，亦可以提供相關人員作參考。

第三節　高中職資源教室相關行政規定

本節乃彙整我國高中職有關身心障礙學生資源教室的相關規定，計有教育部、臺北市和高雄市對高級中等學校和職業學校的資源班（教室）的相關行政規範，以及臺北市一所高中的資源教室實施計劃等。

目　錄

一、教育部主管之高級中等學校輔導身心障礙學生實施要點

二、臺北市高級中等學校96學年度身心障礙學生輔導實施計畫

三、臺北市中等以下學校特殊教育相關支援及工作職責要項

四、高雄市高級中等學校身心障礙學生輔導實施計畫

五、高雄市高級中等學校資源班工作手冊（部分內容）

一、教育部主管之高級中等學校輔導身心障礙學生實施要點

民國101年12月18日修正

一、依據：教育部國民及學前教育署（以下簡稱本署）為執行高級中等以下學校身心障礙學生就讀普通班之教學原則及輔導辦法及特殊教育支援服務與專業團隊設置及實施辦法之規定，特訂定本要點。

二、目的

㈠協助教育部（以下簡稱本部）主管之高級中等學校身心障礙學生順利完成學業，並促進其生活、學習、社會及職業等各方面之適應。

㈡提供適性教育，使其充分發展身心潛能。

㈢培養健全人格，增進社會服務能力。

三、輔導對象：就讀本部主管之高級中等學校，並符合以下條件之一者：

㈠經直轄市或縣（市）特殊教育學生鑑定及就學輔導委員會鑑定為身心障礙者。

㈡領有身心障礙手冊或證明者。

四、輔導組織

㈠各校應成立特殊教育推行委員會，由校長擔任主任委員，並由各單位主管、普通教師代表、特殊教育教師代表及特殊教育學生家長代表共同組成之。

㈡各校應視實際需要，由校長召集各有關處、室、科、組之有關行政人員、任課教師、導師與輔導教師等組成輔導小組，並指定專人負責聯繫、協調及規劃身心障礙學生輔導工作。輔導小組應每學期召開會議，研商輔導身心障礙學生相關事宜。

㈢國立高級中等學校（以下簡稱國立學校）應依下列原則設立資源教室或分散式資源班：

1.普通班身心障礙學生二十人以下者，應設立資源教室，遴聘具特殊教育專業知能之教師辦理資源教室業務，並得減授其每週基本授課時數六節。

2.普通班身心障礙學生二十一人以上者，應申請設立分散式資源班，置專任教師一人至三人，並由其中具合格特殊教育教師資格之一人擔任導師，每週減授其基本授課時數四節。本署分三年補助開班費資本門新臺幣五十萬元，第一年核撥新臺幣二十五萬元，第二年核撥新臺幣十五萬元，第三年核撥新臺幣十萬元。

㈣私立高級中等學校（以下簡稱私立學校）於普通班招收身心障礙學生者，應成立資源教室，本權責視實際需要對兼辦資源教室方案業務教師減授其每週基本授課時數，最高以六節為限，增加之兼代課鐘點費，由本署補助輔導身心障礙學生經費項下支應。

㈤各校符合前二款規定者，得逕設資源教室，免送本署核定，並不列入各校核定之班級數計算；分散式資源班之設立，各校應提出計畫（格式如附件一），報本署核定實施，其班級數列入各校核定之班級數計算。但不作為增加行政組織及教師兼任行政主管減授鐘點之依據。

㈥兼辦資源教室教師之任務職掌，應包括擬具特殊教育方案、資源教室工作計畫與行事曆、協調聯繫各處室與任課教師之行政與教學工作、選編教材教具與教學資源、建立資源教室學生資料、擬定身心障礙學生IEP與各項輔導工作及個案會議、親師聯繫、轉銜服務、對外接洽資源服務及其他有關資源教室教育事宜。

五、輔導原則

㈠各校應建立無障礙校園環境，改善各項硬體設施，提供最少限制之學習環境，以增進身心障礙學生學習成效及身心健全發展。

㈡各校分散式資源班（教室）有關單位及人員應密切配合，發揮整體輔導與相互支援功能，充分利用社會資源，成立志工制度，以協助身心障礙學生克服課業及生活上之問題，並應優先遴聘熱心且對特殊教育工作意願高，具有下列條件之一之具特殊教育專業知能合格教師：

1.具有特殊教育教師或輔導教師資格者。

2.曾修畢特殊教育課程三學分或已參加特殊教育研習五十四小時者。

㈢各校分散式資源班，應置導師一人，並依規定支領導師費。

㈣各校應主動聯繫師範校院特教系、特教中心、國立特殊教育學校及相關醫療機構等單位尋求協助，以規劃特殊課程，提供身心障礙學生適當之教育活動。

㈤各校對身心障礙學生之教學應重視個別化輔導，加強具體經驗之獲得、提供完整生活經驗，增廣學習機會並鼓勵參與自我成長活動。

㈥各校應安排普通班學生與身心障礙學生進行各項交流互動之活動。

六、輔導方式

㈠始業輔導：學校對於新生入學之身心障礙學生，應於開學二週內安排專業教師、輔導老師、志工或工讀同學，並舉行座談實施生活輔導及學業輔導。

㈡個別及團體輔導：各校應聘請輔導、心理諮商人員或任課教師，依學生個別差異、事實需要，及問題類別採定時或不定時之個別或團體輔導方式，予以必要之協助。

㈢社團及志工制度：各校得運用啟明、啟聰、民間團體等特殊教育性質之社團或由具有服務熱忱之同學中，選派專人輔導身心障礙學生學習（例如手語、翻譯、點字、報讀及錄音等工作）或成立志工制度，遴選優秀志工協助障礙學生克服課業及生活上之問題。

㈣研習營及自強活動：各校除得利用假期舉辦自強活動或夏（冬）令營，以提倡正當休閒活動，促進身心健康外，並得安排身心障礙學生參加各類成長營與研習活動，擴展人際關係，學得一技之長。

㈤親師座談及專題研討：各校得定期規劃辦理親師座談會，並邀請特殊教育與輔導方面之相關學者及專家辦理專題研討，藉以溝通觀念，瞭解問題，以達解決困難之目的。

㈥個別化教育計畫（IEP）：各校除建立身心障礙學生完整基本資料外，應擬訂個別化教育計畫，給予個別或混合之學業輔導、生活輔導、職業輔導、心理輔導、體能訓練等，並應於每次輔導過後，詳載個案或輔導紀錄，以提供進一步協助及適切輔導之依據。

(七)課程發展：以生活適應、技能學習及生存發展為基礎訂定適性課程，協助身心障礙學生順利完成學業。

(八)個別化轉銜輔導（ITP）：各校應於身心障礙學生入學時結合個別化教育計畫，規劃提供轉銜服務，結合教務處、學務處、實習輔導處與輔導室相關人員，規劃身心障礙學生轉銜服務及輔導。

(九)生涯輔導：各校應提供身心障礙學生升學或職業輔導相關訊息，並培養適應未來生活知能，促進身心障礙學生生涯發展能力。

七、成績考查

(一)身心障礙學生之教學及評量，應以個別化、多元化為原則，規劃適性課程，配合學生身心發展而實施，並衡酌學生之學習優勢管道，彈性調整其評量方式。

(二)各校得另定身心障礙學生成績考查補充說明，並經特殊教育推行委員會通過後實施。

八、本署行政支援措施

(一)輔導經費及補助基準規定如下：

1.各校輔導身心障礙學生所需之行政業務費、工讀生服務費、輔導人員輔導鐘點費、教具教材費、教學輔助費及其他相關費用等經費，國立學校由各校編列預算，本部酌予補助；私立學校依補助基準擬具輔導實施計畫向本部申請補助。

2.補助基準規定如下：

項目	補助基準	說明
一、輔導行政業務費	一、安置身心障礙學生者，每校每年基本行政費新臺幣五千元。 二、另依身心障礙學生人數，每年每人補助新臺幣三千元。 三、本項最高補助以新臺幣二萬元爲限。	身心障礙學生以領有身心障礙手冊或經直轄市、縣（市）政府鑑定輔導委員會鑑定爲身心障礙者爲主要補助對象。

項目	補助基準	說明
二、工讀生服務費	輔導中、重度身心障礙學生每年每人新臺幣五千元。	一、本項經費用於工讀生協助中、重度以上學生生活及課業之輔導。 二、依學生人數列計，由學校輔導小組統籌專款專用。
三、輔導人員輔導鐘點費	一、重度視障（使用點字）、重度聽障學生及重度腦痲、重度肌肉萎縮學生每年每人新臺幣二萬四千元。 二、輔導中、重度身心障礙學生每年每人新臺幣七千二百元。 三、輔導身心障礙學生人數（不含中、重度）合計七十五人以上，每年每校補助新臺幣十五萬元；五十人以上未滿七十五人，每年每校補助新臺幣十萬元；二十人以上未滿五十人，每年每校補助新臺幣六萬元；十人以上未滿二十人，每年每校補助新臺幣三萬元；九人以下，每年每校補助新臺幣一萬五千元。	一、本項經費補助實際施予輔導身心障礙學生之導師、輔導教師或任課教師每月特教輔導鐘點費。 二、經費由學校統籌分配運用。 三、經費補助視本室年度預算額度調整之。 四、學障學生補助需持有直轄市縣（市）政府鑑定輔導委員會證明。
四、教具教材及相關教學輔助費	身心障礙學生十人以下，最高補助新臺幣二萬五千元；超過十人，最高補助新臺幣四萬五千元。	

(二)整合各特教學校專業團隊力量，規劃成立高級中等學校身心障礙學生輔導團，結合視聽障巡迴輔導班，定期巡迴各校輔導，並規劃辦理各項進修研習活動，以增進教師特教知能。

(三)協調淡江大學盲生資源中心，中山醫學大學附設復建醫院輔具中心，高雄師範大學聽語障學生學習輔具中心，評估並提供身心障礙學生所需輔具。

(四)強化輔導與轉銜，訂定身心障礙學生就學輔導委員會設置規定，處理安置後適應困難之身心障礙學生轉學輔導事宜，並辦理相關研習，落實轉銜通報及轉銜輔導機制。

㈤提高師資素質，鼓勵高中職教師就近參加各直轄市、縣（市）政府、師範院校或特殊教育學校所舉辦之相關特教課程與教學、就業轉銜、職務再設計等知能之觀摩研習活動。

㈥落實課程與教學，分區辦理IEP研習會，充實臺灣省網路IEP系統及資料庫內容，鼓勵公私立高中職將已研發之優良教材上網，拓展經驗之交流分享。

九、評鑑及獎勵：核定設立分散式資源班之學校，應於第一學期開學後一個月內召開特殊教育推行委員會會議，研訂預期成果，並於第二學期結束後（每年七月十五日前）填妥評核表（如附件二）送本署特殊教育科備查，作為下年度補助經費之參考依據。

十、本署得視需要聘請學者專家及有關人員組成審核小組，依各校辦理身心障礙學生輔導實施計畫成果審查，並分區召開輔導工作會報，以檢討工作成效，交換心得與經驗；各校輔導成效及辦理情形優良者，予以獎勵。

二、臺北市高級中等學校96學年度身心障礙學生輔導實施計畫

96年8月1日北市教特字第09636023501號函修訂

一、依據

㈠特殊教育法暨其施行細則相關規定。

㈡各級主管教育行政機關提供普通學校輔導特殊教育學生支援服務辦法。

㈢高級中等以上學校提供身心障礙學生教育輔助器材及相關支持服務辦法。

二、目的

協助就讀高級中等學校身心障礙學生順利完成學業，並促進其學習、心理、情緒、社會及職業等之適應能力，以充分發展其潛能。

三、輔導對象：就讀本市公私立高級中等學校並符合以下條件之一者。

㈠領有身心障礙手冊之學生。

㈡經直轄市或縣（市）特殊教育學生鑑定及就學輔導委員會鑑定通過持有鑑定證明文件之身心障礙學生。

四、輔導原則

㈠各校應成立「特殊教育推行委員會」，負責推動全校特殊教育工作。

㈡學校應遴選績優熱心或受過特殊教育訓練之教師擔任身心障礙學生之學業及生活輔導工作。

㈢學校為輔導身心障礙學生順利學習，應視實際需要召集有關人員、任課教師、導師及輔導教師，舉行輔導會議。

㈣身心障礙學生之教學，應重視學生個別化輔導：彈性課程的設計、優勢能力的學習、具體經驗的獲得，提供完整生活的體驗，並鼓勵自我活動。

㈤學校應建立無障礙校園環境，提供最少限制之學習環境，以增進身心障礙學生學習成效及身心健全發展。

㈥學校有關單位、人員及家長應密切配合，發揮整體輔導與相互支援功能，充分利用學校及社會資源，建立志工制度，協助身心障礙學生克服課業及生活上之問題。

㈦學校主動聯繫大學院校特教相關系所、特教中心、醫療機構、特殊教育資源中心等單位尋求資源與協助，以規劃特殊教育課程，提供特殊教育學生適當的教育資源。

五、輔導工作要項

㈠始業輔導：對於身心障礙學生，學校應於開學前或開學後2週內協助安排資源教學專業教師、認輔教師、志工及同學，舉行座談，以建立良好互動關係。

㈡個別與團體輔導：各校聘請特教學者專家、醫師、治療師、心理諮商人員、輔導教師、內外聘資源課程教師，依學生個別差異、需要及類別，採定時或不定時之個別或團體輔導並予以必要之協助。

㈢社團與志工制度：各校可運用社團活動，如慈幼社、愛盲社…等具特殊教育性質之社團，或選派具服務熱忱之同學，協助身心障礙學生學習並克服課業及生活問題。

(四)研習營及育樂活動：各校得利用假期舉辦各類研習或育樂活動，並鼓勵身心障礙學生積極參與，以培養學生合群、樂觀進取之人生觀。

(五)親師生座談會及專題研討：各校應定期規劃辦理親師生座談會，並邀請特殊教育及其所需輔導方面之相關學者專家辦理專題研討，藉以溝通觀念，瞭解問題，以達解決困難之目的。

(六)個別化教育計畫（I.E.P）：各校除建立身心障礙學生完整基本資料外，應依需求擬訂個別化教育計畫，給予學業輔導、生活輔導、職業輔導、心理輔導、體能訓練……，並應登錄於個案輔導紀錄內，俾利提供更適切之協助及轉銜輔導。

(七)個別化轉銜服務：各校於身心障礙學生入學高中職時應結合個別化教育計畫（I.E.P.）規劃提供轉銜服務，結合教務處、實習輔導處、輔導室、學務處等相關人員，規劃身心障礙學生相關轉銜服務及輔導。

(八)巡迴輔導：除由本局視障學生、聽障學生、情緒及行為問題專業支援輔導團隊提供巡迴輔導與專業諮詢外，各校可依需求申請上述團隊到校支援。

(九)就業輔導：各校提供就業職業訓練相關訊息，並培養職場適應能力，增進身心障礙學生就業之能力。

(十)升學輔導：各校提供升學相關資訊，並協助身心障礙學生進行報名、資料準備、志願選填等事宜。

(十一)本局於中山女高成立高中職特殊教育輔導團，各校於輔導身心障礙學生過程如有相關需求，可逕洽該輔導團提供諮詢或到校服務。

六、身心障礙學生之教學可依學生身心狀況於學校、醫院或其他等適當場所實施。

七、成績考查

(一)考查原則

1. 身心障礙學生教學及考查應以個別化為原則，彈性規劃適性課程，配合學生身心發展而實施。

2. 各校應另訂校內身心障礙學生成績考查補充說明，並經特殊教育推行委員會通過後實施。

㈡考查內容：

1.德行成績之考查：可依學生特殊身心需求，彈性調整出缺勤規定。

2.學業成績之考查：可依學生身心發展與個別差異，擬定個別化教育計畫，安排適當學習課程，訂定學習目標及評量標準，並可調整學生修習畢業學分數（如必修、選修及必選修之總學分數可以依學生特殊需求作調整）。

八、師資：各校聘用身心障礙資源班、綜合職能科（高職特教班）編制內教師時，應晉用合格特教教師。

九、經費與設備

㈠市立高中、高職身心障礙資源班每班編列人事費(或鐘點費)、業務費及設備費以辦理各項特教工作。

㈡私立高中職、市立高中職夜間部及進修學校依身心障礙學生需要訂定輔導計畫（含學生名單及每週教學配表），於每年9月30日前報局申請專款補助：每生每學年平均補助鐘點費40節、辦公事務用品費2,400元，共18,400元整。

【分2期撥款：第1期含18節鐘點費7,200元、辦公事務用品費1,200元共8,400元，第2期含22節鐘點費8,800元、辦公事務用品費1,200元，共10,000元】。以上補助以預算所列單價金額為上限，得依學生實際需求彈性調整，不足經費由各校自行籌措。另如各校評估有聘請專業人員提供相關支援之需求時，可彈性調整鐘點費改聘請專業人員到校支援輔導身心障礙學生事宜。

㈢學校如因學生身心狀況需要，安排醫師、相關專業人員、專門技術人員、輔導教師等提供教學或服務，得於「身心障礙資源班」或「資源教室」經費項下支應。

㈣學校輔導身心障礙學生如有特殊需求，可專案向本局申請補助。

十、敘獎：各校輔導身心障礙學生之導師、任課教師、輔導教師及行政人員等，學校得依權責辦理敘獎。每學年敘獎額度如下：

㈠身心障礙學生10人以下，敘嘉獎2次5人、嘉獎1次10人。

(二)身心障礙學生20人以下，敘嘉獎2次10人、嘉獎1次15人。

(三)身心障礙學生每20人以上，每增加1名學生，增加嘉獎1次1人。

三、臺北市中等以下學校特殊教育相關支援及工作職責要項

95.8.17北市教特字第09536291500號函函發

97.8.7北市教特字第09736777900號函修正

一、依據

各級主管教育行政機關提供普通學校輔導特殊教育學生支援服務辦法第二條。

二、目的

落實辦理學校特殊教育工作之行政分工與合作及相關支援，提供特殊教育學生整合性服務。

三、辦理特殊教育工作

(一)校長

1.行政策略決定。

2.統籌督導、領導校園特殊教育團隊之運作。

3.審核特殊教育之工作計畫。

4.定期召開特殊教育推行委員會會議。

5.聘請特殊教育專業教師。

6.其他相關事項。

(二)輔導主任（主任輔導教師）／教務主任

1.督導推動特殊教育各項活動內容。

2.協助特殊需求學生鑑定安置及轉銜工作。

3.召開特殊需求學生個案會議，並提供輔導諮詢。

4.評鑑特教工作之績效，並提供改進方法。

5.其他相關事項。

㈢特教組長

1. 擬定行事曆及各項計畫與活動。
2. 執行特殊教育各項工作事宜。
3. 依特教推行委員會決議辦理相關事宜。
4. 辦理特殊教育教學研究會、個案研討會、家長座談會及行政協調會等會議。
5. 與行政單位、普通班教師協調特教相關事宜。
6. 依特殊教育學生需要規劃課程內容、編排課表及師資安排。
7. 辦理各項特殊需求學生鑑定、轉銜工作及安置適當班級。
8. 邀請專家學者辦理專題演講，籌劃及辦理各項特教研習活動。
9. 協助處理特殊教育學生申訴案件。
10. 提供特殊教育學生特殊考場及監考。
11. 協調相關處室規劃特教學生安置班級及教室位置。
12. 辦理特殊教育宣導活動，提昇校園融合教育理念。
13. 提供教師、學生及家長特殊教育諮詢服務。
14. 提供各項特殊教育相關資訊，如專業知能、活動訊息及研習公告。
15. 協助處理特殊教育學生突發狀況或緊急事件。
16. 採購教學所需設備器材。
17. 提供特教教師各項行政資源。
18. 引進相關專業資源並統籌規劃運用。
19. 協助規劃校園無障礙環境。
20. 協助更新校園無障礙環境網頁專區資訊。
21. 其他相關事項。

㈣特教教師

1. 接受轉介及診斷鑑定、轉銜工作。
2. 建立特殊教育學生個案資料，擬定每位學生之IEP。
3. 加強特殊教育學生之生活輔導、心理輔導、生涯輔導、職業教育及追蹤輔導。

4. 教學與實施評量。
5. 選擇教材、改編教材及製作教具。
6. 與普通班教師保持聯繫，交換教學心得。
7. 進行特教班經營自我評鑑。
8. 特殊教育學生家長之聯絡與親職教育。
9. 處理特殊教育學生突發狀況或緊急事件。
10. 接受普通班教師、導師、家長及學生之諮詢。
11. 協助辦理特殊教育行政工作。
12. 辦理始業輔導及入班宣導等團體輔導活動。
13. 其他相關事項。

㈤普通班教師

1. 接納並輔導特殊教育學生。
2. 調整適當座位以利特殊教育學生學習。
3. 配合特殊教育學生使用教學輔具及其所需特殊教育服務。
4. 參與特教相關研習及訓練，以充實特教知能。
5. 協調同儕接納並協助特殊教育學生。
6. 觀察特殊教育學生的班級表現，隨時與資源班教師聯絡，交換輔導心得及協助轉銜。
7. 配合特殊教育學生之需要，改變教材教法及調整評量方式，以達有效之學習。
8. 其他相關事項。

㈥教務處

1. 依特殊教育學生需要適當編班並協助推動融合教育。
2. 協助配合特殊教育學生課表編排及教學。
3. 協助遴選普通班導師接納資源班學生。
4. 提供合格特教師資擔任特教教師，並視需要安排特教教師與普通教師科目交流及協同教學。
5. 配合提供校內各項教學資源，如大字課本、錄音機及筆記型電腦等。

6. 處理特殊教育學生成績考查與登錄事宜。
7. 協助鑑定資優學生學科能力。
8. 參與推動資優教育方案。
9. 遴選適當的資源班外加或抽離課程任課教師。
10. 協助配合特殊教育學生課程之規劃與執行，如增/減學分數、免修、加修及跨修等。
11. 針對有需要的特殊教育學生安排動線方便之班級教室及專科教室。
12. 協助規劃特殊考場之監考、試卷處理等試務工作。
13. 提供特殊教育學生各項獎助學金申請資訊，並辦理相關業務。
14. 辦理更新校園無障礙環境介紹網頁業務。
15. 其他相關事項。

㈦訓導處／學務處及教官室

1. 配合特殊教育學生需求處理其出缺席管理與獎懲紀錄。
2. 協助特殊教育學生之安全行為、秩序、儀容、整潔等管理。
3. 協助遴選普通班導師接納資源班學生。
4. 協助特教組辦理校內外各項活動。
5. 協助評量特殊教育學生生活適應能力。
6. 參與推動資優教育方案。
7. 依特殊教育學生需求協助處理體育術科免修、軍護術科或學科免修及彈性調整評量方式。
8. 處理特殊教育學生臨時突發狀況或緊急事件。
9. 協助安排特殊教育學生參與適當之社團活動，並知會社團指導教師。
10. 充分提供特教學生參與校內外各項集會活動之機會。
11. 規劃特殊教育學生各項演習活動之路線，尤其針對行動不便之特教學生。
12. 其他相關事項。

㈧總務處

1. 提供良好場所作為特教班及資源班教室。

2.支援特殊教育學生教學所需之教材及設備。

3.特教組設備及財產之採購、登記及報銷。

4.協助各項無障礙設施之規劃、更新及維護。

5.特殊教育學生助學金之發放及高中職學雜費減免相關事項。

6.其他相關事項。

㈨輔導室

1.舉辦特殊教育學生親職教育座談會及親師生座談會。

2.協助鑑定特殊教育學生智力或性向及轉銜。

3.辦理始業輔導及入班宣導等團體輔導活動。

4.安排及遴選特教學生之認輔教師。

5.與特教教師合作提供特殊教育學生生活輔導及學習輔導。

6.提供特教學生個別諮商及心理輔導。

7.針對有需要之特殊教育學生安排轉介相關機構。

8.提供教師、學生及家長諮詢服務。

9.提供特殊教育學生生涯輔導，包括性向、學業能力等各項評估及相關輔導課程。

10.提供特殊教育學生升學輔導，亦即提供升學資訊、升學管道說明等。

11.協助安排志工家長、班級志工同學以提供特殊教育學生相關支援。

12.其他相關事項。

㈩實習輔導處

1.協助特殊教育學生參加中、英文輸入檢定及商業類丙級、工業類丙級技術士技能檢定之報名、特殊考場安排、檢定成果、證照校對、發放等事宜。

2.協同特教組辦理校內、外實習工作及教學改進事宜。

3.協助特教組規劃學生就業講座，或赴產業界、公民營事業參觀事宜。

4.協同特教組辦理本校身心障礙學生建教合作事宜

5.協同特教組對特殊教育畢業生升學、就業調查統計、分析並持續追蹤研究。

6. 提供特教組有關人力市場資訊及職場安全、就業能力輔導等資訊。
7. 提供特殊教育學生有關就業機會、辦理求職登記及推薦就業等事宜。
8. 協助特殊教育學生參加校內技藝競賽及全國技藝競賽選手選拔事宜
9. 其他相關事項。

㈩會計室

1. 協助特教經費年度概算之編列。
2. 控管經費預算與執行。
3. 確實執行特教經費專款專用。
4. 其他相關事項。

㈪人事室

1. 提供特教教師進修資訊。
2. 鼓勵或表揚表現優異之特教教師及行政人員。
3. 協助特教教師晉用，並辦理特教津貼及輔導教師費等事宜。
4. 其他相關事項。

四、相關支援

㈠教師會

1. 於相關會議宣導特殊教育及融合教育。
2. 其他相關事項。

㈡家長會

1. 配合參與、支援各項特殊教育相關活動。
2. 其他相關事項。

㈢特殊教育學生家長

1. 主動與導師、任課教師、特教教師及輔導老師保持密切聯繫。
2. 隨時提供特殊教育學生學習、生活及休閒活動等方面的狀況，供教師作為輔導之參考資訊。
3. 配合導師、任課教師、特教教師及輔導老師之建議，以協助特教學生成長。

4.積極參與校內各項親師生座談及活動。

5.參加家長團體辦理之進修活動或家長成長團體。

6.其他相關事項。

五、本要項由臺北市政府教育局訂定，供各校參考辦理。

四、高雄市高級中等學校身心障礙學生輔導實施計畫

高雄市政府教育局93年9月7日第十七次局務會議審議通過

一、依據

(一)特殊教育法第十四條。

(二)高雄市（以下簡稱本市）就讀普通班身心障礙學生安置與輔導辦法第十一條。

二、目的

協助本市高級中等學校身心障礙學生順利完成學業，並促進其生活、學習、心理、情緒、社會及職業等之適應能力，提供適性教育，以充分發展潛能。

三、輔導對象：就讀本市高級中等學校並符合以下條件之一者

(一)經「高雄市特殊教育學生鑑定及就學輔導委員會」鑑定安置之身心障礙學生。

(二)領有身心障礙手冊之學生。

四、輔導組織

(一)各校應依「各級主管教育行政機關提供普通學校輔導特殊教育學生支援服務辦法」第五條規定，設立任務編組之特殊教育推行委員會。

(二)各校得設置資源班或資源教室，提供學生多元安置及適性教育，以充分發揮潛能。

(三)各校應視個案實際需要，成立專案輔導小組，協助輔導身心障礙學生相關事宜，並指定專人負責聯繫、協調與規劃是項輔導工作。輔導小

組應每學期召開會議，研商輔導身心障礙學生相關事宜。

㈣學校應遴選熱心或受過特殊教育訓練之教師擔任身心障礙學生之學業及生活輔導工作。

㈤各校可運用社團或選派具服務熱忱之同學，訓練助人技巧、成立志工學伴團隊，以協助身心障礙學生學習及生活適應等問題。

五、輔導原則

㈠身心障礙學生之教學，應重視學生個別化輔導，包括彈性課程的設計、多元化評量、優勢能力的學習及具體經驗的獲得。

㈡學校應建立無障礙校園環境，提供最少限制之學習環境，以增進身心障礙學生學習成效及身心健全發展。

㈢學校有關單位、人員及家長應密切配合，且主動聯繫各師範院校特教系、特教中心、醫療機構、特殊教育資源中心等單位尋求資源與協助，或申請身心障礙專業服務團隊協助，以發揮整體輔導與相互支援之功能，並充分利用學校及社會資源。

六、輔導工作要項

㈠學生輔導方式

1. 始業輔導：對於身心障礙學生，學校應於開學前或開學後二週內協助安排相關教師、輔導教師、認輔人員、志工及身心障礙學生，舉行座談，以建立良好互動關係。
2. 個別與團體輔導：依學生個別差異、需要、問題及類別，採定時或不定時之個別或團體輔導。必要時主動申請本市專業團隊或視、聽障巡迴教師配合協助。
3. 巡迴教師及專業團隊輔導：各校視學生特殊需求，主動向本市專業團隊及巡迴輔導教師申請提供服務。
4. 鼓勵參與課外活動：鼓勵身心障礙學生積極參與校內外各項社團活動，並培養合群、樂觀進取之人生觀。
5. 親師生座談會：各校定期規劃辦理親師生座談會，視需要邀請特殊教育及其所需輔導方面之相關學者專家辦理專題研討，藉以溝通觀念，瞭解問題，以達解決困難之目的。

6. 辦理個案研討：依個別化原則，瞭解身心障礙學生之生活及學習適應，擬定進行適性輔導，期達融合教育之效。
7. 個別化教育計畫（IEP）：各校除了建立身心障礙學生完整基本資料外，應擬訂個別化教育計畫。
8. 個別化轉銜計畫（ITP）：各校於身心障礙學生入學高中職時應結合個別化教育計畫（IEP）規劃提供轉銜服務。
9. 轉銜輔導：各校提供就業職業訓練相關訊息，並培養職場適應知能，增進身心障礙學生就業之能力，對於即將畢業之身心障礙學生，應就其需求，安排適切的轉銜輔導。

㈡教師專業知能進修

1. 各校教師出缺時應優先任用有特教專長背景教師。
2. 鼓勵教師參加特殊教育相關研習及課程訓練，以提昇教師擁有特教專業知能研習三學分或54小時研習時數，逐年提高特教專業知能教師人數比率。
3. 辦理教師知能研習，增進教師輔導知能，協助輔導身心障礙學生之學習適應。

七、成績考查

㈠考查原則：身心障礙學生成績考查應考量個別需要，以個別化為原則，提供適性與多元化評量。

㈡考查內容

1. 德性成績之考查：比照高中（職）學生成績考查辦理，惟可依其特殊身心需求，彈性調整出缺勤規定。
2. 學業成績（含體育成績、軍護成績、職業學校實習成績）之考查：依個別化教育計畫安排適當學習課程，並訂定學習目標及評量標準，採適性與多元化評量。

八、經費與設備

㈠輔導身心障礙學生所需之輔導鐘點費、行政業務費，公立學校依預算程序編列；私立學校於每年八月底前擬具輔導實施計畫，函送教育局專案申請補助（每學年補助輔導鐘點費及行政業務費額度，由教育局視預算及各校身心障礙學生數比率分配之），不足經費由各校自行籌措，以共同辦理身心障礙學生輔導事宜。

㈡學校輔導身心障礙學生如有特殊需求，安排醫師、相關專業人員、專門技術人員、輔導教師等提供資源教學或支援服務，可專案向教育局申請補助。

㈢設備得視實際需要由政府預算補助充實之。

九、訪視及追蹤輔導

㈠各校應提出輔導成效報教育局備查。

㈡教育局聘請學者專家以及資源中心等相關人力成立高中職特殊教育訪視小組，規劃至各校訪視輔導，以檢討工作成效及心得經驗交流。

十、附則：各校輔導身心障礙學生之績優者，得核實報教育局獎勵之。

五、高雄市高級中等學校資源班工作手冊（部分內容）

貳、行政篇

根據上述中央至地方的相關規定，高雄市高級中等學校資源班的行政運作模式整合如下：

一、設置目的：為協助本市高級中等學校身心障礙學生順利完成學業，並促進其生活、學習、心理、情緒、社會及職業等之適應能力，提供適性教育，以充分發展潛能。

二、服務對象：經「特殊教育學生鑑定及就學輔導委員會」（以下簡稱鑑輔會）鑑定安置於普通班，且具有特殊教育需求之身心障礙學生。

三、組織定位：

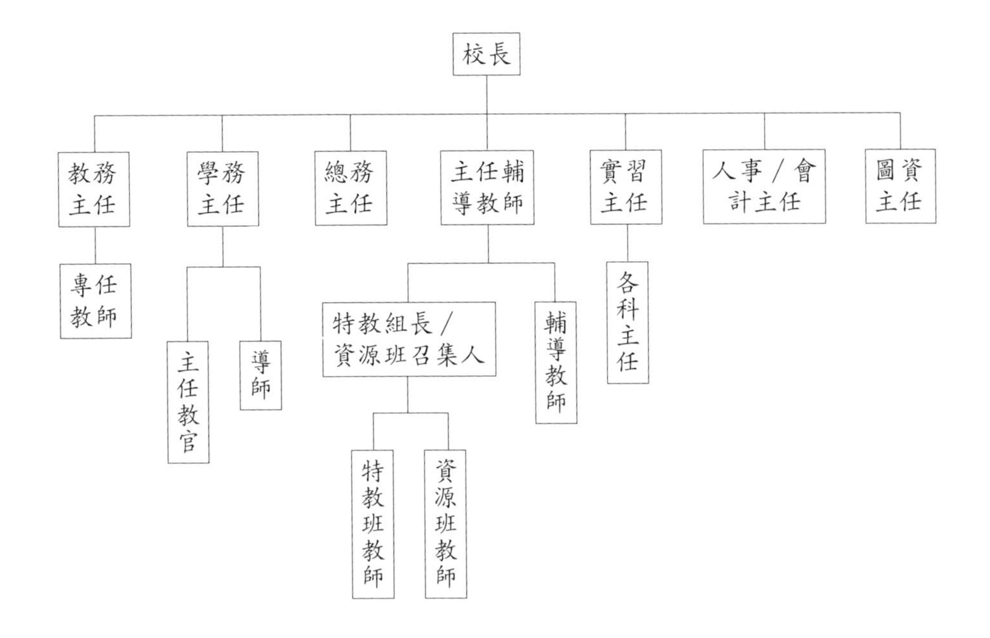

四、師資

㈠資源教師應任用特殊教育合格教師，且具有學科專長者擔任。

㈡授課時數：高中（職）資源班召集人授課節數6至8節，資源班專任教師授課節數16節，該授課時數的服務對象都是身心障礙學生，由資源教師完成「高中職資源班教師週課表」後繳交教務處並報教育局核備。

㈢授課內涵：資源班教師授課內容主要為「基本學科補救教學」、「學習策略教學」、「社交技巧教學」、「情緒管理教學」、「社會適應」、「自我決策」、「生涯規劃與輔導」等，或與身心障礙學生之普通班教師進行協同教學，其授課內涵應依學生個別需求給予適性之彈性調整。

㈣排課原則：對身心障礙學生安排應以小組方式辦理，並以個別化教學為原則，課程內容應優先加強學生基本學科課程補救教學。學期中進行排課調整時，得重新召開個別化教育計畫會議研議。資源教師授課時數不包括在普通班及自足式特教班的授課，普通班特殊教育學生經評估須進行學科輔導時，可由普通班級專任教師及資源班教師進行學科輔導，惟資源班教師乃納入其授課時數，如未超過統一規範之授課節數，不得再支領「普通班特殊教育學生輔導經費」。

五、資源教師工作職責

㈠特教行政：參與特殊教育推行委員會（以下簡稱特推會）、擬定與執行IEP、建檔特殊教育通報系統學生資料、安排身心障礙學生與資源教師學期課表、辦理全校師生特殊教育知能宣導活動、辦理身心障礙學生活動、辦理親師座談、協助申請各項獎助學金、提供全校相關特殊教育訊息、轉介個案至鑑輔會、函報學年度工作成果報告等。

㈡學生學習輔導：評估與介入學科補救教學、協助普通班老師進行身心障礙學生多元評量設計、協助普通班老師進行課程內容彈性調整、學習策略教學、社會技能教學、安排無障礙學習環境、提出相關專業團隊服務需求、學習輔具申請與協助執行、輔導學生參與校內外各項活動、實施身心障礙學生同儕班級輔導、安排學伴、協助總務處建構無障礙設施等。

㈢生涯／轉銜輔導：新生入學輔導、特殊教育通報網—轉銜系統學生資料建檔、召開高二學生升學就業轉銜輔導會議、建檔三年內畢業生追蹤資料等。

六、成績考查：學校對於就讀普通班身心障礙學生之成績評量，應依據「高雄市就讀普通班身心障礙學生安置及輔導辦法」第九條之規定，以如何協助身心障礙學生突破障礙的限制為考量，並以適性、多元化、彈性之評量方式為之。德性成績之考查比照高中（職）學生成績考查辦理，惟可依其特殊身心需求，彈性調整出缺勤規定。

七、經費與設備：

㈠輔導身心障礙學生所需之輔導鐘點費經評估後專案報局核撥，行政業務費由學校依預算程序編列，以辦理身心障礙學生輔導事宜。

㈡資源班所需設班設備費用及空間設置，各校應予重視，所需設備並由各校依程序編列預算購置之，另應有固定教學地點，提供特殊教育學生學習輔導。

八、服務成果：各校應提出學年度工作報告，於每年6月底函報教育局備查，年度服務成果內容如下所示：

(一)服務學生人次與經費使用

(二)資源班執行工作報告

1. 特教行政

2. 學生學習輔導

3. 生涯／轉銜輔導

(三)資源班工作檢討與改進

參、資源教師篇

一、資源教師職責與內容

項目	具體執行內容	服務內容說明
(一)特教行政	1. 參與特推會	(1)協助特推會之業務推動，委員會成員由校長擔任主任委員，輔導主任擔任執行秘書，並由各處室行政人員、輔導教師、普通班教師代表、特教班老師代表、資源班教師及特殊教育學生家長代表等共同組成，不定時召開特推會，以利全校性特殊教育工作之推動。(2)特推會會議任務爲：擬定學校特殊教育工作推行計畫、建立特殊教育支援體系、學生適性輔導相關提案、處理申訴案件、辦理校內特殊教育宣導活動或審核其他相關提案等。
	2. 擬定與執行IEP	(1)邀集相關行政人員、普通班教師、資源教師、輔導老師、家長及相關專業人員進行個別化教育計畫討論，必要時亦得邀請學生參與。(2)依學生個別需求完成學生個別化教育計畫，提供特殊教育相關服務，並得依學生學習狀況，適時予以彈性修訂。(3)於每學期末定期檢討IEP執行成效，並依據學生現況能力與家長共同討論，進行適性修正，以利各學期之學習進展。
	3. 建檔特殊教育通報系統學生資料	各校於新生報到後，應進入教育部特殊教育轉銜通報系統進行新生接收作業，適時建立並更新資料，以掌握學生最新動態。
	4. 安排特殊教育學生與資源教師學期課表	資源教師排定課表後繳交教務處並報教育局核備，對特殊教育學生課表安排應以小組方式爲原則，並以個別化教學爲原則，課程內容應優先加強學生基本學科課程補救教學。

項目	具體執行內容	服務內容說明
	5.辦理全校師生特殊教育知能宣導活動	(1)加強普通班教師及一般學生基本特殊教育相關知能，視需要辦理全校師生特殊教育知能宣導活動，以增進教師與同學對特殊教育學生基本身心特質認識，進而提升對身障生之接納與尊重。參考辦理方式如下所示： ①透過學校大型會議或活動，宣導特教相關知能，如：專題演講、身心障礙體驗活動、校慶活動等。 ②不定期以書面資料提供給全校師生，如：海報專欄展示、刊物宣導等。 (2)爲加強普通班教師特殊教育基礎知能，定期辦理普通班教師特殊教育知能研習，增進教師對特殊教育學生基本特質認識與瞭解，進而提升教師對班級輔導、教學與學習評量調整等相關專業知能。研習內容如：學生IEP擬定與落實、班級經營、彈性評量之調整辦法、各類別學生之認識與輔導、特教法規與趨勢之探討……等。
	6.辦理特殊教育學生活動	視需要不定期舉辦各項交流活動，如：迎新活動、期末感恩會與學習心得分享……等，提供校內外特殊教育學生相互認識、經驗分享與情感支持的管道。
	7.辦理親師座談	配合學校提供親師生溝通管道，並視需要於各學期間邀請特殊教育及相關輔導學者辦理專題研討，藉以溝通觀念，瞭解問題，以達解決困難之目的。
	8.協助申請各項獎助學金	配合教務處註冊組辦理作業，提供身心障礙學生獎助學金申請資訊，並協助有需求同學塡具報名表件，以維護學生相關權益。
	9.提供全校相關特殊教育訊息	不定期提供學生及家長各種升學、就業、福利及心理輔導等相關資訊，如：各種升學考試簡章及資料、各就業服務機構徵才、職訓資訊、社會福利單位所提供之各種福利措施申請資料，以及團體輔導及個別心理輔導等辦理訊息。
	10.新個案申請鑑輔會審議	針對中途致障或國中階段被判定疑似各類身心障礙學生，協助導師申請鑑輔會審議，進行鑑定安置工作。
	11.繳交學年度工作成果報告	各校應提出學年度工作報告，於每年6月底繳交報教育局備查，以利下學年度資源班之檢討與實施。

項目	具體執行內容	服務內容說明
(二)學生學習輔導	1.評估與介入課業補救教學	辦理學生課業輔導需求評估，由資源班教師、原班任課教師或其他專業科目教師進行課業輔導，依學生需求採完全抽離或外加式課程安排，必要時亦可與普通班教師進行協同教學。
	2.協助普通班教師進行特殊教育學生多元評量設計	依學生個別特殊需求，與任課教師共同協商特殊教育學生學習評量方式之調整，如：多元化彈性評量、調整評量標準、改變作業形式或調整作業份量等，並詳載於個別化教育計畫中，以作爲參加各項國家考試、檢定考試或升學考試特殊考場服務申請之依據，資源教師並應協助執行此工作。
	3.協助普通班教師進行課程內容彈性調整	視需要協助各任課教師進行教材篩選、改編或減化教材內容，力求課程內容符合學生能力現況，藉以提升學生學習成就，減低學習挫折。或依規定申請免修（如：國防通識課程），並利用免修課程時段安排其他相關輔導課程。
	4.實施學生學習策略教學	依學生能力現況與個別差異提供適性的學習策略教學，並能激發其學習動機與培養適當的學習態度，提高學生自我效能，增進學習效能，以養成負責任的學習習慣。
	5.實施社會技能教學	依學生人際互動與溝通能力提供社會技能教學，促使學生覺察自我社交能力與困境。依學生個人特質，引導其發展適性的社交技巧，以促進在班級適應與未來人際溝通互動能力。
	6.安排學生無障礙學習環境	依學校教室配置、課程特性及學生個別需求，協助相關單位進行各課程無障礙環境學習之調整，提升學生在校學習空間移動之適切性。
	7.提出相關專業團隊服務、學習輔具申請與協助執行	(1)根據學生在校學習適應與相關特殊行爲問題，向高雄市特殊教育資源中心專業團隊提出相關專業團隊服務，由專業團隊提供問題評估與特殊行爲處理模式，並協同學校教師進行處理。 (2)根據學生學習需求，據此向高雄市特殊教育資源中心專業團隊提出輔具申請，由該中心提供學生學習輔具評估及使用方式，協助學校指導學生相關輔具資源使用與執行。
	8.指導學生參與校內外各項活動	鼓勵學生參與校內外各項活動，如：身心障礙運動會、全國聽覺障礙國語文競賽、會心小團體、社團活動、自我探索學習團體…等，除了協助各項報名作業外，亦強化學生基礎知能與自我學習能力之提升。

項目	具體執行內容	服務內容說明
	9.實施特殊教育學生同儕班級輔導	依特殊教育學生在班級學習概況、人際適應與溝通技巧等相關問題，視需要提供入班宣導，以提升班級同學對特殊教育學生的認識與接納度。
	10.安排學伴	⑴請導師推薦適當班級人選擔任學伴，協助特殊教育學生在校學習及生活適應，並能觀察其特殊需求以協助尋找相關資源。 ⑵視需要與學伴進行個別晤談，瞭解特殊教育學生在班級適應狀況，如：人際關係、學習態度、生活適應與情緒管理等，以適時提供學伴或特殊教育學生相關資源。
	11.協助總務處建構無障礙設施	協助總務處規劃校內無障礙環境之建構，另應透過宣導或輔導等相關機制，積極營造心理無障礙環境。
㈢生涯轉銜輔導	1.新生入學輔導	⑴於新生報到後，進入教育部特殊教育通報網進行新生接收作業與資料建檔，以掌握學生最新動態。 ⑵與上一階段學校負責教師進行電話訪談，並視需要參與國中階段轉銜輔導會議，確實掌握學生在校學習及生活能力現況與相關學習需求。 ⑶與學生家長取得聯繫，瞭解學生基本資料及入學相關特殊需求，以適時提供支援與適性調整。 ⑷經「12年就學安置」安置於職業學校學生，各職業學校需與國中階段教師及家長共同討論，依學生性向及能力確定適合就讀科別，再透過特推會進行適性安置。 ⑸透過面談及書面資料以保密原則將相關資料函送各相關教師，促使導師及相關任課教師，適時掌握普通班身心障礙學生相關需求與輔導技巧。 ⑹視需要敬邀國中相關教師、家長、校內相關行政人員、教師、資源教師及相關專業團隊召開轉銜輔導會議，透過會議進行多向溝通，除藉此提供溝通管道外，亦確實掌握學生入學後學習適應狀況與確立相關特殊需求，以提升學生未來在校適應能力。
	2.特殊教育通報網—轉銜系統學生資料建檔	高三學生畢業後，視學生未來生涯進路與衛生、社政與勞政主管機關所建立之通報系統互相協調、結合，確實將資料轉至社政、勞政或高等教育階段，以利各單位提供學生相關適性服務。

項目	具體執行內容	服務內容說明
	3.召開高二學生升學就業轉銜輔導會議	(1)結合相關資源於高二下學期召開轉銜輔導會議，提供升學、就業職場及社福資訊等相關訊息，除增進身心障礙學生對升學徑路及大學科系之認識、心理輔導與支持，亦依學生需求轉介至勞、社政單位進行職能評估及安置，以達成適性化轉銜輔導。 (2)與學生進行晤談，確實掌握學生優弱勢能力，妥善進行未來生涯規劃，並依學生能力現況，適時加強學生基本升學或就業相關知能。
	4.高三升學輔導工作	協助學生報考身心障礙學生升學大專校院甄試，透過個別晤談確立報考組別與志願選填，或適時提供其他相關升學徑路輔導。
	5.建檔三年內畢業生追蹤資料	畢業學生追蹤至少三年，以掌握學生升學或就業後之生活現況。

二、服務內容行事曆

(一)各學年度第一學期

月份	工作項目	支援處室
8月	1.新生入學輔導	各處室
	2.辦理特殊教育學生特殊教育需求評估	各處室
	3.協調適任班級導師	學務處、輔導室
	4.擬定個別化教育計畫並進行討論（含新生轉銜安置）	各處室
	5.評估課業補救教學需求並納入IEP討論	教務處
	6.排定資源教師學期課表	教務處、輔導室
	7.提出學習輔具申請	輔導室
9月	1.特殊教育通報網資料接收與建檔	教務處、輔導室
	2.參與特推會	各處室
	3.資源教師學期課表陳報教育局備查	教務處、輔導室
	4.進行學生各項特殊教育需求課程	教務處、輔導室
	5.無障礙學習環境之安排	總務處、教務處、輔導室
	6.協助行政單位、普通班教師進行課程內容彈性調整	教務處、輔導室

月份	工作項目	支援處室
	7.安排學伴	輔導室
	8.進行特殊教育學生同儕班級輔導	輔導室
	9.辦理特殊教育學生家長座談會	學務處、輔導室
10月至12月	1.協助行政單位、普通班教師進行身心障礙學生多元評量設計（含特殊考場）	教務處、輔導室
	2.進行學生各項特殊教育需求課程	教務處、輔導室
	3.提供特殊教育學生、家長與教師諮詢服務	輔導室
	4.辦理特殊教育學生活動	學務處、輔導室
	5.辦理全校師生特殊教育知能宣導活動	各處室
	6.指導特殊教育學生參與校內外各項活動	教務處、學務處、輔導室
	7.協助各項獎助學金申請服務	教務處
	8.提供相關訊息服務	輔導室
	9.協助總務處建構無障礙設施	總務處、輔導室
	10.視需要轉介個案至高雄市鑑定安置輔導委員會	輔導室
	11.視需要轉介個案至相關專業團隊	輔導室
	12.其他相關行政事務事項	各處室
1月	1.進行學生各項特殊教育需求課程	教務處、輔導室
	2.辦理個別化教育計畫期末檢討	各處室
	3.各項行政資料、教材教具、圖書、學生資料整理建檔	總務處、輔導室
	4.特殊教育通報網學生資料檢核	教務處、輔導室

㈡各學年度第二學期

月份	工作項目	支援處室
2月	1.特殊教育學生特殊教育需求評估	各處室
	2.擬定個別化教育計畫並進行討論	各處室
	3.特殊教育通報網學生資料檢核	教務處、輔導室
	4.排定資源教師學期課表	教務處、輔導室
	5.進行學生各項特殊教育需求課程	教務處、輔導室
3月	1.召開高三學生升學就業轉銜輔導會議（含特殊教育學生升學大專校院甄試報名處理）	教務處、輔導室
	2.參與特推會	各處室
	3.資源教師學期課表核報教育局備查	教務處、輔導室
	4.進行學生各項特殊教育需求課程	教務處、輔導室
	5.協助行政單位、普通班老師進行課程內容彈性調整	教務處、輔導室
	6.無障礙學習環境之安排	總務處、教務處、輔導室
	7.提出學習輔具申請	輔導室
	8.安排學伴	輔導室
	9.視需要提供特殊教育學生同儕班級輔導	輔導室
4月至5月	1.視需要協助普通班老師進行特殊教育學生多元評量設計（含特殊考場）	教務處、輔導室
	2.進行學生各項特殊教育需求課程	教務處、輔導室
	3.特殊教育學生、家長與教師諮詢服務	輔導室
	4.特殊教育學生活動辦理	學務處、輔導室
	5.全校師生特殊教育知能宣導活動	各處室
	6.指導特殊教育學生參與校內外各項活動	教務處、學務處、輔導室
	7.各項獎助學金協助申請服務	教務處
	8.提供相關訊息服務	輔導室
	9.協助總務處建構無障礙設施	總務處、輔導室
	10.視需要將個案申請鑑輔會審議	輔導室
	11.視需要轉介個案至相關專業團隊	輔導室
	12.其他相關行政事務事項	輔導室

月份	工作項目	支援處室
6月	1.特殊教育通報網—轉銜系統學生資料建檔並適當轉換教育階段	教務處、輔導室
	2.個別化教育計畫期末檢討	各處室
	3.繳交學年度服務成果報告	各處室
	4.畢業學生追蹤輔導紀錄	輔導室
	5.資源教室各項輔具、器材維護與整理	總務處、輔導室
	6.各項行政資料、教材教具、圖書、學生資料整理建檔	教務處、輔導室

肆、校內相關人員篇

職稱	職掌
校長	1.督導成立特推會並擔任主任委員。
	2.召集與督導特推會之業務推動。
	3.督導與考核校內各項特殊教育工作計畫之成效。
主任輔導教師	1.擔任特殊教育推行委員會執行秘書。
	2.負責推動特殊教育各項工作計畫。
	3.策劃與參與特殊需求個案研討會、家長座談會與親職教育。
	4.特殊需求學生鑑定安置及轉銜工作。
	5.輔導特殊需求學生有經費需求時，向教育局提出方案申請補助。
	6.配合推動特推會各項決議事項。
教務主任	1.依特殊需求學生的情況，將學生適當編班及排課。
	2.安排特殊教育學生學科輔導課表及遴選適當教師擔任外加或抽離課程。
	3.特殊教育學生課程之規劃與執行，如增/減學分數、免修、加修及跨修等。
	4.針對有需要的特殊教育學生安排動線方便之班級教室及專科教室。
	5.提供特殊需求學生之成績調整支援服務。
	6.提供校內教具、視聽器材等教學設備與器材。
	7.規劃特殊需求學生之監考、試卷處理等試務工作。
	8.提供特殊教育學生各項獎助學金申請資訊，並辦理相關業務。
	9.配合推動特殊教育推行委員會各項決議事項。

職稱	職掌
學務主任	1.遴選普通班導師接納特殊教育學生，並依學生特質安排導師。
	2.管理特殊需求學生出缺席管理及獎懲紀錄。
	3.安排特殊教育學生參與適當之社團活動，並知會社團指導教師。
	4.充分提供特殊教育學生參與校內外各項集會活動之機會。
	5.配合推動特推會各項決議事項。
總務主任	1.提供固定良好場所作爲資源班之學習輔導場域。
	2.各項無障礙設施之規劃、更新及維護。
	3.特殊教育學生助學金之發放及高中職學雜費減免申請等相關事項。
	4.配合推動特推會各項決議事項。
實習主任	1.提供特殊教育學生參加各項技術士技能檢定之報名資訊等事宜。
	2.提供資源班有關人力市場資訊及職場安全、就業能力輔導等資訊。
	3.協同資源班辦理校內、外實習工作及教學改進事宜。
	4.配合推動特推會各項決議事項。
圖資館主任	1.提供館內藏書、期刊係供學生參考、研究及閱覽之用。
	2.訂閱相關特教書籍或雜誌、期刊等。
	3.配合推動特推會各項決議事項。
主任教官	1.管理特殊需求學生出缺席管理及獎懲記錄。
	2.特殊教育學生之安全行爲、秩序、儀容、整潔等管理。
	3.處理特殊教育學生臨時突發狀況或緊急事件。
	4.配合推動特推會各項決議事項。
人事主任	1.鼓勵或表揚表現優異之參與特教工作之教師。
	2.配合推動特推會各項決議事項。
會計主任	1.資源班年度概算編列。
	2.控管經費預算與執行。
	3.確實執行資源班經費專款專用。
	4.配合推動特推會各項決議事項。
輔導老師	1.辦理特殊教育學生親職教育座談會及親師生座談會。
	2.提供普通班教師、特殊需求學生及家長諮詢。
	3.轉介特殊需求學生。
	4.安排及遴選特教學生之認輔教師。

職稱	職掌
	5.與資源教師合作提供特殊教育學生生活輔導及學習輔導。
	6.提供特教學生個別諮商及心理輔導。
	7.提供特殊教育學生生涯輔導，如自我探索、性向、學業能力等各項輔導事宜。
	8.安排志工家長、班級志工同學以提供特殊教育學生相關支援。
導師及任課老師	1.主動發現與轉介特殊需求學生。
	2.參與擬定與執行個別化教育計畫。
	3.依據特殊需求學生優勢學習能力，進行調整課程與成績評量方式。
	4.協助班級學生對特殊教育學生之接納與協助。
	5.協助班上特殊教育學生的自主學習和健全人格。

討論與練習

一、您認爲高中職的資源教室與國中小資源教室的服務形式有何差異？

二、您認爲高中職資源教師的角色和職責與國中小的資源教師有何差異？

三、您認爲高中職的資源教室應該隸屬在學校哪個行政單位之下，最可以發揮功能？

四、您認爲高中職資源教室的學生數量，近年來爲什麼會逐年增加至高中職安置類型的第一名？

第九章

大專校院之資源教室方案

大專校院的資源教室方案，本質上和本書前5至8章對於國民教育階段和高中職的理念和作法有所不同，主要原因是基於教育型態的差異。國民教育是屬於義務教育，九年一貫的課程目標著重在培養學生現代國民所需的基本能力；高中職是延伸國民教育之基礎教育，所以性質上和國中小的教育目標和課程內容比較相似。大專校院是高等教育階段，高等教育則以研究學術，培育人才，提升文化，服務社會，促進國家發展為宗旨（大學法，民96）。91年度臺灣身心障礙學生就讀大專校院的總人數有3,200人，101年度增加至11,521人，10年間的成長率約3.6倍。近十幾年來，臺灣大專校院的身心障礙學生類別，一直以肢體障礙學生為最多數；至99年度第二多數的身心障礙類一直是聽覺障礙，但是於100年度被學習障礙所取代，聽覺障礙開始退居為第三多數。前十幾年第三多數的身心障礙學生一直為身體病弱，但於99年度被學習障礙和聽覺障礙學生所取代，現階段身體病弱則為大專校院內身心障礙學生人數的第四多數。91-101年度大專校院各障礙類別學生人數的統計資料詳見表9-1（教育部，民101）。

近十幾年來，我國大專校院身心障礙學生的人數一直在逐漸增加中，不同障礙類別間亦有所變化，最明顯的是學習障礙學生的就讀大專校院的人數激增，從91年度的0人到101年度的1,891人，已經居第二多數人口，而智能障礙和自閉症學生的人數也持續在增加中。隨著身心障礙學生的日益增加和障礙類別的擴增，現階段大專校院資源教室的運作模式確實值得探討，以有別於過去的運作模式，以及尋求更適合不同障礙類別學生之特殊教育需求服務模式。本章第一節將先就我國身心障礙學生就讀大專校院之入學管道作說明，第二節再討論我國大專校院資源教室的現行運作模式，第三節就國外大專院校對身心障礙學生的協助之運作模式作介紹，第四節則彙整我國大專校院資源教室方案所依循的相關法規。

表9-1　90-101學年度大專校院身心障礙學生人數統計　　概況單位：（人）

年度	智能障礙	視覺障礙	聽覺障礙	語言障礙	肢體障礙	身體病弱	情緒行為障礙	學習障礙	多重障礙	腦性麻痺	自閉症	其他顯著障礙	總計
91	8	320	531	52	1,677	139	25	0	133	1	14	300	3,200
92	17	401	665	66	2,487	248	110	24	208	33	28	348	4,635
93	34	458	776	86	3,048	338	205	41	232	62	36	417	5,733
94	52	506	886	93	3,404	447	249	50	283	75	55	532	6,632
95	96	527	902	116	3,313	593	323	148	298	130	100	474	7,020
96	139	585	957	137	3,385	695	417	325	340	140	132	536	7,788
97	191	631	1,087	147	3,503	824	519	541	366	137	182	699	8,827
98	267	661	1173	148	3340	916	593	854	390	134	250	763	9,489
99	374	696	1209	170	3315	991	631	1117	422	140	321	888	10274
100	482	666	1247	165	3183	1059	670	1458	407	146	459	911	10,853
101	609	675	1217	170	2908	1247	705	1891	390	152	596	961	11,521

資料來源：教育部（民97）。特殊教育發展報告書，頁5。
教育部（民101）。101年度特殊教育統計年報，頁80。

第一節　我國身心障礙學生就讀大專校院之學管道

我國大專院校學生的就學，基本上要經過學術學習能力的評估之升學篩選過程，也就是所謂的篩選程序。目前我國升入大專院校的管道可分為兩大類：四技二專統一入學測驗，以及一般大學的多元入學方案。一般大學多元入學方案又包含三個管道及兩種考試如圖9-1-1，三個管道指甄選入學、繁星計畫和考試分發，兩種考試指學科能力測驗和指定科目考試；三個管道都需要依據學生的「學科能力測驗」成績，做為是否可以入學某一大學某一科系的結果，「指定科目考試」則僅供考試分發入學管道採用。針對身心障礙學生升入大專校院則另外增加「身心障礙學生升學大專校院甄試」管道，以及民國95年教育部公告之「大學校院單獨招收身心障礙學生處理原則」，以保障身心障礙學生就讀大專校院的就學權益及適性入學機會。

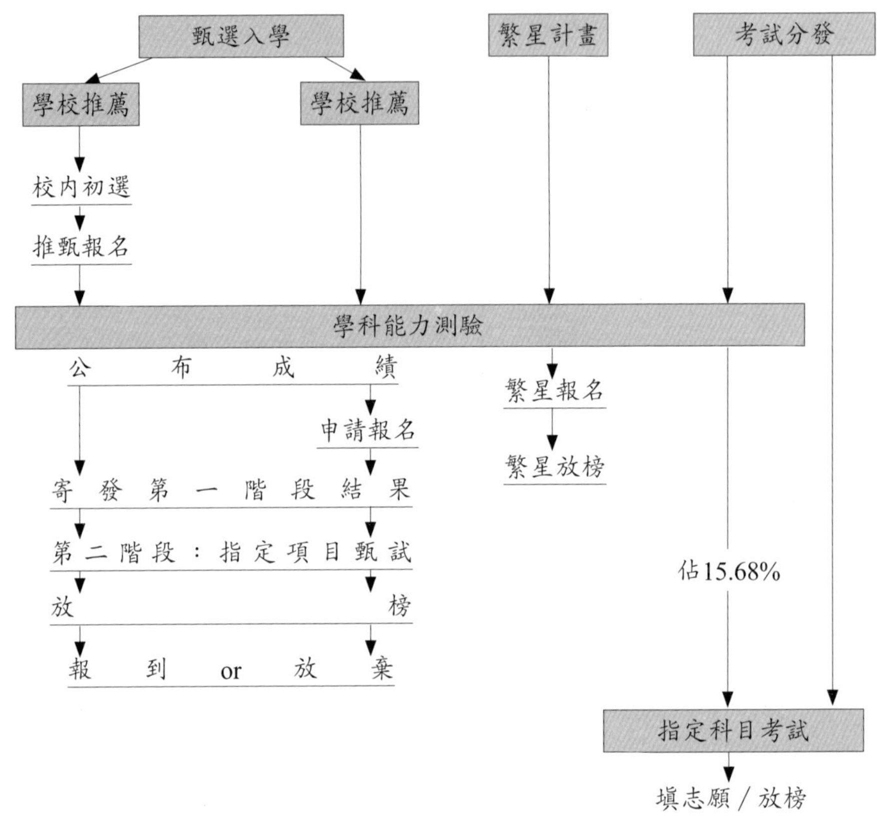

圖9-1-1 一般大學多元入學管道

我國歷年來針對身心障礙學生升入大學校院、四技二專、二技和五專的入學管道，自民國52年頒訂「盲聾學生升學大專校院保送制度」，民國57年修訂為「盲聾學生升學大專校院甄選制度」，係專為視覺障礙及聽覺障礙學生辦理的入學進路和考試（林和姻，民92）。86學年度起，此特定對象甄試管道擴大納入腦性麻痺障礙類別，88學年度起加入「其他障礙」類別，90學年度起，再加入自閉症類別。現階段我國身心障礙學生升學大專校院的法源包括：1.特殊教育法第10條，2.完成國民教育身心障礙學生升學輔導辦法第7條，3.鼓勵大專校院提供身心障礙學生升學大專校院甄試招生名額及承辦甄試工作實施要點；依據上述條款和所有學生皆適用的大專校院入學管道，身心障礙學生入學大專校院目前有三個管道如圖9-1-2。

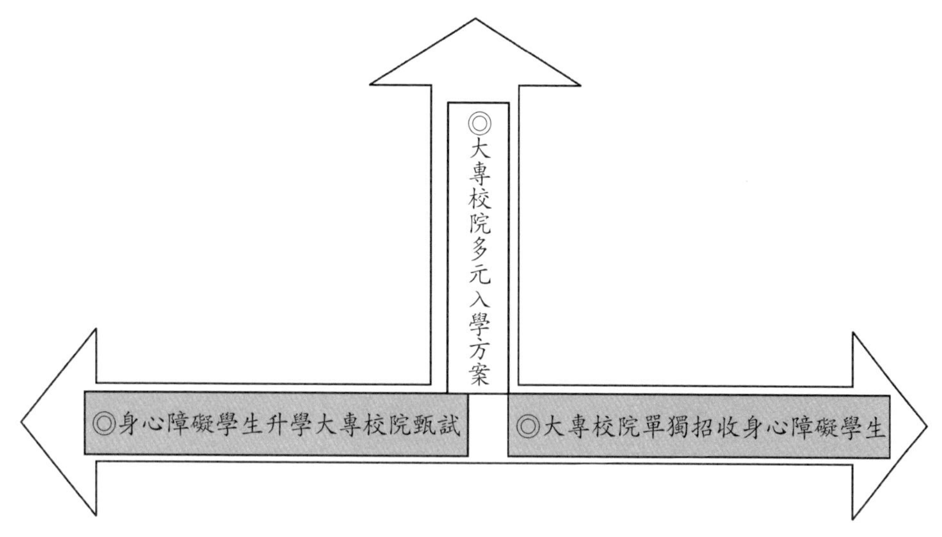

圖9-1-2　身心障礙學生入學大專校院的三個管道

第一個管道為教育部每年5月委託一所大學校院辦理「身心障礙學生升學大專校院甄試」工作，此管道乃由各大學校院自行提供招生名額，各校自行決定其願意開放招生科系、學生名額和條件限制，再依據視覺障礙組、聽覺障礙組、腦性麻痺組、自閉症組及其他障礙組分別甄試錄取學生，考試科目分學科和術科，學科比照一般大學學科能力測驗分四大類組不同科目，四技、二專、二技和五專又有共同科目和專業科目等種種不同考試科目要求。101學年度總共有182所大學校院共1,452個科系提供2,186個開放名額。教育部為獎勵學校提供招生名額，經此甄試錄取且實際報到註冊並具有學籍者，以每1人補助資本門經費新臺幣6萬元，提供教育身心障礙學生科系之充實系（科）教學設備之用途。

第二個管道為民國95年公告開始實施之「大學校院單獨招收身心障礙學生處理原則」，教育部將依此審核大學校院自願辦理單獨招收身心障礙學生之各項規定，考試方式多採書面審查和面試兩種。各大專校院若單獨招收身心障礙學生須符合下列規定：1.各學系單獨招生名額以該學系年度核定招生名額外加10%為限。2.每位學生限報考一校一學系，考試時間由教育部協調後統一訂定。3.辦理本項招生之考試及方式，應考量身心障礙學生之特性，作適性之規劃及辦理；101學年度總共有11所大學校院76個科系提供510個開放名額。第三個管道為身心障礙學生自行報名參加大學指定考試「多元入學方案－登記分發」作業，和一般學生一起競爭入學機會。除了入學管道的多元化之外，各大專校院在聯合招生委員會或各校自行招生試務委員會，都會依身心障礙考生的申請，審查通過後提供特殊考場、輔具或延長考試時間等試務服務。

依據教育部民國101年出版的特殊教育統計年報資料，從「多元入學方案」管道入學的身心障礙學生人數為7,618人，約占所有在校身心障礙學生人數11,521人的66.12%，「身心障礙學生升學大專校院甄試」管道入學的學生人數為3,259人，約占所有在校身心障礙學生人數的28.29%，而透過「大學校院單獨招收身心障礙學生」管道入學的學生人數最少為644人，約占全體身心障礙學生人數的5.59%。由此可知，約66%的身心障礙學生的學科能力是和其他同儕具有一樣的學習能力，也可以順利畢業取得高等教育的學歷，但是也約有34%的身心障礙學生之學業學習能力可能不如其同儕，這些學生在大專校院的學習協助和生活輔導，將需要資源教室提供更多的支援和介入，這是臺灣的高等教育階段資源教室服務的特色，值得政策、實務和研究上的持續關注的議題。

第二節 我國大專校院資源教室服務模式

大專院校的資源教室服務的對象有兩類來源，一類為經過一般升學管道入學，另一類為身心障礙學生之特定升學管道入學。我國於民國89年公布了「大專校院輔導身心障礙學生實施要點」，啟開了特殊教育的服務擴及至高等教育之門，基於此法規的要求，我國在各大學設有資源教室，以作為各大專校院對校內身心障礙學生的服務專職單位，並可聘請專職輔導員以從事此工作。直至民國97年度，全國共有143所大專校院設有資源教室。依據教育部民國94年之規定：一校有8位以上身心障礙學生得設有專職輔導員，8名以下身心障礙學生則由兼任人員負責身心障礙學生的各項輔導協助工作。目前相關法規所提供對就讀大專校院身心障礙學生的服務，除了資源教室專職人員，還包含輔具的申請、減免學雜費、獎助學金的申請、無障礙環境的建構、勞政和社政的轉銜服務等，相關內容和法規依據的說明如表9-2-1，而此些工作的執行皆有賴各大專校院的資源教室輔導人員。

表9-2-1　現階段大專校院特殊教育學生的特殊教育服務

協助內容	說　明	法規依據
大學校院資源教室	◎依身心障礙學生人數，教育部補助所有大專校院專案經費，聘任專任輔導員辦理新生始業輔導、個別與團體輔導、協助參與社團與招募工，也辦理研習營與自強活動、師生座談以及提供個別輔導…等等。	教育部補助大專校院招收及輔導身心障礙學生實施要點
身心障礙學雜費減免	1.輕度身心殘障：減免十分之四學、雜費；或十分之四學分費、學分學雜費。 2.中度身心殘障：減免十分之七學、雜費；或十分之七學分費、學分學雜費。 3.重度身心殘障：減免全部學、雜費；或全部學分費、學分學雜費。	身心障礙學生身心障礙人士子女及低收入戶學生就學費用減免辦法
特殊教育獎助學金	1.身心障礙學生領有身心障礙手冊者，其上學年學業平均成績在八十分以上，且品行優良取得相當證明者，發給獎學金。 2.其上學年學業平均成績在七十分以上，且品行優良取得相當證明者，發給助學金。 3.依各類身心障礙與嚴重程度訂定獎助標準如下：	特殊教育學生獎助辦法

障礙類別	障礙程度	助學金	獎學金
視覺障礙	輕度	三萬	一萬
	中度、重度	四萬	二萬
聽覺障礙	輕度	三萬	一萬
	中度、重度	四萬	二萬
語言障礙	輕度	三萬	一萬
	中度、重度	四萬	二萬
肢體障	輕度	一萬	一萬
	中度、重度	二萬	二萬
多重障礙	輕度、中度、重度	四萬	二萬
其他	輕度	一萬	一萬
	中度、重度	二萬	一萬

協助內容	說明	法規依據
身心障礙學生修業年限延長	身心障礙學生修讀學士學位，因身心狀況及學習需要，得延長修業期限，至多四年，身心障礙學生並不適用因學業成績退學之規定。	大學法第26條
無障礙環境整建	每年度可提出申請，由教育部補助80%所需經費，協助加速改善無障礙校園環境。	教育部改善無障礙校園環境補助原則
學習輔具服務	淡江大學設立視障輔具中心，中山醫學大學設立行動輔具中心，高雄師範大學設立聽障輔具中心，各中心聘請相關專業團隊評估身心障礙學生輔具上之需求，並提供身心障礙學生學習輔具之借用與維護服務。	教育部補助大專校院身心障礙學生學習輔具原則
接收身心障礙學生甄試入學後給予學校之經費補助	身心障礙學生參加甄試經錄取且實際報到註冊並具有學籍者，以每一人補助資本門經費新臺幣六萬元，作爲充實該系（科）教學設備之用途。	鼓勵大專校院提供身心障礙學生升學大專校院甄試招生名額及承辦甄試工作實施要點
勞政和社政的轉銜服務	高級中等以上學校學生畢業未升學者，學校應於學生畢業前一學年邀請家長及相關人員共同研商該學生進入社區生活之轉銜服務，並訂定於個別化教育計畫中，中途因故離校者，於離校前得視需要召開轉銜會議，擬訂轉銜服務計畫，學生離校一個月內應依其實際需要將資料轉銜至社政、勞政或相關單位，並追蹤輔導六個月。	教育階段身心障礙學生轉銜服務實施要點

臺灣各大專校院資源教室對於校內身心障礙學生的服務內容與方式，主要依據教育部逐年公告之「教育部補助大專校院招收及輔導身心障礙學生實施要點」，此實施要點指出我國大專校院資源教室的服務對象和服務內容。目前我國大專校院資源教室的服務對象必須具備下列兩條件：1.領有身心障礙手冊或直轄市、縣（市）政府特殊教育學生鑑定及就學輔導委員會鑑定為身心障礙，應安置就學者；2.領有就讀學校所發學生證者。

依據上述我國對於大專校院身心障礙學生的服務內容規定，各個大學大致以團體、個案或營隊方式，提供身心障礙學生輔導諮商、手語翻譯、點字、報讀、錄音等學習協助。各大專校院資源教室大致遵循此原則各訂有其資源教室服務項目，其內容更多元化且各有其特色，表9-2-2乃彙整出多所大專院校資源教室的共同服務內容，主要分為學業、生活、諮商和轉銜四大項度，第四節則詳細列出某些大專院校的資源教室的相關規定。

表9-2-2　大專校院資源教室的共同服務內容

項度		內容
學業	課業輔導	◆新生入學始業輔導：每學年初舉辦新生座談會，介紹資源教室資源與支持團體，協助學生儘快適應學校生活及課業，建立其支持性網絡。 ◆輔具協助：依學生學習需求，協助申請相關輔具教學系統。 ◆課業加強班：強化與各學系聯繫，並學生課業學習需求，協助安排課業輔導老師，提供學生課堂外的課業協助。 ◆輔導工讀生：依學生學習需求，協助安排班上同學擔任其輔導工讀生，提供同學課堂及生活上的協助。 ◆協調校內輔導資源：每學期召開相關會議協調、研商輔導身心障礙學生各項輔導工作事宜。
	工讀生服務	◆依學生學習需求，協助安排班上同學擔任其輔導工讀生，提供同學課堂及生活上的協助。 ◆工讀生座談會：定期召開輔導工讀生座談會，瞭解同學課業學習與生活適應狀況，藉以提供適時的協助。
	輔具設備	◆教材轉換：製作上課用點字、大字體教材和有聲讀物等…。 ◆提供各種輔助學習設備及資源：包括錄音室、圖書館研究室、學習寢室、各種器材等，提供需要特別學習情況之同學使用。
	特殊訓練	◆電腦課程訓練：聘請老師就同學操作個人電腦或盲用電腦之能力，進行個別訓練或小組訓練。 ◆視學生需求聘請老師提供物理治療、職能治療、口語訓練等服務進行訓練。
	獎助學金	◆協助獎學金之申請以及相關資訊提供。
生活	社交活動	◆舉辦各項交流活動，加強與同學之間的連繫，如自強活動、聚餐等。 ◆支援校內外社團活動，鼓勵同學參與。
	生活輔導	◆輔導服務：同學在校各方面如有不適應之處，可就近尋求協助。資源教室可提供個別輔導、團體輔導、轉介等項目。
	訊息資源	◆提供各項訊息，如最新活動、獎助學金、校內外工讀機會、升學留學資訊及最新社會服務資訊之公布等。
	無障礙設施	◆協助校園內無障礙環境的改善。

項度		內容
轉銜	入學輔導能力評估	◆建立身心障礙學生完整之基本資料，於每次輔導過程，詳載個案或輔導紀錄，以提供進一步協助與適切輔導之依據。
	生涯規劃	◆針對學生需求，進行生涯探索及能力評估。
	就業訊息	◆定期辦理相關座談活動，提供學生專長訓練及就業訊息服務。
	轉銜服務	◆結合學生原生環境（家長、家庭及社區）、就業輔導機構及企業體等相關資源，建構多元合作模式，進行轉銜輔導服務。
諮商	心理輔導	◆不定期與學生會談，瞭解其在課業、生活及心理上適應情形，並製作輔導紀錄，以提供進一步專業諮商協助。

基於大專院校資源教室輔導工作的漸上軌道，教育部乃逐漸公告各項相關執行法規，目前大專校院應遵循的主要法規將如表9-2-3所陳列。

表9-2-3　大專院校主要法規彙整

條文名稱	內　容	重　點
大學法 第26條	學生修讀學士學位之修業期限，以四年爲原則。但得視系、所、學院、學程之性質延長一年至二年，並得視系、所、學院、學程之實際需要另增加實習半年至二年；修讀碩士學位之修業期限爲一年至四年；修讀博士學位之修業期限爲二年至七年。 前項修業期限得予縮短或延長，其資格條件、申請程序之規定，由大學訂定，報教育部備查。 身心障礙學生修讀學士學位，因身心狀況及學習需要，得延長修業期限，至多四年，並不適用因學業成績退學之規定。 學生因懷孕、分娩或撫育三歲以下子女，得延長修業期限。 第一項學士學位畢業應修學分數及學分之計算，由教育部定之；碩士學位與博士學位畢業應修學分數及獲得學位所需通過之各項考核規定，由大學訂定，報教育部備查。	身心障礙學生得延長修業年限，最多爲八年。

條文名稱	內　容	重　點
特殊教育法第30-1條	高等教育階段學校爲協助身心障礙學生學習及發展，應訂定特殊教育方案實施，並得設置專責單位及專責人員，依實際需要遴聘及進用相關專責人員；其專責單位之職責、設置與人員編制、進用及其他相關事項之辦法，由中央主管機關定之。 高等教育階段之身心障礙教育，應符合學生需求，訂定個別化支持計畫，協助學生學習及發展；訂定時應邀請相關教學人員、身心障礙學生或家長參與。	1.各校要訂定特殊教育方案 2.各校要設立專責單位和專責人員 3.各校要爲每一位身心障礙學生訂定「個別化支持計畫」
特殊教育法第45條	高級中等以下各教育階段學校，爲處理校內特殊教育學生之學習輔導等事宜，應成立特殊教育推行委員會，並應有身心障礙學生家長代表；其組成與運作方式之辦法及自治法規，由各級主管機關定之。 高等教育階段學校，爲處理校內特殊教育學生之學習輔導等事宜，得成立特殊教育推行委員會，並應有身心障礙學生或家長代表參與。	各校得成立特殊教育推行委員會
特殊教育法施行細則第11條	本法第三十條之一所稱高等教育階段特殊教育方案，指學校應依特殊教育學生特性及學習需求，規劃辦理在校學習、生活輔導及支持服務等；其內容應載明下列事項： 一、依據。 二、目的。 三、實施對象及其特殊教育與支持服務。 四、人力支援及行政支持。 五、空間及環境規劃。 六、辦理期程。 七、經費概算及來源。 八、預期成效。 前項第三款特殊教育與支持服務，包括學習輔導、生活輔導、支持協助及諮詢服務等。	特殊教育方案的內容
特殊教育法施行細則第12條	前條特殊教育方案，學校應運用團隊合作方式，整合相關資源，針對身心障礙學生個別特性及需求，訂定個別化支持計畫；其內容包括下列事項：一、學生能力現況、家庭狀況及需求評估。二、學生所需特殊教育、支持服務及策略。三、學生之轉銜輔導及服務內容。	個別化支持計畫的內容

條文名稱	內 容	重 點
特殊教育法第21條	對學生鑑定、安置及輔導如有爭議，學生或其監護人、法定代理人，得向主管機關提起申訴，主管機關應提供申訴服務。 學生學習、輔導、支持服務及其他學習權益事項受損時，學生或其監護人、法定代理人，得向學校提出申訴，學校應提供申訴服務。 前二項申訴服務事項之辦法，由中央主管機關定之。	學生依據議題之申訴單位

我國於102年公告之修訂特殊教育法第45條第2款：「高等教育階段學校，為處理校內特殊教育學生之學習輔導等事宜，得成立特殊教育推行委員會，並應有身心障礙學生或家長代表參與。」此條款要求大專校院亦得成立全校性特殊教育推行委員會，以處理校內身心障礙學生的學習輔導事宜；此條款的立法精神應該為希望各大專校院能將特殊教育學生的學習輔導事宜。定位為全校性一級單位事務，而非是二級或是三級單位事務；但是基於大學法之大學自主原則，各大專院校是否成立特殊教育推行委員會依此法並無強制性。事實上國內許多成立歷史較久的大專校院資源教室，已經都有其處理特殊需求學生的全校性事務委員會，但是名稱可能並不是稱之為特殊教育推行委員會；此條款的立意重點應該是希望各大專校院能有一級單位性質的委員，以綜合處理校內特殊教育學生的輔導事宜。

同時特殊教育法第30-1條：「高等教育階段學校為協助身心障礙學生學習及發展，應訂定特殊教育方案實施，並得設置專責單位及專責人員，依實際需要遴聘及進用相關專責人員；其專責單位之職責、設置與人員編制、進用及其他相關事項之辦法，由中央主管機關定之。高等教育階段之身心障礙教育，應符合學生需求，訂定個別化支持計畫，協助學生學習及發展；訂定時應邀請相關教學人員、身心障礙學生或家長參與。」此條款主要三項規範為：1.各校要訂定特殊教育方案，2.各校要設立專責單位和專責人員，以提供身心障礙學生的服務工作，3.各校要為每一位身心障礙學生訂定「個別化支持計畫」，第一和二項規範再簡述說明如下：

一、各校要訂定特殊教育方案

依據102年公告之特殊教育法施行細則之第11條：「……高等教育階段特殊教育方案，指學校應依特殊教育學生特性及學習需求，規劃辦理在校學習、生活輔導及支持服務等；其內容應載明下列事項：

一、依據。

二、目的。

三、實施對象及其特殊教育與支持服務。

四、人力支援及行政支持。

五、空間及環境規劃。

六、辦理期程。

七、經費概算及來源。

八、預期成效。

前項第三款特殊教育與支持服務，包括學習輔導、生活輔導、支持、協助及諮詢服務等。」

依據此條款的規定，各大專校院應該訂定全校計畫性的特殊教育學生服務計畫，以全校為團隊，進行校內和校外的專業資源整合。事實上此方案計畫之第三項：實施對象及其特殊教育與支持服務內容，此乃和過去各校資源教室每年依照規定要呈報給教育部之資源教室「工作成果摘要表」內容相似；兩者不同之處乃在於後者是執行後的成果，而特殊教育方案則須以預定計畫形式呈現之。

二、設立專責單位和人員

專校院要設立專責單位和專責人員，以提供身心障礙學生的服務工作，教育部在民國102年公告之「高等教育階段學校特殊教育專責單位設置及人員進用辦法」乃明列其主要規範，此法規全文內容詳見本章第四節一之4。依據此條文，專責單位主要是指各校得設置或指定一級單位，以專辦身心障礙教育業務有關事項；然而以目前國內的實務現況而言，大專校院實際執行工作的專責單位主要為資源教室，此條款所稱之專責單位，應是指各校資源教室的校內所屬行政單位，而此行政單位應為學校的一級單位。

專責人員的相關規範主要載明於下列兩項法規：「教育部補助大專校院招收及輔導身心障礙學生實施要點」和「高等教育階段學校特殊教育專責單位設置及人員進用辦法。」長久以來，資源教室輔導人員的相關規定都於「教育部補助大專校院招收及輔導身心障礙學生實施要點」之其他注意事項當中的輔導人員進用之規定，包含輔導人員的薪資、進用管理、工作內容以及在職進修等。此外，依據「高等教育階段學校特殊教育專責單位設置及人員進用辦法」的第5條，專責人員將包含行政人員、輔導人員、特殊教育相關專業人員和身心障礙學生助理人員，此條款，明確訂了所有專責人員的工作職責及進用資格。事實上，長久以來我國大專校院資源教室輔導人員的職務工作，幾乎涵蓋了上述四種專責人員的所有職責，現行若依照此新法規的敘述，現行資源教室輔導人員可能可歸類為輔導人員。

資源教室輔導人員的薪資議題，一直是過去大專校院資源教室經營的討論重點，也可能是資源教室輔導人員高流動率的成因之一；由於「高等教育階段學校特殊教育專責單位設置及人員進用辦法」並未論及專責人員的薪資問題，因此目前各校對於資源教室輔導人員的薪資，仍將依據「教育部補助大專校院招收及輔導身心障礙學生實施要點」之其他注意事項當中的㈤輔導人員進用之規定辦理：「輔導人員由學校進用之，輔導人員之費用，本部係採定額補助方式。學校聘用輔導人員時，應依學校同級輔導人員、約聘僱人員或參考國科會專題研究計畫專任助理人員標準進用規定辦理，其薪資及各類費用（如勞保費、健保費、勞工退休金、加班費、其他津貼等），不足之部分學校應以自籌款補足。」

各大專校院可能以同級輔導人員、約聘僱人員或參考國科會專題研究計畫專任助理人員標準聘用資源教師，所以全國各校的狀況不一。此外，現階段教育部對各校資源教師輔導人員的薪資定額補助款，乃以一人一年484,000元×90%補助之，亦即是435,600元有些學校會以校內自籌款方式補足其應付輔導人員薪資的差額，有些學校則完全以教育部的定額補助款435,600元支付資源教室輔導人員的薪資，也因此造成各校輔導人員的薪資狀況差異極大，這也是有些學校資源教室行政主管單位相當頭痛的問題。各校輔導人員的薪資差異大，確實會影響輔導人員的工作績效以及造成人才的流動，教育行政主管單位必須正視此一問題。此外，目前各大專校院資源教室的服務人員人仍以輔導背景人員占絕大多數，此一現象若未能得到合適的處理，未來各校若聘用其他專責人員如行政人員、特殊教育相關專業人員和身心障礙學生助理人員等，這些人員的薪資給付勢必也會遇到相似的挑戰，或許輔導人員薪資問題的妥善解決，可以提供其他專責人員薪資給付的正向模式，確實值得行政主管單位正視之。

目前我國大專校院資源教室服務，主要仍由各校的資源教室輔導人員負責執行之，人員進用也是由各校自行聘用之，除了上述資源教室輔導人員的薪資差異問題外，輔導人員的專業背景不一也是值得重視的議題。早期大學資源教室輔導人員以社會工作或是心理輔導背景人員為多數，然而隨著身心障礙學生的類別不再侷限於肢體障礙或是感官障礙，學習障礙、情緒行為障礙、自閉症以及智能障礙學生的大量湧入大學校園，大專校院資源教室輔導人員的特殊教育專業知能也相對需要加速提升。針對輔導人員的專業背景不一，教育部自民國95年起即委託臺灣師範大學、彰化師範大學和高雄師範大學的特殊教育中心，每一年度自行規劃北區、中區和南區各大專院校輔導人員的研習活動，所有輔導人員每年至少要有18小時的特殊教育相關知能的專業進修時數。此研習活動分為初階和進階兩種課程，初階課程乃為第一年擔任此工作的輔導人員設計，主要為協助新進人員瞭解大專校院資源教室方案的行政業務執行，以及大專校院資源教室的基本理念和運作模式等，進階課程則為已經擔任此工作一年以上的輔導人員設計，課程內容則以能深入熟習大學階段各類身心障礙學生的教育需求和輔導策略、個案研討、以及相關支援系統的運用和執行轉銜服務等工作。

除了三所師範大學特殊教育中心所提供的研習活動以外，教育部大專校院及高中職視障學生學習輔具中心（http://assist.batol.net/）、教育部大專校院及高中職肢障學生學習輔具中心（http://www.eduassistech.org/）以及教育部大專院校及高中職聽語障學生學習輔具中心（http://cacd.nknu.edu.tw/cacd/default.aspx），每年亦會舉辦三個輔具中心的業務說明研習活動，提升資源教室輔導人員有效運用相關資源的能力，以協助特殊教育大學生的生活與學習。

輔導人員的在職進修，依據「教育部補助大專校院招收及輔導身心障礙學生實施要點」之其他注意事項當中的輔導人員進用之規定之第二項內容，輔導人員於在職期間應參加特教相關專業知能研習，每人每年最低學習時數為36小時，其中應包括上述教育部辦理之資源教室輔導人員知能研習課程18小時。輔導人員研習時數資料，應於各校年度計畫經費申請時，一併提報教育部作為經費審查參據。而「高等教育階段學校特殊教育專責單位設置及人員進用辦法」的第11條也特別要求輔導人員，每年應參加36小時以上之特殊教育相關專業知能研習，其中應包括中央主管機關辦理之輔導人員知能研習課程18小時。從以上輔導人員的在職進修的機會提供和成效陳報，顯現教育主管單位也愈來愈重視大專校院資源教室輔導人員的專業素質。

上述內容乃是從法規面和實務面觀點陳述我國大專校院資源教室的服務內容，此外國內相關的研究也曾調查大學階段身心障礙學生的特殊教育服務，亦對大專校院資源教室的服務內容提出具體建議。相關研究詳細內容彙整如下表9-2-3。整體而言，從相關的研究發現臺灣大學校院身心障礙學生的學業學習適應狀況普遍並不理想，這也是造成學生休學和退學的主因，進而對畢業後的就業困難備感壓力；學生對校園生活中的人際互動、情緒處理或異性之愛等個人感情生活也並不滿意。綜合相關研究的結論與建議，大專校院資源教室對身心障礙學生的服務內容，依據學生之特殊教育需求的迫切性，依序應可為課業學習輔導、職業與生涯輔導、生活輔導、人際適應、心理輔導和建構無障礙環境等等（林坤燦、羅清水、邱滯瑩，2008；林坤燦、羅清水，2008；林真平、陳靜江，2003；許天威等，2002；張英鵬，2001）。

表9-2-3　大專校院身心障礙學生需求與服務之相關研究彙整表

研究題目：我國大專身心障礙學生之生活品質研究		年代：2001
研究實施區域：全臺灣	研究方法：問卷調查	
重要研究發現： 1.就業、求學及婚姻爲最大壓力，最不滿意感情生活及人際互動爲異性之愛。 2.解決困難對象以家人爲主，心事傾吐對象以朋友爲主。 3.依障礙類型、障礙程度、性別、學程階段、學校類型、學校性質六個向度分析生活品質情形，發現實際符合程度（客觀性）大多小於重要性感受（主觀性），表示大專身心障礙學生之生活品質多不理想。 4.在生活品質五個向度的符合情形不理想情形依序爲「個人與社會互動」、「社會接納」、「獨立性」、「個人生活」、而以「居住環境」較佳。		

重要研究建議：

1. 對不同背景大專身心障礙生生活品質提升建議

(1)不同障礙類別方面

聽障生宜加強，如：「與鄰居相處」、「樂於分享」、「學校人緣」、「喜愛自己」等之品質。

肢障生宜加強，如：「自行行動」、「樂於分享」等之品質。

(2)不同障礙程度方面

輕度障礙生宜加強，如：「多交往身障朋友」、「就業負責盡職」之品質。

中度障礙生宜加強，如：「多交往身障朋友」、「居處購物方便」之品質。

重度障礙生宜加強，如：「多交往正常朋友」、「獲得接納支持」、「他人尊重」等之品質。

(3)在男女性別方面

女生宜加強在「交往異性朋友」、「自己專用房間」之品質。

男生宜加強在「交往正常朋友」、「有安全生活環境」、「生活費穩定」之品質。

(4)在不同學程階段方面

碩士生宜加強在「生活費足夠」之品質。

大學部生宜加強在「交往異性朋友」、「就業能力信心」、「生活費足夠」之品質。

(5)在不同學校類型方面

綜合大學生宜加強在「社區資源利用」、「師長關愛」、「居處交通方便」、「居處購物方便」之品質。

一般學院生宜加強在「師長關愛」之品質。

科技大學生宜加強在「保有個人隱私」、「生活費穩定」、「居處交通方便」之品質。

技術學院生宜加強在「社區資源利用」、「積極關懷他人」、「生活費穩定」、「居處交通方便」之品質。

專科學校生在「社區資源利用」、「積極關懷他人」、「生活費穩定且足夠」、「居處交通方便」之品質。

(6)在公私立學校方面

公立學校生宜加強在「保有個人隱私」、「購買喜愛物」等之品質。

私立學校生宜加強在「交往身障朋友」、「交往異性朋友」、「學歷肯定」之品質。

2. 對家庭與社區建議

改善社區硬體的環境，建立無障礙空間，多讓身心障礙者走出家門、使用社區，也讓民眾習以爲常。

3. 對學校建議

身心障礙生多住在學校宿舍中，宿舍的人性化安排及無障礙空間相當重要。鼓勵身心障礙學生參加一般學校活動，並儘量解決參與不便部分，改善人際互動不足情形。對身心障礙生除一般修課外，多瞭解其性向、興趣，培養第二專長，輔導認識就業市場資訊，避免學非所用，或面對殘酷就業市場的現實拒絕。

研究中發現生活品質需求多未獲得滿足，學生輔導中心、導師、任課教師、家長應共同合作，協助解決改善。學校應優先改善無障礙環境，並在身心障礙生必定使用之設施以告示方式，要求一般生禮遇身心障礙生有優先使用權。身心障礙新生入學即應調查每人需求，主動提供。

4.對政府建議

教育部繼續或甚至增加提供身心障礙生相關服務措施，如義工服務、資源教室設立及設施充實、輔導人員（含課輔）提供、輔具購買提供、無障礙環境要求改善並監督考核執行情形。

落實身心障礙者保護法有關企業雇用殘障者之規定，具體落實者，運用媒體及網路予以公開鼓勵、表揚。青輔會可針對大專畢業未具就業適當專長之身心障礙者提供第二，甚至第三專長之公費訓練機會。

各政府單位用人時，應考量殘障人士適合之工作，若經確定，可優先提供爲殘障特考之項目，提供正常管道進入公家單位，除爲表率外，又可避免違法之虞。

研究題目：大專校院身心障礙學生學校適應狀況之研究	年代：2002
研究實施區域：全臺灣	研究方法：問卷調查、個案研究

重要研究發現：

1.聽障生與腦麻痺生認爲其在食、衣、住、行及休閒方面，並不會有什麼不方便的地方；視障學生則認爲其在日常活動與休閒活動兩方面比較會感到不方便。

2.身心障礙學生學業學習的適應狀況並不理想，多數的視障、聽障、及腦性麻痺學生均有難以跟上老師教學進度及難以完成教師指定作學的情形。其中部份腦性麻痺學生的狀況比較嚴重，會經常曠課而且成績不理想有些科目需要重修。當上課期間需要協助時，視障學生比較會主動向老師提出請求，聽障及腦性麻痺學生則傾向於自己解決。學業學習碰到困難時，身心障礙學生普遍傾向於向同學請教或自己克服。多數的身心障礙學生均有難以學習的科目。

3.約有四成的身心障礙學生對未來已有一些規劃，他們期望畢業後能就業或繼續升學，在學期間他們會去學習第二專長以備未來所需。另外，值得注意的是，部分身心障礙學生對未來沒有規劃，認爲目前所就讀的科系無法符合自己未來的發展，也很少去參加就業方面的活動。他們對於未來生涯的準備還沒有頭緒，極需給予協助。

4.對學校支援系統之看法：學校對身心障礙學生所提供的支持系統已漸能考量到學生的需要，惟服務量仍嫌不夠可再加強。對視障學生而言，有必要再加強圖書館及教學方面的設施；部分聽障學生以及腦麻痺學生表示服務項目未能針對他們的需求，另外，針對腦麻痺學生之無障礙環境設施，也是需要再加強的項目。

5.人際情境適應狀況：身心障礙學生在人際適應及情緒處理上，普遍感到有困難存在，而且因應挫折的方式傾向於自己克服，比較少跟輔導單位尋求協助，這是很值得有關單位注意的現象。

6.甄試制度讓很多障礙學生可因此有機會進入高等教育就學，是一種很好的措施。一般聯招入學的身心障礙學生其學業能力及生活獨立能力比甄試入學學生較好。

重要研究建議：

(一)對教育部之建議

1. 提供適當的輔導有益身心障礙學生之學業適應及生活適應。
2. 在教學方面爲促使大專院校教師在教學上適當的調整。
3. 建議改採重點學校並開放更多學系以提供身心障礙學生更適性及更多就業機會。
4. 建議教育部對於腦性麻痺學生就業亦能採行重點學校安置方式實施，並提供專業團隊之人力及經費補助以有效協助學校與任課教師。
5. 聯考入學之身心障礙學生比甄試入學的身心障礙學生在校園生活、學業學習、生涯就業準備、學校支援系統、人際情況等等而均表現適應良好或高滿意度，建議教育部身心障礙學生之升學大學應朝多元入學方案方向規劃。
6. 建議教育部函請廠商提供教科書之電腦版，以便轉換爲點字，並對有功廠商給予表揚。

(二)對大專院校之建議

1. 爲避免身心障礙學生升學進入大專就讀時不致產生學習上的困擾，建議高中職業學校宜再加強身心障礙學生之基礎學科能力，大專校院則宜教導可類化至其他環境的教學策略。
2. 建議大專校院應加強身心障礙學生自我概念與接納自我之輔導。
3. 建議大專校院應擴大辦理一般生與身心障礙學生之融合活動，加強身心障礙學生人際互動之能力。
4. 建議各大專校院有效組織且善用校內外之資源，以協助身心障礙學生。
5. 適當無障礙空間的規劃，而且設置完成後最好能由使用者（即身心障礙學生）再一次的評估其成效，必要時應再做調整。
6. 建議各校應明確告知任課老師，考試時可允許延長作答時間或其他輔助方式，但不宜降低對身心障礙生的要求標準。
7. 建議各校教師及輔導人員宜鼓勵身心障礙學生主動與任課老師瞭解其需求，並積極的參與學習。

研究題目：身心障礙大學生壓力因應歷程之探討	年代：2003
研究實施區域：南部	研究方法：訪談、相關文件分析、省思日誌

重要研究發現：

1. 六位研究對象的大學生活壓力事件主要來自學業、未來規劃、人際關係、家庭方面。其對於不同壓力事件的認知評價包含了：傷害、失去、威脅、挑戰、衝突、超過負荷及模稜兩可或兼具兩種以上的特質。
2. 受訪者對壓力所採取的因應策略可歸納爲：主動因應、計畫、社會支持、重新定義情境、接受事實、發洩情緒及逃避等七項。

重要研究建議：

1. 培養身心障礙大學生自我肯定及解決問題的能力
2. 加強教師與同儕對身心障礙學生的認識與接納
3. 調整家長對身心障礙子女的態度與期待
4. 建立身心障礙學生的轉銜服務系統

<table>
<tr><td colspan="2">研究題目：一個工讀生實際參與大學資源教室工作業務之省思與建議</td><td>年代：2004</td></tr>
<tr><td>研究實施區域：東華大學</td><td>教育階段別：大專校院</td><td>研究方法：參與觀察、訪談、文件分析</td></tr>
<tr><td colspan="3">重要研究發現：
第一節　「我」在資源教室與在研究歷程的迷思
迷思之一：我是來幫助的
相信身心障礙人士與障礙相處的能力，幫助身心障礙人士前請先想一想，沒有思考的幫助是最危險的幫助行為。
迷思之二：我是正常的
迷思之三：我認為身心障礙學生……
迷思之四：我沒有在做研究
第二節　大學資源教室處境的重構
定位上的兩個精神：要特殊，也要普通
對象上的角色重疊：是身心障礙者，也是大學生
業務上的雙向道路：行直線式，也行虛線式的處理方式
雙雙對對的好意：這也對，那也沒錯</td></tr>
<tr><td colspan="3">重要研究建議：
一、對於資源教室定位與精神上的建議
1.「融合」作為一種精神，普通教育與特殊教育的融合是一種美好的精神，將身心障礙學生納入正常社會體制下，一同生活。
2.資源教室可以是一個家，但要有「大於一間教室」的胸懷，讓資源教室在開放的思考與空間中。
3.「人」才是資源教室的靈魂，莫讓資源的供給成例行公事。
二、對於資源教室工作業務上的建議
1.正視到所提供服務的對象是成人，而非小孩子，另一方面也讓身心障礙學生也學會面對自己實際的年齡與該有的擔當。
2.資源教室提供空間設備與生活服務，讓身心障礙學生有更好的生活品質。
3.讓身心障礙學生學會在享受資源的同時，也學習付出與珍惜資源。
4.資源教室提供課業輔導服務，請身心障礙學生自行評估哪些科目需要課輔，然後資源教室負起家教仲介的角色。
5.資源教室將經費轉化成對身心障礙學生真正有用的資源。</td></tr>
</table>

<table>
<tr><td colspan="2">研究題目：臺灣地區大專校院身心障礙學生修退學現況調查研究</td><td>年代：2008</td></tr>
<tr><td>研究實施區域：全臺灣</td><td colspan="2">研究方法：問卷調查</td></tr>
<tr><td colspan="3">重要研究發現：
㈠臺灣大專身心障礙休退學學生個別資料調查結果
1.目前就讀臺灣各大專身心障礙學生障礙類別有11類之多，每一障礙類別皆有「休學」與「退學」學生。其中，以肢體障礙最多、其次為嚴重情緒障礙、再其次為聽覺障礙；最少者則是自閉症、次少者為語言障礙、再次少者為智能障礙；另嚴重情緒障礙學生休退學出現比率，似較其他障礙類別為高。</td></tr>
</table>

2.臺灣大專身心障礙休退學學生近7成（69.6%）原就讀於「二專」、「四技」與「大學」等學制，另亦有7成（70.7%）原就讀於「日間部」與「夜間部」的大專學校類別。
3.臺灣大專身心障礙休退學學生原入學方式，以多元入學方案（58.0%）最多、其次爲本校自行招生（26.1%）、再其次爲身心障礙學生升學大專院校甄試（15.9%）。
4.臺灣大專身心障礙休退學學生7成（70.8%）皆在入學後的一、二年級辦理休學或退學，而後隨著年級的提升，休退學人數及比率隨之大幅度降低。

(二)臺灣大專身心障礙休退學學生個案現況追蹤調查結果
1.臺灣大專身心障礙「休學」與「退學」學生目前狀況，以休學爲最多（53.17%），其次爲退學（40.24%），而填答其他（以失聯及未註冊爲多）爲最少（6.59%）。
2.臺灣大專身心障礙休退學學生離校時間超過2年以上者最多（40.9%）。
3.臺灣大專身心障礙學生休退學原因，以學習困難（31.3%）最多、其次爲其他（失聯、工作因素爲多；25.4%）、再其次爲健康問題（15.9%）等；餘者如：經濟問題、行爲問題、人際互動不良、交通問題、學校環境適應不良等原因，人數比率則偏低（皆在10%以下）。
4.臺灣大專身心障礙休退學學生目前去向，主要以「就業」（45.9%）最多、其次爲「失聯」（19.1%）、再其次爲「賦閒在家」（13.7%）及「其他」（12.1%）等；餘者如：「就醫」（5.1%）、「就養」（3.5%）等，人數比率則偏低（皆在10%以下）。
5.全數三分之二的臺灣大專身心障礙休退學學生不願意復學重新回到大專學校，僅有三分之一的身心障礙休退學學生有意願復學重新回到大專學校就讀。
6.臺灣大專身心障礙休退學學生復學協助項別內涵調查結果，除「其他」（失聯或無意見爲多；18.4%）外，家長認爲以個別輔導與服務爲多（16.1%），其次爲調整課程或教學（13.4%）、生涯規劃服務（12.3%）、專業輔導及特教資源服務（10.3%）等。

(三)臺灣大專身心障礙休學與退學學生現狀差異比較結果
1.臺灣大專身心障礙休學與退學學生的障礙類別比較結果，不管是休學或退學，不同障礙類別比較的分布情形，未有明顯不同。
2.大專身心障礙「休學」學生原就讀學制依序以二專、四技及大專爲多，另大專身心障礙「退學」學生原就讀學制依序則以大專、四技及二專爲多。
3.不管是休學或退學仍以日、夜間部爲多，而進修學院、專校較少。
4.學生以多元入學方案入學者最多，而本校自行招生、身心障礙學生升學大專院校甄試入學者較少。
5.目前已休學及退學的臺灣大專身心障礙學生，以一、二年級爲最多，三、四年級次多，五、六、七年級最少。
6.目前已休學的身心障礙大專學生，約各有三成休學在半年以內或是休學在2年以上，呈現出偏兩端現象；另目前已退學的身心障礙大專學生，則有五成五係退學在2年以上。
7.比較休學或退學主要原因，排序最高的兩項原因爲學習困難與其他（以失聯、工作因素爲多）；另接續排序有六項原因，分別爲：健康問題、經濟問題、行爲問題、人際互動不良、交通問題、學校環境適應不良等。

8.比較「目前去向」，仍以就業、失聯之目前去向爲最多。 9.已休學的身心障礙大專學生，有近六成不願意復學，而有四成多則表示願意；另已退學的身心障礙大專學生，則有近八成表示不願意復學，而仍有二成多則表示願意。 10.比較家長認爲所需各項復學協助之高低排序，依序爲個別輔導服務、調整課程或教學、生涯規劃服務、專業輔導及特教資源服務、協助醫療服務與交通服務及補助等。
重要研究建議： 1.應再多加關注與輔導休退學人數及比率較多的肢體障礙、嚴重情緒障礙及聽覺障礙等類別學生。 2.臺灣大專身心障礙休退學學生近7成原就讀於「二專」、「四技」與「大學」等學制，本調查建議此等學制學校除持續針對身心障礙休退學學生追蹤輔導外，亦應多強化防治與輔導在學的身心障礙學生可能面對休、退學之抉擇與相關問題。 3.除了甄試入學的身心障礙學生，臺灣大專校院應多加強協助與輔導經「多元入學方案」及「本校自行招生」而入學的身心障礙學生，增強其學校適應能力，以免於大學就學期間因故「休學」與「退學」。 4.身心障礙學生進入大專就讀的前兩年，可說是休退學的危險關鍵期，需特別關注其學校適應良好與否，並強化輔導之，以免造成休退學的事實。 5.宜加強身心障礙者生涯發展與規劃。 6.大專身心障礙休退學學生原本「學校適應」較爲不佳，一旦離校後，期盼他重新回校的可能性原本就較爲低落。本調查建議大專校院確需針對身心障礙休退學學生進行有效的追蹤輔導，以提高其復學意願。 7.應加強身心障礙學生的生涯規劃與就業輔導工作，同時亦應強化身心障礙休退學學生追蹤輔導工作。

研究題目：大專校院資源教室輔導人員生涯輔導知能之研究	年代：2010
研究實施區域：全臺灣	研究方法：問卷調查
重要研究發現： 1.大專資源教室輔導人員對於生涯輔導專業知能重要程度的評定傾向「重要」的程度。 2.大專資源教室輔導人員在生涯輔導專業知能重要程度的評定上不因年資、學歷、專業背景、學校地區、學校類型和專業研習時數上而有差異。 3.大專資源教室輔導人員對於生涯輔導專業知能具備程度的評定傾向「大致具備」的程度。 4.大專校院資源教室輔導人員生涯輔導專業知能之具備程度，不因學校地區的不同而有差異；但因任職年資、學歷、專業背景、學校類型，以及專業知能研習等變項的不同，而有差異存在。 5.「一般生涯輔導」與「生涯評量」二個層面爲大專校院資源教室輔導人員專業能力發展需求所在。 6.現行資源教室輔導人員實施生涯輔導時最常面臨之困難爲人手不足，工作繁重。	

7.現行資源教室輔導人員最希望增進自己生涯輔導專業知能的策略爲參加生涯輔導相關研習。
重要研究建議： 一、對於政策制度方面 1.有系統的規劃生涯輔導相關研習與進修課程，增進輔導人員專業知能 2.加強各區域學校的聯繫與分享，並建立督導制度 二、對於各大專校院方面 1.給予資源教室輔導人員合理的角色定位與穩定的人力資源 2.依規定辦理個別化教育計畫會議，以增進其他單位與教師的瞭解 三、對於資源教室輔導人員方面 1.充實生涯輔導相關知能，提升自我效能 2.運用生涯評量工具，協助學生探索自我，建立正向自我概念

本書作者因為擔任國立高雄師範大學特殊教育中心主任九年期間，直接負責高師大資源教室的業務，當初基於業務需求需要多瞭解國內外大學的資源教室之運作模式，首先透過網頁搜尋國內外大專校院的資源教室服務方式與內容，2004年就實地拜訪美國奧瑞岡州（Organ State）Lane縣社區學院（Lane Community College）的身心障礙服務中心，請教其主任及相關人員的服務經驗。根據美國大學相關人員的意見，他們認為資源教室應該著重於培養大專校院身心障礙學生主動求助與主動尋找資源的能力，並建立為自己負責的習慣。本書作者參考國外書面與實際經驗後，於2004年9月提出「國立高雄師範大學特殊教育中心資源教室服務實施要點」芻議，經過校內行政程序呈校長核准後實施。國立高雄師範大學資源教室的服務內容比較類似於國外身心障礙服務中心的模式，以提供校內身心障礙學生公平且無障礙之學習環境為宗旨，並建立身心障礙學生主動尋找資源的認知與習慣為目的。因此高雄師範大學對身心障礙學生所提供的協助，都要求學生要自己先主動提出申請，由資源教室先進行評估，評估原則為此些服務是否確實因應學生的特殊教育需求，再決定是否提供學生的協助申請，此運作流程如圖9-2-1，資源教室學生需求申請表如表9-2-4，定期考試協助申請表如表9-2-5，可以提供大家作參考。

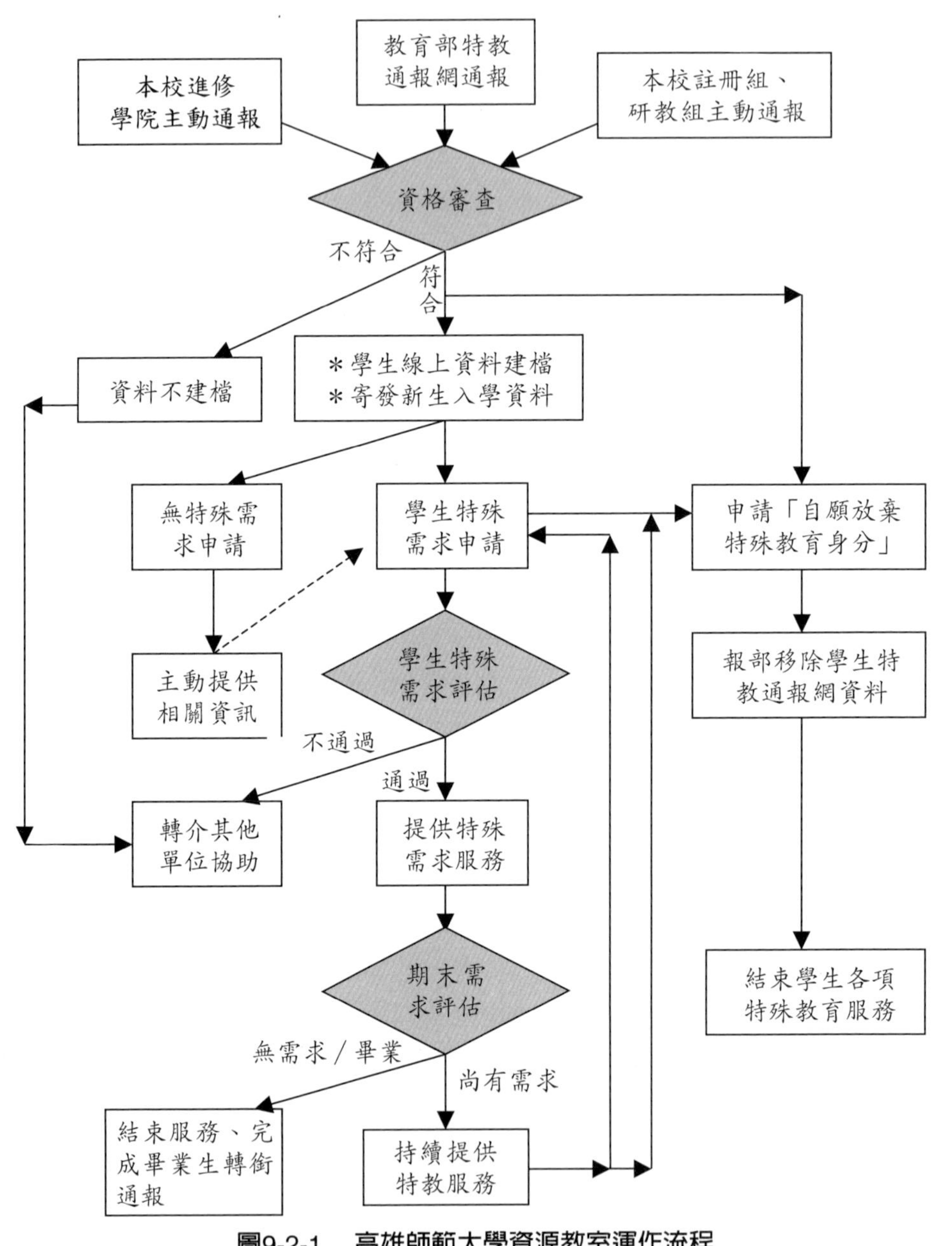

圖9-2-1　高雄師範大學資源教室運作流程

表9-2-4　資源教室學生需求申請

國立高雄師範大學特殊教育中心——資源教室學生需求申請表

填表日期：____年____月____日

<table>
<tr><td rowspan="3">基本資料</td><td>姓名</td><td></td><td>系別班級</td><td></td></tr>
<tr><td>聯絡電話</td><td colspan="3"></td></tr>
<tr><td>E-mail</td><td colspan="3"></td></tr>
<tr><td rowspan="4">需求申請內容</td><td colspan="4">壹、課業學習（可複選）
1.□點字、錄音報讀、直接報讀（時間：______小時／週）
2.□作業電腦打字（時間：______小時／週）
3.□課堂溝通協助、課堂電腦打字轉錄（時間：______小時／週）
4.□考試協助（請於期中或期末考前二週填妥申請表）
5.□專業人員服務
a.□課堂手語翻譯；科目名稱________（時間：______小時／週）
b.□課後課業加強輔導；科目名稱____（時間：______小時／週）
＊此服務依據資源教室課業加強輔導申請要點辦理之，服務時間以每週六小時爲上限。
6.□教室調整，欲調整之科目：______；該科目開設之系所______；欲調整教室至有__________。（原教室爲__________）
7.□選課諮詢
a.□免修學分；b.□減修學分；c.□課程加選，欲加選科目：____，開課單位：__________，開課代碼：__________；d.□其他______
8.□輔具提供（可複選）
a.□視覺學習輔具；b.□聽覺學習輔具；c.□語言溝通輔具
d.□肢體行動輔具；e.□本中心學習輔具（ps：須另填輔具申請表）
9.□學伴申請
學伴建議名單：　系級：______姓名：________聯絡電話：______
系級：______姓名：______聯絡電話：__________
課後輔導老師：科目：______姓名：______聯絡電話：__________
科目：______姓名：______聯絡電話：__________</td></tr>
<tr><td colspan="4">貳、生活協助（可複選）
1.□宿舍安排 2.□重物搬運 3.□購餐服務 4.□行動協助 5.□借書服務
6.□其他；請具體說明：____________（時間：________小時／週）</td></tr>
<tr><td colspan="4">參、個別諮商服務
1.□生活適應；2.□壓力調適；3.□情緒困擾；4.□人際關係；5.□兩性問題；6.□其他請簡單說明：______________________</td></tr>
<tr><td colspan="4">肆、相關資源提供
1.□社會福利；2.□職業評量；3.□生涯規劃；4.□其他__________
____</td></tr>
</table>

<table>
<tr><td></td><td>伍、建議事項：____________________
____________________</td></tr>
<tr><td>初步評估及處理（資源教室填寫）</td><td></td></tr>
<tr><td colspan="2">輔導員：　　　　　　　　　　主任：</td></tr>
</table>

表9-2-5　定期考試協助申請表

國立高雄師範大學特殊教育中心——資源教室學生定期考試協助申請表

填寫日期：____年____月____日

<table>
<tr><td>申請者姓名</td><td></td><td>系別／班級</td><td></td></tr>
<tr><td colspan="4">考試類別：□期中考；□期末考；□其他________</td></tr>
<tr><td colspan="4">(1)考試科目：__________　考試時間：________
授課教授姓名：________　教授聯絡分機：________e-mail：________
方式：□個別考場；□考卷放大字體；□報讀；□口試替代筆試；□電腦應考；□代寫答案；□延長考試時間；□其他________
(2)調整說明：____________________
(3)授課教授簽章____________　□同意　□不同意
其他建議____________________</td></tr>
<tr><td colspan="4">(1)考試科目：__________　考試時間：________
授課教授姓名：________　教授聯絡分機：________e-mail：________
方式：□個別考場；□考卷放大字體；□報讀；□口試替代筆試；□電腦應考；□代寫答案；□延長1.5倍考試時間；□其他________
(2)調整說明：____________________
(3)授課教授簽章____________　□同意　□不同意
其他建議____________________</td></tr>
<tr><td colspan="4">*備註：請於期中或期末考前二週具體提出申請
輔導員：　　　　　　　　中心主任：</td></tr>
</table>

目前高雄師範大學資源教室的服務內容共計有下列11項：㈠工讀生服務：提供報讀、點字、錄音、生活照顧、筆記抄寫、陪同就醫及課業學習等協助。㈡專業人員服務：1.專業手語翻譯人員服務。2.課業加強輔導服務：基於學生

之障礙而影響其課業學習之需要，可以提供課業加強輔導時數；學生接受課業輔導時間，每週以6小時為限。㈢考試協助：基於學生之特殊教育需求，在授課教授同意下，定期考試時，可以提供學生個別考場、考卷放大字體、報讀題目、口試取代筆試、電腦應考、代寫答案、延長1.5倍考試時間等。㈣個別諮商服務：結合專業諮商師提供個別需要之心理諮商。㈤諮詢服務：聯繫相關社會資源以提供學生之資源運用。㈥職業輔導服務：依學生個別需求，安排職業輔導評量及職業輔導服務，並定期安排職業輔導及生涯規劃工作坊以協助學生自我性向之探索。㈦轉銜服務：協助新生入學適應、應屆畢業生未來生涯輔導及就業追蹤。㈧社交活動之安排：透過學生自強活動、慶生、迎新……等活動建立學生之支持團體。㈨學習設備之服務：依資源教室設備使用辦法，提供大螢幕電腦、特殊鍵盤、掃描器、擴視機、盲用電腦、語音箱及相關學習軟體。㈩圖書借閱：提供特殊教育相關圖書及視聽資訊。⑴本校教師之諮詢：對本校教師其身心障礙學生之學業及生活輔導之支援協助。期待透過課業和生活方面的協助，幫助國立高雄師範大學校內身心障礙學生獲得更完整且無障礙之學習成效，有興趣瞭解此資源教室之運作模式者，歡迎進入國立高雄師範大學特殊教育中心資源教室的網頁一窺究竟（http://ksped.nknu.edu.tw/）。

近年來大學校園內特殊教育學生的數量急遽增加，也因此對學生需求服務的內容和數量已經呈現供不應求的現象，因此如何能將有限資源提供給最需要的學生，以及達到公平分配的原則，各校確實需要對學生的需求申請進行審查機制，方能達到資源最有效運用的成效。目前許多學校也逐漸訂定相關的服務需求審查機制，例如交通補助費、課業輔導、工讀生服務、考試服務等等，並且納入特殊教育推行委員會或相似會議的審查。依據現行特殊教育法的規定，大專校院身心障礙學生的各項特殊教育服務須整合在每一位學生的「個別化支持計畫」（Individual Support Program），簡稱ISP，計畫內容乃規範在特殊教育施行細則的第12條：「……針對身心障礙學生個別特性及需求，訂定個別化支持計畫；其內容包括下列事項：

一、學生能力現況、家庭狀況及需求評估；二、學生所需特殊教育、支持服務及策略；三、學生之轉銜輔導及服務內容。各校在開學前宜針對每一位身心障礙學生的特殊教育需求，擬訂此個別化支持計畫，以落實適性教育的提供。

本書作者基於多年來參與大專校院身心障礙學生與輔導人員的在職進修，以及至各大專校院作特殊教育宣導工作的經驗，針對大專校院資源教室的實施，乃提出強化身心障礙學生的自我決策（self-determination）和自我倡導（self-advocacy）的基本輔導理念，大專校院資源教室的各項協助都可在此前提之下實施，方能提升身心障礙學生離開大學校園後之就業和獨立生活的成功性。依據我們多年的實務經驗，為了協助身心障礙學生畢業離校後就業和生活適應的成功機率，大專校院資源教室對身心障礙學生的協助，可能有四個重要關鍵介入期，一是新生入學前的相關資料傳送和聯繫，二是和新生的系所師長所聯合召開的新生轉銜座談暨特殊教育方案會議，三是學生的大學選課說明和選修課程分析指引，四是為大三可以開始進行的學生生涯發展輔導等。以高雄師範大學資源教室的作法為例，我們每年都會在收到新生入學名單後，彙整新生所需的全校性、系所和資源教室的相關資料成冊，再郵寄至學生家中，讓家長和學生知道如何和新學校的特殊教育輔導人員取得聯繫；接著在開學之前，我們會完成新生的特殊教育相關需求評估，再針對特別需要作課程或生活調整的學生，邀請各系所師長、學校生活輔導處人員、學生上一階段的輔導老師、學生本人及其家長等人召開新生轉銜暨特殊教育方案會議，在此會議中達成提供學生各項特殊教育需求的協商和決議，此過程對於學生之新環境的適應確實可以達到非常優質的成效。

大學的學習方式和高中階段差異性很大，基於特殊教育學生的某些障礙特質，我們發現確實需要對大學新生再作選修課程制度的詳細說明；除此之外，針對不同系所的某些較高難度的課程，我們也會協助學生進行課程分析指引，表9-2-6是大學All Pass~ 課程分析指引，期以協助學生能順利通過此課程的及格要求。此評估表乃取得美國原作者Dr. James R. Patton的同意使用，並且作過高雄師範大學內之不同學院學生的測試和修正，此評估表內容乃包含上課教材、上課方式、上課教材、學生評量、教室規則、對學生的學習支持等六大項，希望透過這些項目內容的分析，學生可以對即將選修的此一課程有所心理和實務的準備。從表9-2-7之大學All Pass~課程分析指引範例可以得知，不同的課程特質和不同的教授教學風格，可以形成各自獨立一格的教室學習生態，而這些風格迥異的教與學的互動，也是一種社交互動或社群生態，而對於社會互動或社交活動的低敏感度，正是許多身心障礙學生的特質，他們確實需要他人的協助和指引。除了由資源教室輔導員介入學生的某些課程分析指引外，我們也強烈建議學生能主動和教授、助教或學長姐討論此課程分析指引，並且在修課前的寒假或暑假期間即進行預習工作，此一活動除了可以幫助學生能比較順利通過學業的評量外，同時也能達到培養學生之主動、積極和自我負責的學習態度。

表9-2-6　大學All Pass~ 課程分析指引_範例一

大學All Pass~課程分析指引
本表於2011.05取得Dr. James R. Patton同意引用與修訂；
翻譯／修訂者－高師大特教系林素貞老師

填寫說明：本問卷請交由修習過此課程之學生或開設此課程之助教協助填寫。
學生姓名：＿＿＿課程名稱：基礎數學、整數論、代數＿＿開課系所：＿＿數學系＿＿
開課時間：＿101＿學年度第＿1＿學期　授課教授：＿吳教授＿

A.上課教材

此課程會使用哪些教材？	使用程度 從未使用 ◄				► 經常使用
(1)指定參考書	1	2	3	4	⑤
(2)非指定參考書	1	②	3	4	5
(3)教授自編講義／PPT	1	②	3	4	5
(4)網路資訊	①	2	3	4	5
(5)光碟、軟體、程式	①	2	3	4	5
(6)其他＿＿＿＿＿＿	1	2	3	4	5

B.上課方式

1.此課程會使用哪些上課方式？	相對頻率 從未使用 ◄				► 經常使用
(1)教授講解	1	2	3	4	⑤
(2)課堂討論	1	2	③	4	5
(3)小組作業或小組活動	1	②	3	4	5
(4)特定的課堂內作業	1	2	3	④	5
(5)學生的口頭報告或演示	1	2	③	4	5
(6)校外參觀／寫生	①	2	3	4	5
(7)其他	1	2	3	4	5

2.此課程的教授會使用哪些教學資源？	使用程度 從未使用◄				►經常使用
⑴參考資料	1	2	③	4	5
⑵講義	1	2	3	④	5
⑶講課前的內容大綱	1	2	③	4	5
⑷電腦	①	2	3	4	5
⑸投影機	①	2	3	4	5
⑹視聽媒體	①	2	3	4	5
⑺黑板／白板	1	2	3	4	⑤
⑻網路資料	①	2	3	4	5
⑼現場實務體驗	1	2	③	4	5
⑽實物展示（如：雕像）	①	2	3	4	5
⑾其他＿＿＿＿＿＿＿＿	1	2	3	4	5

C.學生的責任

1.這堂課對學生的指定要求？	相對頻率 從未使用◄				►經常使用
⑴上課要作筆記	1	2	3	4	⑤
⑵對指定問題作反應	1	2	3	4	⑤
⑶閱讀指定資料	1	2	③	4	5
⑷個人作業或個人活動	1	2	3	4	⑤
⑸小組作業或參與討論	1	2	③	4	5
⑹書面報告	1	2	3	4	⑤
⑺課堂口頭報告	1	2	③	4	5
⑻出席上課	①	2	3	4	5
⑼無要求	1	2	③	4	5
⑽其他＿＿＿＿＿＿＿＿					

2.這堂課的指定課外作業？	相對頻率 從未使用◄				►經常使用
⑴閱讀指定資料／文獻	1	2	③	4	5
⑵書面報告	①	2	3	4	5
⑶參與網路活動	①	2	3	4	5
⑷小報告	①	2	3	4	5
⑸期中報告	①	2	3	4	5

(6)實務現場作業（例如校外參訪……）	①	2	3	4	5
(7)課堂作業	1	2	3	4	⑤
(8)設計問卷實地施測	①	2	3	4	5
(9)加分表現（可選擇性）	1	2	3	4	5
(10)無要求＿＿＿＿＿＿	①	2	3	4	5
(11)其他	1	2	3	4	5

D.學生評量

1.這堂課如何評量？	使用程度：從未使用◄				►經常使用
(1)紙筆考試	1	2	3	4	⑤
(2)繳交報告	1	2	③	4	5
(3)實作評量	1	2	③	4	5
(4)課堂口頭報告	1	2	③	4	5
(5)小組作業	①	2	3	4	5
(6)個人作業	1	2	③	4	5
(7)現場實務作業	1	2	③	4	5
(8)1對1 或1對多口試	①	2	3	4	5
(9)學生互相評量，老師在旁觀察／指導	①	2	3	4	5
(10)其他＿＿＿＿＿＿	1	2	3	4	5

2.這堂課的考試形式或試題？	使用程度：從未使用◄				►經常使用
(1)沒有考試	①	2	3	4	5
(2)問答題	1	2	3	4	⑤
(3)簡答題	①	2	3	4	5
(4)選擇題	①	2	3	4	5
(5)是非題	①	2	3	4	5
(6)配合題	①	2	3	4	5
(7)口試	①	2	3	4	5
(8)實作技能表現	①	2	3	4	5
(9)其他＿＿＿＿＿＿	1	2	3	4	5

3.這堂課教授的哪些個人氣質（例如：嚴肅型、強勢型、親合型、輕鬆型……），可能會影響學生選修此課程成績的成敗？

E.教室規則

1.修習此課程的注意事項有哪些？

■(1)出席要求（例如：不可以遲到、不可以早退、要簽到、要點名……）

■(2)上課態度（例如：不可以吃東西、不可以睡覺；要穿著整潔、不可以穿拖鞋……）

■(3)上課中充分參與或討論

■(4)課前準備

■完成指定參考資料研讀　預習課本內容

準備自己上課需要的器材

(5)其他

■(6)以上這些注意事項是明確訂定或是隱含性的？

■明確規定　□隱含性　□其他

2.教授給學生的成績與回饋？

■(1)只有成績

(2)作業的訂正回饋（例如給建議）　□經常　■偶爾　□從未

(3)主要強調錯誤部分　□經常　■偶爾　□從未

(4)其他

3.教授的哪些規則對學生的成績評量有影響（例如使用某一種特定紙張、特定字體、遲交作業……等）？

缺考

4.教授對以下輔具的使用是否有限制？

(1)錄音機／錄音筆　□是　■否

(2)手語翻譯員　□是　■否

(3)筆記抄錄員　□是　■否

(4)陪讀人員　□是　■否

(5)其他

F.對學生的學習支持	有效程度				
下列哪些資源可供課堂修習此課程時使用？	從未使用◄				►經常使用
(1)可以提供調整課程	1	2	3	④	5
(2)可與教授溝通討論	1	2	3	4	⑤
(3)助教的協助	1	2	3	4	⑤
(4)修課同學的聯絡網（例如：E-mail清單）	1	2	3	④	5
(5)網路資源	1	2	③	4	5
(6)同儕支持系統	1	2	3	4	⑤
(7)額外學習時段	1	2	3	4	⑤
(8)其他＿＿＿＿＿＿＿＿	1	2	3	4	5

※感謝您的協助與支持，若有任何問題請與下列人員聯絡

資源教室輔導老師：　　　電話：　　　分機：　　　傳真：

電子信箱：

表9-2-7　大學All Pass~課程分析指引_範例二

大學All Pass~課程分析指引
本表於2011.05取得Dr. James R. Patton同意引用與修訂
翻譯／修訂者—高師大特教系林素貞老師

填寫說明：本問卷請交由修習過此課程之學生或開設此課程之助教協助填寫。
學生姓名：＿蔡○○＿　課程名稱：＿特殊教育導論＿　開課系所：特殊教育系＿＿
開課時間：＿101＿　學年度第＿1＿學期　　　授課教授：＿吳教授＿

A.上課教材	使用程度				
此課程會使用哪些教材？	從未使用◄				►經常使用
(1)指定參考書	1	2	3	4	⑤
(2)非指定參考書	1	②	3	4	5
(3)教授自編講義／PPT	1	2	3	4	⑤
(4)網路資訊	1	2	3	④	5
(5)光碟、軟體、程式	①	2	3	4	5
(6)其他＿＿＿＿＿＿＿＿	①	2	3	4	5

B.上課方式

1.此課程會使用哪些上課方式？	相對頻率 從未使用◄				►經常使用
(1)教授講解	1	2	3	4	⑤
(2)課堂討論	1	2	3	④	5
(3)小組作業或小組活動	1	2	3	④	5
(4)特定的課堂內作業	1	2	3	④	5
(5)學生的口頭報告或演示	1	2	③	4	5
(6)校外參觀／寫生	1	2	③	4	5
(7)其他	①	2	3	4	5

2.此課程的教授會使用哪些教學資源？	使用程度 從未使用◄				►經常使用
(1)參考資料	1	2	3	4	⑤
(2)講義	1	2	3	4	⑤
(3)講課前的內容大綱	1	2	3	4	⑤
(4)電腦	1	2	3	4	⑤
(5)投影機	1	2	3	4	⑤
(6)視聽媒體	1	②	3	4	5
(7)黑板／白板	1	2	③	4	5
(8)網路資料	1	2	3	④	5
(9)現場實務體驗	1	②	3	4	5
(10)實物展示（如：雕像）	①	2	3	4	5
(11)其他＿＿＿＿＿＿＿＿	①	2	3	4	5

C.學生的責任

1.這堂課對學生的指定要求？	相對頻率 從未使用◄				►經常使用
(1)上課要作筆記	1	2	3	4	⑤
(2)對指定問題作反應	1	2	3	4	⑤
(3)閱讀指定資料	1	2	3	④	5
(4)個人作業或個人活動	1	2	3	4	⑤
(5)小組作業或參與討論	1	2	③	4	5
(6)書面報告	1	2	3	4	⑤
(7)課堂口頭報告	1	2	③	4	5

(8)出席上課	1	2	3	4	⑤
(9)無要求	①	2	3	4	5
(10)其他＿＿＿＿＿＿					

	相對頻率				
2.這堂課的指定課外作業？	從未使用 ◄		────		► 經常使用
(1)閱讀指定資料／文獻	1	2	3	④	5
(2)書面報告	1	2	3	4	⑤
(3)參與網路活動	1	②	3	4	5
(4)小報告	1	2	3	④	5
(5)期中報告	1	2	3	4	5
(6)實務現場作業（例如校外參訪……）	1	2	3	④	5
(7)課堂作業	1	2	3	4	⑤
(8)設計問卷實地施測	①	2	3	4	5
(9)加分表現（可選擇性）	1	2	3	④	5
(10)無要求＿＿＿＿＿＿	①	2	3	4	5
(11)其他	1	2	3	4	5

D.學生評量

	使用程度				
1.這堂課如何評量？	從未使用 ◄		────		► 經常使用
(1)紙筆考試	1	2	3	4	⑤
(2)繳交報告	1	2	3	④	5
(3)實作評量	1	②	3	4	5
(4)課堂口頭報告	1	②	3	4	5
(5)小組作業	1	2	③	4	5
(6)個人作業	1	2	3	4	⑤
(7)現場實務作業	1	②	3	4	5
(8)1對1或1對多口試	①	2	3	4	5
(9)學生互相評量，老師在旁觀察／指導	①	2	3	4	5
(10)其他＿＿＿＿＿＿	1	2	3	4	5

	使用程度				
2.這堂課的考試形式或試題？	從未使用 ◄		────		► 經常使用
(1)沒有考試	①	2	3	4	5

(2)問答題	1	2	3	4	⑤
(3)簡答題	1	2	3	4	⑤
(4)選擇題	1	2	3	4	⑤
(5)是非題	1	②	3	4	5
(6)配合題	1	2	③	4	5
(7)口試	1	②	3	4	5
(8)實作技能表現	1	②	3	4	5
(9)其他＿＿＿＿＿＿	1	2	3	4	5

3.這堂課教授的哪些個人氣質（例如：嚴肅型、強勢型、親合型、輕鬆型……），可能會影響學生選修此課程成績的成敗？

＿＿＿＿＿＿＿＿＿＿＿＿＿＿＿＿＿＿＿＿

E.教室規則

1.修習此課程的注意事項有哪些？

每一堂出席皆點名算分；無故缺席兩次以上送教務處

(1)出席要求（例如：不可以遲到、不可以早退、要簽到、要點名……）

＿＿＿＿＿＿＿＿＿＿＿＿＿＿＿＿＿＿＿＿

(2)上課態度（例如：不可以吃東西、不可以睡覺；要穿著整潔、不可以穿拖鞋……）＿＿＿＿＿＿＿＿＿＿

(3)上課中充分參與或討論＿＿＿＿＿＿＿＿＿＿

(4)課前準備＿＿＿＿＿＿＿＿＿＿

完成指定參考資料研讀　學生須作課前預習作業預習下堂課章節

準備自己上課需要的器材＿＿＿＿＿＿＿＿＿＿

(5)其他＿＿＿＿＿＿＿＿＿＿

(6)以上這些注意事項是明確訂定或是隱含性的？

■明確規定　□隱含性　□其他

＿＿＿＿＿＿＿＿＿＿＿＿＿＿＿＿＿＿＿＿

2.教授給學生的成績與回饋？

(1)只有成績

(2)作業的訂正回饋（例如給建議）

(3)主要強調錯誤部分

(4)其他＿＿＿＿＿＿＿＿＿＿

3.教授的哪些規則對學生的成績評量有影響（例如使用某一種特定紙張、特定字體、遲交作業……等）？

作業的遲交　每份作業我有事先給予評量標準（學生作業的完成參照評分標準給分）

____

____

4.教授對以下輔具的使用是否有限制？

(1)錄音機／錄音筆　□是　■否
(2)手語翻譯員　□是　■否
(3)筆記抄錄員　□是　■否
(4)陪讀人員　□是　■否
(5)其他______________________________

F.對學生的學習支持

下列哪些資源可供課堂修習此課程時使用？	有效程度：從未使用◄				►經常使用
(1)可以提供調整課程	1	2	3	4	(5)
(2)可與教授溝通討論	1	2	3	4	(5)
(3)助教的協助	1	(2)	3	4	5
(4)修課同學的聯絡網（例如：E-mail清單）	1	2	3	(4)	5
(5)網路資源	1	2	3	(4)	5
(6)同儕支持系統	1	2	3	(4)	5
(7)額外學習時段	1	(2)	3	4	5
(8)其他__________	1	2	3	4	5

※感謝您的協助與支持，若有任何問題請與下列人員聯絡

資源教室輔導老師：　電話：　分機：　傳真：

電子信箱：

第三節 國外大專院校資源教室之服務模式

國外一些大學校園中原則上皆有針對身心障礙者的服務單位，名稱大致稱為身心障礙服務中心（Disability Services）或學習支持服務中心（Learning Support Service），這些單位成立的宗旨主要乃是：為身心障礙學生和教職員提供公平的學習和工作機會。本書蒐集了國外三所大學和一所社區學院的服務模式，並列出其網頁，有興趣者可直接進入其網頁做更深入的瞭解；此些國外模式包含美國明尼蘇達大學（University of Minnesota）、美國奧瑞崗大學（University of Oregon）、英國貝斯大學（University of Bath），以及美國奧瑞崗州Lane縣社區學院（Lane Community College）。表9-3-1乃整理了此四所大學身心障礙服務單位的服務內容，此四所大專校院對於高等教育階段身心障礙學生所提供的服務，乃以學習方式和解決相關問題的協助為主，主要包含學習科技輔助的提供、學習評量的調整、翻譯員的提供、校內無障礙行動協助、非營利組織提供的獎助學金申請或就業等相關資訊的提供等，此外，這些單位不僅提供校內身心障礙學生的相關協助，事實上，他們的服務對象也包含了校內的身心障礙的教職員，所以這些單位在學校內的定位，為並重服務身心障礙者學習和就業的雙重目標。

表9-3-1 國外大學身心障礙服務中心的服務內容

學　校	服務內容
美國University of Minnesota （http://ds.umn.edu/）	1.學科學習調整（Academic accommodations） 2.教室和科系的調整（Classroom and program modifications） 3.評量考試的調整（Testing and exam accommodations） 4.相關文件資料的形式轉換（如轉化爲點字等）（Document conversion） 5.聽障者之翻譯員或文字說明服務（Interpreter and captioning services） 6.行動協助（Access assistance） 7.科技輔助協助（Adaptive technology） 8.國外留學的相關協助（Learning abroad） 9.學習調整流程與規定和學生的責任（Roles and responsibilities in the accommodation process）

學　校	服務內容
美國University of Oregon（http://ds.uoregon.edu/）	1.學科學習的建議（Academic Advising）：包含協助學生瞭解大學的修課規定、畢業學分和各項要求等，如何規劃各學年和各學期的選課，以及學科學習上問題的解決途徑等。 2.適應科技（Adaptive Technology）：轉介學生至適應科技中心（Adaptive Technology Center），再由此中心協助學生運用或配置個人化的閱讀或寫作輔具。 3.教室的安排（Classroom Relocation）：針對行動有困難學生，重新調整和安排其原來無法進入的建築物或教室。 4.電腦化的上課做筆記（Computer-based Notetaking）：利用電腦軟體同時紀錄轉換教室內的口語成電腦螢幕呈現的文字內容。 5.考試調整（Exam Adjustments）：謂有特殊需求的學生安排延長考試時間、單獨考場、不同形式的考卷形式、報讀人員、答案記錄員或電腦化試卷。 6.教授的通知信（Instructor Notification）：針對不同學生需求，事先寫信給授課教授有關其某些學生的評量考試調整，或和學習相關的不同狀況與調整。 7.實驗室協助（Lab Assistance）：進行實驗室環境或器材的調整，以協助學生可以在不同性質的實驗室中進行學習活動。 8.做筆記（Notetaking）：協助尋找志工同學願意幫身心障礙學生作上課筆記，因此提供筆記本或影印卡給此些志工同學。 9.轉介與支援服務（Referrals）：提供學生其他大學的相關資源，以助學生的需要或運用。 10.手語翻譯員（Sign Language Interpreting）：提供聽障學生學業學習需要或課外活動的美國手語翻譯。 11.特殊輔具借用（Specialized Equipment Loan）：例如FM調頻系統助聽器、錄音機或Alpha Smarts。
美國Lane Community College（http://www.lanecc.edu/disability/）	1.學習需求調整（Academic Accommodations） 2.問題解決的諮詢輔導（Advising & Problem Solving） 3.學習資料替代方案－如放大字體、點字、報讀、錄音等（Alternate Format） 4.科技輔助的提供（Assistive Technology） 5.科技輔助的最新資訊（Assistive Technology News）

學　校	服務內容
	6.認識身心障礙者（Awareness Tips） 7.如何和身心障礙者溝通的方法和態度（Communication Tips） 8.社區相關資源（Community Resources） 9.獎助學金申請（Financial Aid, Grants & Scholarships） 10.政府相關部門的資源聯結（Government and Legal Links） 11.校內資源（On-Campus Resources） 12.網路線上資源（On-Line Resources） 13.身心障礙教職員協助（Resources for Faculty） 14.學習基本能力與技巧的建立（Skillbuilding and Academic Support） 15.考試調整（Test Accommodations） 16.透過身心障礙服務中心協調之學生考試調整（Through DS） 17.從高中到大學的轉銜服務（Transitioning from High School to College） 18.適用高中身心障礙學生的轉銜計畫（Transition Planning）
英國University of Bath（http://www.bath.ac.uk/learning-support/）	1.專業諮詢或輔導協助（offering expert information and advice） 2.校園內行動的協助（guidance on campus access） 3.不同狀況的初步研判諮詢（screening for conditions） 4.學習協助（assessing student support needs） 5.協助申請身心障礙學生津貼（supporting students applications for the Disabled Students Allowance (DSA)） 6.協助與校內各單位之溝通（managing access to facilities and staff） 7.提供各項協助的評估報告（providing access to the support recommended by the assessment of needs report）

本書作者為了瞭解美國大學或社區學院對於身心障礙學生的申請入學及相關服務的狀況，曾於2008年7月間至美國奧瑞崗州（Oregon State）進行兩所學校實地參訪，一所為州立的奧瑞崗大學（University of Oregon），另一所也是州立的Lane社區學院（Lane Community College）。此兩所學校的性質和教育目標迥異，恰足以代表美國高等教育的兩種不同形式，奧瑞崗大學是一所學

術研究型大學，大學部是四年制，入學需有篩選審查，基本條件為所有的學生都必須經過學科能力表現為主的篩選（高中成績的GPA至少3.25以上，總分為4.00），以及高中至少要修畢5個領域（英文、數學、自然科學、社會和第二外國語）的16個學分課程，且各課程成績都要在C以上，以證明學生的學科學習能力和潛能，足以勝任未來四年的學科學習挑戰。

Lane社區學院則是以職業訓練、大學預備課程和成人繼續教育為主的學院，採完全開放入學政策，凡申請皆可入學。課程分為有學分制和無學分制兩種，有學分制課程有一年或兩年的不同學程，主要以職業訓練為主。無學分制課程則以申請大學預備課程或成人教育為主，沒有年限的限制，類似於我國的社區大學性質，也包含了提供成人智能障礙者基本能力訓練的課程（Adult Basic Skill Development）。Lane社區學院對於申請者皆完全接受入學，唯一的條件是必須年滿18歲以上，不論申請者的國籍、是否有高中學歷、學科學習能力高低等等，但是所有的新生在選課之前，都必須接受校內的安置測驗（Placement Test），此測驗主要評估學生的閱讀、寫作和數學能力水準。校內所有有學分和無學分開設課程都會列出對此安置測驗能力的基本要求，或其他能力的要求，學生必須符合各課程的能力要求才可以選修此課程。

本書作者訪問的單位皆是兩校的身心障礙服務中心（Disability Services），訪問主題為兩所學校對身心障礙學生的入學許可和入學後輔導的狀況。此兩所學校各自代表篩選制和開放制的大學校院，兩校雖然在學生入學條件上有所不同，但是兩校對學生入學政策卻是採一律平等原則，並無區分任何特殊資格，例如身心障礙、種族、性別、宗教或文化等的差異。Lane社區學院雖然在入學資格不作篩選，但是在選修課程時仍有基本能力要求，這是對所有學生的要求，身心障礙者也需要遵守相同的規定，以讓每一位學生都能適應課程的學習難度。同時兩所學校對所有的學生在課程成績及格標準或畢業條件上，也皆標準一致沒有任何的差異考量；亦即是兩所受訪大學對身心障礙學生和非身心障礙學生，都採用相同的入學進路（access）和畢業結果（result）的教育機會平等原則。在整個大學教育過程中，兩所大學皆著重在過程（process）或處遇（treatment）上協助身心障礙學生，學生的主要需求協助乃在課業學習，所以兩個學校的身心障礙服務中心服務內容乃以選課建議、有效學習策略、調整評量方式、提供學習輔具等等學習協助為主，兩校亦都設有輔助科技中心（Assistive Technology Center、Adaptive Technology Center），以有效訓練學生如何運用輔助科技於他們自己的學習。兩所學校的特殊教育資源介入原則，乃為學習資源協助必須直接對應於身心障礙學生的障礙因素，以及學生有責任主動提出申請和主動參與過程，而非強迫性介入。兩所大學的特殊教育工作者皆強調，大學階段的身心障礙教育不宜採用優惠或補償政策，因為那對身心障礙大學生的學習和畢業，將造成多重傷害（multiple jeopardy），包含學生在課程學習的難度過高、課業不及格的壓力、是否能畢業的壓力、人際關係和社交不適應的壓力，以及畢業後是否能運用所學就業的壓力等等。身心障礙學生是否適合就讀哪一所大學或哪一個科系，此學習基本能力的培育和養成應在K-12階段，即是美國從幼稚園到高中的義務教育過程，要能培養出學生的基本學習能力，以銜接高等教育或職業教育的能力需求，回歸到在過程（process）或處遇（treatment）提供教育機會均等的原則。大學教育階段身心障礙學生，宜找到自己的優勢能力和性向，更努力加強自己的各項能力，以能達到和其他畢業生一樣的能力水準，未來方能在就業市場和其他人競爭，找到自己的一席之地。

奧瑞崗大學在每一個學期開始，身心障礙服務中心會主動送一份通知信給校內教授，載明有關身心障礙學生的狀況，提供教授如何面對和協助教室內的身心障礙學生的建議，此通知書分為教授的責任、學生的責任和師生的共同責任三部分，此信函內容亦會告知給身心障礙學生，讓教授和學生能一起建立共識，信函內容大致如下：

◎教授的職責（Instructor Responsiblities）

1. 如果您的學生交給您一份身心障礙服務中心給您的通知信，請您和身心障礙服務中心合作，共同完成一份經過專業評估過的學生學習調整計畫，這些合理且有時效性的基本要求，將如下「師生的共同責任」所述內容。
2. 如果學生沒有交給您一份身心障礙服務中心給您的通知信，卻要求您同意他／她的此課程調整作業或考試等，請您先轉介此學生來身心障礙服務中心。如果此學生已經在身心障礙服務中心有檔案紀錄，那學生需要先填寫一份需求申請表，本中心會再進行評估後送給您此學生的學習調整計畫。如果此學生爲新生且其障礙情形很明確，他／她的調整要求也很合理，因爲需求評估和調整計畫需要一些時間，因此本中心可能會來不及先給您通知信，所以要請您先逕行實施學習調整計畫，我們將再給您一份正式通知書。

3. 如果學生主動告知您他／她是身心障礙者，請您要求看一下他／她的身心障礙服務中心給您的通知信，此信將會載明本中心同意的此學生之修課時的學習調整方式、時間或地點調整需求，原則上學生一定要給您本中心的通知信，您方能同意他／她們的調整考試評量。如果學生提不出身心障礙服務中心的通知書，請轉介此學生先來本中心接受身心障礙身分的確認，以及相關的評估和後續程序。有時候學生的要求，只是很簡單的上課時需要坐在最前面的位子等，這種狀況教授應該可以逕行做決定，是否要答應學生的要求。
4. 如果您對身心障礙服務中心所建議之某學生的學習調整計畫的適切性有疑慮，請直接和本中心主任聯絡。
5. 如果您懷疑您班上某學生可能有身心障礙狀況時，請您先和學生討論您對他／她的學習表現之關切，以及瞭解一下此學生是否曾經接受過特殊教育的協助；如果學生有意願，請轉介此學生來身心障礙服務中心作進一步的接觸和討論。

◎學生的責任（Responsibilities of Students）
1. 主動繳交個人目前完整的身心障礙證明文件給身心障礙服務中心。
2. 如果學生需要某些選修課程的學習調整，學生必須先填寫「調整需求申請表」，並且在截止日期前繳交至身心障礙服務中心。
3. 身心障礙服務中心將提供教授通知書給學生，請學生利用教授的辦公室開放晤談時間呈現此說明書給教授，主動和教授說明個人的身心障礙狀況，以及修習此課程可能需要的學習調整內容。
4. 當學生自覺在某一課程學習非常困難時，請學生要立即和授課教授以及身心障礙服務中心討論，如何處理此問題。

◎師生的共同責任（Shared Responsibilities）
1. 請教授尊重學生是否願意公開其爲身心障礙者身分的意願，但是學生亦須瞭解，需要有本校身心障礙服務中心的相關文件證明，方可要求教授調整對其個人的各種課業學習規定。
2. 教授應該鼓勵學生若在課程學習上有問題，要儘快和授課教授討論此問題，如果學生基於身心障礙狀況要求調整課業學習要求，這要求必須在開學之初即提出，或是在進行此調整內容之前提出，倘若學生未在事先和教授討論身心障礙服務中心給教授的通知信的內容，教授可以不需要提供重考的補救措施，或是不溯及既往學習失敗的調整內容補救措施。
3. 如果身心障礙學生已經符合本校一般的入學標準而被接受入學，也維持良好的學業成就表現，則教授可以將身心障礙學生和非身心障礙學生一視同仁對待，教授的責任是提供學習的機會，而學生的責任則是努力達成和維持學業的要求水準。
4. 一般常見的學習調整的內容，包含調整評量方式、做筆記以及將教科書或講義轉換成錄音帶或聲音檔等，此部份需要教授和學生共同合作以完成調整學習的工作，分述如下：
    (1)考試評量調整
        ①身心障礙服務中心的行政程序
        步驟一：學生必須先提出其身心障礙的相關證明文件給身心障礙服務中心，然後和身心障礙服務中心的輔導員共同討論是否需要調整考試評量，以及調整的方式，例如延長考試時間、答案抄寫員或是無干擾的環境等。

步驟二：學生需從身心障礙服務中心取得此給教授的調整評量通知書，再送給修課教授。

②授課教室內的程序

步驟一：身心障礙學生應該在開學之初，即會交給教授調整考試評量或作業的通知書，請教授自行決定要如何執行這個身心障礙學生的考試評量調整，或是請身心障礙服務中心來協助執行這個考試評量調整。

步驟二：如果教授決定自己執行考試評量的調整，則無需繳交考試調整需求申請單。

步驟三：如果教授無法自行執行該課程的考試評量調整，則學生需要填寫及繳交執行考試評量調整申請單至身心障礙服務中心，此申請單上必須要有教授的親筆簽名，請教授要明確說明如何取得考試的試題內容以及學生的可接受之答題方式等，身心障礙服務中心將安排適當的地點、人員和設備，以協助進行此考試評量調整。

步驟四：學生有義務要在考試日期前一週，將教授的意見和調整考試評量申請表送達身心障礙服務中心，以利所有相關事務的安排。

⑵做筆記

步驟一：學生需儘早決定選修課程並完成選課程序，以完成個人的本學期所有修課課表，以方便協助做筆記的安排。

步驟二：學生需要在完成選課後的第二週，將做筆記協助的申請單送交身心障礙服務中心，申請單要說明他們將自己找協助做筆記的人員或同學，或是需要身心障礙服務中心幫忙尋找做筆記協助人員。

步驟三：如果有在特定時間去協助做筆記的需求，身心障礙服務中心將傾向尋找同時選修此課程的同學協助做筆記，此同學須符合GPA3.0以上，或是較高年級學生的標準，身心障礙服務中心將付工讀費給這些被選中協助做筆記的學生。

步驟四：如果身心障礙服務中心無法找到適合的做筆記協助人員，或是學生太晚繳交此需求申請表，任課教授將需要協助從修課同學中找到適合的做筆記協助人員，身心障礙學生將會交給授課教授一份說明資料，請教授在課堂中宣讀以找到願意協助做筆記的同學，並請教授宣讀此資料時勿公開此身心障礙學生的身分，教授將此對協助做筆記有興趣且符合條件的學生，轉介到身心障礙服務中心，由我們做進一步的工作說明。

步驟五：每學期身心障礙服務中心都會舉辦協助做筆記人員的工作說明會，包含協助做筆記人員的責任和任務，以及瞭解各類身心障礙者的狀況，身心障礙服務中心將協助身心障礙學生和其做筆記協助人員共同來面對問題，以提供最有效的學習協助。

⑶報讀或掃描教科或講義的文字成聲音形式

步驟一：學生要儘早決定選修哪些課程並完成選課程序，以完成個人當學期所有修課課表，以方便轉換教科書和講義文字的安排。

步驟二：身心障礙服務中心人員將聯繫教授，本學期將有身心障礙學生選修教授的哪些課程，此學生將需要做報讀服務，因此需要教授提供指定參考書或講義的名單，以利轉換教科書或講義的文字成聲音形

	式，如果教授尚未完成全學期的教學綱要，則請教授先提供前兩週的指定教學內容書籍或參考資料，以利報讀或掃描工作的先行進行。
步驟三：	身心障礙學生應該先確認身心障礙服務中心是否已經有某些課程教科書和講義的錄音帶或聲音檔案：如果尚未有此些教材的資料，學生可以將上課講義或指定教科書交給科技輔助中心的輔導人員，進行教科書和講義的文字轉換工作

第四節　大專校院資源教室實施計畫與相關規定

本節乃彙整我國教育部至各大專校院有關資源教室的相關規定，其中包含教育部相關的8個實施要點；北部、中部、南部和東部共選有13所大專校院之資源教室的相關規定，目前除了國立高雄師範大學訂定有資源教室服務實施要點外，其餘大學皆以「服務項目」形式呈現資源教室的相關行政規定。

目錄

一、教育部對大專校院資源教室實施相關規定

一～1 大學校院辦理單獨招收身心障礙學生處理原則

民國95年12月21日

一、教育部（以下簡稱本部）為保障身心障礙學生就學權益及適性入學之機會，並作為審核大學校院（以下簡稱學校）擬訂自願辦理單獨招收身心障礙學生規定之依據，特訂定本原則。

二、學校辦理單獨招收身心障礙學生（以下簡稱本項招生）之對象，除具有報考大學校院資格外，並應具有下列資格之一：

㈠領有身心障礙手冊者。

㈡經各直轄市、縣（市）政府特殊教育學生鑑定及就學輔導委員會鑑定為身心障礙安置就學者。

三、學校辦理本項招生，應符合下列規定：

㈠各學系單獨招生名額以該學系年度核定招生名額外加百分之十為限。

㈡每位學生限報考一校一學系，考試時間由本部協調後統一訂定。

㈢辦理本項招生之考試及方式，應考量身心障礙學生之特性，作適性之規劃及辦理。

㈣本項招生之學系、名額、報考資格、報名手續、應繳證件、考試方式、考試日期、錄取標準、放榜公告、成績複查及其他有關規定，應載明於招生簡章。

四、學校辦理本項招生時，應遴聘具有特殊教育專業之相關人員協助試務工作。

五、學校辦理本項招生時，應依考生障礙類型及程度之需要，提供各項適性服務措施。

六、學校辦理本項招生，經錄取且註冊入學者，本部補助學校經費每生新臺幣六萬元。

七、學校辦理本項招生應擬訂招生規定，並經各校招生委員會通過，報本部核定後實施。

一～2　鼓勵大專校院提供身心障礙學生升學大專校院甄試招生名額及承辦甄試工作實施要點

民國93年2月11日修正

一、依據：本要點依完成國民教育身心障礙學生升學輔導辦法第七條規定訂定之。

二、目的：鼓勵大專校院增加提供身心障礙學生升學大專校院甄試（以下簡稱甄試）招生名額之科系，及提升承辦甄試工作之意願。

三、補助對象

㈠提供甄試招生名額並實際招生之學校。

㈡承辦甄試之學校。

四、補助標準

㈠身心障礙學生參加甄試經錄取且實際報到註冊並具有學籍者，以每一人補助資本門經費新臺幣六萬元，作為充實系（科）教學設備之用途。

㈡每一學年度承辦甄試之學校，補助資本門經費新臺幣五百萬元，作為該校充實教學設備及改善校園無障礙環境之用途。

五、申請程序

㈠由甄試招生學校依據實際招收新生人數及補助標準以每人最高補助新臺幣六萬元，核計申請補助金額，於次年度五月三十一日前，檢送當年度經費支出原始憑證、收支結算表及領據報教育部（以下簡稱本部）辦理撥款及核結。

㈡由甄試承辦學校檢送採購合約書及領據報本部請款，本部依據採購合約書金額辦理撥款最高補助新臺幣五百萬元。甄試承辦學校於當年度十一月三十日前，檢送經費支出原始憑證、收支結算表及領據報本部辦理撥款及核結。

六、成效列管

㈠學校於申請補助經費時，皆應檢附設備清單，並註明其用途。

㈡所購置財產，學校皆應列入財產登記，加強管理與應用。

㈢本部得配合訪視活動，實際查證本部相關補助經費使用情形。

七、本補助經費之請撥、支用及核結等程序，悉依本部補助及委辦經費核撥結報作業要點規定辦理。

一～3　教育部補助大專校院招收及輔導身心障礙學生實施要點

民國101年12月24日

一、教育部（以下簡稱本部）為執行特殊教育法施行細則第十一條及第十二條、完成國民教育身心障礙學生升學輔導辦法第七條及身心障礙學生教育輔助器材及相關支持服務辦法第七條，特訂定本要點。

二、目的

㈠增加大專校院提供身心障礙學生升學大專校院甄試（以下簡稱甄試）、單獨招生科系之名額。

㈡鼓勵大專校院輔導入學後之身心障礙學生。

三、補助對象

㈠招收身心障礙學生之公、私立大專校院，且其輔導之身心障礙學生應同時具有下列資格：

1.領有身心障礙證明（手冊）或經各級主管機關特殊教育學生鑑定及就學輔導會鑑定為身心障礙者。

2.領有就讀學校所發學生證者。

㈡提供甄試招生或單獨招生名額並完成身心障礙學生入學之學校。

四、補助項目及基準

㈠辦理輔導身心障礙學生工作者，除空中大學及各公私立大專校院附設空中進修學院之補助項目依第二項規定辦理外，其餘學校之補助分經常門經費及資本門經費二類，依下列規定辦理：

1.經常門經費：包括人事費（即輔導人員費）及業務費（協助同學工作費（含在學助理）、教材及耗材費、課業輔導鐘點費、學生輔導活動費、會報經費、交通費等項），依「大專校院輔導身心障礙學生工作計畫經常門經費補助基準表」（附表一）編列。

2.資本門經費：包括資源教室開辦費及行政事務設備費，行政事務設備費每隔二年或四年補助一次，補助基準詳如附表二「大專校院輔導身心障礙學生工作計畫資本門經費補助基準表」。

3.補助比率

⑴本部對大專校院辦理輔導身心障礙學生工作計畫總經費最高補助比率為百分之九十，業務費項下之交通費得免自籌款。

⑵本部補助提供甄試招生或單獨招生身心障礙學生就讀之學校經費得免自籌款。

4.經費流用

⑴有關經費之流用，依本部補助及委辦經費核撥結報作業要點規定辦理。其流用比率超過百分之三十時，應於繳交期中報告時提出

申請，並於結案時於「本部補助經費收支結算表」說明原因。

(2)學校之自籌經費應用於輔導身心障礙學生，並得不限於本要點補助項目。

(二)學校當年度招收經甄試招生或單獨招生之身心障礙學生就讀者，依下列規定補助之：

1.每一人補助資本門經費新臺幣三萬元，作為充實教學設備之用途；該經費得免自籌款。

2.每一人補助經常門新臺幣三萬元之計畫金額，支用於前款第一目規定之業務費；其補助基準參考附表一；該經費得免自籌款。

空中大學及各公私立大專校院附設空中進修學院之補助項目為輔導人員費、面授手語翻譯費及學生輔導活動費，其補助基準詳如附表三「國立空中大學輔導身心障礙學生工作計畫經常門經費補助基準表」。

五、申請及審查作業之程序，除空中大學及各公私立大專校院附設空中進修學院得於每學期開學前一個月內專案申請外，其餘申請程序依下列規定辦理：

(一)申請程序及期間

1.各校一律上網申請，且應將符合申請資格之學生資料於每年十月三十一日前，鍵入本部特殊教育通報網（以下簡稱本部特教通報網），並於網路完成經費申請程序後，下載列印申請表，逾時系統即關閉不受理申請。

2.學生資料不得重複通報，其同時就讀不同學校者，應擇一申請。各校通報符合申請資格之學生人數，將作為各校執行本工作計畫經費之計算依據。

3.各校每年度之申請案，應使用本部特教通報網下載列印之經費申請表紙本，於每年十一月十日前函報本部（以郵戳為準）；逾時送件者，本部得依補助基準核算補助數額後，就應補助經費再減百分之十核發。

(二)申請文件

1.學校年度特殊教育工作計畫（含輔導人員前一年度參加特殊教育之能

研習時數紀錄）。

2.經費申請表詳附表四及附表五，於本部特教通報網申請並下載列印。

3.大專校院提供身心障礙學生升學大專校院甄試招生名額經費補助申請表詳附表八，於本部特教通報網申請並下載列印。

4.資本門經費申請表詳附表八，於本部特教通報網申請並下載列印；其申請補助項目，應先由學校召開會議檢討現有設備數量，並於申請表中提供會議紀錄及需求說明。

5.經常門補助項目應檢附工作計畫及經費概算表，以利審查作業。

㈢核定程序：依本要點經費補補助基準，核算各校經常門及資本門補助經費，並經本部審查後，於每年一月三十一日前核定之。

㈣因學校未完成申請、逾時送件或通報不實，致本部未予補助或減少補助款額度，各校應自行支應所需之輔導經費並追究相關人員行政責任。

六、經費請撥及結案之程序，依下列規定辦理：

㈠本補助經費之請撥、支用、核銷結報與結餘款等程序，應依本部補助及委辦經費核撥結報作業要點規定辦理。

㈡各校應於八月三十一日前，繳交期中報告及經費執行進度。

㈢各校應依本部補助及委辦經費核撥結報作業要點規定，於當年十二月三十一日前，檢送「教育部補助經費收支結算表」、「工作成果摘要表」（附表六）及於當年度經核定之「教育部補助大專校院輔導身心障礙學生工作計畫經費核定表影本」辦理結案。

㈣本補助經費項目未執行或執行率未達核定計畫經費百分之九十者，應於結案時另附報告說明原因。

七、補助成效考核之辦理方式如下：

㈠本部得視實際需要邀集學者專家及有關人員組成訪視輔導小組至各校訪視輔導，以瞭解學校實際運作情形。

㈡受補助學校應備工作計畫各項目辦理情形成果報告，其中應包括各該校身心障礙同學反映輔導情形意見之彙整、學生個別化支持計畫、個案輔導紀錄及其他本部規定提供之相關資料，以利本部訪視人員查核。

㈢為增進身心障礙學生學習適應與資源教室服務成效，本部得專案委託辦理分區輔導，協助學校辦理各項身心障礙學生輔導及服務工作。

八、其他注意事項如下：

㈠考量學年度與會計年度間之差距，如當年度已依本要點申請經費之學校，於該年度之下半年新學年度開始時因多招收身心障礙學生而增加經費者，得於原補助經費中勻支。未依本要點申請補助經費之學校，於下半年新學年度開始時始招收身心障礙學生者，如當年度十月、十一月、十二月仍有經費使用之需求，為考量所有身心障礙學生權益，得向本部申請該校十月至十二月間所需之協助同學工作費、教材及耗材費、課業輔導鐘點費等經常門經費。

㈡學校為辦理特殊教育方案及個別化支持計畫，得由學生事務、輔導單位或相關單位辦理，並督導資源教室或辦理單位負責執行特殊教育及支持服務等事項。

㈢學校應召開會議審查下列事項，以協助身心障礙學生學習及發展：

1.推動學校年度特殊教育工作計畫。

2.實施特殊教育方案相關事項。

3.提送特殊教育學生鑑定等相關事項。

4.提供特殊教育學生支持服務等相關事項。

5.身心障礙學生招生及提供考試適當服務措施等相關事項。

6.其他特殊教育相關業務。

㈣前款會議每學期至少應召開一次，召集人由校長指定學校一級單位主管兼任之，並邀請特殊教育專家、學者及身心障礙學生家長代表參加。

㈤輔導人員進用之規定

1.輔導人員由學校進用之，輔導人員之費用，本部係採定額補助方式。學校聘用輔導人員時，應依學校同級輔導人員、約聘僱人員或參考國科會專題研究計畫專任助理人員標準進用規定辦理，其薪資及各類費用（如勞保費、健保費、勞工退休金、加班費、其他津貼等），不足之部分學校應以自籌款補足。輔導人員之進用管理應依各該校人事相關規定管理之。

2.學校進用輔導人員應以特殊教育輔導相關系所畢業者為優先。輔導人員於在職期間應參加特教相關專業知能研習，每人每年最低學習時數為三十六小時，其中應包括本部辦理之資源教室輔導人員知能研習課程十八小時。輔導人員研習時數資料，應於年度計畫經費申請時，一併報本部作為經費審查參據。

3.本部依本要點補助學校進用之輔導人員，以辦理身心障礙學生輔導及資源教室業務為主，不得挪用辦理其他單位之業務。

4.輔導人員之特教研習時數，應於研習後自行至本部特教通報網登錄。本部得視需要，請各校提報輔導人員相關工作績效及參加專業知能研習紀錄供參。

5.各校輔導人員辦理身心障礙學生輔導及資源教室業務如有相關行政缺失，應由各該校納入下年度是否續用該資源教室輔導人員之參考。

㈥財產購置之規定

1.學校於申請補助經費時，均應檢附設備清單，並註明其用途。

2.所購置財產，學校均應列入財產登記，加強管理及應用。

3.本部補助之教材及耗材費用不得直接發予學生個人使用，其購置之教材及耗材應列入財產登記，加強管理及應用。

一～4　高等教育階段學校特殊教育專責單位設置及人員進用辦法

102年10月21日

第一條　本辦法依特殊教育法（以下簡稱本法）第三十條之一第一項規定訂定之。

第二條　本辦法用詞，定義如下：

一、高等教育階段學校（以下簡稱學校）：指專科學校及大學。

二、專責單位：指學校專設或指定辦理身心障礙教育業務事項之單位。

三、專責人員：指在專責單位專責辦理身心障礙教育事項之人員。

第三條　學校得設置或指定一級單位為專責單位，專辦身心障礙教育業務有關事項。

第四條　專責單位之職責如下：

一、訂定及實施特殊教育方案相關事項。

二、訂定及執行學校年度特殊教育工作計畫。

三、協助身心障礙學生申請鑑定等相關事項。

四、協助身心障礙學生招生及提供考試服務措施等相關事項。

五、訂定個別化支持計畫及提供支持服務等相關事項。

六、協助辦理無障礙環境之設置及改善。

七、其他特殊教育相關業務。

前項第一款及第二款事項，應經依本法第四十五條第二項成立之學校特殊教育推行委員會審議通過。但學校未成立特殊教育推行委員會者，不在此限。

第五條　專責單位應視需要置專責人員，專責人員之分類及編制如下：

一、行政人員：依身心障礙學生人數，置專任或兼任人員若干人。

二、輔導人員：依身心障礙學生人數，置專任人員若干人。

三、特殊教育相關專業人員：依身心障礙學生特殊教育及相關服務需求，置專任或兼任人員若干人。

四、身心障礙學生助理人員：依身心障礙學生在學校學習及生活上特殊需求，經評估確須協助，且列入其個別化支持計畫中者，置專任、兼任或部分工時人員若干人。

第六條　前條第一款行政人員之工作職責及進用資格如下：

一、工作職責：負責綜理學校身心障礙教育相關行政業務。

二、進用資格：應符合下列資格之一：

㈠具專科以上學校教師資格。

㈡公務人員普通考試以上及格。

㈢大學畢業，並具有相關工作經驗一年以上。

第七條　第五條第二款輔導人員之工作職責及進用資格如下：

一、工作職責：在專責單位主管督導下，協助訂定、執行與追蹤特殊教育方案、個別化支持計畫及轉銜輔導，支持學生在學校學習與生活自理、校園生活、家長聯繫及學生安全維護等事項。

二、進用資格：大學畢業，並以特殊教育、輔助科技、復健諮商、早期療育、心理、輔導、社會工作相關系、所或學位學程畢業者優先進用。

第八條　第五條第三款特殊教育相關專業人員之工作職責及進用資格如下：

一、工作職責：提供衛生醫療、教育、社會工作、獨立生活、職業重建相關等專業知能，進行學習、生活、心理、復健訓練、職業輔導評量及轉銜輔導與服務等協助，並提供教師與家長專業建議及諮詢。

二、進用資格：應符合下列資格之一：

㈠公務人員高等考試及格。

㈡具醫事人員任用資格。

㈢依專門職業及技術人員轉任公務人員條例規定，取得專業證照及轉任公務人員資格。

前項進用資格，於政府未辦理專業證照或考試之特殊教育相關專業人員，得進用下列人員之一擔任：

一、國內外大學校院專業系、所畢業後，曾任該專業工作一年以上。

二、國內外大學校院相關系、所畢業，且於修畢該專業課程三百六十小時後，任該專業工作一年以上。

第九條　第五條第四款身心障礙學生助理人員之工作職責及進用資格如

下：

一、工作職責：協助輔導人員支持學生在學校學習與生活自理、校園生活、家長聯繫及學生安全維護等事項。

二、進用資格：應符合下列資格之一：

㈠符合身心障礙者服務人員資格訓練及管理辦法所定之人員。

㈡大學畢業，且就讀科系與所負責翻譯科目為相關科系，對學科內容具有相關知識，並符合下列資格之一：

1.具手語翻譯職類丙級技術士技能檢定證照。

2.手語翻譯職類丙級技術士技能檢定監評委員。

3.啟聰學校以手語教學教師十年以上之任教經驗。

4.經完成中央主管機關委託辦理教師在職進修手語培訓班培訓。

㈢完成學校辦理協助身心障礙學生職前訓練講習之協助同學。但身心障礙學生經評估應由符合前二目人員提供專業服務者，不在此限。

第十條　專責人員之進用方式，除由學校教職員兼任及進用前條第二款第三目之協助同學外，應經學校公開甄選，就人員屬性依相關規定進用。

專責人員應接受學校之督導及考核。

第十一條　第五條第二款之輔導人員，每年應參加三十六小時以上之特殊教育相關專業知能研習，其中應包括中央主管機關辦理之輔導人員知能研習課程十八小時。

第五條第一款、第三款及第四款行政人員、特殊教育相關專業人員及身心障礙學生助理人員，每年應接受學校或中央主管機關辦理六小時以上之在職訓練。

第十二條　本辦法自發布日施行。

一～5　教育部補助大專校院身心障礙學生學習輔具原則

民國92年9月22日

一、依據

特殊教育法第二十四條、高級中等以上學校提供身心障礙學生教育輔助器材及相關支持服務實施辦法第七條。

二、目的

為建立身心障礙學生學習輔具之提供機制，能同時達到具專業評估、降低採購成本、快速取得、流通及維修管理等效益，補助承辦單位統一採購輔具所需經費。

三、補助對象

本部委辦提供大專校院身心障礙學生學習輔具專案之承辦單位（以下簡稱輔具中心）。

四、補助原則

㈠提供身心障礙學生之學習輔具，均經相關專業人員評估，且提供之輔具均屬學習必要者。

㈡本項補助經費僅供支用於購置身心障礙學生學習輔具。

㈢本項補助係全額補助。

五、申請及審查作業

㈠輔具中心應於本部決標（簽約）後三個月內提出申請。

㈡輔具中心應依委辦計畫（契約）之規定，採購學習輔具。

㈢申請案應備下列資料一式七份：

1.應提供學習輔具之身心障礙學生（含就讀學校）統計數據。

2.相關專業人員評估簡要說明。

3.擬購置之學習輔具明細表（含項目、數量、單價、總價、用途等）。

㈣本部依據委辦計畫（契約）之規定，核定補助總額度。

六、經費請撥與核銷

㈠依「教育部補助及委辦經費核撥結報作業要點」規定辦理。

㈡依實際採購決標金額撥付補助款，如有結餘款（含違約金），應繳回本部。

七、補助成效考核

輔具中心應將學習輔具之使用狀況及成效（問卷調查使用者）列入成果報告，本部應請相關學者專家審查評估使用成效，並得視需要赴學校或輔具中心查核，以為爾後調整補助之參考。

八、其他

依本原則購置之輔具，為提供身心障礙學生使用，因此，日後輔具中心承辦單位如有變更，原補助購置之輔具，應依合約辦理財產轉移至新承辦單位。

一～6　特殊教育學生獎補助辦法

民國100年3月4日

第 1 條　本辦法依特殊教育法第三十二條第三項、第四十條第三項及身心障礙者權益保障法第三十二條第一項規定訂定之。

第 2 條　特殊教育學生就讀下列學校者，得依本辦法規定予以獎補助：

一、國立大專校院。

二、國立高級中等學校或特殊教育學校。

三、教育部（以下簡稱本部）主管之私立高級中等以上學校。

身心障礙學生繼續就讀直轄市、縣（市）主管機關主管之高級中等以上學校，其獎助得準用本辦法規定辦理。但直轄市、縣（市）主管機關另定更優惠之規定者，從其規定。

特殊教育學生就讀國民中、小學品學兼優或有特殊表現者，其獎補助由直轄市、縣（市）主管機關另定自治法規辦理；就讀國立大學附設國民中、小學者，依該規定辦理。

第 3 條　前條第一項及第二項之特殊教育學生具有學籍者，得依其學制檢具相關證明文件，依下列規定申請獎補助：

一、身心障礙學生

㈠上學年學業平均成績在八十分以上，且品行優良無不良紀錄者，發給獎學金。

㈡上學年學業平均成績在七十分以上，未滿八十分，且品行優良無不良紀錄者，發給補助金。

㈢參加政府核定有案之國際性競賽或展覽，獲得前五名之成績或相當前五名之獎項，並領有證明者，發給獎學金。

㈣參加政府核定有案之國內競賽或展覽，獲得前三名之成績或相當前三名之獎項，並領有證明者，發給補助金。

二、資賦優異學生：參加政府核定有案之國際性競賽或展覽，獲得前五名之成績或相當前五名之獎項，並領有證明者，發給獎學金。

前項申請，每學年以一次為限。

第 4 條　符合前條第一項第一款第一目及第二目規定之高級中等學校或特殊教育學校身心障礙學生，每校身心障礙學生總人數在三十人以下者，獎補助一人；三十一人至五十人者，獎補助二人；五十一人以上者，獎補助三人，國立特殊教育學校分別以各學部，依上開標準計算獎補助金名額。

學校應依身心障礙學生申請成績排序，並依前項獎補助名額，核發最優者獎補助金；同一學校，須無人得領獎學金，始發給補助金。

特殊教育學生，同時具備前條第一項第一款各目及第二款資格者，應擇一申領；其已依其他規定領取政府提供與本辦法規定同性質申領資格之補助費、獎學金或獎金者，不得再依本辦法申領獎補助金。

第 5 條　特殊教育學生就讀空中大學或空中進修學校，依本辦法規定申請獎補助者，其每學年修習學分數應至少十八學分；空中大學就學期間，以申領六次為限，空中進修學校就學期間，以申領三次為限。

特殊教育學生就讀碩士班或博士班，依本辦法規定申請獎補助者，其每學年修習學分數應至少十二學分，就學期間申領次數，不得超過其修業年限。

第 6 條　第三條所定獎學金、補助金之類別及金額如下表：

獎學金、補助金類別及金額表

類別		障礙等級（依身心障礙手冊規定之等級）	獎學金（單位：新臺幣元）		補助金（單位：新臺幣元）	
			高級中等學校（包括特殊教育學校）	大專校院	高級中等學校（包括特殊教育學校）	大專校院
身心障礙	視覺障礙、聽覺障礙、語言障礙	輕度	五千	三萬	三千	一萬
		中度以上	六千	四萬	四千	二萬
	肢體障礙	輕度	四千	一萬二千	二千	一萬
		中度以上	五千	二萬二千	三千	二萬
	多重障礙		六千	四萬	四千	二萬
	其他障礙	輕度	四千	一萬二千	二千	一萬
		中度以上	五千	二萬	三千	一萬二千
資賦優異	符合特殊教育法第四條所定學術性向資賦優異、藝術才能資賦優異、創造能力資賦優異、領導能力資賦優異或其他特殊才能資賦優異之學生。		一萬	四萬		

未領有身心障礙手冊，經各級主管機關特殊教育學生鑑定及就學輔導會鑑定通過之身心障礙學生，其獎補助金額，比照身心障礙手冊其他障礙類別輕度等級規定辦理。

第 7 條　符合本辦法之特殊教育學生，應於就讀學校所定時間內，檢附相關證明文件申請核發獎學金或補助金，逾期不予受理。

前項學校應於每年一月三十一日前填報統計表送主管機關備查。

私立高級中等以上學校，並應同時造具印領清冊報主管機關請撥獎補助經費。

第 8 條　公立學校發給獎學金、補助金所需經費，依預算程序編列；私立學校，由主管機關編列預算支應。

第 9 條　為鼓勵身心障礙之優秀大專校院畢業生赴國外進修，本部得視實際需要，訂定名額辦理公費留學考試。

第 10 條　本辦法自發布日施行。

一～7　各教育階段身心障礙學生轉銜輔導及服務辦法

民國99年7月15日

第 1 條　本辦法依特殊教育法第三十一條規定訂定之。

第 2 條　為使身心障礙學生（以下簡稱學生）服務需求得以銜接，各級學校及其他實施特殊教育之場所應評估學生個別能力與轉銜需求，依本辦法規定訂定適切之生涯轉銜計畫，並協調社政、勞工及衛生主管機關，提供學生整體性與持續性轉銜輔導及服務。

第 3 條　學校辦理學生轉銜輔導及服務工作，高級中等以下學校應將生涯轉銜計畫納入學生個別化教育計畫，專科以上學校應納入學生特殊教育方案，協助學生達成獨立生活、社會適應與參與、升學或就業等轉銜目標。

第 4 條　跨教育階段及離開學校教育階段之轉銜，學生原安置場所或就讀學校應召開轉銜會議，討論訂定生涯轉銜計畫與依個案需求建議提供學習、生活必要之教育輔助器材及相關支持服務，並依會議決議內容至教育部特殊教育通報網（以下簡稱通報網）填寫轉銜服務資料。前項轉銜服務資料包括學生基本資料、目前能力分析、學生學習紀錄摘要、評量資料、學生與家庭輔導紀錄、專業服務紀錄、福利服務紀錄及未來進路所需協助與輔導建議等項；轉銜服務資料得依家長需求提供家長參考。

第 5 條　發展遲緩兒童進入學前教育場所之轉銜，直轄市、縣（市）主管機關應依發展遲緩兒童通報轉介中心通報之人數，規劃安置場所。各發展遲緩兒童通報轉介中心應依前條規定於轉介前一個月召開轉銜會議，邀請擬安置場所及相關人員參加，依會議決議內容至通報網填寫轉銜服務資料，並於安置確定後二星期內，將轉銜服務資料移送安置場所。前項安置場所於兒童報到後一個月內，視需要依接收之轉銜服務資料，召開訂定個別化教育計畫會議，邀請相關人員及家長參加。

第 6 條　學生進入國民小學、特殊教育學校國小部、國民中學或特殊教育學校國中部之轉銜，原安置場所或就讀學校應依第四條規定於安置前一個月召開轉銜會議，邀請擬安置學校、家長及相關人員參加，依會議決議內容至通報網填寫轉銜服務資料，並於安置確定後二星期內填寫安置學校，完成通報。

安置學校應於學生報到後二星期內至通報網接收轉銜服務資料，於開學後一個月內，召開訂定個別化教育計畫會議，邀請學校相關人員及家長參加，並視需要邀請學生原安置場所或就讀學校相關人員參加。

第 7 條　國民教育階段之安置學校，應於開學後二星期內對已安置而未就學學生，造冊通報學校主管機關，依強迫入學條例規定處理。

第 8 條　學生升學高級中等學校或特殊教育學校高職部之轉銜，學生原就讀學校應依第四條規定於畢業前一學期召開轉銜會議，邀請家長及相關人員參加，依會議決議內容至通報網填寫轉銜服務資料，並於安置或錄取確定後二星期內填寫安置（錄取）學校，完成通報。

高級中等學校及特殊教育學校高職部應於學生報到後二星期內至通報網接收轉銜服務資料，應於開學後一個月內，召開訂定個別化教育計畫會議，邀請學校相關人員及家長參加，並視需要邀請學生原就讀學校相關人員參加。

第 9 條　學生升學專科以上學校之轉銜，學生原就讀學校應依第四條規定於畢業前一學期召開轉銜會議，邀請家長及相關人員參加，依會議決議內容至通報網填寫轉銜服務資料，並於錄取確定後二星期內填寫錄取學校，完成通報。專科以上學校應於學生報到後二星期內至通報網接收轉銜服務資料，於開學後一個月內召開訂定特殊教育方案會議，邀請學校相關人員參加，並視需要邀請學生原就讀學校相關人員及家長參加。

第 10 條　設有職業類科之高級中等學校及特殊教育學校高職部，應於學生就讀第一年辦理職能評估。前項學生於畢業前二年，學校應結合勞工主管機關，加強其職業教育、就業技能養成及未來擬就業職場實習。第一項學生於畢業前一年仍無法依其學習紀錄、行為觀察與晤談結果，判斷其職業方向及適合之職場者，應由學校轉介至勞工主管機關辦理職業輔導評量。

第 11 條　國民中學以上學校學生，表達畢業後無升學意願者，學校應依第四條規定於學生畢業前一學期召開轉銜會議，邀請學生本人、家長及相關人員參加，並於會議結束後二星期內依會議決議內容至通報網填寫轉銜服務資料，完成通報。學生因故離校者，除法律另有規定外，學校得視需要召開轉銜會議，並至通報網填寫轉銜服務資料，完成通報。前二項學生離校後一個月內，應由通報網將轉銜服務資料通報至社政、勞工或其他相關主管機關銜接提供福利服務、職業重建、醫療或復健等服務，並由學生原就讀學校追蹤輔導六個月。

第 12 條　各級學校及其他實施特殊教育之場所提供學生轉銜輔導及服務之執行成效，應列入各主管機關評鑑項目。

第 13 條　本辦法自發布日施行。

二、部分大專院校（身心障礙學生）資源教室服務相關規定

【北部】

二～1 臺灣大學資源教室服務項目

㈠輔具借用

資源教室的輔助器材包括MD、錄音機、調頻發射器、擴視機、放大鏡、放大尺、錄音筆等，有需要的同學可以至資源教室借用。

㈡助學工讀生費用補助

如果你在學習上需要同學們的協助，你可以在找到工讀的同學後（如有需要，資源教室也可以代為找尋工讀生），由資源教室支付工讀金。工讀金支付標準為106元／小時，資源教室每學期皆會行文各系，請各系代為報帳，待學期終彙整後，再向資源教室申報。詳細辦法請向貴系系辦或本教室洽詢。

㈢活動舉辦

不定期舉辦各類研習會、成長團體與康樂活動等，以促進同學間的情感交流及增進自我成長。

㈣相關訊息發布

公告校內外活動、研習、獎學金……等。

㈤生活適應諮詢

大學生活與高中是截然不同的，如何生活在臺大生活圈呢？有這類的疑問就儘管來找我們吧！

㈥身障生功能評估

於身障生入學時做功能評估，並訂定適合的學習計畫。

㈦課業輔導費補助

如果你需要課業輔導，可自行尋找課業輔導教師，再由資源教室支付教師鐘點費。資源教室每學期皆會行文各系，請各系代為報帳，待學期終彙整後，再向資源教室申報。詳細辦法請向貴系系辦或本教室洽詢。

二～2　國立臺灣師範大學資源教室服務項目

㈠生活方面

1.協助師大校園無障礙環境的改善。

2.舉辦各項交流活動，加強與同學之間的連繫，如自強活動、聚餐等。

3.支援校內外社團活動，鼓勵同學參與。

4.提供各類資訊：包括獎學金之申請及校內外各項活動訊息之提供。

5.輔導服務：同學在校各方面如有不適應之處，可就近尋求協助。資源教室可提供個別輔導、團體輔導、轉介等項目。

㈡課業方面

1.教材轉換：製作上課用點字、大字體教材和有聲讀物。

2.協助同學完成任課老師有關上課、作業、考試等之各種需求。

3.課後補救教學：聘請學有專精老師或助教進行一對一教學。

4.提供各種輔助學習設備及資源：包括錄音室、圖書館研究室、學習寢室、各種器材等，提供需要特別學習情況之同學使用。

㈢特殊訓練

1.電腦課程訓練：聘請老師就同學操作個人電腦或盲用電腦之能力，進行個別訓練或小組訓練。

2.相關服務：視學生需求聘請老師提供物理治療、職能治療、口語訓練等服務，進行訓練。

㈣轉銜輔導

1.生涯探索：針對學生需求，進行生涯探索及能力評估。

2.相關座談：定期辦理相關座談活動，提供學生專長訓練及就業訊息服務。

3.多元合作：結合學生原生環境（家長、家庭及社區）、就業輔導機構及企業體等相關資源，建構多元合作模式，進行轉銜輔導服務。

二～3　輔仁大學資源教室工作內容

㈠定期召開身心障礙學生輔導協調會，策定每學年輔導工作計畫，協調溝通輔導工作各項事宜。

㈡建立身心障礙學生完整之基本資料，於每次輔導過程，詳載個案或輔導紀錄，以提供進一步協助與適切輔導之依據。

㈢強化與各招收身心障礙學生之學系聯繫，協助各系安排輔導老師及工讀同學，並舉行座談實施生活輔導及學業輔導。

㈣加強與身心障礙學生及家長之互動，依學生個別差異、實際需要以及問題類別，採定時或不定時之個別或團體輔導方式，予以必要之協助。

㈤舉辦新生、新生家長及相關輔導人員座談會，加強新生入學之始業輔導，協助新生儘快適應學校生活。

㈥舉辦迎新晚會、自強活動、聯誼性座談會、同樂會、各類研習活動及體育、藝文等休閒活動，以提倡身心障礙學生正當休閒活動與學得一技之長。

㈦積極進行與各大專院校及相關社福單位舉辦各類研習與活動。

㈧成立「校園無障礙環境推動小組」，推動校園無障礙環境設施。

㈨成立資源教室志工團體，並強化志工工作及課程訓練，提供本校身心障礙學生更完善之服務，亦達到培養本校教職員生服務精神的目的。

㈩成立資源教室網站，並透過網路與各項管道，推展關於認識與協助身心障礙學生之正確觀念。

⑾舉辦身心障礙學生關懷週系列活動，希望藉此讓全校師生及社會大眾能關懷與瞭解身心障礙者生理上之不便及心理之感受。

⑿建立校友聯絡網，並舉辦校友座談會。

⒀協助推行法學院身心障礙學生英聽課程、全人教育中心身心障礙學生英文閱讀課程。

二～4　淡江大學資源教室 服務項目

◎生活輔導

·協助本校身障生租賃校內外宿舍

·針對視覺障礙新生進行校園環境定向行動訓練

·協助本校身障生申請各類獎助學金、辦裡學雜費減免

·協助本校身障生重大疾病與危機處理

◎課業輔導

·協助本校身障生辦理免修軍訓、申請體育與資訊相關替代性課程

·辦理新生營或課業學習工作坊

·提供課後輔導與課業加強班

·依身障生個別需要，協助調整考試作答方式

·協助視障、聽障學生申請個人工讀生，提供課業學習之個別化協助

·協助本校身障生申請書籍補助費

·提供各類科技輔具，供本校身障生使用

·製作點字圖書資料，協助視障生閱讀與學習

·招募校內志工，協助身障生各項學習需求

·提供任課老師相關諮詢服務

◎諮商輔導

·各系設有身障生認輔老師

·開放資源教室夜間輔導時段，方便身障生於課後與輔導老師晤談

·以個案管理模式推展本校身障生個別化服務

·依照教育部規定，辦裡身心障礙新生與應屆畢業生轉銜通報

◎職業輔導

·提供身障生校內工讀機會，培養良好工作態度，增加工讀經驗

·舉辦身障生職業探索研習活動

·舉辦相關職業輔導講座與參訪

·辦理『活力工程』課程，培養身障生第二專長

◎綜合活動

· 不定期舉辦全校性身心障礙宣導活動

· 定期舉辦校內身障生慶生活動

· 不定期舉辦聯誼活動與自強活動

【中部】

二～5 東海大學資源教室服務項目

㈠生活輔導

1. 同儕協助：提供障礙程度較嚴重的學生報讀、錄音、筆記抄寫、生活照顧、陪伴等協助。

2. 工讀機會：提供經濟困難或有意願工作的學生工讀機會，協助資源教室的。

3. 運作與管理，及服務障礙程度較嚴重的學生。

4. 心理支持：提供情感支持及關懷，並建立同儕人際網絡。

㈡心理輔導

1. 個別諮商：依學生個別差異及問題類別，提供個別諮商與輔導，協助解決學生所遭遇的問題。

2. 團體諮商：學生諮商中心每學期都會安排各類的團體或工作坊，例如：自我探索、人際關係、親密關係、情緒管理、疏壓放鬆、生涯探索、生命教育、讀書策略、時間管理等，有興趣者可報名參加。

3. 心理測驗：自我瞭解是促進心理健康的要素之一，而心理測驗就是一種可以幫助同學自我探索的工具。學生諮商中心有提供性格特質、興趣/性向、心理健康／生活適應及人際關係等各類心理測驗。

㈢學業輔導

1. 課業加強：提供需要學習協助的學生課業加強輔導，由任課老師或學長姐指導。

2. 輔導會報：每學期定期召開輔導會報，透過團隊共同討論及經驗交流的方式，擬定具體可行的輔導策略，促使身心障礙學生輔導工作順利推行。

3.教材補助：每學期補助學生購買教科書及相關耗材費用，依教育部規定：視障生補助5,000元；其他障別補助2,500元，（不含肢障生）。

4.圖書借閱：資源教室每年定期訂閱各類雜誌、報紙及購買各類叢書、DVD，可供資源教室學生閱讀或借閱。

㈣轉銜輔導

1.新生轉銜：每學年定期舉辦身心障礙新生轉銜輔導會議，與家長、學生充分溝通，以瞭解學生的個別需求，並協助他們認識就讀科系概況及相關導資源。

2.就業轉銜：每學年定期舉辦身心障礙畢業生就業轉銜輔導會議，邀請學校所在地縣市政府勞工局及行政院勞委會職訓局就業服務中心人員共同參加，以提供就業資訊及後續就業服務。

㈤社會適應

1.聯誼餐敘：每學期定期舉辦聯誼及餐敘活動，增進師生及同學之間的互動交流，藉此聯絡感情，建立信賴關係。

2.自強活動：每學年定期辦理學生自強活動，提倡正當休閒活動，鼓勵身心障礙學生走向戶外，開拓視野，並培養互助合作的精神。

3.服務學習：定期與東海大學附小資源班聯誼及協助身心障礙體驗營活動，提供身心障礙學生服務學習的機會，培養互助合作及關懷的人生態度。

4.校際交流：定期與大專校院資源教室合辦活動，擴展身心障礙學生人際互動網絡，並建立資源教室輔導人員聯絡網。

5.社團組織：由資源教室學生成立「身心障礙權益促進社」，設有社長、副社長及各組幹部，提供身心障礙學生學習領導及溝通協調的能力。

二～6　嶺東科技大學資源教室服務內容

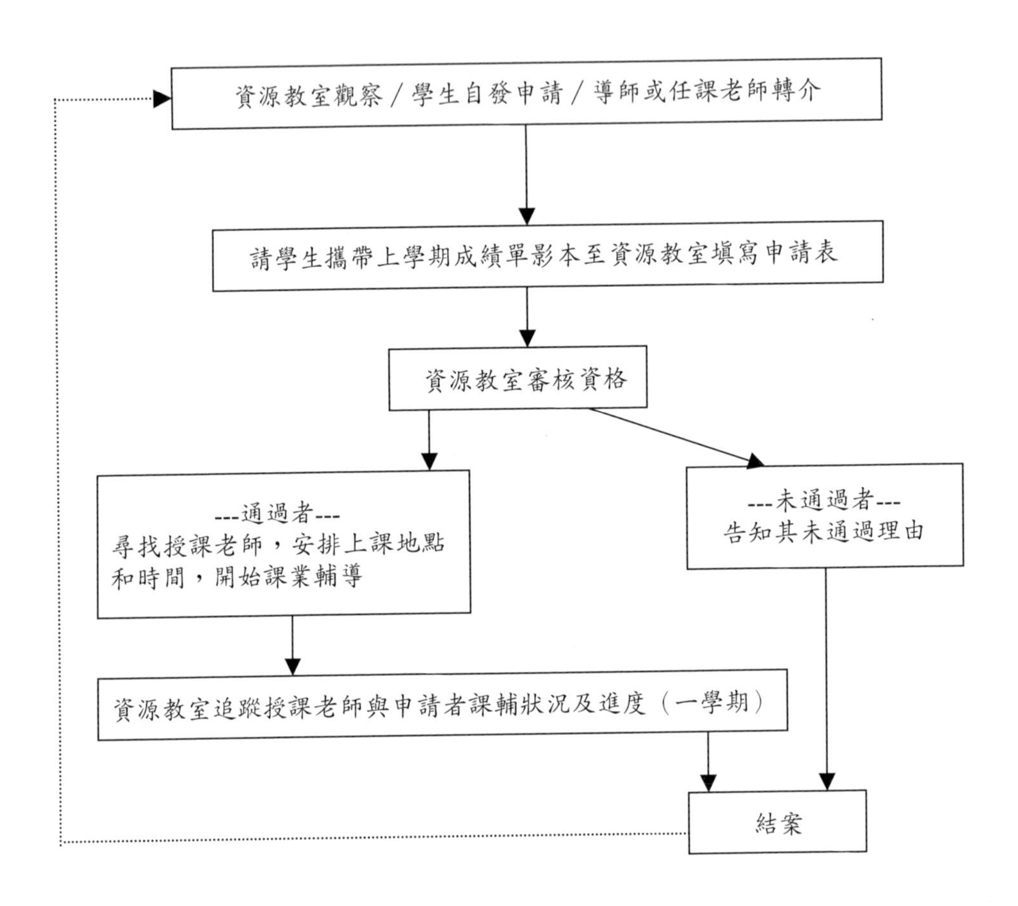

二～7　南華大學資源教室服務內容

(一)生活方面

1.協助學校園無障礙環境的施設。

2.協助校內宿舍的優先申請與安置。

3.舉辦各項交流活動，加強同儕之間的聯繫，如才藝教室、聚餐等。

4.支援校內外社團活動，鼓勵特教需求學生參與。

5.提供各類資訊：包括獎學金之申請通知及提供校內外各項活動訊息。

6.輔導服務：同學在校各方面如有不適應之處，可就近尋求協助。

資源教室提供個別輔導、團體輔導、轉介等服務。

㈡課業方面

1.教材轉換：製作上課點字、大字體教材和有聲讀物。

2.協助同學完成任課老師有關上課、作業、考試等之各種需求。

3.課後補救教學：聘請學有專精老師或是研究生進行一對一教學。

5.提供各項輔助學習設備及資源：包括錄音室、圖書室、學習教室、輔具器材等，提供需要特別學習狀況之特教需求學生使用。

6.圖書、影片借閱服務：提供勵志與特殊教育相關書籍、影片以供特教學生借閱、觀賞。

㈢特殊訓練

1.電腦訓練課程：聘請老師教同學操作個人電腦或盲用電腦之能力，進行小組訓練或個別訓練。

2.其他訓練課程：視個別需求聘請老師提供物理治療、職能治療、聽能訓練、口語矯治、語言治療、定向行動訓練等服務。

㈣轉銜輔導

1.生涯探索：針對學生需求，進行生涯探索及能力評估。

2.相關座談：定期辦理相關座談，提供學生專長訓練及就業訊息服務。

3.多元合作：結合學生原生環境（家長、家庭及社區）、就業輔導機構及企業體等相關資源，建構多元合作模式，進行轉銜輔導服務。

㈤學習輔具的申請

協助同學申請所需的學習輔具，例如聽障生FM調頻輔助系統，肢障生電動輪椅、擺位輔具，視障生擴視機、閱讀機等等。

【南部】

二～8 國立成功大學身心障礙學生個別化輔導計畫實施辦法與資源教室服務流程

中華民國96年7月26日學輔組會議通過實施

一、依據：特殊教育法第二十七條、教育部補助大專校院輔導身心障礙學生實施要點，制訂本辦法。

二、宗旨：為使本校身心障礙學生依其特殊教育需求，提供相關支持性服務或個別化輔導計畫。

三、適用對象：本校在學之大學部及研究所學生，領有身心障礙手冊或直轄市、縣（市）政府特殊教育學生鑑定及就學輔導委員會鑑定為身心障礙，應安置就學者。

四、辦法

㈠輔導流程（參考流程圖）

1.新生入學一個月內，應召開轉銜輔導會議，瞭解學生特殊教育需求；參與人員包括學輔組組長、資源教室輔導老師（以下簡稱資輔老師）、學生本人、家長、導師及系所助教等，必要時得邀請學校行政人員及相關專業人員參加。

2.資輔老師依學生障礙類別、程度及特教需求進行評估，高度需求者，於轉銜輔導會議後一個月內，召開個別化輔導計畫會議。低度需求者，應定期觀察、追蹤及輔導；期間若有適應困難，資輔老師應積極介入，提供協助。並依實際需要，徵詢學生及家長意見，擬定個別化輔導計畫（以下簡稱個輔計畫）。個輔計畫若有執行困難，與學生及家長討論後，可隨時調整或重新擬定內容。

3.個輔計畫經確定執行，應行文學生就讀之系所、導師及相關單位配合實施。

4.學期結束一個月內，資輔老師應邀請學生本人或相關人員，召開個輔計畫期末會議，檢討輔導成效，並參詢學生及家長意見，決議下學期是否需重新擬定個輔計畫。

5.若無須重新擬定個輔計畫，仍需定期諮詢、輔導、追蹤，持續介入到學生離校。

㈡個輔計畫內容

1.應包含學生障礙狀況描述，特殊教育需求及輔導策略；如提供課業輔導、生活輔導、協助同學工作內容、學習輔具需求、無障礙設施、轉介服務、校內外資源連結、特殊教育相關會議日期（轉銜輔導會議、個案會議、個別化輔導計畫會議及期末會議）、各項支持性服務。

2.個輔計畫執行時程，追蹤、聯繫及輔導過程與成效應記載於學生輔導紀錄表中。

㈢經費運用：本辦法中，有關課業輔導、協助同學工作費等經費之運用標準需依據「教育部補助大專校院輔導身心障礙學生實施要點」及「大專校院輔導身心障礙學生工作計畫經常門經費標準表」實施。若因特殊個案實際需要，需彈性調整使用，應於學務處簽核後始可執行。

㈣紀錄保存：本辦法中所提，新生轉銜輔導會議、個別化輔導計畫、個別化輔導計畫期末會議各項會議紀錄及學生輔導紀錄表，應列入學生輔導檔案中保存10年。

◎資源教室服務流程

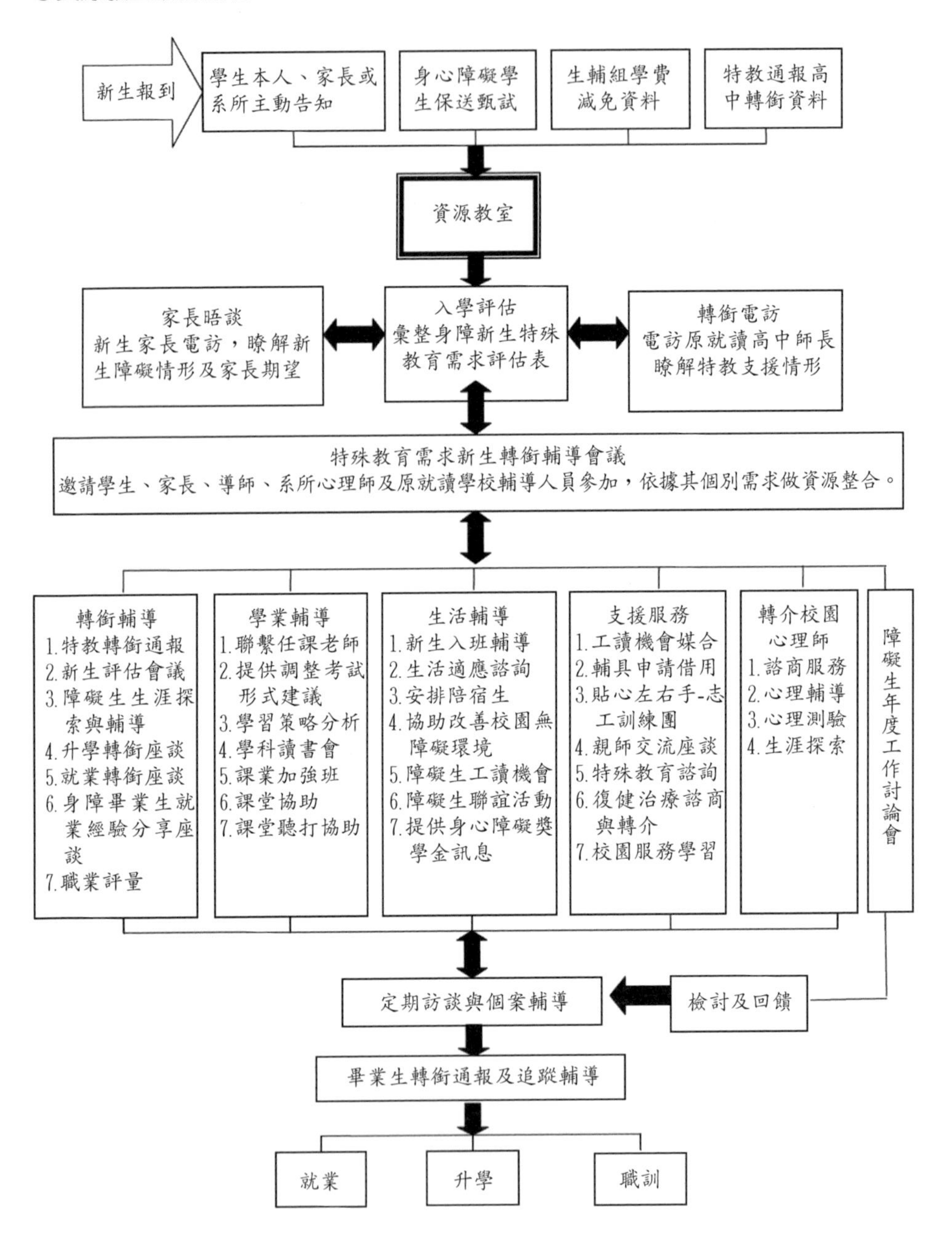
新生報到
學生本人、家長或系所主動告知
身心障礙學生保送甄試
生輔組學費減免資料
特教通報高中轉銜資料
資源教室
家長晤談
新生家長電訪，瞭解新生障礙情形及家長期望
入學評估
彙整身障新生特殊教育需求評估表
轉銜電訪
電訪原就讀高中師長瞭解特教支援情形
特殊教育需求新生轉銜輔導會議
邀請學生、家長、導師、系所心理師及原就讀學校輔導人員參加，依據其個別需求做資源整合。
轉銜輔導
1.特教轉銜通報
2.新生評估會議
3.障礙生生涯探索與輔導
4.升學轉銜座談
5.就業轉銜座談
6.身障畢業生就業經驗分享座談
7.職業評量
學業輔導
1.聯繫任課老師
2.提供調整考試形式建議
3.學習策略分析
4.學科讀書會
5.課業加強班
6.課堂協助
7.課堂聽打協助
生活輔導
1.新生入班輔導
2.生活適應諮詢
3.安排陪宿生
4.協助改善校園無障礙環境
5.障礙生工讀機會
6.障礙生聯誼活動
7.提供身心障礙獎學金訊息
支援服務
1.工讀機會媒合
2.輔具申請借用
3.貼心左右手-志工訓練團
4.親師交流座談
5.特殊教育諮詢
6.復健治療諮商與轉介
7.校園服務學習
轉介校園心理師
1.諮商服務
2.心理輔導
3.心理測驗
4.生涯探索
障礙生年度工作討論會
定期訪談與個案輔導
檢討及回饋
畢業生轉銜通報及追蹤輔導
就業
升學
職訓

二～9　國立高雄師範大學特殊教育中心資源教室服務實施要點

中華民國99年第二次修訂

一、依據

大專校院輔導身心障礙學生實施要點

（88年9月2日臺（88）特教字第88107762號函發修正）

二、目的

提供本校身心障礙學生之公平的課業學習機會及無障礙的生活環境

三、服務對象

㈠凡領有身心障礙手冊之本校在校學生。

㈡本校於高中或高職曾經接受各縣市特殊教育學生鑑定及就學輔導委員會鑑定安置之身心障礙學生。

四、服務內容項目

㈠工讀生服務：提供報讀、點字、錄音、生活照顧、筆記抄寫、陪同就醫及課業學習等協助。

㈡專業人員服務：

1.專業手語翻譯人員服務。

2.課業加強輔導服務：基於學生之障礙而影響其課業學習之需要，可以提供課業加強輔導時數；學生接受課業輔導時間，每週以六小時為限。

㈢考試協助：基於學生之特殊教育需求，在授課教授同意下，定期考試時，可以提供學生個別考場、考卷放大字體、報讀題目、口試取代筆試、電腦應考、代寫答案、延長1.5倍考試時間等。

㈣個別諮商服務：結合專業諮商師提供個別需要之心理諮商。

㈤諮詢服務：聯繫相關社會資源以提供學生之資源運用。

㈥職業輔導服務：依學生個別需求，安排職業輔導評量及職業輔導服務，並定期安排職業輔導及生涯規劃工作坊以協助學生自我性向之探索。

㈦轉銜服務：協助新生入學適應、應屆畢業生未來生涯輔導及就業追蹤。

㈧社交活動之安排：透過學生自強活動、慶生、迎新......等活動建立學生之支持團體。

㈨學習設備之服務：依資源教室設備使用辦法，提供大螢幕電腦、特殊鍵盤、掃描器、擴視機、盲用電腦、語音箱及相關學習軟體。

㈩圖書借閱：提供特殊教育相關圖書及視聽資訊。

⑪本校教師之諮詢：對本校教師其身心障礙學生之學業及生活輔導之支援協助。

六、服務申請方式

㈠請學生於每學期第一週直接面洽資源教室及填寫需求申請表，經過資源教室評估後，於第二週將評估結果之學生需求回覆單轉交告知學生，原則上開學後第三週開始提供相關的服務內容。

㈡工讀生和專業人員的申請，將由資源教室指定適當人員提供協助。

㈢定期考試協助則請學生於考試前兩週提出申請，以利資源教室作事前規劃與準備，以及與任課教授溝通及徵求其同意，定期考試協助將以尊重任課教授之決定為原則，定期考試協助回覆將與考試前一週告知學生結果。

二～10　文藻外語學院資源教室服務項目

㈠個案管理及輔導

㈡身心障礙學生轉銜通報

㈢課務、適應協調

㈣身心障礙學生輔具、書籍借用

㈤資源教室工讀生管理

㈥身心障礙學生入學轉銜座談

㈦體育特殊班資源管理

㈧身心障礙學生職業輔導活動社團活動、自強活動學生課業輔導家教班
㈨視障學生教材及試卷製作
㈩身心障礙學生獎學金

二～11　樹德科技大學資源教室服務項目

㈠身心障礙生的課業與學習輔導：實施補救教學課業加強班、協助同學業務、申請學習設備與輔具、購置補充教材……。
㈡身心障礙生心理輔導：輔導網絡之連結、實施個別與團體諮商、舉辦各項心理成長團體。
㈢身心障礙生的生活輔導：定期關懷及安排會談、有關身障生宿舍、家庭……等緊急事件危機處理、諮詢服務……。
㈣辦理各項座談會、輔導會議：師生座談會、伴讀生座談會、志工座談會……。
㈤辦理各項研習課程與自強活動：校際聯合自強活動、不定期的戶外知性之旅、連結校內外資源。
㈥校園無障礙環境規劃：需求評估、報部申請經費、核銷……。
㈦身心障礙生職業輔導：各項興趣、性向及生涯測驗；就業座談會、成長團體或研習活動……。
㈧身心障礙生轉銜服務：
1.轉入=>函請原高中職轉入學生資料並視學生需求召開輔導會議。
2.轉出=>視學生個別需求轉銜至社政、勞政或醫政。
3.行政業務：方案設計、公文收發、設備管理與維護、經費申請與核銷。
㈨其他：連結社區資源、志工業務……。

【東部】

二～12 國立東華大學資源教室服務項目

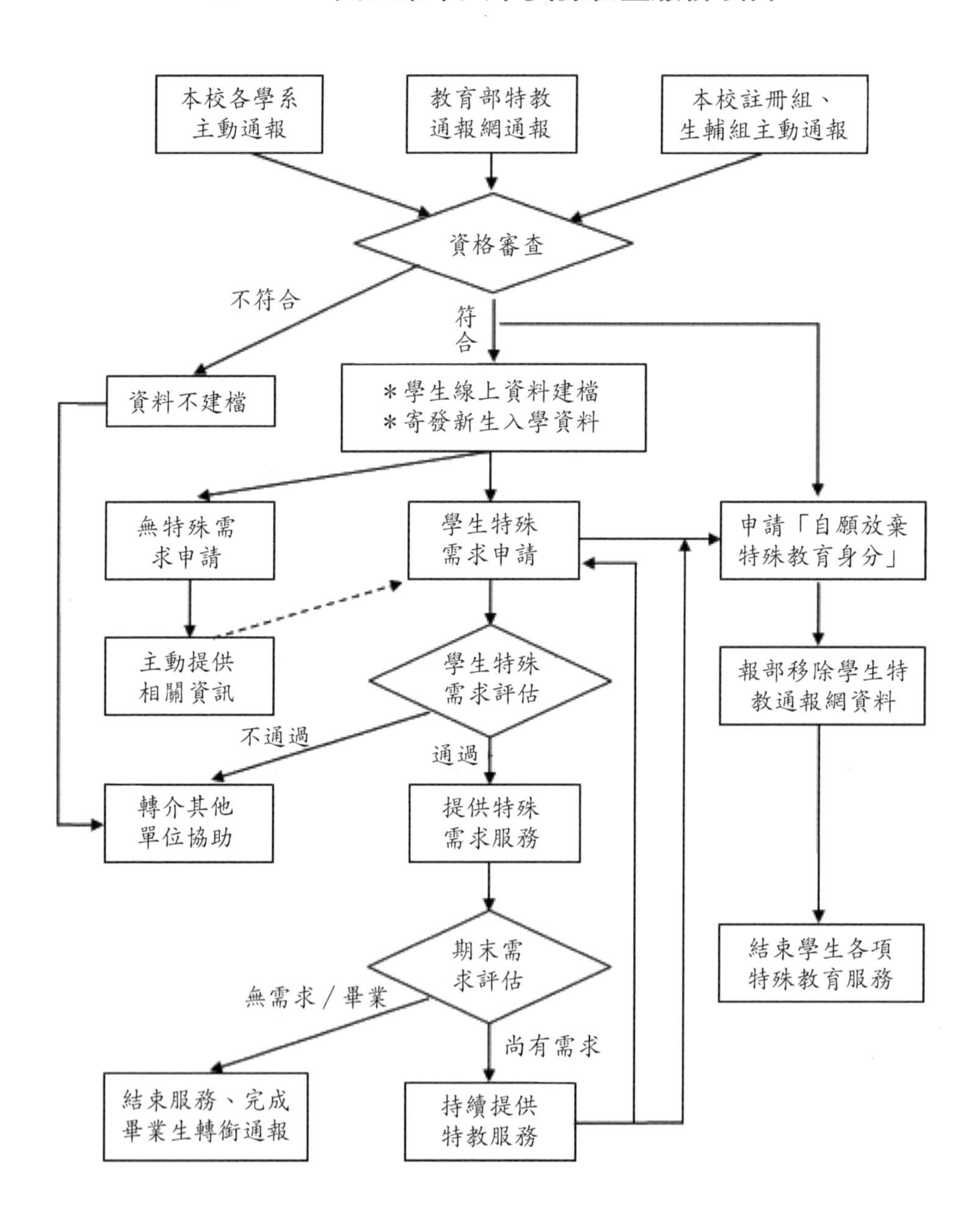

生活協助服務

㈠協助提供交通及無障礙環境服務：協助辦理身心障礙停車證、提供校園無障礙通道及無障礙設施位置圖、以及因障礙所造成之特殊需求相關事宜之協調與協助。

㈡獎助學金申請服務：聯結學校生活輔導組，主動協助學生辦理學校各項獎助學金申請及學雜費減免申請等。

㈢社交活動參與服務：定期舉辦期初迎新、期末同樂會、電影欣賞小團體分享以及安排各項聯誼及義務服務活動。

㈣各項訊息提供服務：利用電子信件、網路公告以及電話通知等方式，提供資源教室近期活動報導、各式服務申請注意事項與心靈小語文章分享等。

㈤圖書、影片借閱服務：提供勵志與特殊教育相關書籍、影片以供校內特殊教育學生及老師借閱、觀賞。

㈥醫療照護協助：針對有特殊醫療需求之學生，資源教室主動聯結校內健康中心與校外醫療機構，由醫療機構提供醫療諮詢及相關服務，提供上班期間需緊急就醫之交通服務與需要定期復健之就醫協助。

課業學習協助服務

㈠義務同儕協助：資源教育主動邀請學生之同班同學提供自願性之課堂學習協助，服務項目包括課堂錄音、錄影以及課堂溝通協助等。

㈡工讀同儕協助：學生可依據其實際上之特殊需求，於每學期初填寫同儕協助申請表，其服務內容主要包括生活上及學習上之各項協助，例如：報讀以及課堂筆記抄寫等服務。資源教室將針對學生之申請表進行審核並予以回覆。

㈢課業加強服務：針對因障礙而影響學生在課業學習上之需要，可提供學生課業加強輔導；學生接受課業輔導時間，每週以六小時為限。

㈣專業手語翻譯、點字服務：針對視覺障礙與聽覺障礙學生之需求，適時聘請點字、專業手語翻譯協助學生課業之學習。

㈤輔具申請服務：學生可依據其在學習上所需之學習輔具提出申請，資源教室將與各輔具中心聯繫，協助學生接受輔具需求評估後，申請所需之學習輔具。

(六)教室更換與調整協助：針對教室之安排以及教室內部教學設施之增設等等，資源教室主動與教務處、總務處溝通協調，以建立學生之無障礙學習環境。

(七)考試協助：學生可依據所需之考試協助，於期中或期末考前兩週提出申請，其申請項目包括：個別考場、電腦應考、報讀以及延長考試時間等。

轉銜服務

(一)通報作業與資料建檔：蒐集新生入學前之完整資料並予以建檔，藉此做好學生入學前之各項準備。詳細填寫畢業生轉銜資料，以提供社政、勞政以及教育等後請協助。

(二)新生入學適應：協助新生提早認識校園週邊環境、校內無障礙設施並辦理迎新活動以建立更寬廣之社交圈。

(三)就業輔導服務：依學生個別需求，主動提供職場資訊，協助畢業生探討未來之生涯規劃，與學務處畢僑組或其他相關單位合作安排職業輔導評量及職業輔導服務，以協助學生自我性向之探索及生涯規劃。

(四)畢業生就業追蹤：定期公告最新活動訊息，與學務處及師培中心合作邀請畢業生回校參與資源教室活動，藉此將寶貴之學習經驗與在校之學弟（妹）討論分享，並主動蒐集畢業生之就業動向。

諮商服務

(一)輔導服務：針對學生之心理困擾，資源教室將主動傾聽、瞭解與關懷，並提供短期之心理輔導，以協助學生順利度過難關走出陰霾。

(二)轉介服務：針對有長期諮商需求及立即醫療需求之學生，資源教室將主動轉介本校心理諮商中心諮商組或校外醫療院所予以協助。

(三)知會服務：針對情緒、精神及學習狀況不佳之學生，資源教室將主動通知學生導師、教官及相關人員，以共同研擬並協助學生解決所遭遇之問題。

大專校院資源教室方案是特殊教育體制的最後一階段，其成敗也直接顯現我國特殊教育的整體實施成效，由於大專校院的校園型態之屬性和特質與高級中等以下的學校教育不同，也因此更凸顯大專校院資源教室方案需要更具彈性和不同大學之學校特色的經營和規劃，目前由於我國的相關法規對於大專校院資源教室的運作有一定的規範，各大專校院亦主要依靠政府的補助預算實施對特殊教育學生的輔導與協助，也因此大都遵循教育部對大專校院資源教室實施的相關規定辦理，也因此目前各校的資源教室運作模式傾向同質性大於異質性，此現象在大專校院資源教室方案的發展階段誠屬正常，然而未來期待各大專校院能依據各校的學校特質和教育理念，亦能獨立編列行政經費預算和聘用輔導人員，以發展出各校特色的資源教室運作方案，如此方能真正落實我國大專校院之友善校園的理想。

討論與練習

一、你認爲大專校院資源教室的功能特色爲何？

二、你認爲大專校院和高中職的資源教室服務形式有何差異？

三、你認爲大專校院的資源教室輔導人員和高中職資源教師的角色職責有何差異？

四、你認爲大專院校資源教室服務對身心障礙大學生最有助益的是哪些服務內容？

附　錄

目 錄

附錄一 原高雄縣特殊教育巡迴輔導班教育評鑑

巡迴輔導所設立之學校＿＿＿＿＿＿

輔導區學校及（個案數） (　)＿＿＿＿＿ (　)＿＿＿＿＿ (　)＿＿＿＿＿

(　)＿＿＿＿＿ (　)＿＿＿＿＿ (　)＿＿＿＿＿

受評鑑者－巡迴輔導教師＿＿＿＿＿＿

評鑑委員 ＿＿＿＿＿＿（請勿填寫）

評鑑程序：

◎受評鑑者工作簡報自述和提供佐證資料（可以附件方式提供）、再提供口頭報告。

◎評鑑者依據受評鑑者工作簡報自述和提供佐證資料、以及相關人員訪談結果以進行專業考核。

◎各校評鑑時間共3小時，其進行程序包括巡迴輔導教師工作簡報、資料暨相關文件查閱、與教師及行政人員晤談、綜合座談等四部份。

評鑑行程：

時間安排	工作項目	主持人	工作說明
08：50-09：00	開始式	督學／課長	介紹學校相關人員及評鑑委員
09：00-09：30（每人20分鐘）	巡迴輔導教師各自獨立工作簡報	督學／課長	輔導教師依評鑑指標簡報。
09：30-10：10（30-50分鐘）	資料暨相關文件查閱	評鑑委員	1. 評鑑委員查核學校所送資料與現場展示實際資料是否相符。 2. 評鑑委員填寫評鑑記錄表。
10：10-10：20	休息		

時間安排	工作項目	主持人	工作說明
10：20-11：00（40分鐘）	與各輔導區內各校行政人員晤談	督學／課長	1.巡迴輔導班：輔導區內所有受輔學校輔導主任或教導主任及受輔個案導師1名參加。 2.巡迴輔導班（在家教育班）：輔導區內所有受輔學校輔導主任或教導主任及每位巡迴輔導教師之受輔個案家長1名參加。
11：00-11：20（20分鐘）	評鑑委員會議	督學／課長	1.請學校提供獨立場地 2.評鑑委員合議結論列入紀錄簽名後，由隨行行政單位同仁收回。
11：20-12：00（40分鐘）	綜合座談暨結束式	督學／課長	1.參加人員包含受評之巡迴輔導教師，以及- ＊巡迴輔導班：輔導區內所有受輔學校輔導主任或教導主任及每位巡迴輔導教師之受輔個案導師1名參加。 ＊巡迴輔導班（在家教育班）：輔導區內所有受輔學校輔導主任或教導主任及受輔個案家長1名參加。 2.評鑑委員經由簡報、資料查閱、晤談所收集的問題提出顯要說明，由受評單位或人員澄清與回應說明。 3.評鑑委員與受評單位教師、相關行政人員或家長進行相關議題意見交換。

評鑑標準：

1. 尚未通過（U, Unsatisfactory）：未具備基本的知識與概念，因此無法執行工作內容。
2. 部分通過（NP, Not yet proficient）：已具備基本的知識與概念，但是尚無法落實或完整執行工作內容。
3. 通過（P, Proficient）：具備完整明確的知識與概念，確實完成各項工作內容。

評鑑項目及各項目所占配分百分比

1.特殊教育教師的基本知能（25%）

2.具備有效的溝通能力（20%）

3.能與他人分工合作（15%）

4.具備問題解決能力（15%）

5.行政職責（15%）

6.良好的自我管理（10%）

評鑑指標配合項目：

I. 特殊教育教師的基本知能（25%）

◎此評鑑項目參考之工作內容

1.瞭解各類身心障礙學生之特質與學習需求，並為每位學生擬定IEP

2.課程設計適切：善用相關教學策略、教材與教具，以協助學生之有效學習

3.協助普通班教師，善用相關教材教具與評量，以協助學生之有效學習

4.協助輔導區內各校建構一個接納身心障礙學生之學習環境

5.評量多元化，以激發學生具體展現學習成果

	自評			他評		
	U	NP	P	U	NP	P
A.完整的特殊教育職前訓練及在職進修；請詳述：＿＿＿＿＿＿＿＿＿＿＿＿	□	□	□	□	□	□
B.具備教學領域或學生行為處理的專業能力；請詳述：＿＿＿＿＿＿＿＿＿＿＿＿	□	□	□	□	□	□
C.能善用教學策略、教材、教具、輔助科技等以協助學生之學習；請詳述：＿＿＿＿＿＿＿＿＿＿＿＿	□	□	□	□	□	□
D.能具體呈現學生的學習進步狀況；請詳述：＿＿＿＿＿＿＿＿＿＿＿＿	□	□	□	□	□	□
E.建構一個安全、成功且具有挑戰性的學習環境；請詳述：＿＿＿＿＿＿＿＿＿＿＿＿	□	□	□	□	□	□

附註說明：＿＿＿＿＿＿＿＿＿＿＿＿

II.具備有效的溝通能力（20%）

◎此評鑑項目參考之工作內容—

1.提供輔導區內學校相關人員有關特殊教育的相關資訊與諮詢

2.提供輔導區內學校相關人員有關學生問題行為的處理

3.提供輔導區內學校相關人員對於輔導個案學生的不定期學習或進步狀況

	自評			他評		
	U	NP	P	U	NP	P
A.善用傾聽、口語表達、文書資料與寫作能力以達到溝通的目的；請詳述：________________________________	□	□	□	□	□	□
B.能與輔導區內各校行政人員、導師或家長進行溝通與協調；請詳述：________________________________	□	□	□	□	□	□
C.善用各種工具或管道與他人溝通；請詳述：________________________________	□	□	□	□	□	□
D.能隨時與學生家長或學校相關人員說明或討論，即將為學生設計的教材或教育目標；請詳述：________________________________	□	□	□	□	□	□
E.運用有效溝通方式成功處理問題或將問題傷害減至最低；請詳述：________________________________	□	□	□	□	□	□

附註說明：

____

III.能與他人分工合作（15%）

◎此評鑑項目參考之工作內容—

1. 適切扮演特殊教育團隊（例如：IEP會議、鑑輔會會議或心評人員）一份子的角色，包含領導者、被領導者
2. 能與輔導區內各校相關人員分工合作

	自評			他評		
	U	NP	P	U	NP	P
A.適切扮演特殊教育團隊（例如：IEP會議、鑑輔會會議或心評人員）一份子的角色，包含領導者或被領導者；請詳述：______	□	□	□	□	□	□
B.能與輔導區內各校相關人員共同完成某一工作目標；請詳述：______	□	□	□	□	□	□
C.能鼓勵學生、家長或社區人士共同參與普通教育或特殊教育的相關活動；請詳述：______	□	□	□	□	□	□

附註說明：

______

IV.具備問題解決能力（15%）

◎此評鑑項目參考之工作內容—

1. 協助輔導區內各校或教師瞭解與善用特殊教育相關法規政策以解決問題
2. 協助身心障礙學生的轉介鑑定或安置工作等。

	自評			他評		
	U	NP	P	U	NP	P
A.能蒐集、評估與善用各類資源，以協助輔導區內相關問題之處理；請詳述：＿＿＿＿＿＿＿＿	□	□	□	□	□	□
B.能分析問題，找出多種問題解決方案，和選用最佳問解決辦法；請詳述：＿＿＿＿＿＿＿＿	□	□	□	□	□	□

附註說明：＿＿＿＿＿＿＿＿

V.行政職責（15%）

◎此評鑑項目參考之工作內容—

1. 參與輔導區內各校的相關會議
2. 定期繳交應該提供給各校的相關報告或記錄
3. 均衡運用特殊教育的相關經費

	自評			他評		
	U	NP	P	U	NP	P
A.參與輔導區內各校與巡迴輔導教師相關之會議與活動；請詳述：＿＿＿＿＿＿＿＿	□	□	□	□	□	□
B.能善用特殊教育相關經費於輔導區內各校學生；請詳述：＿＿＿＿＿＿＿＿	□	□	□	□	□	□

附註說明：＿＿＿＿＿＿＿＿

VI.良好的自我管理（10%）

◎此評鑑項目參考之工作內容—

1.能有效善用時間以規劃每週及每日的工作行程

2.能善用時間或時機以協助學生、家長或學校相關人員

3.能主動進行自我專業成長

	自評			他評		
	U	NP	P	U	NP	P
A.能排定每週及每日工作的優先順序原則及目標；請詳述：________________	□	□	□	□	□	□
B.能不斷自我進修教育相關知識以達成目標；請詳述：________________	□	□	□	□	□	□
C.能善用時間或時機以協助學生、家長或學校相關人員；請詳述：________________	□	□	□	□	□	□

附註說明：

____

附錄二　原高雄縣國中/國小/幼稚園特殊教育巡迴輔導服務工作手冊（部分內容）

2008.7.

行政篇

壹、學校特殊教育服務流程圖

貳、學校例行性工作

一、疑似身心障礙學生個案轉介暨鑑定安置工作

二、主動聯繫巡迴輔導教師

三、受輔導學校開學前準備工作

四、例行性特教工作

參、巡迴輔導服務校內行政工作計畫

一、第一學期巡迴輔導服務行政工作計畫

二、第二學期巡迴輔導服務行政工作計畫

教師篇

壹、巡迴輔導教師服務流程圖

貳、巡迴教師工作職責

參、行事曆

行政篇

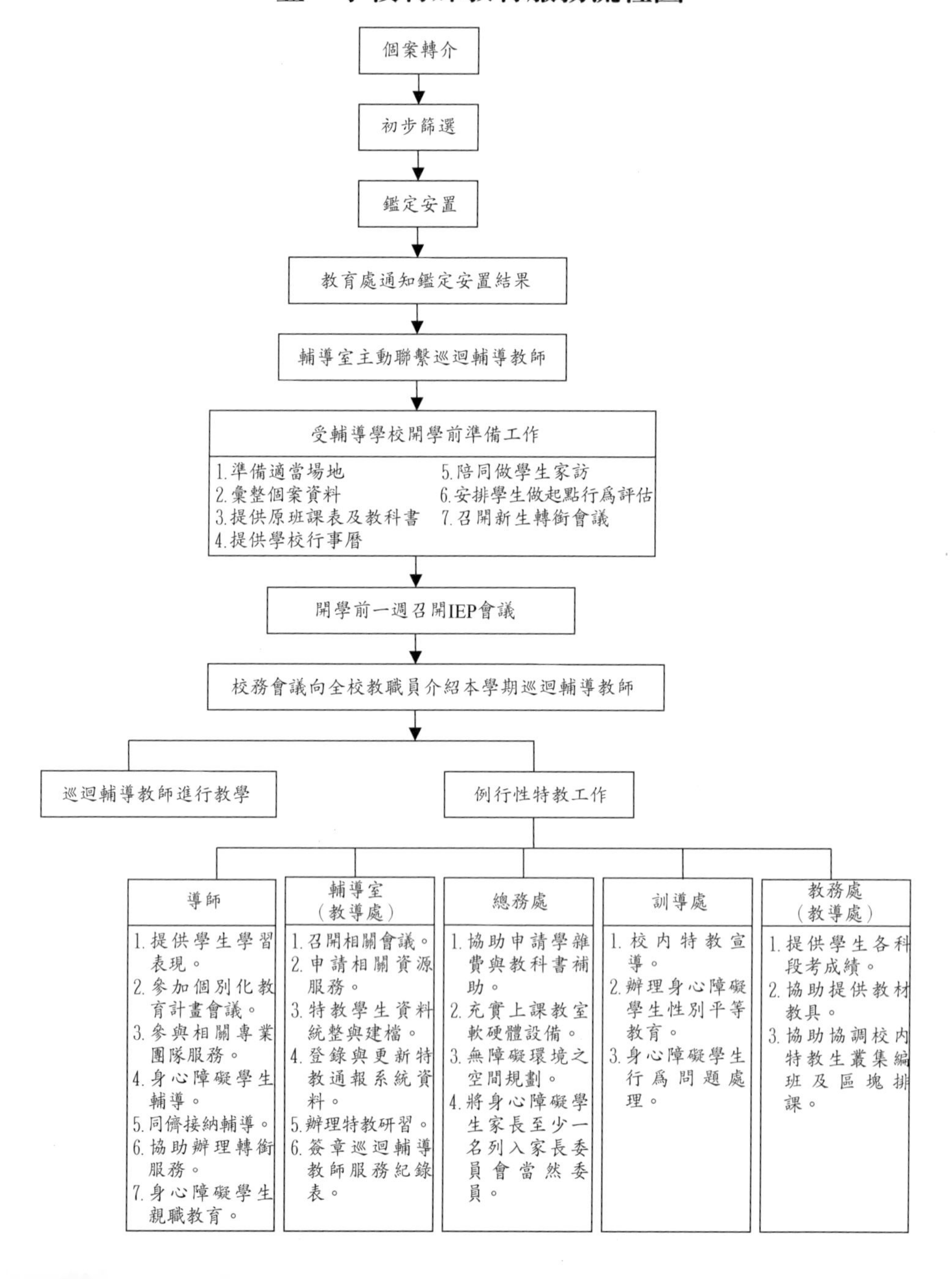
壹、學校特殊教育服務流程圖
個案轉介
初步篩選
鑑定安置
教育處通知鑑定安置結果
輔導室主動聯繫巡迴輔導教師
受輔導學校開學前準備工作
1.準備適當場地
2.彙整個案資料
3.提供原班課表及教科書
4.提供學校行事曆
5.陪同做學生家訪
6.安排學生做起點行爲評估
7.召開新生轉銜會議
開學前一週召開IEP會議
校務會議向全校教職員介紹本學期巡迴輔導教師
巡迴輔導教師進行教學
例行性特教工作
導師
1.提供學生學習表現。
2.參加個別化教育計畫會議。
3.參與相關專業團隊服務。
4.身心障礙學生輔導。
5.同儕接納輔導。
6.協助辦理轉銜服務。
7.身心障礙學生親職教育。
輔導室（教導處）
1.召開相關會議。
2.申請相關資源服務。
3.特教學生資料統整與建檔。
4.登錄與更新特教通報系統資料。
5.辦理特教研習。
6.簽章巡迴輔導教師服務紀錄表。
總務處
1.協助申請學雜費與教科書補助。
2.充實上課教室軟硬體設備。
3.無障礙環境之空間規劃。
4.將身心障礙學生家長至少一名列入家長委員會當然委員。
訓導處
1.校內特教宣導。
2.辦理身心障礙學生性別平等教育。
3.身心障礙學生行爲問題處理。
教務處（教導處）
1.提供學生各科段考成績。
2.協助提供教材教具。
3.協助協調校內特教生叢集編班及區塊排課。

貳、學校例行性工作

一、疑似身心障礙學生個案轉介暨鑑定安置工作：

㈠流程如下表

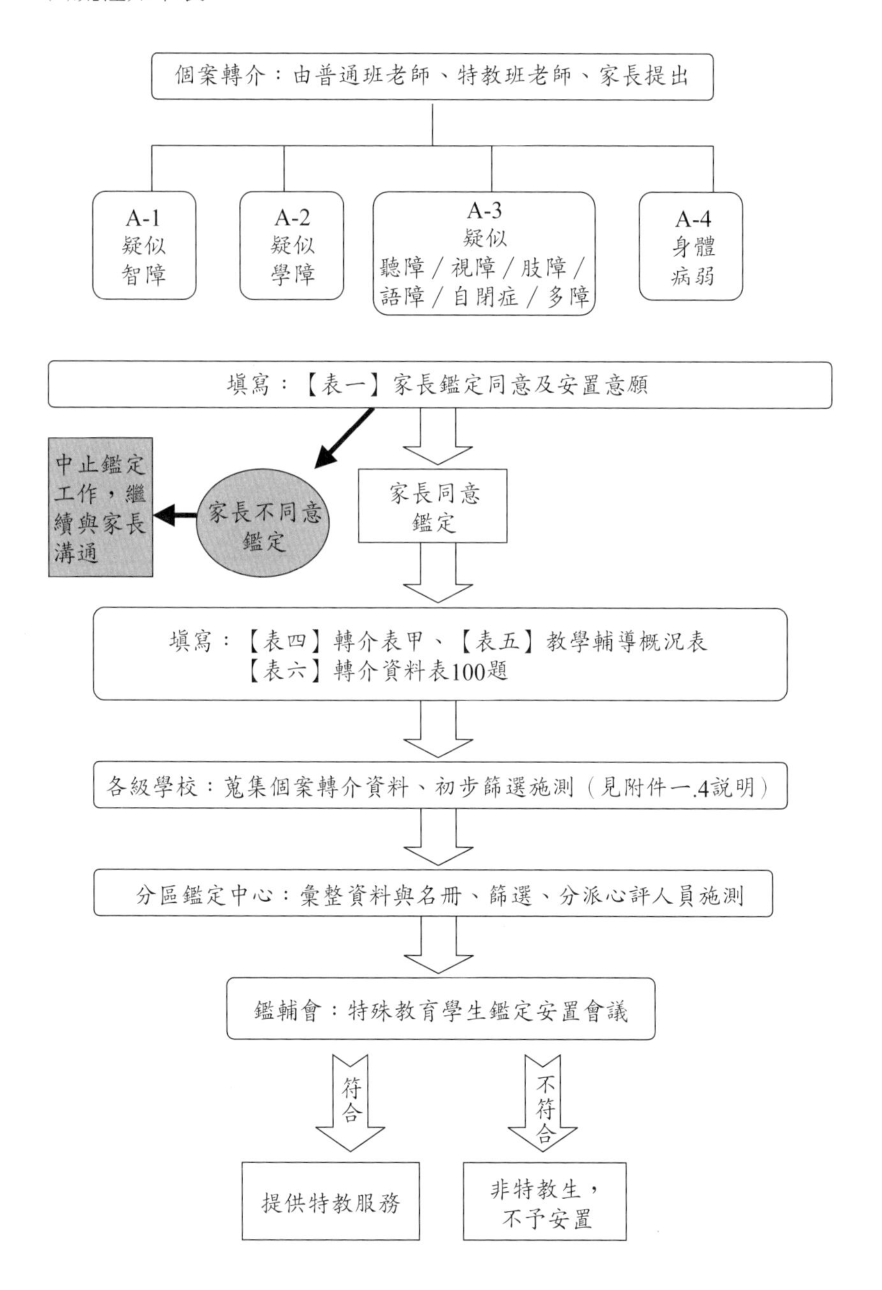

㈡高雄縣疑似特殊需求學生鑑定安置各級學校工作說明

步　驟	負責人	工具、表格	備　註
1.召開全校說明會	特教業務承辦處室	【表四】疑似特殊需求學生轉介表甲 【表五】高雄縣特殊需求學生教學輔導概 【表六】特殊需求學生轉介資料表（100題）	1.未曾轉介過，需要特教服務者（例如：輔具、專業團隊、考試作答方式調整、入特教班／資源班就讀等） 2.已轉介過，需申請更改鑑定安置、延長修業年限者
2.級任導師轉介	級任導師	【表四】疑似特殊需求學生轉介表甲 【表五】高雄縣特殊需求學生教學輔導概況【表六】特殊需求學生轉介資料表（100題）	送件日期： ＊緊急個案（如身體病弱）隨時可送件 ＊一般轉介 上學期於12/3~12/7 下學期同國小轉銜國中送件時程 ＊小一新生 10週後才可轉介
3.取得家長鑑定同意書	級任導師，取得後轉交特教業務承辦處室	【表一】家長鑑定同意書及安置意願書	
4.篩選（施測）	熟悉測驗的教師	◎依【表四】疑似特殊需求學生轉介表甲勾選之疑似障礙類別所應檢附資料予以施測。 ◎篩選與施測時注意事項 1.中華適應行爲量表：由熟悉學生者填寫 2.三項測驗【基礎數學、閱讀理解、中文認字】：由熟悉測驗的教師施測 3.注音符號診斷測驗【小一】：小一新生10週後才可由熟悉測驗的教師施測 4.基本讀寫字綜合測驗（選用）：由熟悉測驗的教師施測，小一至小三生較適用 5.相關醫學診斷報告：以辦理身障手冊申請的醫院診斷書爲主	

步 驟	負責人	工具、表格	備 註
5.彙整學生名冊及測驗資料送交鑑輔會（分區鑑定中心）	特教業務承辦人	1.【表一】送件檢核表、【表二】彙整表（附電子檔）：以校爲單位塡寫一份 2.依【表一】送件檢核表項目檢附送件學生所需資料（學生之三項測驗原始資料、作業單、考卷或相關佐證資料請學校留存，於安置會議時攜帶出席）	
6.施測	心評人員	個別智力測驗或相關測驗	送件截止後三週內
7.特殊教育學生鑑定暨安置會議	1.學校代表（熟悉個案者） 2.心評人員 3.鑑輔委員 4.家長	◎【表四】疑似特殊需求學生轉介表甲 ◎【表五】高雄縣特殊需求學生教學輔導概況 ◎【表六】特殊需求學生轉介資料表（100題） ◎學生之三項測驗原始資料、作業單、考卷或相關佐證資料（由學校攜帶出席）	
8.函知鑑定安置結果	鑑輔會	函知轉介及安置學校	安置會議
9.取得家長安置同意書	各校、鑑輔會	家長安置同意書	安置會議後一週內
10.追蹤輔導	鑑輔會		安置會議後～

附註：轉介單位屬社會局、早療機構或家長者，彙整名冊後依工作說明第5步驟起實施，相關問題請洽特教課或鑑輔會承辦學校。

二、主動聯繫巡迴輔導教師

㈠確定學生名單。

㈡確認第一次到校相關事宜：

1.時間。

2.地點。

3.參與對象：行政人員、家長、導師及相關教師。

三、受輔導學校開學前準備工作

㈠提供適當場地

1.獨立、固定且安靜的上課地點。

2.通風良好光線充足。

3.教室位置適中。

㈡彙整個案資料（製作個案個人檔案夾）

1.基本資料

2.測驗資料

3.安置同意書

4.學生學習資料

㈢提供原班課表及教科書

1.每位學生原班課表。

2.每位學生之國語、數學之課本習作、教學指引、備課用書、教學光碟、教具。

㈣提供學校整學期的行事曆

若學期中有變動，亦要隨時通知巡迴輔導教師。

㈤陪同巡迴輔導教師做學生家訪

㈥安排學生做起點行為評估

㈦召開新生轉銜會議

四、例行性特教工作

㈠教務處（教導處）

1.提供學生各科段考成績：向受輔導學生導師收集班級各科評量平均成績及學生個別成績（表格參考如下），並彙整給巡迴輔導教師。

○○國小學年度第　學期巡迴輔導班學生普通班第　次評量成績表

班級	學生姓名	國語			數學			社會			自然			備註
		個人成績	全班平均	兩者差異	個人成績	全班平均	兩者差異	個人成績	全班平均	兩者差異	個人成績	全班平均	兩者差異	填寫多元評量方式

2.協助提供教材教具：依巡迴輔導教師需求主動提供學生教科書、簿本、教學光碟、命題光碟、教學教具。

3.協助協調校內特教學生叢集編班及區塊排課

(1)法源依據：

①高雄縣身心障礙學生就讀普通班安置原則及輔導辦法」。（請至高雄縣教育網路—法令規章—特殊教育相關法規—身心障礙學生就讀普通班安置原則及輔導辦法下載）

②高縣府95年5月10日府教特字第0950110790號函辦理。

(2)實施要點

①免常態編班

a.身心障礙學生不採常態編班方式，直接將學生安置進入合適的班級。

b.熱心輔導且具高度意願配合特殊教育工作之合格教師，應優先遴選為就讀普通班之身心障礙學生之班級教師。

②酌減班級（普通班）學生人數

a.安置身心障礙學生就讀普通班，每班至多二名為原則。

b.該班人數得依學生障礙程度如全盲生、嚴重情緒障礙學生、重度自閉症學生酌減二至三名學生，其他障礙類學生得酌減一至二名學生，其減少之標準由校內特殊教育推行委員會召開會議決定之，並於會議決議後二週內呈報本縣鑑輔會備查。

③排課原則

a.為兼顧學生在普通班級資源班之學習，請教務處協助資源班排課。

b.排課方式採區塊排課，需將資源班同組學生需要的課程排在同一時段，並於全校普通班全部課程排定前完成。

⑶實施流程

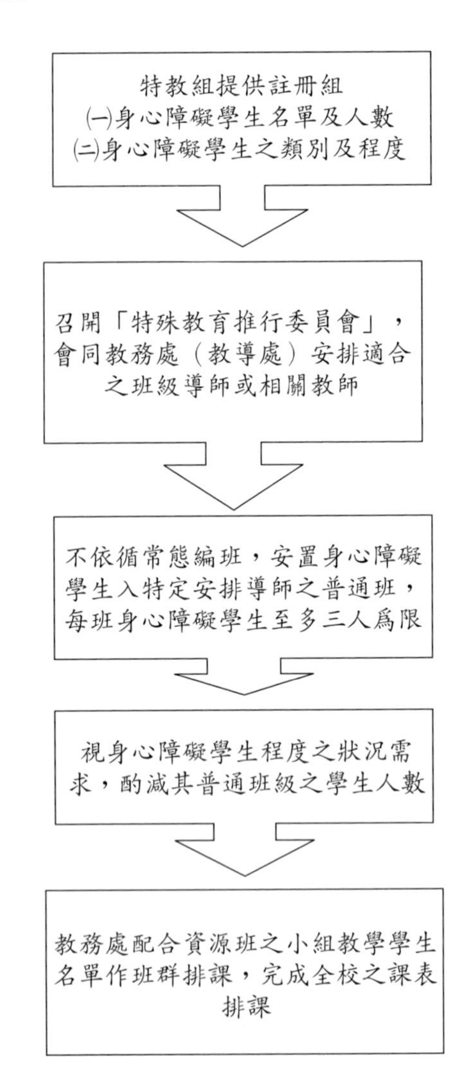

㈡訓導處

1.辦理特教宣導活動

⑴時間：每年11月。

⑵內容

①縣府舉辦徵文比賽、海報製作比賽，各校報名參加。

②各校針對校內身心障礙學生類別，辦理特教宣導活動（如：身心障礙體驗活動、無障礙宣導活動……）。

⑶對象：校內全體師生。

2.辦理身心障礙學生性別平等教育

⑴時間

①每學期至少一次，利用朝會、研習或全校性共同時間。

②每季第3個月20日前（3月20日、6月20日、9月20日、12月20日）將學校辦理成果至高雄縣教育網隨意表中填具。

⑵內容：宣導或研習活動。

①認識性別意識及身心障礙學生之特質與性教育，一般學生如何尊重身心障礙學生並協助其學習及生活。

②身心障礙學生在校內（外）如何預防性騷擾或性侵害。

③身心障礙學生遭受性騷擾或性侵害，如何處理及輔導。

④辦理身心障礙學性別平等教育教材及教法研習或研討會。

⑶對象：學校行政人員、教師、家長及學生。

⑷考核：列入「學校身心障礙學生教育實施概況檢核表」填報項目之一。

3.身心障礙學生行為問題處理：依據學生IEP配合執行，學生問題行為處理介入。

㈢總務處

1.協助申請學雜費減免與教科書補助

⑴依據

①高雄縣國民中小學免費教科書補助實施要點

②高雄縣身心障礙學生及身心障礙者子女就讀公私立國中小減

免、補助學雜費要點

⑵學雜費減免：依各校規定辦理。

⑶教科書補助

①申請時間：每學期開學後一個月內。

②補助對象：設籍本縣且就讀本縣公立國民中小學身心障礙學生（係指領有身心障礙手冊或證明之學生，或依本縣鑑輔會鑑定為視覺障礙之學生）。

③申請本項補助須檢附證明文件如下：身心障礙手冊或證明或公立醫生診斷證明。

④補助標準：核實補助。

a.身心障礙學生提供一般教科書補助，補助金額為該生該學期該繳教科書費用。

b.視覺障礙學生提供大字體教科書及點字體教科書，補助金額為該生該學期所用大字體教科書及點字體教科書價格。

2.充實上課教室軟硬體設備：課桌椅、黑板（白板）、粉筆（白板筆）、板擦、收納櫃、電腦、印表機。

3.無障礙環境之空間規劃：配合無障礙空間評估進行改善。

㈣輔導室（教導處）

1.召開相關會議

⑴個別化教育計畫會議

①會議召開時間：各級學校應於開學前一周內為每位身心障礙學生擬定個別化教育計畫，每學期至少檢討一次。

②參與人員：學校行政人員、教師、學生家長、相關專業人員、得邀請學生參與、必要時，學生家長得邀請相關人員陪同。

③IEP表格範例（詳細內容參考高雄縣教育網路—常用表報—特教科—專業團隊—高雄縣特殊教育資源班IEP格式下載）。

⑵特殊教育推行委員會

①會議召開時間：每學期至少一次。

②參與人員：校長、學校行政人員、普通班教師代表、學生家長

代表、特教教師代表。

③會議內容：校內特教業務推廣

a.決議特教學生更改安置。

b.適切安排身心障礙學生之普通班導師人選。

c.訂定身心障礙學生成績評量計算方式。

d.規劃普通班教師特教知能研習。

e.討論需酌減普通班級人數之身心障礙學生。

f.規劃特教宣導月活動。

g.其他特教相關業務。

2.申請相關服務

⑴教育輔具（詳細內容請至高雄縣教育網路－常用表報－特教科－專業團隊－教育輔助器材借用管理實施計劃、借用流程、借據下載）

①借用單位：本縣縣立學校或私立國中小學及學前機構（單位）。

②適用對象：就讀本縣縣立學校或私立國中小學及學前機構（單位）之身心障礙學生，並合乎身分規定者即可提出申請。

⑵相關專業團隊服務（詳細內容請至高雄縣教育網路—常用表報—特教科—專業團隊—身心障礙專業團隊服務實施計畫與注意事項下載）

①實施對象：經評估鑑定後需接受相關專業團隊服務之本縣學前及學齡階段身心障礙學生。

②服務成員：由物理治療師、職能治療師、語言治療師、心理師等特殊教育相關專業人員結合校內老師及行政等相關人員共同組成。

③申請時間：各校於每學期開學後兩週內填妥申請表、彙整表，逕向各負責區承辦學校報名。

⑶教師助理人員

①協助對象：就讀本縣國民中、小學（含附設幼稚園）經「高雄

縣特殊教育學生鑑定及就學輔導委員會」（以下簡稱鑑輔會）確認為身心障礙學生，且於本縣特殊教育網路通報系統登錄有案者。

②申請條件

a.經本縣鑑輔會鑑定安置於普通班之嚴重情緒障礙及自閉症學生，具有攻擊性行為，嚴重影響班級秩序及學習者。

b.經本縣鑑輔會鑑定安置於普通班之重度、極重度肢體障礙學生，行動能力急需協助照護者。

c.經本縣鑑輔會超額安置於國民中小學自足式特教班之重度身心障礙學生數多，需要增加額外人力支援的特教班級。

③申請時間：依據每學期之實施計畫辦理。

④臨時助理人員之工作內容

a.在班級導師督導下，協助評量、教學、生活輔導、學生上下學及家長聯繫等事宜。

b.「學生行為輔導記錄表」請依實際服務之日期與時間填寫，學期結束後應連同「簽到表」、「研習記錄表（至少12小時）」、「補助（委辦）經費結報表」送府備查。

⑤注意事項

a.學校設有專任教師助理人員者，請勿提出申請。

b.臨時助理人員屬臨時性短期工作性質，不適用行政院暨所屬機關約僱人員僱用辦法及約僱人員比照分類職位公務人員俸點支給報酬標準表之相關規定。（例如：無年終獎金）

c.本案臨時助理人員服務之提供以校為單位，該校如有二名以上學生申請通過，仍只支付一名臨時助理人員鐘點費。

d.本案所僱用臨時助理人員之工作時間、休假及薪資等相關事宜適用「勞動基準法」辦理，並依各校實際情況需求由學校與僱用臨時助理人員訂定契約。

e.學校應慎選臨時助理人員，提供教育訓練，指導其協助技巧，並適當規範助理人員服務內容，提升服務成效、減少困擾。

f.助理人員應僱用高中（職）以上學校畢業或具同等學歷之資格者。

g.臨時教師助理員應專用於特殊需求學生之教學與輔導，嚴禁調用處理學校行政工作。

⑷交通補助費

①申請資格（須同時符合以下五點）

a.就讀本縣縣立國民中小學之身心障礙學生（不含學前班）領有身心障礙手冊中度以上（含中度）。

b.無法自行上下學，或可自行上下學但學區內未設有特殊教育班，須通車上下學者。

c.學校沒有交通車接送者。

d.非就讀身心障礙巡迴輔導班（即在家教育或未實際至校上學者）。

e.設籍於高雄縣者（查驗戶口名簿正本）。

②交通費金額：視每年經費而定。（不包括寒暑假）

③申請程序

a.統一由學校備齊證件造冊，逕寄承辦學校彙整。

b.待審核彙整後，再函文通知各校核定之學生名單及撥款方式。

c.所需證件：申請表及身心障礙手冊影本（請貼在申請表上）。

⑸獎助金

①獎助對象：凡就讀於公私立國民中小學之各類身心障礙學生，在前三學年未曾領取本獎助金，且本學年度內尚未領取任何獎學金、教育代金及未享有公費者，皆可申請，其類別分為以下六大類：

a.視覺障礙學生；b.聽覺障礙學生；c.肢體障礙學生；d.智能障礙學生；e.多重障礙學生；f.其他。

②獎助名額：本縣以60名為原則，各類障礙學生依審查標準，按類別比例 分配名額並依積分數選取之。

③獎助金額：視每年經費而定。

④申請日期：每年10月。

⑤申請方式及檢附資料：合乎申請條件之學生，由就讀學校填妥申請表及檢同下列證明文件，於規定申請期限內提出申請。

a.家境清寒證明（免稅證明或鄉公所以上機關核發低收入戶證明）

b.身心障礙手冊影本乙份

c.公立醫院、教學醫院（或衛生所合格醫師）開立之醫療證明文件乙份（依障礙類別接受矯正治療者）。

d.上學年度下學期在學成績證明乙份（包括學業成績及操行成績）。國中一年級學生以小學六年級成績為準，國小一年級學生免繳。

⑥選拔標準：審查選拔以下列項目積分高低為標準，若遇同分狀況以殘障程度重者優先：

a.障礙程度：極重度障礙40分，重度障礙30分，中度障礙20分，輕度障礙10分。

b.清寒程度：20分，（檢附免稅證明或低收入證明者）。

c.醫療矯治：10分，95學年度（自95年8月1日至96年7月31日）依障礙類別接受矯正治療者。

d.在學成績：操行成績75分或乙等以上，且學業成績符合下列標準者；優等（90-100）30分，甲等（80-89）25分，乙等（70-79）20分，丙等（60-69）15分，丁等（60以下）10分。

e.級任教師推薦書：10分，依實情審查。

⑹教育代金

①補助對象：國民教育階段身心障礙學生，經本縣特殊教育學生鑑定及就學輔導委員會鑑定確為無法適應一般公私立國民中小學或特殊學校之重度身心障礙學生，必須在家教育者。

②申請資格

a.設籍本縣年滿6歲至15歲。

b.未在政府委託社會福利機構附設特殊教育班就讀者。

c.未享受公費待遇者。

③代金金額

在家自行教育者，每月3500元：在社會福利機構就讀者每月6000元；（接受社政單位教養費補助者，如所獲補助與規定收費標準之差額低於教育代金額度，按其差額給付；如差額超過代金額度，仍依代金額度補助之），所稱規定收費標準，係以內政部訂頒之「身心障礙福利服務機構辦理身心障礙者托育養護收費原則」為依據。

④申請時間：每年3月。

3.特教學生資料統整與建檔。

4.登錄與更新特教通報系統資料。

5.辦理普通班教師特教知能研習：每學期至少辦理一次。

6.簽章巡迴輔導教師服務紀錄表。

⑴先將「○○國小○學年第○學期巡迴輔導老師服務紀錄表」（如下表）列印數張，裝訂成冊。

⑵請巡迴輔導老師每次至校服務時，能至輔導室（教導處）填寫，並請行政人員簽章。

○○國中／小／幼稚園○學年第○學期巡迴輔導教師服務紀錄表

日期	時間	服務對象			服務內容紀要	聯繫事項	巡迴輔導教師簽名	行政人員簽章
		年	班	姓名				
月 日	至							
月 日	至							

㈤學生設籍學校之普通班導師／教師

1.提供學生學習表現

⑴轉介新個案及填寫、收集鑑定安置相關資料。

⑵視學生需求主動提供學生教科書、簿本、學習單、寒暑假作業等

學習資源。

⑶提供學生各科段考成績。

⑷協助觀察學生各項表現，並隨時與巡迴輔導老師保持聯繫。

2.參與相關會議

⑴個別化教育計畫會議，提供學生課程安排、學習目標、評量方式等相關建議。

⑵特教推行委員會。

⑶期末個別化教育計劃檢討會議。

⑷分區鑑定安置會議。

3.針對學生需求，參與相關專業服務

⑴參與相關專業服務。

①與相關專業團隊晤談學生學習狀況與困難所在。

②根據相關專業團隊之建議，運用於教學中，並與專業團隊人員討論實施成效。

⑵配合學生需求，借用、使用及維護輔具。

⑶依學生需求，協助申請教師助理人員、交通車或交通補助費、獎助金。

4.身心障礙學生身心輔導

⑴學生回到普通班就讀，提供適當輔導措施以協助學生適應班級作息。

⑵以各種適當方式主動關懷學生以瞭解學生現況。

5.同儕接納輔導。

6.協助辦理轉銜服務相關事宜。

⑴協助填寫及收集畢業生轉銜資料。

⑵參與應屆畢業生轉銜會議。

⑶協助完成通報系統之轉銜資料。

7.身心障礙學生親職教育。

參、巡迴輔導服務行政工作計畫

高雄縣○國中／小／幼稚園○學年度第一學期巡迴輔導行政工作計畫

月份	負責處室	行政工作內容	備註
8月	教務處（教導處）	1.規劃巡迴輔導教師上課教室。 2.聯繫與安排全校性會議介紹巡迴輔導教師。 3.提供教材教具。 4.提供學校行事曆。 5.提供學生班級課表。	
	輔導室（教導處）	1.*陪同巡迴輔導教師前往拜訪其他接受巡迴輔導學校之相關人員。（設班學校）* 2.收集學生相關資料，建立學生基本資料檔。 3.安排巡迴輔導教師與普通班老師、學生訪談，如有需要之特殊個案則進行家庭訪問。 4.協助安排學生做學習領域或行爲處理的起點行爲評估。 5.邀請前一階段相關人員，召開新生轉銜會議。 6.聯繫並召開個別化教育計劃會議。 7.申請學生交通費、相關補助、教師助理人員、輔具及專業團隊服務。	
	總務處	1.依學生個別需求規劃無障礙空間。 2.充實上課教室軟硬體設備。	
	導師及相關教師	1.與巡迴輔導老師晤談。 2.協助巡迴輔導老師建立學生基本資料。 3.參與新生轉銜會議。 4.參與個別化教育計劃會議。 5.協助輔導室申請學生交通費、相關補助、教師助理人員、輔具及專業團隊服務。	
9月	教務處（教導處）	協助申請身心障礙學生教科書補助。	
	輔導室（教導處）	1.聯繫及召開特教推行委員會。 2.瞭解巡迴輔導教師課程安排並設計教室課表。 3.更新特教通報系統資料（含填報特教工作檢核表）。 4.追蹤並彙整畢業生轉銜。 5.聯繫並協助相關專業團隊服務。 6.簽章巡迴輔導教師服務紀錄表。 7.掣據造冊申請9-12月學生交通補助費。	
	總務處	1.協助申請身心障礙學生之學雜費減免。 2.確認校內特殊學生家長委員名單。 3.*會計人員核發巡迴教師9月份差旅費。（設班學校）*	

月份	負責處室	行政工作內容	備註
	導師及相關教師	1.與巡迴輔導教師共同討論安排學生的課表。 2.參與並協助相關專業團隊服務。 3.參與特教推行委員會。	
10月	輔導室（教導處）	1.校內轉介宣導及填寫、收集鑑定安置相關資料。 2.更新特教通報系統資料（含填報特教工作檢核表）。 3.聯繫與協助相關專業團隊服務。 4.簽章巡迴輔導教師服務紀錄表。 *5.核銷本學年度補助特教班教學教材經費並做經費結報。（設班學校）*	
	總務處	*會計人員核發巡迴教師10月份差旅費。（設班學校）*	
	導師及相關教師	1.向輔導室（教導處）轉介新個案。 2.協助觀察學生各項表現，並隨時與巡迴輔導老師保持聯繫。 3.參與並協助相關專業團隊服務。 4.國中：協助巡迴輔導教師進行第一次定期評量／執行多元評量方案。	
11月	訓導處（教導處）	辦理特教宣導活動。	
	輔導室（教導處）	1.更新特教通報系統資料（含填報特教工作檢核表）。 2.聯繫與協助相關專業團隊服務。 3.簽章巡迴輔導教師服務紀錄表。	
	總務處	*會計人員核發巡迴教師11月份差旅費。（設班學校）*	
	導師及相關教師	1.協助觀察學生各項表現，並隨時與巡迴輔導老師保持聯繫。 2.參與並協助相關專業團隊服務。 3.向輔導室轉介新個案及填寫、收集鑑定安置相關資料。 4.協助巡迴輔導教師進行期中定期評量／執行多元評量方案。	
12月	輔導室（教導處）	1.更新特教通報系統資料（含填報特教工作檢核表）。 2.聯繫與協助相關專業團隊服務。 3.9-12月學生交通補助費經費結報。 4.9-12月巡迴教師差旅費經費結報。	
	總務處	*會計人員核發巡迴教師12月份差旅費。（設班學校）*	
	導師及相關教師	1.協助觀察學生各項表現，並隨時與巡迴輔導老師保持聯繫。 2.參與並協助相關專業團隊服務。 3.參與鑑輔會的綜合研判會議。	

月份	負責處室	行政工作內容	備註
1月	輔導室（教導處）	1.更新特教通報系統資料（含填報特教工作檢核表）。 2.彙整相關專業團隊服務資料。 3.聯繫並召開期末個別化教育計劃檢討會議。 4.簽章巡迴輔導教師服務紀錄表。 5.發文邀請巡迴輔導教師參加期末校務會議。	
	總務處	*會計人員核發巡迴教師1月份差旅費。（設班學校）*	
	導師及相關教師	1.協助觀察學生各項表現，並隨時與巡迴輔導老師保持聯繫。 2.協助巡迴輔導教師進行期末定期評量／執行多元評量方案。 3.參與期末個別化教育計劃檢討會議。	

高雄縣○國中／小／幼稚園○學年度第二學期巡迴輔導行政工作計畫

月份	負責處室	行政工作內容	備註
2月	教務處（教導處）	1.規劃巡迴輔導教師上課教室。 2.聯繫與安排全校性會議介紹巡迴輔導教師。 3.提供教材教具。 4.提供學校行事曆。 5.提供學生班級課表。	
	輔導室（教導處）	1.*陪同巡迴輔導教師前往拜訪其他接受巡迴輔導學校之相關人員。（設班學校）* 2.收集學生相關資料，建立學生基本資料檔。 3.安排巡迴輔導教師與普通班老師、學生訪談，如有需要之特殊個案則進行家庭訪問。 4.協助安排學生做學習領域或行爲處理的起點行爲評估。 5.聯繫並召開個別化教育計劃會議。 6.申請1、3-6月學生交通費、相關補助、教師助理人員、輔具及專業團隊服務。	
	總務處	1.依學生個別需求規劃無障礙空間。 2.*會計人員核發巡迴教師2月份差旅費。（設班學校）*	
	導師及相關教師	1.新個案導師與巡迴輔導老師晤談。 2.協助巡迴輔導老師建立學生基本資料。 3.與巡迴輔導教師共同討論安排學生的課表。 4.參與個別化教育計劃會議。 5.參與特教推行委員會。	

月份	負責處室	行政工作內容	備註
3月	輔導室 （教導處）	1.瞭解巡迴輔導教師課程安排並設計教室課表。 2.更新特教通報系統資料（含填報特教工作檢核表）。 3.召開應屆畢業生轉銜會議。 4.填寫及收集畢業生轉銜資料。 4.聯繫並協助相關專業團隊服務。 5.簽章巡迴輔導教師服務紀錄表。	
	總務處	1.協助申請身心障礙學生之學雜費與教科書補助。 2.*會計人員核發巡迴教師3月份差旅費。（設班學校）*	
	導師及 相關教師	1.協助觀察學生各項表現，並隨時與巡迴輔導老師保持聯繫。 2.參與並協助相關專業團隊服務。 3.參與特教推行委員會。 4.參與應屆畢業生轉銜會議。 5.協助填寫及收集畢業生轉銜資料。 6.國中：協助巡迴輔導教師進行第一次定期評量／執行多元評量方案。	
4月	教務處 （教導處）	協助國三畢業生報名第一次國民中學基本學力測驗。	
	輔導室 （教導處）	1.校內轉介宣導及填寫、收集鑑定安置相關資料。 2.更新特教通報系統資料（含填報特教工作檢核表）。 3.聯繫與協助相關專業團隊服務。 4.協助國三畢業生參加十二年就學安置能力評估。 5.簽章巡迴輔導教師服務紀錄表。	
	總務處	*會計人員核發巡迴教師4月份差旅費。（設班學校）*	
	導師及 相關教師	1.協助觀察學生各項表現，並隨時與巡迴輔導老師保持聯繫。 2.參與並協助相關專業團隊服務。 3.向輔導室轉介新個案及填寫、收集鑑定安置相關資料。 4.協助巡迴輔導教師進行期中定期評量／執行多元評量方案。	
5月	輔導室 （教導處）	1.更新特教通報系統資料（含填報特教工作檢核表）。 2.聯繫與協助相關專業團隊服務。 3.簽章巡迴輔導教師服務紀錄表。 4.協助國三畢業生參加第一次國民中學基本學力測驗。	
	總務處	*會計人員核發巡迴教師5月份差旅費。（設班學校）*	
	導師及 相關教師	1.協助觀察學生各項表現，並隨時與巡迴輔導老師保持聯繫。 2.參與並協助相關專業團隊服務。	

月份	負責處室	行政工作內容	備註
6月	教務處（教導處）	協助國三畢業生報名第二次國民中學基本學力測驗。	
	輔導室（教導處）	1.更新特教通報系統資料（含填報特教工作檢核表）。 2.聯繫與協助相關專業團隊服務。 3.聯繫並召開期末個別化教育計劃檢討會議。 4.簽章巡迴輔導教師服務紀錄表。 5.1、3-6月學生交通補助費經費結報。 6.1、3-6月巡迴教師差旅費經費結報。	
	總務處	*會計人員核發巡迴教師6月份差旅費。（設班學校）*	
	導師及相關教師	1.協助觀察學生各項表現，並隨時與巡迴輔導老師保持聯繫。 2.參與並協助相關專業團隊服務。 3.協助巡迴輔導教師進行期末定期考多元評量方案。 4.參與期末個別化教育計畫檢討會議。	
7月	輔導室（教導處）	1.協助國三畢業生參加第二次國民中學基本學力測驗。 2.更新特教通報系統資料（含填報特教工作檢核表）。 3.畢業生轉銜追蹤。	

教師篇

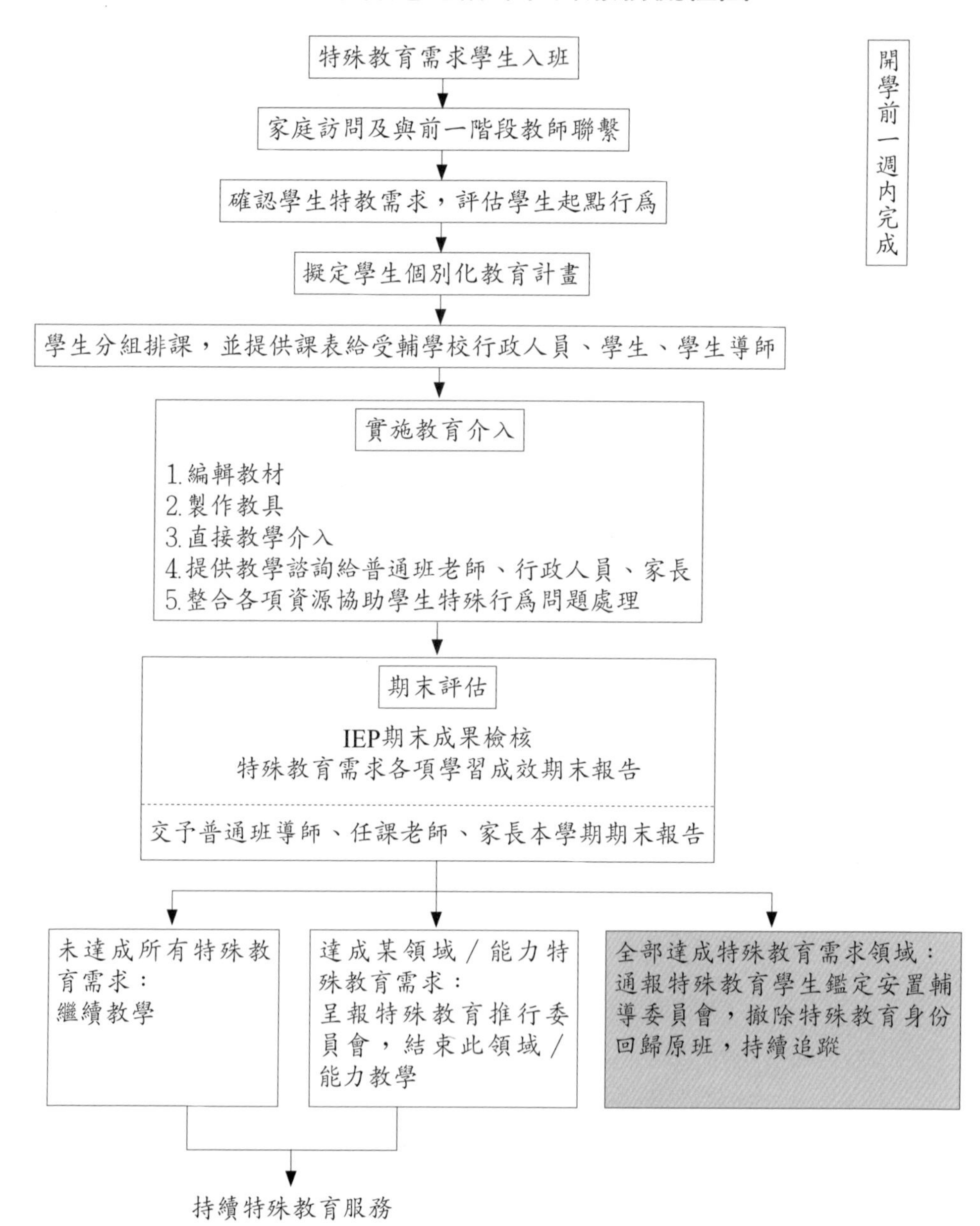

壹、高雄縣巡迴輔導教師服務流程圖
特殊教育需求學生入班
開學前一週內完成
家庭訪問及與前一階段教師聯繫
確認學生特教需求，評估學生起點行爲
擬定學生個別化教育計畫
學生分組排課，並提供課表給受輔學校行政人員、學生、學生導師
實施教育介入
1.編輯教材
2.製作教具
3.直接教學介入
4.提供教學諮詢給普通班老師、行政人員、家長
5.整合各項資源協助學生特殊行爲問題處理
期末評估
IEP期末成果檢核
特殊教育需求各項學習成效期末報告
交予普通班導師、任課老師、家長本學期期末報告
未達成所有特殊教育需求：
繼續教學
達成某領域／能力特殊教育需求：
呈報特殊教育推行委員會，結束此領域／能力教學
全部達成特殊教育需求領域：
通報特殊教育學生鑑定安置輔導委員會，撤除特殊教育身份回歸原班，持續追蹤
持續特殊教育服務

貳、高雄縣巡迴輔導教師工作職責

巡迴教師角色工作職責：特殊教育行政業務與理念推廣、直接教學與學生輔導、間接諮詢，分述如下：

特殊教育行政業務與理念推廣

- 協助轉介疑似特殊教育學生至高雄縣特殊教育鑑定與輔導委員會
- 協助建立疑似特殊教育學生的各項診斷資料
- 協助召開個別化教育計畫會議
- 每學期開學或安置確認後兩週內應提供原服務學校、學生設籍學校及教育處每位學生之巡迴輔導課表
- 參與校內特殊教育推行委員會之工作
- 擬定巡迴教師行事曆
- 參與巡迴輔導學校例行會議（如：校務會議）
- 協助更新與建檔學生資料於教育部特教通報系統
- 定期評估學生安置適切性，必要時協助家長申請重新鑑定安置。
- 進行全校師生特殊教育理念的推廣。
- 依學生需要協助辦理轉銜服務相關事宜

直接教學與學生輔導

- 實施特殊教育學生的特教需求評估與建立起點行為
- 擬定與定期檢討修正身心障礙學生個別化教育計畫
- 實施學生之各課程領域編組與安排學習小組
- 進行每位教師之所屬組別課程安排與課表設計
- 進行教學活動
- 填寫教學記錄表，請相關人員核章後歸檔
- 申請學生需要之相關輔助科技協助，如：輔具、課堂手語翻譯、課堂電腦文字轉譯等
- 協助訓練及維護學生的相關輔助科技
- 評估與實施身心障礙學生多元評量，並列入學生個別化教育計畫

・與資源教室學生之普通班教師隨時保持聯繫，以瞭解學生之學習狀況
・提供學生特殊教育學習成效期末報告予家長、普通班導師、任課老師

間接諮詢

・協助普通班教師進行身心障礙學生課程調整
・協助普通班教師進行身心障礙學生多元評量
・提供普通班教師相關之特殊教育訊息與知能
・隨時與學生設籍學校之行政人員、相關教師保持連繫，視需求提供輔導與教學之建議及諮詢。
・進行特殊教育學生之普通班級學生入班輔導
・提供學生家長教育、福利、醫療之有關資訊及諮詢等家庭支援服務
・對回歸原班之特殊教育學生作追蹤輔導
・與學生家長隨時保持聯繫，以瞭解學生之學習狀況

參、高雄縣國中／小／學前巡迴輔導班○○學年度第一學期行事曆

月份	巡迴資源教師工作內容	學校行政配合的工作內容
8月	・參與高雄縣教育處召開巡迴輔導教師期初工作協調會議。 ・新生安置入班，收集學生相關資料，與普通班老師、學生訪談，建立學生基本資料。【參考附表一】 ・特殊教育需求評估。 ・設計（新／舊生）學生個別化教育計畫。協助召開個別化教育計畫會議。【請至高雄縣教育網路／常用表報／特教科下載：高雄縣特殊教育資源班IEP格式】 ・學生學習領域或行為處理的起點行為評估。 ・收集所有輔導學生之普通班課表。 ・所有輔導學生分組排課事宜。【參考附表二】	・巡迴輔導班設立學校之輔導室（教導處）：陪同巡迴輔導教師前往拜訪其他接受巡迴輔導學校之相關人員。 ・接受巡迴輔導學校：安排上課地點、提供學生資料、提供新學期課表、安排導師訪談、陪同做特殊個案學生家庭訪問、安排學生做學習領域或行為處理的起點行為評估、提供教科書、提供教材教具存放櫃。 ・接受巡迴輔導學校之輔導室（教導處）：提供巡迴輔導教師該校行事曆，並發文邀請參加期初校務會議，巡迴輔導教師不克參加時，應告知請假。

月份	巡迴資源教師工作內容	學校行政配合的工作內容
	・提供課表予設班學校、導師及家長。 ・進行特殊個案學生家庭訪問。	・輔導室（教導處）：邀請前一階段相關人員，召開新生轉銜會議。 ・輔導室（教導處）：聯繫並召開個別化教育計畫會議。 ・輔導室（教導處）：申請輔具（視學生需求隨時可申請）。【申請表請至高雄縣教育網路／常用表報／特教科下載：教育輔助器材借用管理實施計畫、借用流程、借據】。 ・輔導室（教導處）：申請新生相關專業團隊服務並協助相關專業團隊服務。【申請表請至高雄縣教育網路／常用表報／特教科下載：身心障礙教育專業團隊相關表格】 ・輔導室（教導處）：視學生需求提出申請教師助理人員。
9月	・協助訓練及維護學生的相關輔助科技。 ・進行學生特殊教育需求之教學與各項介入輔導。 ・協助普通班教師進行身心障礙學生課程調整。【參考附表三】 ・IEP成效檢核。 ・開學後二週內課表送高雄縣教育處備查。【請至高雄縣教育網路／常用表報／特教科下載】 ・參與各校特殊教育推行委員會。 ・訓練教師助理人員介入學生的學習輔導工作。 ・請領九月份巡迴教師差旅費。	・輔導室（教導處）：更新特教通報系統資料（含填報特教工作檢核表）。 ・輔導室（教導處）：上屆畢業生轉銜追蹤。【參考附表四】 ・輔導室（教導處）：召開特殊教育推行委員會，接受輔導學校亦應發文邀請巡迴輔導教師參加會議，巡迴輔導教師不克參加時，應告知請假。 ・輔導室（教導處）：9-12月學生交通補助費掣據造冊申請。 ・輔導室（教導處）：監督教師助理人員，掣據造冊申請鐘點費。 ・總務處：確認校內特殊學生家長委員名單。
10月	・進行學生特殊教育需求之教學與各項介入輔導。 ・協助訓練及維護學生的相關輔助科技。 ・協助普通班教師進行身心障礙學生課程調整。【參考附表三】 ・IEP成效檢核。 ・國中：輔導學生第一次定期評量／執行多元評量方案。【方式可參考	・普通班導師：向輔導室（教導處）轉介新個案。 ・輔導室（教導處）：提醒轉介及填寫、收集鑑定安置相關資料。【請至高雄縣教育網路／常用表報／特教科下載】 ・輔導室（教導處）：更新特教通報系統資料（含填報特教工作檢核表）。

月份	巡迴資源教師工作內容	學校行政配合的工作內容
	附表五】 ・協助建立疑似身心障礙學生各項診斷資料。 ・請領10月份巡迴教師差旅費。	・輔導室（教導處）：協助相關專業團隊服務。 ・輔導室（教導處）：核銷本學年度補助特教班教學教材經費並做經費結報。
11月	・進行學生特殊教育需求之教學與各項介入輔導。 ・協助訓練及維護學生的相關輔助科技。 ・協助普通班教師進行身心障礙學生課程調整。【參考附表三】 ・IEP成效檢核。 ・所有輔導學生期中定期評量／執行多元評量方案。【方式可參考附表五】 ・協助巡迴輔導學校之特教宣導月各項活動。 ・請領11月份巡迴教師差旅費。	・輔導室（教導處）：更新特教通報系統資料（含填報特教工作檢核表）。 ・訓導處（教導處）：辦理特教宣導活動。 ・輔導室（教導處）：協助相關專業團隊服務。
12月	・進行學生特殊教育需求之教學與各項介入輔導。 ・協助訓練及維護學生的相關輔助科技。 ・協助普通班教師進行身心障礙學生課程調整。【參考附表三】 ・IEP成效檢核。 ・參與鑑輔會的綜合研判會議。 ・請領12月份巡迴教師差旅費。	・輔導室（教導處）：更新特教通報系統資料（含填報特教工作檢核表）。 ・輔導室（教導處）：協助相關專業團隊服務。 ・熟悉個案相關人員：參與鑑輔會的綜合研判會議。 ・輔導室（教導處）：9-12月學生交通補助費經費結報。 ・輔導室（教導處）：9-12月巡迴教師差旅費經費結報。
1月	・進行學生特殊教育需求之教學與各項介入輔導。 ・協助訓練及維護學生的相關輔助科技。 ・協助普通班教師進行身心障礙學生課程調整。【參考附表三】 ・IEP成效檢核。 ・所有輔導學生期末定期評量／執行多元評量方案。【方式可參考附表五】 ・提供學生特殊教育學習成效期末報	・輔導室（教導處）：更新特教通報系統資料（含填報特教工作檢核表）。 ・輔導室（教導處）：協助相關專業團隊服務並彙整相關資料。 ・輔導室（教導處）：聯繫並召開期末個別化教育計畫檢討會議。 ・接受巡迴輔導學校之輔導室（教導處）：發文邀請巡迴輔導教師參加期末校務會議，巡迴輔導教師不克參加時，應告知請假。

月份	巡迴資源教師工作內容	學校行政配合的工作內容
	告予家長、普通班導師、任課老師。【參考附表六】 ・設計與協助召開期末個別化教育計畫檢討會議。 ・參加各校期末校務會議。 ・彙整學生資料建檔。 ・請領1月份巡迴教師差旅費。	

高雄縣國中／小／學前巡迴輔導班○○學年度第二學期行事曆

月份	巡迴資源教師工作內容	行政配合巡迴資源教師的工作內容
2月	・參與高雄縣教育處召開巡迴輔導教師期初工作協調會議。 ・新生安置入班，收集學生相關資料，與普通班老師、學生訪談，建立學生基本資料。【參考附表一】 ・特殊教育需求評估。 ・設計（新／舊生）學生個別化教育計畫。【請至高雄縣教育網路／常用表報／特教科下載：高雄縣特殊教育資源班IEP格式】 ・協助召開個別化教育計畫會議。 ・學生學習領域或行爲處理的起點行爲評估。 ・收集所有輔導學生之普通班課表。 ・所有輔導學生分組排課事宜。【參考附表二】 ・提供課表予設班學校、導師及家長。 ・開學後二週內課表送高雄縣教育處備查。【請至高雄縣教育網路／常用表報／特教科下載】 ・進行特殊個案學生家庭訪問。 ・進行學生特殊教育需求之教學與各項介入輔導。 ・協助訓練及維護學生的相關輔助科技。 ・協助普通班教師進行身心障礙學生課程調整。【參考附表三】	・巡迴輔導班設立學校之輔導室（教導處）：陪同巡迴輔導教師前往拜訪其他接受巡迴輔導學校之相關人員。 ・接受巡迴輔導學校：安排上課地點、提供學生資料、提供新學期課表、安排導師訪談、陪同做特殊個案學生家庭訪問、安排學生做學習領域或行爲處理的起點行爲評估、提供教科書、提供教材教具存放櫃。 ・接受巡迴輔導學校之教務處（教導處）：提供巡迴輔導教師該校行事曆，並發文邀請參加期初校務會議，巡迴輔導教師不克參加時，應告知請假。 ・輔導室（教導處）：聯繫並召開個別化教育計畫會議。 ・輔導室（教導處）：申請輔具（視學生需求隨時可申請）。【申請表請至高雄縣教育網路／常用表報／特教科下載：教育輔助器材借用管理實施計畫、借用流程、借據】。 ・輔導室（教導處）：申請新生相關專業團隊並協助相關專業團隊服務。【申請表請至高雄縣教育網路／常用表報／特教科下載：身心障礙教育專業團隊相關表格】

月份	巡迴資源教師工作內容	行政配合巡迴資源教師的工作內容
	・IEP成效檢核。 ・請領2月份巡迴教師差旅費。	・輔導室（教導處）：更新特教通報系統資料（含填報特教工作檢核表）。 ・輔導室（教導處）：1、3-6月學生交通費申請。
3月	・進行學生特殊教育需求之教學與各項介入輔導。 ・協助訓練及維護學生的相關輔助科技。 ・協助普通班教師進行身心障礙學生課程調整。【參考附表三】 ・IEP成效檢核。 ・國中：輔導學生第一次定期評量／執行多元評量方案。【方式可參考附表五】 ・協助學前大班、小六、國三畢業生轉銜輔導工作。 ・參與學前大班、小六、國三畢業生轉銜會議。 ・請領3月份巡迴教師差旅費。	・輔導室（教導處）：更新特教通報系統資料（含填報特教工作檢核表）。 ・輔導室（教導處）：召開學前大班、小六、國三畢業生轉銜會議。 ・輔導室（教導處）：填寫及收集學前大班、小六、國三畢業生轉銜資料（通報系統）。 ・輔導室（教導處）：協助相關專業團隊服務。
4月	・進行學生特殊教育需求之教學與各項介入輔導。 ・協助訓練及維護學生的相關輔助科技。 ・協助普通班教師進行身心障礙學生課程調整。【參考附表三】 ・IEP成效檢核。 ・所有輔導學生期中定期評量／執行多元評量方案。【方式可參考附表五】 ・協助建立疑似身心障礙學生各項診斷資料。 ・請領4月份巡迴教師差旅費。	・輔導室（教導處）：更新特教通報系統資料（含填報特教工作檢核表）。 ・輔導室（教導處）：協助相關專業團隊服務。 ・輔導室（教導處）：提醒轉介及填寫、收集鑑定安置相關資料。【請至高雄縣教育網路／常用表報／特教科下載】 ・普通班導師：向輔導室（教導處）轉介新個案。 ・輔導室（教導處）：協助國三畢業生參加十二年就學安置能力評估。 ・教務處（教導處）：協助國三畢業生報名第一次國民中學基本學力測驗。
5月	・進行學生特殊教育需求之教學與各項介入輔導。 ・協助訓練及維護學生的相關輔助科技。	・輔導室（教導處）：更新特教通報系統資料（含填報特教工作檢核表）。 ・輔導室（教導處）：協助相關專業團隊服務。

月份	巡迴資源教師工作內容	行政配合巡迴資源教師的工作內容
	・協助普通班教師進行身心障礙學生課程調整。【參考附表三】 ・IEP成效檢核。 ・國中：協助國三畢業生參加第一次國民中學基本學力測驗。 ・請領5月份巡迴教師差旅費。	・國中：輔導室（教導處）：協助國三畢業生參加第一次國民中學基本學力測驗。
6月	・進行學生特殊教育需求之教學與各項介入輔導。 ・協助訓練及維護學生的相關輔助科技。 ・協助普通班教師進行身心障礙學生課程調整。【參考附表三】 ・IEP成效檢核。 ・所有輔導學生期末定期評量／執行多元評量方案。【方式可參考附表五】 ・提供學生特殊教育學習成效期末報告予家長、普通班導師、任課老師。【參考附表六】 ・設計與協助召開期末個別化教育計畫檢討會議。 ・提醒教務處協助學生申請下一學年度之學雜費減免及教科書補助。 ・參加各校期末校務會議。 ・請領6月份巡迴教師差旅費。	・輔導室（教導處）：更新特教通報系統資料（含填報特教工作檢核表）。 ・輔導室（教導處）：協助相關專業團隊服務並彙整相關資料。 ・輔導室（教導處）：聯繫並召開期末個別化教育計畫檢討會議。 ・接受巡迴輔導學校之輔導室（教導處）：發文邀請巡迴輔導教師參加期末校務會議，巡迴輔導教師不克參加時，應告知請假。 ・輔導室（教導處）：1、3-6月學生交通補助費經費結報。 ・輔導室（教導處）：1、3-6月巡迴教師差旅費經費結報。 ・國中：教務處（教導處）：協助國三畢業生報名第二次國民中學基本學力測驗。
7月	・國中：協助國三畢業生參加第二次國民中學基本學力測驗。 ・輔導畢業生就學就業，追蹤畢業生動向。【參考附表四】	・國中：輔導室（教導處）：協助國三畢業生參加第二次國民中學基本學力測驗。 ・輔導室（教導處）：更新特教通報系統資料（含填報特教工作檢核表）。 ・輔導室（教導處）：畢業生轉銜追蹤。【參考附表四】

參考書目

中文書目

王振德（1987）。資源教室方案實施範例。國小特殊教育，第7期，頁1-30。

林和姻（2003）。高中職階段身心障礙學生升學轉銜服務之研究。國立彰化師範大學特殊教育研究所碩士論文。未出版，彰化。

林怡慧（2008）。個人徵詢。

林坤燦、羅清水、邱瀞瑩（2008）。臺灣地區大專校院身心障礙學生修退學現況調查研究。東臺灣特殊教育學報，10，1-19。

林素貞（2013a）。差異化教學與成功學習。教育研究月刊，233，49-60。

林素貞（2013b）。有效教學與差異化教學的策略。載於林素貞總校閱：特殊需求學生的教材教法。臺北市：華騰文化出版公司。

林眞平、陳靜江（2003）。身心障礙大學生壓力因應歷程之探討。東臺灣特殊教育學報，5，143-162。

施良方（1994）。課程理論。高雄市：麗文文化。

姚素卿（2004）。一個工讀生實際參與大學資源教室工作業務之省思與建議（未出版之碩士論文）。國立東華大學。

陳奕廷（2010）。大專校院資源教室輔導人員生涯輔導知能之研究（未出版之碩士論文）。國立彰化師範大學，彰化。

高雄市政府教育局（2003）。91學年度高雄市特殊教育概況暨統計年報。高雄市：高雄市政府教育局。

高雄市政府教育局（2004）。92學年度高雄市特殊教育概況暨統計年報。高雄市：高雄市政府教育局。

高雄市政府教育局（2006）。94學年度高雄市特殊教育概況暨統計年報。高雄市：高雄市政府教育局。

許天威、蕭金土、吳訓生、林和姻、陳亭予（2002）。大專校院身心障礙學生學校適應狀況之研究。特殊教育學報，16，159-198。

黃柏華（2012）。高中職資源服務的現況與運作模式。特殊教育季刊，124，55-64。

張英鵬（2001）。我國大專身心障礙學生之生活品質研究。特殊教育學報，15，273-307。

張蓓莉（1998）。資源教室方案應提供的支援服務。特殊教育季刊，67，1-5。

教育部（2013）。102年度特殊教育統計年報。臺北：教育部。

教育部（1998）。教育部特殊教育發展報告書。臺北：教育部。

蔡瑞美（1998）。高中職資源教室運作模式研習—進階。國立高雄師範大學特殊教育中心研習講義。

蔡瑞美（1999）。普通高中職提供身心障礙學生資源服務之現況調查研究。國立臺灣師範大學特殊教育研究所碩士論文。未出版，臺北。

英文書目

Adelman, H. S. (1972). The resource concept: Bigger than a room. The Journal of Special Education, 6(4), 361-367.

Affleck, J. Q., Lehning, T. W., & Brow, K. D. (1973). Expanding the resource concept: The resource school. Exceptional Children, 39, 446-453.

Bateman, B. (2004). Personal contact.

Bigge, J. L., & Stump, C. S. (1999). Curriculum, assessment, and Instruction. Belmont, CA: Wadsworth Publishing Company.

Billingsley, B. S., Farley, M., & H. A. (1993). Program leadership for serving students with disabilities. (ERIC Document Reproduction Services. No ED372532)

Brown, V. L. (1985). Direct Instruction Mathematics: A frame work for instruction accountability. Remedial and Special Education, 6(1), 53-58.

Brown, L., F., Kiraly, J., & McKinnon, A. (1979). Resource rooms: Some aspects for special educators to ponder. Journal of Learning Disabilities, 12(8), 480-482.

Carnine, D., Granzln, A. & Becker, W. (1987). Direct instruction. Alternative Education Delivery Systems, 327-349.

Cohen, J. H. (1982). Handbook of resource room teaching. Rockville, Maryland: Aspen Systems Corporation.

Deno, E. (1970). Special education as developmental capital. Exceptional Children, 37, 229-237.

Dunn, L. M. (1968). Special educational for the mildly retarded: Is much of it justifiable? Exceptional Children, 35, 5-21.

Elman, N. M. (1981). The resource room primer. N. J.: Prentice-Hall.

Friend, M., & McNUTT, G. (1984). Resource room programs: Where are we now? Exceptional Children, 51(2), 150-155.

Glavin, J. P., Quay, H. C., Annesley, F. R., & Werry, J. S. (1971). An experimental resource room for behavior problem children. Exceptional Children, 38(2), 131-137.

Heller, H. W. (1972). The resource room: A mele change or real opportunity for the handicapped? The Journal of special Education, 6(4). 369-375.

Hallahan, D. P., & Kauffman, J. M. (1995). From mainstreaming to collaborative consultation. In J. M. Kauffman & D. P. Hallahan (Eds.), The illusion of full inclusion. Austin, TX: PRO-ED.

Hammil, D. D., & Wiederholt, J. L. (1972). The resource room: rationale and implementation. N.Y.: Grume & Stratton.

Hammill, D. (1972). The resource-room model in special education. The Journal of Special Education, 6(4), 349-354.

Harris, W. J., & Mahar, C. (1975). Problems in implementing resource programs in rural schools. Exceptional Children, 42, 95-99.

Hawish, M. F., & Calhoun, M. L. (1978). The resource room: An education asset for children with special needs. Columbus, OH: A Bell & Howell Company.

Jackson, M. Y. (1992): Resourcing: handbook for special education resource teachers. Reston, VA: CEC.

Jenkins, J. R., Mayhall, W. F., Peschka, C. M., & Jenkins, L. M. (1974). Comparing small group and tutorial instruction in resource rooms. Exceptional Children, 40, 245-250.

Kameenui, E. J. & Simmons, D. C. (1990). Designing instructional strategies.

Columbus, OH: Merrill Publishing Company.

Kauffman, M. J., Gottlieb, J., Agard, J. A., & Kukic, M.B. (1975) Mainstreaming: Toward an explication of the concept. Foucs on Exceptional Children, 7, 3.

Lewis, A. L. (1974). A resource room program for LD pupils. Academic Therapy, 10(1), 93-100.

Mayhall, W. F., & Jenkins, J. R. (1977). Scheduling Daily or less-than daily instruction: Implications for resource programs. Journal of Learning Disabilities, 10(3), 159-163.

McNamara, B. E. (1989). The resource room: A guide for special educators. Albany, NY: State University of New York Press.

Morvant, M. L. (1984). The work of resource teachers in ten elementary schools: Models and realities. A dissertation o phd University of Oregon, Division of Special Education and Rehabilitation.

Nolet, V., & M. Laughlin, M. J. (2000) Assessing the general Curriculum. Thousand Oaks, CA: Corwin Press.

Ohrtman, W. F. (1972). One more instant solution coming up! The Journal of Special Education, 6(4), 377-381.

Paroz, J., Siegenthaler, L. S., & Tatum, V. H. (1977). A model for a middle-school resource room. Journal of Learning Disabilities, 10(1), 7-15.

Paul, J. L. (1981). Service delivery models for special education. In J. M. Kauffman & D. P. Hallahan (Eds.), Handbook of special education. Englewood Cliffs, NJ: Prentice-Hall.

Pasanella, A. L., & Volkmor, C. B. (1977). Coming back or never leaving. Columbus, OH: Charles E. Merrill Publishing Co.

Raymond, E. (2004). Learners with Mild Disabilities., (2nd.ed.) Boston: Allyn & Bacon. Inc.

Reger, R. (1972). Resource room: Change agents or guardians of the status quo? The Journal of Special Education, 6(4), 355-359.

Reger, R. & Koppmann, M. (1971). The Child Oriented resource room program.

Exceptional Children, 37(6), 460-462.

Reynolys, M.C., & Birch, J. W. (1977). Teaching exceptional children in all American's schools. Reston, VA: The Council for Exceptional Children.

Sabatino, D. A. (1971). An evaluation of resource rooms for children with learning disabilities. Journal of Learning Disabilities, 4(2), 84-93.

Sabatino, D. A. (1972). Resource room :The renaissance in special education. The Journal of Special Education, 6(4), 335-347.

Sabatino, D. A. (1972). Revolution: Viva resource rooms! The Journal of Special Education, 6(4), 389-395.

Smith, T. E. C., Polloway, E.A., Patton, J. R., & Dowdy, C. A. (2012). Teaching students with special needs in inclusive settings, (6th ed.). Columbus, OH: Pearson.

Snapp, M. (1972). Resource classrooms or resource personnel? The Journal of Special Education, 6(4), 383-387.

Stainback, W., & Stainback, S. (1984). A rationale for the merger of special and regular education. Exceptional Children, 51(2), 102-111.

Wang, M. C., & Birch, J. W. (1984). Comparison of a full-time mainstreaming program and a resource room approach. Exceptional Children, 51(1), 33-40.

Weiner, L. H. (1972). The Investigation of the effectiveness of resource rooms for children with specific learning disabilities. Journal of learning Disabilities, 2(4), 49-55.

Wiederholt, J. L., Hammill, D. D. & Brown, V. (1983). The resource teacher: a guide to effective practice, (2nd.ed.) Boston: Allyn & Bacon. Inc.

Wiederholt, J. L., Hammill, D. D. & Brown, V. L. (1993). The resource program: organization and implementation. Austin, TX: pro-ed.

Williams, L. A. & Arntzen, L. S. (1994). A practical approach to RSP: A handbook for the resource specialist program (2nd Ed). Springfield, Illinois: Charles C Thomas Publisher.

Ysseldyke, J. E., Algozzine, B. & Martha L. T. (2000) Critical Issues in Special Education. Boston, MA: Houghton Mifflin Company.

國家圖書館出版品預行編目資料

資源教室方案與經營／林素貞著. 一 三 版.
一 臺北市：五南, 2014.10
面； 公分
參考書目：面
ISBN 978-957-11-7828-8（平裝）

1.特殊教育 2.資源教室

529.56 103017905

1IQN

資源教室方案與經營

作　　者 — 林素貞(135.2)
發 行 人 — 楊榮川
總 經 理 — 楊士清
總 編 輯 — 楊秀麗
副總編輯 — 黃文瓊
編　　輯 — 陳俐君　李敏華
封面設計 — 童安安
出 版 者 — 五南圖書出版股份有限公司
地　　址：106台北市大安區和平東路二段339號4樓
電　　話：(02)2705-5066　　傳　　真：(02)2706-6100
網　　址：https://www.wunan.com.tw
電子郵件：wunan@wunan.com.tw
劃撥帳號：01068953
戶　　名：五南圖書出版股份有限公司

法律顧問　林勝安律師事務所　林勝安律師

出版日期　2006年 3 月初版一刷
　　　　　2009年 6 月二版一刷
　　　　　2014年10月三版一刷
　　　　　2022年 3 月三版三刷

定　　價　新臺幣550元

經典永恆·名著常在

五十週年的獻禮——經典名著文庫

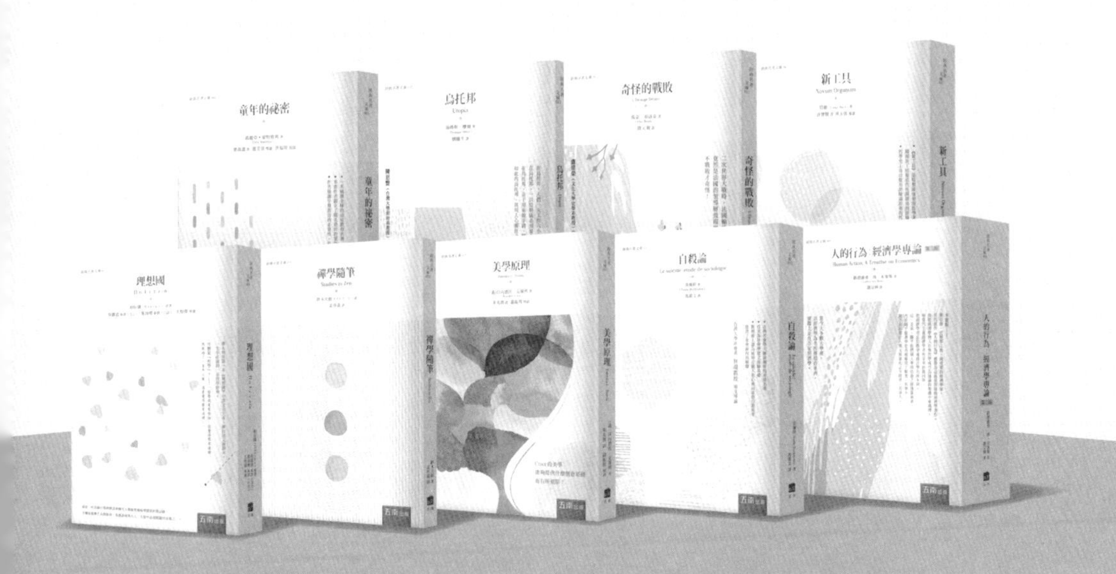

五南，五十年了，半個世紀，人生旅程的一大半，走過來了。
思索著，邁向百年的未來歷程，能為知識界、文化學術界作些什麼？
在速食文化的生態下，有什麼值得讓人雋永品味的？

歷代經典·當今名著，經過時間的洗禮，千錘百鍊，流傳至今，光芒耀人；
不僅使我們能領悟前人的智慧，同時也增深加廣我們思考的深度與視野。
我們決心投入巨資，有計畫的系統梳選，成立「經典名著文庫」，
希望收入古今中外思想性的、充滿睿智與獨見的經典、名著。
這是一項理想性的、永續性的巨大出版工程。
不在意讀者的眾寡，只考慮它的學術價值，力求完整展現先哲思想的軌跡；
為知識界開啟一片智慧之窗，營造一座百花綻放的世界文明公園，
任君遨遊、取菁吸蜜、嘉惠學子！